建设项目社会评价研究

——理论与实践

陈　琳　谭建辉　编著

中国建筑工业出版社

图书在版编目(CIP)数据

建设项目社会评价研究——理论与实践/陈琳,谭建辉编著. —北京:中国建筑工业出版社,2009

ISBN 978-7-112-11431-3

Ⅰ. 建… Ⅱ. ①陈…②谭… Ⅲ. 基本建设项目-项目评价 Ⅳ. F284

中国版本图书馆 CIP 数据核字(2009)第 182759 号

本书以建设项目社会评价为主线，围绕涉及城市化进程中一系列重大社会问题的实际项目而展开研究。全书包括两大部分的内容，第一部分是关于建设项目社会评价的理论研究，包括社会评价的内容、程序、方法与指标体系等，第二部分是关于建设项目社会评价的应用研究，所涉及的项目包括征地、拆迁、城中村改造、城市基础设施项目建设、城市公共项目和公益性项目建设等。

本书可为建设项目的社会评价工作提供理论与应用指导，同时也可为相关的研究与教学工作提供参考。

* * *

责任编辑：向建国　何玮珂
责任设计：郑秋菊
责任校对：陈　波　王雪竹

建设项目社会评价研究
——理论与实践
陈　琳　谭建辉　编著
*
中国建筑工业出版社出版、发行（北京西郊百万庄）
各地新华书店、建筑书店经销
北京红光制版公司制版
北京凯通印刷厂印刷
*
开本：787×1092 毫米　1/16　印张：19　字数：474 千字
2009 年 11 月第一版　　2009 年 11 月第一次印刷
定价：**38.00** 元
ISBN 978-7-112-11431-3
(18680)

目　录

引　　言

一、本书的主要内容

本书是“广东省哲学社会科学十五规划项目（编号：05H-01）”与“广州市市属高校科技计划项目（编号：63072）”课题的共同研究成果。

伴随我国城市化进程的加快，各类城市建设与投资项目越来越多，而由此引发的社会矛盾也日显突出。由于利益分配机制的缺失与尚未制度化，使得大量受城市化进程影响的失地农民、被拆迁人、外来劳工与城市低收入人群等不仅未从城市发展中受益，反而成为城市发展的牺牲品。如何避免这种“因发展而引致的贫困”，切实贯彻党中央提出的执政为民、以人为本的执政理念，实现在科学发展观指导下构建和谐社会的目标，让社会发展的成果为最广大的人民群众所分享，实现社会公平，是本书研究的主要目的。本书以建设项目社会评价为主线，围绕涉及城市化进程中一系列重大社会问题的实际项目而展开研究。具体来说，包括两大部分的内容。

第一部分是关于建设项目社会评价的理论研究。在本书的前六章，我们对建设项目的社会评价问题进行了一些理论上的探讨，包括对建设项目社会评价的现状和发展趋势的把握，对建设项目社会评价的主要概念和关注点的分析以及对建设项目社会评价的主要内容、评价程序、评价指标与体系、评价方法以及调查方法的研究。希望能借此构建起一个较为清晰的建设项目社会评价体系；

第二部分是关于建设项目社会评价的应用研究。在本书的后六章，我们通过自己亲历的一系列项目实践，对建设项目的社会评价进行了一些应用上的尝试。这些项目有的涉及土地征用，有的涉及房屋拆迁，有的涉及城中村改造，还有的涉及城市基础设施项目建设、城市公共项目和公益性项目建设等。毫无疑问，它们都蕴含着城市化进程中所面临的社会问题。我们把项目社会评价的概念和理论用在了对这些项目的分析与评估中，希望能借此对这一研究领域进行一些实践方面的拓展。

二、本书在研究方法上的特色

一般而言，建设项目，尤其是大型工程建设项目都涉及大量的社会学、人类学问题，但长期以来这些问题在我国没有引起足够的重视，使其成为工程学、经济学和社会学学科都忽视的边缘地带。而本书在研究方法上的突出特色，就是利用研究团队成员跨学科的专业优势，将社会学与工程学、经济学、管理学的知识相结合，运用社会学、人类学的研究方法与工具，结合项目评价的基本方法，对项目社会影响、利益相关群体、弱势群体等进行分析，提出减少社会矛盾和社会风险的策略，给出与项目相关的社会政策和项目方案设计。这既拓展了社会学、经济学甚至工程学的研究领域，也切实帮助我们解决了在建设项目实施过程中遇到的社会风险评估与防范难题。

我们主要的研究方法包括：

(1) 资料文献检索（案头研究）：吸收西方各国在项目社会评价领域所取得的最新进展，了解国内建设项目社会评价现状资料，掌握国内外建设项目社会评价的发展趋势；

(2) 建设项目社会评价模式的规范性研究（规范研究）：在文献检索及相关研究的基础上，提出建设项目社会评价的程序、方法与指标体系等；

(3) 建设项目个案与专题调查研究（实地研究）：采用定性分析和定量分析相结合的方法，选择具有代表性的建设项目个案与专题，进行相关的深度访谈和问卷抽样调查，发现问题，同时着眼于事实，寻求问题的解决方法。

三、我们的体会

社会评价的基础是社会学的一般理论与方法，同时需结合项目评价的基本程序。我们曾经以为社会评价可以有一个“标准的”或“通用的”方法，有一个类似项目财务评价或经济评价那样的可供套用的公式，并在这个方向上进行了努力与探索，但经过深入的理论研究与项目实践之后才发现这是一个很大的认识偏差。事实上，社会评价不可能提供公式化或标准化的方法供社会评价专家使用。社会评价成果不是工厂化生产的“标准件”，而是更接近于手工作坊生产的“手工产品”。能够从事社会评价的前提条件是具备社会学理论与方法的基本训练，同时具备对建设项目实施与评价程序的整体把握。只有掌握了这些基本的理论与方法，才有可能应对千变万化的社会评价对象。在实际的研究中，具体采用什么方法是根据项目具体情况来决定的，很难找到一套放之四海而皆准的普适性方法与程序，这就需要我们不断地多学习、多实践，做到具体问题具体分析。目前的社会评价实践中形成了一些有特色的研究方法，如案头工作法、实地调查、公众参与、利益相关者分析等。我们认为，在关于项目社会评价的实际研究中，将这些方法与项目评价学的理论与方法更加系统、有机地结合起来，辅之以更多的、有代表性的个案分析，将成为项目社会评价未来的发展方向。

第一章
建设项目社会评价概述

建设项目社会评价是从社会发展的角度来研究项目开发建设的效益和可行性问题。任何项目的建设，必然会从各个不同的侧面对社会发展产生有利和不利影响。如对当地就业的影响、弱势群体的影响、利益相关群体的影响、资源配置的影响等。建设项目的社会评价，正是从这些领域来研究项目的效益。

一、社会发展与社会发展观

（一）发展观的演变

社会评价既然是从社会发展的角度来研究项目评价问题，社会评价的理论研究就必然地决定于社会发展理论问题。因而，社会发展与发展观的演变，便构成了社会评价的理论基础。而项目社会评价的理论和方法，是基于社会发展的需要，随着人类发展观的演变而逐步产生和发展的。

发展观是从哲学角度对发展的诠释，是人们对经济社会发展总的看法和根本观点。随着人类社会的不断进步，人们对发展的认识不断深化，发展的内涵越来越充实。第二次世界大战以后，西方许多国家遵循了经济增长即发展的传统发展观，GDP 作为衡量经济福利的综合指标，受到各国的采纳和重视（宋林飞，1998）。随着时代的发展，到 20 世纪 60 年代以后，人们逐渐发现 GDP 不能反映资源和环境的代价，不能反映生产力和社会的发展程度。单纯的经济发展不能解决诸如贫富差距、失业和环境等问题，并且造成了许多“因发展而产生的贫困”。人口、不可再生资源、环境、贫困、文化多样性受到威胁等成为全球面临的共同问题，在这种背景下，人们开始重新思考并相继形成了增长极限论、综合发展观、可持续发展观及以人为本的现代发展观（施国庆等，2003）。

纵观历史的发展过程，我们可以看出，人类发展观的演变大致经历了以下四个阶段，在每个阶段，都有其不同的代表性观点。

1. 20 世纪 50 年代末以前的“经济增长论”

这是人类发展观演变的第一阶段，此时人们对发展的理解是走向工业化社会或技术社会的过程，也是强调经济增长的过程，这一时期从工业革命延续到 20 世纪 50 年代末。这一阶段代表性的发展观，是由发展经济学引出的发展观——经济增长论。

这种发展观源于二战后发展经济学的兴起，是发展经济学早期的发展观。它根据对发达国家的经验总结，认为只有促进经济增长，落后国家才能实现追赶的目标。在这个时期，由于发展经济学的主要研究对象是落后国家如何追赶发达国家，因此在理论和认识上也将发展等同于经济增长。其基本观点是，工业化是一个国家或地区经济活动的中心内容；经济增长是一个国家或地区发展的“第一”标志；国内生产总值GDP的增长是衡量一个国家或地区经济发展的重要标尺；发展规划是实现工业化和实行追赶战略的重要手段。其观点表现在经济生活中，就是对GDP的努力追求，对高速度的强烈攀比。为达到这一目标，需要大规模地增加投资，而大规模投资，又要求有较高的资本形成和储蓄率，这方面的理论代表是“哈罗德—杜马模型”。在这种发展观的指导下，在二战后50多年的时间里，人类创造了历史上前所未有的增长奇迹。作为政府对国家经济运行进行评价与诊断的重要指标——国内生产总值（GDP），成为衡量一个国家经济社会是否进步的最重要的指标，形成了以GDP增长为核心的传统发展理念。联合国也与此相配合，于20世纪60年代初制定第一个十年（1960～1970年）国际发展战略，强调把经济增长、GNP和工业发展速度作为最主要的发展目标和衡量经济增长的指标，并具体提出发展中国家GNP年均递增5%的数量指标。

实践证明，以经济增长为核心的发展观，对促进经济增长、迅速积累财富起到了积极作用。但是，由于经济增长并不能完全体现收入分配的改善和社会结构的完善，不能反映技术进步的变化，因此并没有给人们带来所期望的福祉，相反，却出现了高增长下的分配不公、两极分化、社会腐败、政治动荡、环境污染和生态破坏。学术界将这种现象归纳为“有增长无发展”、“无发展的增长”，在理论上确认了发展与增长之间的差异。

2. 20世纪50年代末到70年代初的“增长极限论”和“持续发展观”

从20世纪50年代末到70年代初，随着工业化进程，人们将发展看做经济增长和整个社会变革的统一过程，即伴随着经济结构、政治体制和文化法律变革的经济增长过程，这是人类发展观的第二阶段。这一阶段代表性的观点，是《增长的极限》中表达的发展观——增长极限论。

1968年，以美国麻省理工学院的梅多斯等人为代表的全球（主要是欧美）的100多位学者、名流聚会罗马，讨论当时人类的困境与出路。聚会中，基于共同的担忧，与会者以人口增长、工业发展、粮食生产、资源耗费和环境污染等人类面临的五大严重问题为研究对象，成立了一个名为“罗马俱乐部”的组织。4年后，这个组织发表了震动世界的研究报告《增长的极限》。其中心论点是，人口增长、工业发展、粮食生产、资源消耗和环境污染具有按指数增长的性质，如果按这个趋势继续下去，我们这个星球上的经济增长在今后100年内的某个时期将达到极限，原因在于地球是有限的，人类生活的空间是有限的，资源是有限的，地球吸纳消化污染的能力也是有限的。增长极限论认为，世界经济增长已临近自然生态极限，人类应制止经济增长和技术发展对生态环境的破坏。它所表达的发展观尽管过于悲观，但却警告人类要从人与自然的和谐角度看待发展。在发展过程中，经济发展不能过度消耗资源、破坏环境，人类要注意经济增长与资源环境的协调，应考虑资源环境的最终极限对人类发展和人类行为的影响。虽然罗马俱乐部是从技术性角度以人口、工业发展、粮食、不可再生资源和环境污染五大方面预言经济增长已达到极限，但实质上的深刻含义却是宣告传统经济增长战略在西方工业化国家的结束，为人类认识未来和发展开辟了广阔的新视野。

在“增长极限论”提出后不久，由欧美一些经济学家组成的“新经济学研究会”

（TOES）提出了生存经济学。这一观点和罗马俱乐部报告有相似之处，他们强调健康的经济发展要建立在生态持续能力的基础上，因此他们将自己这一派的论点称之为“持续发展观”。其要点是重视社会与自然界的协调发展，重视改革社会关系，改革权力结构，提倡社会公正，提倡人民参与。在持续发展观里，实际上已隐含着把个人的充分发展当作追求的目标。有人将这一理论观点简单概括为：“发展＝经济＋社会”

3. 20世纪70年代初到80年代的“综合发展观”

从1972年的联合国斯德哥尔摩会议通过《人类环境宣言》以来至80年代，人们将发展看做追求各社会要素（政治、经济、文化、人）和谐平衡的过程，注重人和自然环境的协调发展，最后形成了一种“综合发展观”，这是发展观演变的第三阶段。

20世纪70年代以后，人们对发展有了新的认识，即增长不等于发展，发展是经济社会各方面综合协调发展的系统工程。美国学者率先发动了一场“社会指标运动”，提出了建立包括经济、社会、环境、生活、文化等各项指标在内的新的发展价值体系。1972年6月联合国人类环境会议在斯德哥尔摩召开，这是世界各国政府代表第一次坐在一起讨论环境问题，讨论人类对于环境的权利与义务的大会。会议的目的是促使人们和各国政府注意人类的活动正在破坏自然环境，并给人类的生存和发展造成严重的威胁。会议希望鼓励和指导各国政府和国际机构采取保护和改善环境的行动，并要求各国政府、联合国机构和国际组织在采取具体措施解决各种环境问题方面进行合作。会议通过了划时代的历史性文献——《人类环境宣言》，并郑重申明：人类有权享有良好的环境，也有责任为子孙后代保护和改善环境；各国有责任确保不损害其他国家的环境；环境政策应当增进发展中国家的发展潜力。与此相配合，联合国第二个10年（1970～1980年）国际发展战略报告指出：发展已不再是单纯的经济增长，社会制度和社会结构的变迁以及社会福利设施的改善具有同等重要的地位。1983年联合国推出的由法国经济学家和社会学家佩鲁撰写的《新发展观》一书，是经济社会综合发展观的标志性著作。书中提出的为一切人的发展，把人的全面发展作为评价发展尺度和发展目的的观点开启了一个新的时代。书中强调发展应该是“整体的”、“综合的”和“内生的”，提出发展应以人的价值、人的需要和人的潜力的发挥为中心，旨在满足人的基本需要，促进生活质量的提高和共同体每位成员的全面发展。这种关注中心由客体移向主体，标志着发展观上的一个质的转变。在此基础上逐步形成了综合发展观。综合发展观强调经济与政治、人与自然的协调，将人与人、人与环境、人与组织、组织与经济的合作作为新的发展主题。综合发展观认为发展应以民族、历史、环境、资源等条件为基础，具体来说，发展是经济增长、政治民主、科技水平提高、文化价值观念变迁、社会转型、自然协调生态平衡等多方面因素的总和。这种发展观的局限性在于只强调了当代发展的各种综合协调，但没有考虑到后代的发展空间问题。

4. 20世纪80年代后期以来的“可持续发展观”

20世纪80年代后期以来，人们将发展看做人的基本需求逐步得到满足、人的能力发展和人性自我实现的过程，以可持续发展观形成和在全球取得共识为标志。这是人类发展观演变的第四阶段，其代表性的观点为面向后代与未来的发展观——可持续发展观。

可持续发展理论的形成实际上是经历了相当长的历史过程。如前所述，20世纪50年代末至60年代初，人们在经济增长、城市化、人口、资源等所形成的环境压力下，对增长即等与发展的模式产生怀疑。尤其是一系列充满死亡气息的环境公害事件，如1930年比利时马斯河谷烟雾事件、1948年美国宾夕法尼亚州多诺拉烟雾事件、1955年开始的日本富士山骨痛病事件等等，更是促使人类对“自然的报复”行为进行反思。1962年，美国女生物学家莱切尔·卡逊（Rachel Carson）发表了一部引起很大轰动的环境科普著作《寂静的春天》，作者描绘了一幅由于农药污染所造成的可怕景象，惊呼人们将会失去“春光明媚的春天”，在世界范围内引发了人类关于发展观念上的争论。10年后，两位著名美国学者巴巴拉·沃德（Barbara Ward）和雷内·杜博斯（Rene Dubos）的《只有一个地球》问世，把人类对生存与环境的认识带到了一个新的境界。同年，罗马俱乐部发表了《增长的极限》，明确提出“持续增长”和“合理的持久的均衡发展”的概念。1980年3月，联合国大会第一次使用了可持续发展的概念，随后这个概念逐渐被更多的官方文件使用。可持续发展作为完整的理论，包括了以《增长的极限》为代表的观点，包括了《第二个2000年》和《没有极限的增长》中的部分观点，还包括了联合国《人类环境宣言》中阐述的有关理论。1987年，由挪威首相布伦特兰夫人主持的联合国世界环境与发展委员会在其里程碑式的《我们共同的未来》研究报告中，首次清晰地表达了可持续发展观，即“可持续发展是既满足当代的需求，又不对后代满足需求能力构成危害的发展”。这一概念得到了广泛的认可和接受，1992年在巴西里约热内卢召开的联合国环境与发展大会，通过了《里约环境与发展宣言》和《21世纪议程》两个纲领性文件，它标志着可持续发展观被全球持不同发展理念的各类国家所普遍认同。

可持续发展观的一个重要特点是研究了人类的代际关系，即这一代与后一代人的关系问题。与此相关联，人与自然的关系问题再一次提到了人类的面前。可持续发展观强调以未来的发展规范现在的行动；换言之，就是使发展成为在今天是现实的、合理的，同时又能使明天的发展获得可能的空间和条件。因此，可持续发展也是为未来发展创造条件的发展。

5. 发展观演变的新趋势——现代发展观

应该说，可持续发展观中，自然资源、生态环境等问题受到了特别的关注，由此也引出了环境成本、自然资本等概念。但自20世纪90年代以来，社会成本、社会资本这些原本由社会学家提出的概念则越来越受到经济学家的重视。因此，在可持续发展的观点中再充实一些社会因素可以视为目前发展观演变的新趋势。

20世纪90年代以来，世界经济获得前所未有的发展，物质财富空前增多，但是各国的社会紧张程度却在增加，全世界有五分之一以上的国家近年来经历过民族冲突。全世界的战争、武装冲突，政变、恐怖主义事件此起彼伏。在财富增加的同时，穷人越来越多，失业队伍日益庞大，各种犯罪案件急剧上升，和平与发展因此也就成了全球关心的话题。在这种情况下，持综合发展观的未来学家们提出了“满足人的需求为中心的价值取向”。1995年3月在哥本哈根召开的各国首脑会议通过了《社会发展问题哥本哈根宣言》和《行动纲领》，这两个文件阐发了不少重要的理论观点，主要包括：

（1）社会发展以人为中心，人民是从事可持续发展的中心课题，社会发展的最终目标是改善和提高全体人民的生活质量。

（2）社会发展与其所发生的文化、生态、经济、政治和精神环境不可分割。

（3）社会发展是全世界各国人民的中心需要和愿望；也是各国政府和民间社会各部门的中心责任。社会性发展应当列入当前和跨入21世纪的最优先事项。

上述观点是对综合发展观和可持续发展观的继承和突破，并被世界各国作为今后社会发展方略的主要精神，人们将其称为现代发展观。

另外值得特别注意的是，现代发展观与传统的发展观在看待发展的观点上也是不同的。传统的关于发展的观点是线性的。它假设只有一条单一的轨道供所有的国家循其发展。那些在这一轨道上落后的国家所面临的挑战就是要赶上其他国家，于是最便利的发展方法就是仿效那些走在前面的国家。资金和技术的转化就是达到这一目的的手段。传统的发展观鼓励发展中国家摒弃他们的传统。现代发展观则认为传统不仅是一种文化而且也是一种财富，其注重多样性，即有可能存在许多并行的发展轨道与发展模式。在许多层次上，即使有共同的长期的发展目标，不同的国家很可能会找到实现这一目标的不同路线。这就促使对创新能力而非模仿能力的鼓励。现代发展观还将人的能动作用放在中心位置，重视人类的自身发展、教育以及建立使协同工作更加有效的体制，认为发展所依赖的资本在很大程度上是社会资本，而非物质资本。

（二）现代发展观的核心及其衡量指标

如前所述，现代发展观的核心是以人为核心，以持续发展为目标，其内涵包括如下基本特征：①发展观应当是变化的，具有时代性和部门性，不存在关于社会发展的“最终”和“标准”的定义；②发展的指标是可确定、可选择的；③由于人的地位与作用在社会发展中日益重要，现代发展观包含了许多无法量化的指标，如人的参与、人的素质、人的政治地位及权力等，这些指标从质的方面描述和解释了发展的效果；④发展的范围应当是多种多样的，发展的动力和内外部环境是错综复杂的；⑤社会发展应当是经济与社会、物质与精神、局部与整体、现实与未来的均衡发展；⑥发展应该是一个持续的过程。

由此，衡量社会发展的指标也相应地发生了变化，由单一的经济指标转变为综合性的指标体系。如：①人口指标：人口的数量、增长、分布、受教育程度；②贫困指标：贫困线、贫困比率；③教育指标：教育投入、教育条件、教育设施、教育比率；④健康指标：健康条件、医疗设施、费用、营养、疾病等；⑤住房指标：居住条件、住房设施、住房费用等。此外，还有无法量化的，反映人的素质、精神、社会参与、社会与政治地位的因素等。

二、社会分析与建设项目社会评价

社会分析是指以社会学内容为主的多学科知识用以研究社会发展问题的过程。

社会学的基本功能有三个方面，其一是所谓的描述功能，即借助一定的技术手段和方法，搜集社会生活各领域的数据和资料，加工整理储存记录，形成社会信息，成为描述社会现实的宝贵资料，为组织、规划和管理社会提供基本依据；其二为解释功能，即利用社会学的原理和方法，把握影响社会事务发生、发展的主客观因素，从因果联系上来说明社会现象和过程，从而阐明社会现象发生、变化的原因和规律；其三是预测功能，即在描述和解释的基础上，尽可能全面、准确地研究社会现象中因果之间、因素之间的本质联系，探索社会存在和发展的一般规律，从而对社会发展的前景和趋势做出科学的预测。这三种功能在社会发展研究中的应用，构成了广义的社会分析的基本内容。

建设项目的社会评价便是社会分析方法在建设项目评价研究中的应用。尽管建设项目社会评价必须立足于社会分析的基本理论，应用社会分析的基本手段和方法。然而，由于作为分析对象的建设项目，有其区别于一般社会学研究对象的特殊矛盾和特殊规律，作为建设项目社会评价的内容、程序和方法，自然有区别于一般社会分析的内在规律。确切地说，建设项目社会评价的主要内容便是研究建设项目实施过程中的各种潜在和现实的社会问题（如参与、公平、持续性、利益相关者、贫困及妇女问题），并提出规避社会风险的措施。

建设项目社会评价的目的，可从两个层次上说明。其一是从宏观角度出发，研究项目投资对整个社会发展的影响。其具体内容包括：实现全社会稳定、协调、持续发展的目标，满足人类基本需要的目标；社会公平的目标；资源有效利用的目标等。其次是从项目角度出发，研究项目自身和项目所在地的局部发展问题。其主要内容包括：项目投资目标的实现手段；项目利益在不同群体间的公平分配；潜在风险的预测；社会影响负效应的估计；项目设计与计划方案的改进；项目的参与机制、持续发展机制；项目对所在地的环境影响、社会文化影响等。

三、建设项目社会评价研究发展概况

（一）建设项目评价理论的发展

建设项目是指工业、交通、水利、农业、林业、商业、卫生、文教、科研、旅游、市政等对环境造成影响的一切基本建设项目和技术改造项目，以及区域开发建设项目（包括工业建设项目和非工业建设项目）。随着人类面临的新挑战和人类发展观念的变化，为避免建设项目可能引起的社会冲突和社会风险，研究项目的社会可行性就变得非常紧迫和必要，社会评价研究就是基于这种情况而发展起来的。

项目评价理论的演变，基本上与我们前面所提到的社会发展观的演变过程相一致。20世纪40年代以前，西方社会经济理论在自由主义竞争理论的引导下，政府对经济活动基本实行不干预政策，企业也只追求利润最大化。相应的，项目评价仅考虑投资的财务效果。二战后，西方国家广泛采纳了凯恩斯理论和福利经济学的思想，加强了国家的经济功能，通过对经济活动的干预实现国家经济和社会的持续发展，主要表现在大量增加公共开支，对文化、教育、医疗卫生、交通和环境等社会公共福利事业进行投资，并实行福利政策。由于公共工程与社会福利项目是以社会效益与宏观经济效益为主要目标的，财务评价无法满足这类项目的要求。它要求从国民经济角度，站在国家立场进行评价。另外，发展中国家致力于发展国民经济，也迫切需要从国家立场出发对项目进行评价。因而，西方经济学家逐步形成了一种适应评价公共项目的社会费用效益分析方法（Social Cost-Benefit Analysis），分析项目的国民经济获利性，一般称为国民经济评价。

到20世纪70年代，随着人类可持续发展观的确立以及全球环境与生态问题的凸显，人们对项目的环境效果日益重视，环境影响评价（EIA）引入项目评价体系。EIA对人类进行开发活动时可能引起生态系统及环境系统的变化事先进行识别、预测和评价，并在评价基础上提出合理减轻或消除环境负面影响的对策，以促进社会经济发展和环境保护。

20 世纪 80 年代后期，尤其是 90 年代中期以后，由于在项目的建设和开发中面临着诸如贫困加剧、贫富差距加大、环境污染日益严重、代际发展的公平性等问题，可持续发展观及以人为本发展观被广泛接受，也促成了在投资项目评价中，除了需保证经济、环境可行性外，也应保证社会的可行性。基于这样的认识，世界银行、亚洲开发银行等一些国际金融机构率先在一些投资项目中引入社会影响分析，并据此逐步演变为对整个项目的社会评价。

（二）国外社会评价的发展概况

国际上社会评价研究仍处于初步发展阶段，其先驱主要是世界银行、亚洲开发银行、联合国开发计划署、英国海外开发署等投资和援助机构。

世界银行是国际上较早开展社会评价的机构，取得了许多重要的研究成果，其在项目中开展的社会评价（Social Assessment）实践具有一定的代表性。1974 年，社会学家和人类学家在世界银行仅处于实验性部门的初级职员位置，他们在世界银行从事处于边缘地位的有关社会学的工作。20 世纪 80 年代初，世界银行开始重视发展项目中的社会学问题研究，如制定非自愿移民的政策，派社会学家、人类学家参与项目的评价等。世界银行在 1984 年就要求"社会评估"应成为世行进行项目可行性研究工作的一部分，在项目评价阶段，与经济、技术和机构评价共同进行。世界银行社会评价专家迈克尔.M. 塞尼教授在他《把人放在首位——投资项目社会分析》一书中，阐明了他的工程社会学观点："任何工程都只能以造福于民为目标。工程应当对它所侵害的那一部分人的利益有所补偿，以使工程所涉及的所有人都能从中获利"。这个观点得到广泛认可，并作为建设项目社会评价的准则。

在 20 世纪 80 年代及 90 年代初，加勒比海开发银行（CDB），泛美开发银行（IDB），亚洲开发银行（ADB）等机构分别设立了各自的社会发展部门，专门推动社会评价工作的开展，强调项目多层次目标的协调和共同实现。20 世纪 90 年代末，规范性的社会评价研究及相关的政策逐渐形成，世界银行在 1997 年成立社会发展部门，强化了项目社会评价的作用。项目评价已从单一的财务分析和经济分析，发展到财务、经济、技术、环境和社会等方面的评价，其中社会评价在项目评价体系中扮演着越来越重要的角色（表 1-1）。

国外项目社会评价发展状况表　　　　**表 1-1**

序号	机构/国家和地区	项目社会评价的发展情况
1	亚洲开发银行（ADB）	1991 年，亚洲开发银行（ADB）颁布了发展过程中社会分析指南；1994 年，颁布了将社会方面考虑结合到亚行业务中的指南；2001 年 12 月，亚行颁布新的贫困与影响分析作为亚行每个项目的必需部分
2	泛美开发银行（IDB）	2001 年颁布了社会分析指南
3	加勒比海开发银行（CDB）	1999 年颁布了社会分析指南
4	英国国际发展部（DFID）	1998 年颁布了社会分析指南

续表

序号	机构/国家和地区	项目社会评价的发展情况
5	美　国	1969年，美国颁布了国家环境政策条例（NEPA），号召综合使用社会科学评价对“人类环境”的影响，包括自然环境必须以综合的方式进行演绎，包括自然环境和人与环境的关系，不仅要对“直接”影响进行评价，而且要对“审美的、历史的、文化的、经济的、社会的或健康的”影响进行评价，无论这种影响是直接的、间接的或积累的。1994年5月，美国颁布了社会影响评价指南和原则
6	欧　盟	推行环境评价，其中包括对自然环境的评价和对社会环境的评价
7	加拿大	推行社会批评，包括分配效果、环境质量等许多方面的影响分析

资料来源：刘永铨《基于和谐发展观的项目社会评价体系研究》，2006年

（三）国内社会评价发展概述

我国很早以前就有社会评价的一些思想，比如古代的人本、民本思想，如“民为邦本，本固邦宁”，就是把人民的利益看做维护国家统治的根本；以及“休养生息”的政策，就是封建统治者为了缓和社会矛盾，避免出现大的社会动荡，不劳民伤财建设大型的宫殿建筑等建设项目。但我国真正意义上的社会评价研究，仅有二十多年的历史。1986～1996年，由联合国开发计划署（UNDP）和英国国际发展部（DFID）和国内专家组成的“投资项目社会评价课题组”，经过几年的努力，完成了《投资项目社会评价理论与方法》和《投资项目社会评价指南》，以此为标志，我国投资项目社会评价工作进入起步阶段。此后，为进一步规范投资项目的前期研究工作，经原国家计委于2002年审定，中国国际工程咨询公司编著出版了《投资项目可行性研究指南》，其特色是强调社会评价在可行性研究中的重要作用。《投资项目可行性研究指南》阐述了社会评价的作用和范围，要求从社会影响分析、互适性分析、社会风险分析三个方面进行社会评价，提出项目与当地社会协调关系，规避社会风险，促进项目顺利实施，保持社会稳定的方案。该指南还提出了社会评价步骤，包括调查社会资料、识别社会因素、论证比选方案；以及快速社会评价法和详细社会评价法两种方法。此外，在其他项目，如水利、油田开发、民航、铁路项目等也出版了相应的社会评价指南。

2004年，中国国际工程咨询公司编著出版了《中国投资项目社会评价指南》，提出了社会评价的基本框架：包括社会评价的目的、任务和范围，项目周期各阶段社会评价的主要内容及社会评价采用的指标和分析工具。系统研究了公众参与、贫困人口、社会性别、民族群体、受项目影响的非自愿移民等社会评价的内容，比较了不同类型建设项目的社会评价要点，书中还进行了案例的实证研究。这是迄今为止，国内最新、最全面、最权威的关于建设项目社会评价的指南。但该书在对具体建设项目社会评价的实际应用与操作上，仍有待进一步细化与完善。

目前国内的建设项目社会评价研究主要集中在以下几个方面：一是对世界银行社会评

价成果的研究，包括翻译、介绍世行研究成果，世行投资项目与国内相应项目做法的比较研究；二是国内学者依照世行的做法，结合国内实际，研究国内社会评价研究存在的问题和困难、社会评价研究应采取的方法等；三是国内各学科的学者，主要是社会学、人类学、工程学、技术经济学学者基于国内建设项目引发的诸多社会问题而开展的探讨性研究。其对象多为非自愿移民、征地拆迁、公众参与、社会危害分析等。

四、目前我国建设项目社会评价中存在的主要问题

1. 研究起步较晚，评价体系有待完善

我国对项目社会评价的研究起步较晚，对建设项目的社会评价还处于尝试阶段，还没有形成一个完整的体系和广泛适用的操作规范和操作准则、方法。社会评价方面的学术交流也较薄弱，而且研究成果也常常不为项目决策者所重视。

同时，由于社会评价涉及面广，不确定性因素较多，加上体制等方面的原因，使得社会评价的研究和推广工作面临着许多困难，而不断克服这些困难也成为政府、投资机构和研究者努力的方向。

2. 对社会评价理解不深，对其重要性的认识不足

我国开展投资项目社会评价方法的系统研究已有二十多年，但对社会评价的重视还仅仅局限于可行性研究等项目前期准备阶段，远没有形成包括项目监测评估及涵盖项目管理全过程的投资项目社会评价体系，其根本原因在于人们对社会评价重要性的认识还很不足。如何开拓项目的市场前景，提高项目投资的财务效益，降低财务风险，建立适应市场经济要求的财务管理模式等问题受到普遍重视，与此相反，对于与项目投资有关的社会问题却考虑较少，既没有单独的法律法规进行约束，也没有单独的机构进行管理，更没有对一些特定项目进行强制性社会评价的要求。

3. 从事社会评价工作的机构薄弱、人才短缺且缺乏稳定的来源渠道

目前，我国投资项目社会评价的组织机构体系还没有形成。中央政府投资管理部门及行业管理部门没有相应的机构进行投资项目社会评价的政策、标准、规范制定，资质审查和行业管理；地方各级政府也没有类似的管理机构参与投资项目前期准备、规划设计；实施项目管理的机构，没有专业人员负责投资项目社会评价工作。素质较高、具有较丰富理论和实践经验的社会评价专门人才数量，与投资活动对社会评价人才的需求量相比，仍然存在很大差距。

4. 缺乏对项目全周期的监测评价

目前我国所开展的社会评价，主要局限于项目的前期准备阶段。事实上，社会评价应贯穿于项目周期全过程的各个环节。在项目的可行性研究阶段，在项目的实施、监控、运营等阶段如何进行社会评价，也是我们面临的一个重要课题。

五、对我国建设项目社会评价工作未来发展的建议

1. 在未来的建设项目社会评价研究中，需要来自政府更多的推动

伴随着我国当前投资管理体制的重大改革，无论是对政府投资项目的审批还是对企业

投资项目的核准，政府都将以公共事务管理者的角色，重点关注涉及公共性、外部性等方面的事项，而不再以经营者的身份关注属于企业自主决策的事项，诸如项目的市场前景以及项目盈利能力等问题。而建设项目可能引起的各种社会问题，多属于公共性、外部性的问题，可以预见，在新的投资体制下，政府必将更加重视社会评价工作。因此，这一条件目前已逐渐成熟。

2. 通过立法进一步规范建设项目社会评价工作

建设项目的社会评价是政策性很强的项目评价工作，必须在法规与政策层面上对建设项目社会评价提出明确要求和具体规定，才能有效实施。建议通过立法明确规定何种类型的建设项目必须进行社会评价，应当明确规定各类建设项目社会评价的程序、内容和形式，应当明确规定从事建设项目社会评价的机构与专业人才的资质条件等。

3. 尽快编制出建设项目社会评价的标准与规范

在进行建设项目的社会评价时，不仅要有统一的标准及规范，明确界定建设项目社会评价的范围、程序和方法，还要有适应不同行业特点的各类建设项目的社会评价指标体系、评价标准及操作规范。为此，需要尽快编制出一整套适应一般建设建设项目的社会评价标准及评价规范，在此基础上，还需要针对行业特点，编制各行业的社会评价标准及评价规范。

4. 未来的社会评价研究需要多学科的融合

对一个大型或重要的建设项目来说，涉及许多工程学、规划学、经济学、社会学、甚至人类学的相关知识，仅凭一个学科的学者是很难做出好的社会评价方案的。因此，多学科的融合就成为社会评价研究未来的发展趋势。我们希望在未来的建设项目社会评价的研究中，有关工程学、规划学、经济学、社会学、人类学等学科的学者，来自建设项目一线的专业工作者，还有政府机构的主管人员能联合起来，共同来推进建设项目社会评价工作的开展。

第二章

建设项目社会评价的内涵、特点与原则

一、建设项目社会评价的内涵与特点

（一）社会评价的内涵

建设项目社会评价的界定问题，还没有统一的认识，各国都有不同的理解。如美国推行环境影响评价和社会影响评价，英国及欧盟推行环境评价，包括自然环境影响和社会环境影响评价。我国对社会评价也有多种不同的理解：一种是包括在国民经济评价中的社会经济效益分析，也就是说在项目的国民经济评价中已考虑了项目的社会效益，但只包括可计量的效益；二是经济评价加收入分配分析，在经济评价基础上，通过收入分配分析，分析项目对国家、地区、个人的贡献；三是国家宏观经济分析，通过对宏观经济分析，分析项目对国家所作的贡献；四是社会评价，分析项目对社会经济、社会环境、自然资源等各个方面的影响。前三种都属于经济学的范畴，是狭义的社会评价，具有较大的局限性，对于大型投资建设项目是不适合的。第四种是比较全面的社会评价内涵。

关于社会评价，国内有三种比较有代表性的观点：一种观点认为：社会评价是识别、监测和评估投资项目的各种社会影响及效益，促进利益相关者对项目投资活动的有效参与，优化项目建设实施方案，规避投资项目社会风险的重要工具和手段。具体地说，建设项目的社会评价就是以社会学、人类学为理论基础，分析项目实施对社会经济、社会环境、自然资源与生态环境等各个方面产生的影响、所作的贡献以及所带来的社会效益，同时通过系统地调查和收集与项目有关的社会因素，识别其不利的影响和负面效果，从而降低项目的社会风险，保证项目的顺利实施和持续发展。社会评价与财务评价、国民经济评价、环境评价作为投资项目评价的四个环节，互为补充，共同构成了项目评价的总体内容（中国投资项目社会评价指南，2004）。

另外一种观点认为：关于社会评价"是与财务评价、国民经济评价、环境影响评价相并列的一种独立的投资项目评价方法。它主要应用社会学、人类学、项目评估学的理论和方法，通过系统地调查、收集与项目相关的各种社会因素和社会数据，分析项目实施过程中可能出现的各种社会问题，提出尽量减少或避免项目负面社会影响的建议和措施，以保证项目顺利实施并使项目效果持续发挥"（徐莉等，2004）。

第三种观点这样定义社会评价：以项目区人口及相关人群的社会发展为基本的出发点，综合应用社会学、人类学及其他社会科学的理论与方法，通过系统的实地调查，分析项目中的重大社会事项，从社会方面给出项目是否能够成立的基本判断。如果项目可以成立，则需要给出项目实施过程中重大社会事项可能出现的各种情况，进行社会分析，提出相应的社会发展策略与建议，以保证项目的顺利实施，实现社会公正，促进社会发展。社会评价是社会学理论与方法在项目实践中的具体应用（朱东恺等，2005）。

以上三种观点有许多相同的地方，都认为社会评价是运用社会学、人类学、项目评估学等学科的理论和方法，目的在于分析项目实施过程中可能出现的各种社会问题，降低不利影响，保证项目的顺利实施。只不过第一种观点更倾向于把社会评价看做一种手段和工具，后面两种更侧重于把社会评价看做是方法。

我们认为社会评价是规避社会风险、促进项目顺利实施的工具和手段，也是使项目能顺利开展，达到经济和社会效益最大化目标的方法。建设项目社会评价除了运用社会学、人类学、项目评估学的知识外，还应该融合城市规划、工程经济学、工程管理等相关知识，实行全过程的社会评价，而不仅仅是项目前期的社会评价。

（二）建设项目社会评价的特点

相对于项目财务、经济评价，建设项目社会评价具有以下特点：

1. 重在人文分析

如前所述，现代社会发展概念的核心是人。因而，项目社会评价的主体内容也是人，着重于研究项目与人的关系，并坚持以人为中心调整项目与人的关系。因而，从重视人的角度出发，项目社会评价的主要内容便涉及项目投资所引起的人口统计分布、收入分配、就业问题、文化、教育、卫生保健、道德规范、宗教信仰、风俗习惯以及人的价值观、心态、人际关系等社会人文因素的变化；这些变化带来的社会风险、人们对这些变化的可能反应等等。

2. 属于多层次分析

项目社会评价研究项目的社会效益是针对国家、地方与当地社区各不同层次的社会发展目标、社会政策展开分析的。例如社会发展目标、经济增长目标、公平分配目标、就业目标等，一般是根据国家的宏观经济与社会发展需要制定的，一些具体的指标则根据地区和项目的情况制定。由于环境条件不同、具体目标及指标不同，各层次的社会发展目标与社会政策既有一致的一面，也有不尽一致、有所区别的一面。因而，建设项目社会评价应当分别从国家、地方和社区三个不同层次上展开。层次分析法便是项目社会评价重要的评价分析方法。

3. 间接效益与间接影响多

项目的社会效益与影响虽然有直接的（如节能效益，就业效益，对教育、文化生活的影响等），但由于社会系统的复杂性及相互关联性，有关社会问题的波及效应比较明显。因此，许多建设项目的社会效益往往是间接效益或外部效益，如水利建设项目对地方供水，促进地方工农业发展的效益，新建公路减少相关公路拥挤、节约旅客时间的效益等都是项目的间接效益或外部效益。

4. 评价的多目标性

财务、经济评价目标比较单一，主要是财务盈利与经济增长。而社会评价涉及社会生活各个领域的发展目标，多个有关社会政策的效用以及多种观念、心态等。必须分析多个目标，考虑多种社会效益与影响。社会评价由于涉及的社会因素复杂，目标多元化，因此没有共同度量的标准。

5. 评价指标定量难，定性目标的处理是评价的关键

项目社会评价涉及许多定性目标。有些定性目标难于定量计算，如项目对社区文化的影响，项目的持续性等等。因而，在进行项目社会评价时，如何处理这些定性目标往往成为评价的难点或关键环节。通常的做法是采用定性分析与定量分析相结合的方法。即凡是能量化计算的，均进行定量分析；凡是无法量化的，均采用定性分析；再由两种分析的结果对项目进行综合评价。这是目前应用较普遍的方法。另一种处理办法是采用间接量化的办法，即对那些难以量化的指标，请专家们按照事先商定的标准分等定级，或计分、或计点、或计百分率，将专家们定性分析的结果转化为数值，再对这些间接量化的数值进行定量分析。

6. 分析的内容与形式具有多样性

由于项目性质不同、规模不同、所在地域不同、时代不同，项目社会评价的内容与形式将有很大差异。如城市基础设施项目、城中村改造项目、市政项目、房地产开发项目等项目性质不同，其社会评价关注的内容将会大不相同。城中村改造关心补偿是否到位、补偿的标准是否合理、改造对城市整体功能的发挥是否有利；房地产开发项目则更关心居住环境、配套设施，以及物业管理带来的社区文化影响等。这种内容与形式的差异，引起了项目社会评价的多样性。因而，项目社会评价只能做到部分内容、部分指标及大框架的统一，相当一部分内容和形式要视项目具体情况和需要而定。

7. 评价的长期性

经济评价计算期一般为 20 年，而社会评价贯穿于项目周期的各个环节和过程，还要考虑近期与远期社会发展目标。项目对生态与自然环境的影响，对居民健康、寿命的影响，对利益相关人群生活与心理的影响，可能是几十年，甚至是几代人的问题，因而社会评价的效益与影响往往具有长期性。

二、建设项目评价的原则

一般来说，建设项目社会评价应遵循如下原则：

（一）科学评价的原则

科学评价就是依据真实的而不是凭空臆造的事实；遵循客观的而不是主观武断的规律；运用科学的、民主的而不是专制的方法所进行的评价。唯有科学的评价才能得出符合事实的结论。在这里，任何先入为主的思想、不尊重客观事实的思想，都是错误的。

（二）实事求是的原则

实事求是就是尊重客观规律，一切以事实为依据。实事求是的原则其实就包含在科学评价的原则之内，只是为了更突出这一原则的重要性，才把它又单独提出来。在项目社会评价实践中，要实施实事求是的原则，就必须重视调查研究，唯有通过广泛的、深入的、细致的调查研究，掌握了大量第一手资料，又经过去粗求精、去伪存真、由表及里的改造制作功夫以后，才能得到反映真实情况的信息资料。因而，调查研究的过程，是一个艰苦的工作过程，在这里，切忌先入为主、走马观花、自以为是；切忌偏听偏信、戴着有色眼镜看问题；切忌片面和浮躁、急于求成。

（三）可比性原则

在进行项目社会评价分析时，经常会遇到不同项目或同一项目不同方案的社会评价指标相比较的问题。人们往往是通过这类比较才能对一些问题进行鉴别和评价的。这时，尤其要重视比较对象的可比性。不具备可比性的比较往往会得出错误的结论。因而，在项目社会评价实践中应十分重视研究相互比较指标在内涵、单位、范围、时间及基础条件等方面的一致性，尽可能把不一致的指标改造为具有可比性的指标。

（四）突出重点，抓住主要矛盾的原则

项目的社会评价，面临着众多的问题和因素，涉及错综复杂的方方面面，这就要求运用辩证的方法突出重点、突出主要矛盾。一种非常实用的操作方法就是权重系数的处理办法。权重系数的大小直接描述了各影响因素（或指标）对项目社会评价结果的影响程度，在项目社会评价实践中，正是通过这种权重系数的处理方法来实现突出重点、抓住主要矛盾原则的。

（五）统筹兼顾，从全局出发的原则

项目投资建设是一个复杂的、开放的系统工程，它既有内在的联系和运动，又有外在的联系和运动。项目投资建设过程，本身就是一个不断受到内外因素影响和制约的复杂过程。因而，在进行项目社会分析时，应当采用系统的方法。系统的方法就在于用动态的、发展的和变化的观点来看待事物，系统的方法又要求分析者要从全局出发，高瞻远瞩，不仅要学会从事物的相互联系中研究事物及其变化规律，还要正确处理不同利益主体间的关系，把握影响全局的、最主要的、未来的利益所在，以满足社会整体、未来、全局的需要为基本原则。

（六）以人为中心的原则

如前所述，项目社会评价的核心问题是研究建设项目实施过程中所出现的各种社会问题，以及解决这些问题的相应对策，因而，社会评价不同于经济评价。在这里，人始终是第一位的。无论是调查研究、问题分析，还是项目评价、对策建议，始终要把人，无论是作为项目主体的人：投资者、建设者、使用者、管理者；还是作为项目客体的人：拆迁户、被征地的村民、原社区住户、居民等等，作为项目社会评价过程中的重中之重。

三、建设项目社会评价关注的主要问题

项目社会评价的一个主要内容是分析并合理解决项目实施过程中可能产生的社会问题，降低项目的社会风险，保证项目的社会可行性。在建设项目实施的过程中，存在的主要问题有：

（一）参与问题

在建设项目的建设和运行中，让不同的利益群体参与项目，可以使项目管理方和计划

方充分了解不同利益群体对项目的要求和态度，他们对项目有什么诉求、是支持还是反对，以及如何做好对项目持反对意见的利益群体的工作，使当地人民自身的发展和项目的发展维系在一起，以取得当地人民对项目的支持和合作，自觉维护各项设施，促进项目的顺利进行和效果的持续发挥（张兴华、陶树人，2000 年）。

（二）非自愿移民问题

建设项目的实施，不可避免地导致非自愿移民或拆迁问题，如城市大型道路的新建或改扩建、城市开发建设项目等。迁移会给居民带来许多影响，如生活习惯的改变、重新就业、原有社会关系的破坏以及对新生活环境的不适应等。再加上受传统风俗习惯的影响，大部分居民不愿离开原有的住所，这些因素无疑会给移民工作增加许多困难。非自愿移民问题处理的得当与否，直接影响到项目的顺利实施。

（三）利益相关群体协调问题

利益相关群体是指与项目有直接和间接利害关系，并对项目的成功与否有直接或间接影响的所有各方，包括项目受益人、项目受害人和项目受影响人。项目利益只有与项目受益人共享并对受害人给予合理补偿，协调项目受影响人之间的关系，充分尊重他们的意见，在项目设计、经济补偿、项目参与方面给予考虑，才能赢得其理解和支持，促进项目的顺利实施，减少项目的社会风险。建设项目对相关利益群体的协调将花费评价人员和其他项目管理人员大量的精力，协调得好项目将顺利实施；协调不好，项目可能失败或者达不到理想的社会效益（余建林等，2006）。

（四）公平问题

公平问题，对建设项目而言，主要表现为两个方面：一是项目是否能够提供公平的就业机会和补偿；二是项目完成以后是否能提供公平的使用机会，是否存在限制公平使用的因素。如果项目的实施存在不公平问题，不仅与项目发展目标相悖，而且容易引起部分人对项目的不理解，以至影响项目的顺利进行和效果的持续发挥。

（五）妇女与贫困问题

这个问题主要存在于一些公共建设项目中。关于妇女问题的分析主要是指项目设计时应考虑农村地区妇女的地位和参与问题。即项目设计时要兼顾不同性别在项目中的贡献，除了特殊工程，一般要尽可能考虑妇女对项目建设和运营发挥的作用，减少农村地区的社会不平问题，使项目更加成功。同时，消除和减少贫困应成为建设项目的一个发展目标，社会评价应考察项目所在地贫困人口生活改善问题，用相对标准衡量贫困人口情况，制定落实提高项目贫困人口的生活水平的措施。

（六）文物保护问题

城市作为人类文明的产物，承载着漫长的文化和历史的沉淀，对于城市开发与建设项目，如何把那些具有珍贵历史价值的非质和非物质文化遗产保留下来，并传承下去，同时，融入新时代的元素与符号，避免摧毁城市文物、破坏城市文化事件的发生，是城市建设项目社会评价的重要问题之一。

（七）项目的可持续性问题

在项目社会评价中，应分析建设项目与当地社会文化、经济、环境的适应性，分析项目可能存在的各种社会风险，并提出相应的措施，以降低项目社会风险、保证项目环境功能的持续性、经济增长的持续性以及项目效果的持续性。

（八）生态环境协调问题

社会的发展是全面协调的发展，在项目设施过程中，应保持与生态环境的协调发展，合理利用自然资源。应将项目对环境的影响、对自然环境污染的治理，对自然景观的影响、对自然资源的节约利用等问题，作为重要关注点与评价内容。

对以上建设项目社会评价主要关注点的详细阐述，参见本书第三章“建设项目社会评价的主要内容和程序”。

第三章

建设项目社会评价的主要内容和程序

一、建设项目社会评价的主要内容

尽管由于项目的性质不同、规模不同、地域不同、时代不同，人们关注的社会问题有所区别，其社会评价的内容会有较大的差异，但是，任何项目的投资建设都与人和社会有着密切的关系，既然社会评价是分析项目与人和社会关系的方法，那么，它在投资领域中的应用，从理论上讲，就有着一定的共性。本节正是研究一般意义上的项目社会评价所涉及的主要内容。

一般来讲，项目的社会评价包括两个层次的分析与评价。其一是项目的社会效益与影响评价。其二是项目与社会发展相适应程度的分析与评价。既要分析项目对社会的贡献与影响，又要研究项目对社会政策的贯彻与效用，研究项目和社会的相适性，提出防止社会风险的措施，从项目的社会可行性方面为项目决策提供依据。

（一）建设项目社会效益与影响评价

社会效益与影响评价，是以各项社会政策为基础，针对社会发展目标而进行的评价。评价内容可分为项目对社会环境、区域发展、自然资源以及当地科教文卫等事业的效益与影响评价，以关注公平、贫困和环境协调等问题。具体如图 3-1 所示。

1. 对社会环境的影响

项目的社会环境影响，是指项目投资建设对社会政治、安全、社区服务、社会文化等方面的影响。其具体内容包括：

（1）对社会文化及教育的影响：如对当地文化娱乐、文物古迹、教育设施，生活习惯、道德规范及宗教信仰的影响。

（2）对政治及社会安全的影响：如对当地政治稳定、社会安定、社会组织、社会结构、社会安全的影响。

（3）对城市和地区形象的影响。

2. 对区域发展的影响

建设项目社会评价中的社会经济影响，侧重于从宏观经济角度进行分析和评价，尽量避免与项目的国民经济评价内容重复。从项目对国家、地区经济发展的影响和受影响的群体经济生活等方面考虑。具体包括：

（1）对区域土地资源开发利用的影响：如土地占用及开发状况，项目建设对周边土地使用价值和价值提高的影响状况、对周边地区开发建设的连带影响等。

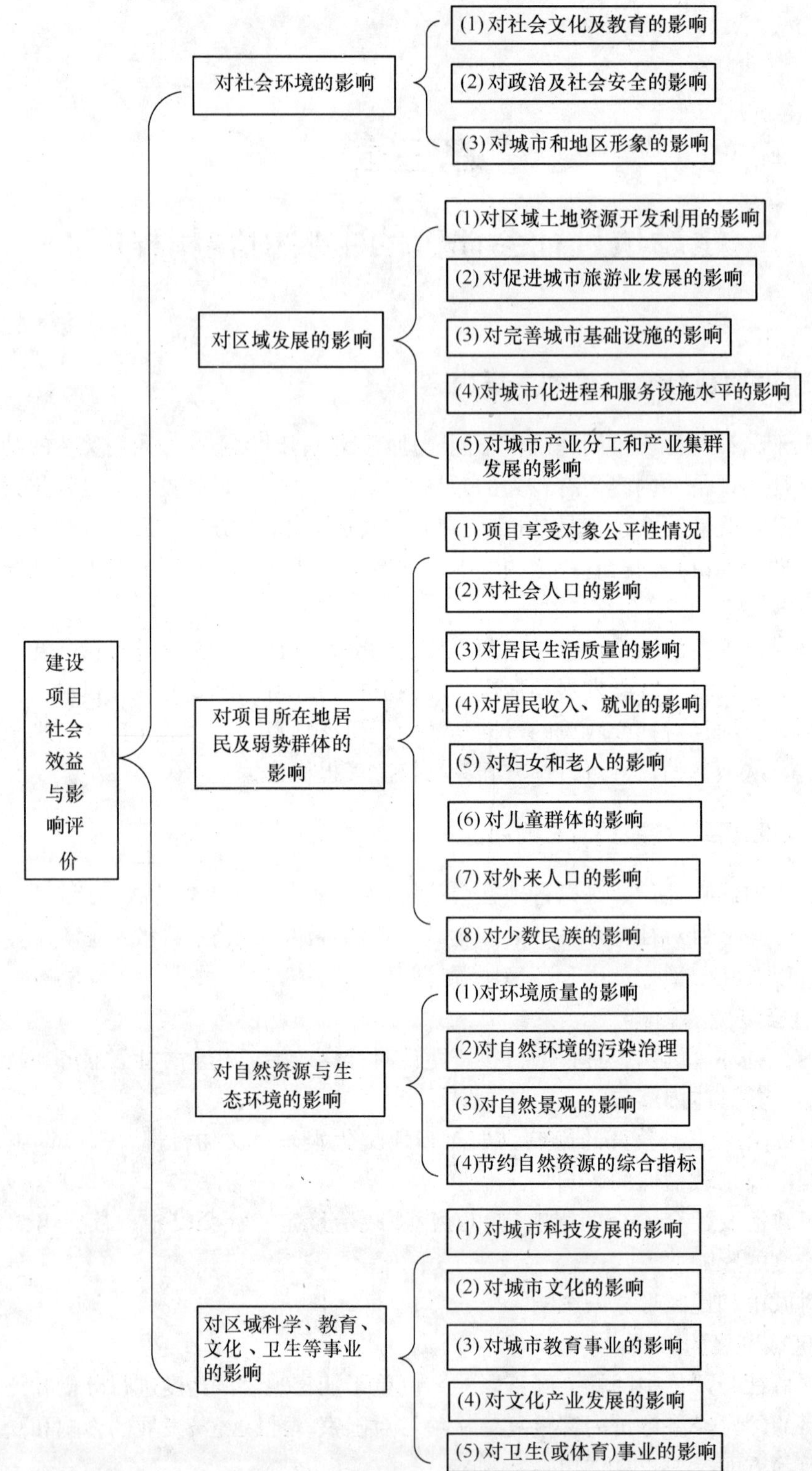

图 3-1　建设项目社会效益与影响评价

（2）对促进城市旅游业发展的影响。

（3）对完善城市基础设施的影响：如住房、生活资料供应、配套服务设施、基础设施、居住及生活环境等。

（4）对城市化进程和服务设施水平的影响。

（5）对城市产业分工和产业集群发展的影响。

3. 对项目所在地居民及弱势群体的影响，具体包括：

（1）项目享受对象公平性情况；

（2）对社会人口的影响，如对人口增长、人口分布的影响等；

（3）对居民生活质量的影响，如公平分配、卫生保健、生活资料、社会福利、社会保障的影响；

（4）对居民收入的影响；

（5）对居民就业的影响；

（6）对妇女和老人的影响；

（7）对儿童群体的影响；

（8）对外来人口的影响；

（9）对少数民族的影响。

4. 对自然与生态环境的影响

项目的自然与生态环境影响，是指项目投资建设环境保护措施及其效果，是建设项目社会评价的一项重要内容。要在建设项目环境影响评价的基础上，进一步研究生态环境影响，提出处理措施。此外，还要分析评价建设项目对自然资源的合理利用、综合利用、节约资源方面的作用和影响。其具体内容主要包括：

（1）对环境质量的影响：如大气环境质量、水资源环境质量、声环境质量，园林、绿化、景观、卫生、气候等生活环境的影响。

（2）对自然环境的污染治理：如项目建设的废水、废气、废渣、噪声、水土流失等的治理措施及其预期效果等。

（3）对自然景观的影响：如项目对天然植被的破坏情况、项目规划设计与自然景观及历史风貌的协调统一、历史文物的保护措施等。

（4）节约自然资源的综合指标：如土地的占用情况，包括土地占用面积，其中耕地占用面积、耕地再造面积等；能源、水资源、海洋资源、矿产资源等自然资源的合理使用情况。

5. 对区域科学、教育、文化、卫生等事业的影响

建设项目对社会环境的影响，是效益与影响评价的重点。包括项目对社会、政治、人口、文化、教育、卫生、科技等方面的影响。具体包括：

（1）对城市科技发展的影响：如技术装备状况、高科技含量、高新技术开发等；

（2）对城市文化的影响；

（3）对城市教育事业的影响；

（4）对文化产业发展的影响；

（5）对卫生（或体育）事业的影响。

（二）项目与社会的相互适应性分析

项目与社会适应性分析评价以项目与当地社区的相互适应性为主，分析项目是否与社区要求、群众的需要相适应，当地社区对项目是否满意并能否积极支持项目的实施，研究项目与社区是否协调，关注利益相关群体参与和项目的可持续性等问题。对于大中型建设项目，则还有适应国家、地方发展重点的问题。通过分析，促使项目与社会相互适应，防范社会风险，保证项目生存的持续性和项目效果的持续性，促进社会适应项目的生存与发展，以最终促进社会的进步与发展。具体如图 3-2 所示。

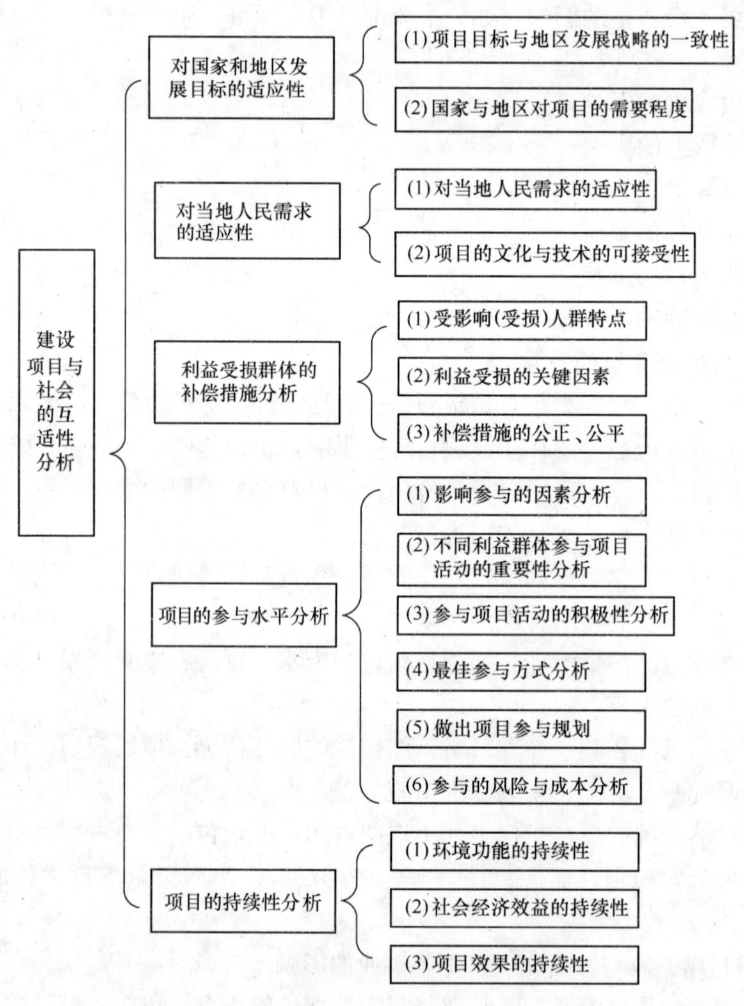

图 3-2　项目与社会的互适性分析

1. 项目对国家和城市发展重点的适应性分析，具体包括：

（1）分析项目的目标与国家、地区或城市的优先发展战略的一致性；

（2）分析国家、地区或城市对本项目需要的程度。

2. 项目对当地人民需求的适应性分析

（1）分析当地人民的需求，对项目的实施能否适应；

（2）分析项目的文化与技术的可接受性。

3. 项目承担机构能力的适应性

分析项目承担机构（承建商、经营者、管理者等）的能力，研究其与项目规模、项目性质、项目水平的适应性，研究是否要采取措施（如增加力量、委托专业性公司等）以增加其能力以及这些措施的可能效果。

4. 受损群体的补偿措施分析

（1）分析受影响和受损人群的特点，他们受到项目影响和损失的程度和承受能力，重点分析最容易受到项目不利影响的那部分人。

（2）分析影响受益与受损的关键因素，提出防止效益流失、减少受影响人口数量、受影响程度及其补偿措施。

（3）分析补偿措施的公正、公平程度，避免受损程度不同却获得相同的补偿。

5. 项目的公众参与水平分析

"参与"是社会评价的重要环节，它也是促进社会发展和实现预定目标的重要手段。在项目的规划、设计、立项、施工准备及实施阶段，各有关方面的参与可以改进项目的规划设计和施工建设，获得当地人民和有关方面的支持与合作，保证项目的顺利实施和充分发挥效益。因此，参与是项目社会评价中的研究重点，内容包括：

（1）影响参与的因素分析。

（2）项目区不同利益群体参与项目活动的重要性分析，如何克服参与项目活动的障碍。

（3）社区领导干部和一般干部对参与项目活动的积极性分析，他们是否积极组织群众参与项目的活动，如何克服消极因素。

（4）最佳参与方式分析，研究以何种最佳方式听取社区各群体对项目的意见和要求。如召开各类座谈会、访谈、采用信息栏公布项目的有关资料并定期吸取意见等。

（5）做出项目参与规划，拟定项目周期各阶段社区群众参与项目的不同方式、时间、人数、预期成效、保证规划的落实措施等。

（6）参与的风险与成本分析。群众参与必然有时间、财力、技术、人力的投入。获得社区参与必须付出一笔额外的费用。需对参与的风险与成本进行细致的分析。综合以上各项分析，最终提出项目的参与水平。

6. 项目的持续性分析

持续性发展是当代社会经济发展的重大课题。项目持续性既包括项目建设对社会经济发展持续性的影响，也包括项目本身的持续性发展。分析项目的可持续性时，要研究环境功能的持续性、经济增长的持续性和项目效果的持续性等三个方面的内容。

（1）环境功能的持续性包括：分析建设项目的实施对环境的主要影响；分析对环境功能有影响的主要社会因素；分析实现环境功能持续性的方式，如移民安置地是否有足够的环境容量来吸收承载相应的移民人口的迁入，如何少占或不占、少淹或不淹耕地等。

（2）社会经济效益的持续性包括：①项目主要投入物和产出物的关系。大型、特大型建设项目规模大，投资多，三材用量多，国民经济能否承受；大型、特大型建设项目工期长，在工程发挥效益前的建设期内只有投入，没有产出，对国家实现中长期经济发展目标有多大的不利影响；发挥效益后对国民经济持续增长的促进作用等。②项目利益分配、不同利益集团的关系、不同利益集团对项目发展的观念和关系。③找出对项目的实施和运行有影响的主要社会因素，分析实现经济持续增长的各种可能方式及主要措施。

(3) 项目效果的持续性。项目效果的持续性是指实现项目规划设计目标，满足人类需要，提供商品和服务的一种持续的能力，可作为判断项目成功与否的主要指标。主要包括：①规划设计阶段实现项目效果持续性的计划方法。②立项阶段确定影响项目效果持续性的主要影响因素分析，如建设资金的筹措到位等问题。③项目实施阶段项目和利益群体之间相互影响的分析。要分析资金到位问题，群众反对或不支持以致延误工期的风险，人、财、物是否被挪作它用，受损地区和群体的补偿标准是否合理，移民的要求、建议是否被充分考虑并采纳等。④项目生产运行阶段实现项目效果持续性的途径分析，包括政策、体制变化，管理机构对项目持续性的影响等。

(三) 项目的社会风险分析

认识并规避风险、趋利避害是社会评价的重要目的，社会风险分析就是要分析项目有无社会风险，严重程度如何，采取什么措施来规避和防范这些社会风险。

1. 识别并分析项目主要的社会风险有哪些？其严重程度如何。

2. 分析社区干部，特别是领导干部对项目的反应与态度，社区群众对项目的意见，有无不满或反对者，不满的地方在哪里。

3. 分析贫困户和妇女，以及受损者对项目的反应和态度，是否接受项目，有无不满或反对者。

4. 分析不同地区从本地区利益出发提出对项目的不同意见，提出协调措施，尤其是直接受益与直接受损地区之间的利益协调措施。

5. 分析项目的主要利益受损群体，尤其注意因项目征地、拆迁而导致的利益受损群体，分析其受项目影响的程度和补偿措施是否到位。

6. 根据以上分析，找出项目主要的社会风险，并提出社会风险防范方法，采取相应的措施。

二、建设项目周期各阶段社会评价的侧重点

就项目的建设周期而言，建设项目社会评价的内容可包括机会研究阶段的评价、可行性研究阶段的评价、项目实施阶段的评价、项目使用阶段的评价和项目后评价阶段的评价。由于建设项目开发建设过程的特殊规律，各个阶段社会评价内容也有所不同，下面将主要讨论建设项目周期各阶段社会评价的侧重点。

(一) 项目机会研究阶段的社会评价

机会研究阶段是指项目可行性研究前的为寻找投资机会，选择项目位置，确定项目功能、性质与规模所进行的调查研究阶段。这一阶段的社会评价，主要是配合项目的初步技术经济分析，就项目的技术、经济、社会诸因素进行初步的，然而是全面的分析评价。其主要内容包括：

1. 调查了解项目所在地的社会经济现状，明确项目目标与当地社会经济发展的一致性

如调查当地的社会经济发展水平、支柱产业及其产业政策；居民的文化习俗和生活习惯、居民的收入及消费水平；城市规划及其实施计划等。研究项目与当地社会经济发展目标的一致性。如该项目对当地建设的影响、该项目对当地社会经济发展的贡献、该项目可享受的优惠政策。结合技术经济分析，初步确定项目的基本目标。如性质、规模、场地、功能、服务对象等等。

2. 调查了解项目的目标群体与受影响群体，预测和评价拟建项目可能产生的主要社会效益与影响

如调查项目的主要利益相关群体有哪些?哪些是受益群体，哪些是受项目影响的群体?各类群体对项目的态度如何，是支持还是反对？调查受项目影响群体（如拆迁户、拟建场地的社区群众等）的要求和对项目的态度。初步预测项目的主要社会影响及有可能引起的社会问题的复杂程度，分析研究项目潜在的社会风险，并提出相应的防范措施。

3. 评估目标群体对项目的接受能力

接受能力不同于吸纳能力，不是经济上的可接受性而导致的购买及消费能力，而是专指目标群体对项目本身及项目建设的认同，以及对该项目建设带来的技术、经济、文化、环境的变化，尤其是项目带来的不利影响（自然风貌的转变、天然植被的破坏、生活环境的影响等等）的适应和承受能力。

4. 判断项目社会评价的可接受性以及是否有必要在可行性研究阶段进行进一步的评价

依据初步分析，可对项目进行初步的社会评价。对那些没有较严重的消极影响，符合当地社会经济发展方向，目标群体对项目的需要和需求较高，受影响群体对项目的反映较好，没有潜在的强烈不满情绪，接受能力也较好的项目，可判定为社会评价可行的项目。而且，还可确定在以后阶段的社会评价中，主要是考虑如何发挥项目的经济和社会效益。

如果在机会研究阶段的初步社会评价中，发现项目对某一群体可能会产生不利影响，从而导致不满情绪；如果目标群体对项目的需求或需要有限、接受能力不强；如果受影响群体对项目存在不满和抵触情绪；如果该项目建设与当地社会经济发展不相适应等等，就需要在下一阶段进行详细的社会评价。研究这些问题的影响程度并提出解决措施。如果估计上述社会风险危害较大且难以解决，就需要否定该项目，建议重新研究项目内容或重新选址。

（二）项目可行性研究阶段的社会评价

可行性研究是对项目及项目建设方案进行的全面技术经济论证。被确定需进行详细社会评价的项目，应结合可行性研究，全面深入地研究与评价项目的社会效益、社会影响及项目与社会的适应性。

详细的社会评价一般与可行性研究的技术经济分析结合在一起进行。承担社会评价分析的人员应与可行性研究机构中的技术、财务、工程、经济方面的评价人员密切配合、协调一致进行工作。一般来说，详细社会评价的主要内容有如下三个方面：

1. 项目目标群体和受影响群体的调查研究

在初步社会评价的基础上，更深入地调查研究项目影响区域的目标群体或当地社区受影响群体的各子群体。详细调查目标群体的需要、承受力、偏好；详细调查项目所在地的社区文化、风俗习惯、历史、文化、文物、自然景观，并将这类调查结果形成对项目规划设计有影响的意见，尽可能地在项目规划设计中，反映目标群体的需求。如对拆迁安置房的开间大小、结构形式、户型、面积、设备配置以及建筑风格、规划布局等等，应尽可能地满足需求，并与当地的社区环境、自然景观协调一致。

要详细研究当地社区受项目影响群体的状况、社会阶层分布、项目将带来的主要影响，这些影响的程度、受影响各子群体对这些影响的承受力及可能的态度，尤其要注意社会薄弱层的承受能力，如城市贫民、孤寡老人对搬迁的承受力，知识阶层、年老病人群体对项目施工阶段建筑噪声的承受能力等等。要了解他们的要求，提出应付这类问题的具体措施并预测这些措施的效果，要使这些调查研究结果形成对项目开发建设方案的明确意见，最终影响方案。

2. 项目社会风险的鉴别，规避和减少风险的措施

在详细社会评价阶段,应根据详细的社会调查，评价与分析、鉴别该项目有可能存在的社会风险，并评估这类风险的危害程度。如在项目立项阶段，是否会遇到当地群众或组织的抵制；在搬迁原住户或拆除原地面设施时，是否会受到抵制；在依靠法律来解决一些纠纷时，是否会出现障碍、是否会有不公平现象；在项目建设过程中，是否会因环境污染及其他因素带来社会问题，受到抵制等等。应当详细研究这类社会风险出现的可能性，易发生的群体、时间，风险化解的主要措施及其效果，这些措施的成本及风险扩大带来的损失等等。

3. 项目的实施战略

项目社会评价的实施战略重点考虑的是项目利益相关群体和影响群体的参与性。良好的参与性几乎是项目社会评价最终所追寻的基本目标。这里的关联群体既包括项目的目标群体（业主、客户、用户等），也包括项目的受影响群体（社区居民、社区组织等）。

（1）关于目标群体的参与性

目标群体的参与性是指项目目标群体对项目及项目方案的关心、热心、支持、参与并最终接受、认可的程度。显然，目标群体的参与性取决于项目及项目方案对目标而言的可接受程度。它除了取决于项目位置、环境、质量、价格等技术经济标准外，从社会学角度来看，还取决于项目是否满足目标群体优先需要、偏好，是否符合当地社区、文化、风俗，是否为当地社区和主要目标群体所接受。

考虑目标群体优先需要和偏好的做法，首先要对项目目标，按各目标子群体的需求和需要的类型与程度，进行先后排序，从中了解哪些是各子群体都十分关注、十分重要的迫切需要；哪些是符合多数子群体发展意愿的。从中选择排序最高，反映多数子群体需要的方案。据此评价项目每一种目标方案各子群体愿意参与的程度，那些反映多数子群体需要的目标，也是最终进行项目规划设计的重要指导性意见。

显然，项目越能反映目标群体的需要和需求，目标群体的认同感便越强，支持项目的积极性就越高。一些成功的扶贫项目，建设者在项目开始时就不遗余力地把项目未来的客户组织起来，或以村委会、居委会的名义组织各种活动，在项目的建设、选址及发展上寻求客户的支持和合作，倾听他们的意见。这一系列的措施使项目的决策避免了失误，促进了项目的顺利实施，而且为项目的发展营造了一种和谐的气氛，不失为强化目标群体参与性的明智之举。

（2）关于受影响群体的参与性

如前所述，项目的受影响群体是指由于项目的建设而受到各种影响的社会群体。主要是项目所在地的社区居民、被拆迁户及相应的组织。受影响群体虽然也可因项目建设改善了社区环境，提供了就业机会而受益，但更多的情形是：因住房及设施的被拆、被占，因大规模的建筑施工而带来生活上的不便，噪声污染、交通秩序混乱、宁静的生活被破坏，旧有的、习惯了的社会生活秩序被打乱，有些被拆迁户甚至可能搬离故土，到新的陌生的地方生活等等。诸如此类的问题，都有可能给当地社区居民带来不快，不满的情绪滋长就会引发社会问题。因而，受影响群众参与性需重点研究的问题，应当是这一部分人将要受到的影响问题、影响程度、承受力及可能存在的潜在社会问题、补救措施及其效果。

解决受影响群体参与性的关键在于项目策划时，对可能出现的影响群众的各类问题所采取的补救措施。要研究这些措施的有效性及这些措施被受影响群体的认可和接受程度。为此，应针对社会评价所反映出来的各种潜在社会风险，制订有效的补救措施，并将这些措施切实反映在项目的开发方案和投资计划中。根据已制定的措施方案，在受影响群众中进行广泛的宣传解释，求得他们的谅解和认同，也是必要的。因而，项目筹备阶段，广泛的、深入的宣传，吸收当地有影响的人物和各种组织机构的领导人物参与项目的研究及决策工作，也是一种有效办法。

（三）项目实施阶段的社会评价

项目实施阶段是指项目开始投资到交付使用这一阶段。本阶段的主要任务是执行投资建设计划，保证项目按时、按质、按量、顺利交付到业主或用户手中。由于许多将要引起的社会问题均在可行性研究阶段的社会评价中周密考虑，一切按计划行事，不至于有什么意外。但是，应当看到，项目实施过程实际上是一个动态过程，错综复杂的资源条件和因素条件无时无刻不在发生变化。任何计划在执行过程中都要发生改变。面对变更的条件和变更的计划，社会评价的条件和结论都有可能改变，一些意想不到的情况也可能发生。因而，项目实施阶段社会评价的关键就是关注社会环境和社会条件的变化，注意方案措施的实施效果，研究新情况，修订原有计划，制订并实施新的措施。

为此，在项目实施阶段，应建立一个完善的社会监测与评价机构。其信息系统应及时、准确地将项目目标群体和受影响群体的状态信息、项目计划，尤其是社会评价措施执行情况信息反映到决策层。当然，从管理效率出发，一般的中小型项目无需建立独立的社会监测与评价机构，而是依附于其他的机构（如质量管理机构、计划管理机构等），明确相应的职责和权力即可。

（四）项目使用阶段的社会评价

建设项目使用阶段是指项目建成，交付使用后的阶段。这一阶段项目设备及建筑物投入使用或已经开始生产，各种社会群体关系（用户、经营管理者、使用者、地方行政机构等）均建立起来。这一阶段的社会关系，主要是人与人、人群与人群、管理职能、权限之间的关系。这些关系对项目功能的正常发挥，社区稳定及良好社会环境的建立，显得尤其重要。本阶段社会评价的重点是放在项目与当地社区、人群及各种机构间的关系上。

涉及社区关系的主要机构有街道、居委会及各级政府的派出机构，其中对项目的使用起主导作用的，便是项目的经营管理公司。因而，建设项目使用阶段社会评价的主体内容，主要是针对项目的经营管理公司的。主要包括如下数项：

1. 关于项目设施功能及其维护状况的评价

这里的项目设施指维持项目正常使用的各种设备和设施，如通风空调、电力、通信、给水、排水等；项目配套服务设施，如配电、园林、绿化、道路、地下管线等。项目设施是否正常使用，是项目正常运营的基本保障。因而，评价设施状况，是对物业管理社会评价的重要内容。

2. 关于项目服务和运营的评价

项目经营管理公司除了要管好、维护好项目的设施及其配套服务设施外，还要对项目的使用者或其他客户提供各种优质服务，以满足项目影响和受益人群的生产或生活需要。如满足项目正常生产，减少项目对当地居民的负面影响，为当地居民提供培训、宣传等服务，为当地居民创造就业机会等，都是项目使用阶段社会评价的重要内容。

3. 关于项目与所在地区关系的评价

建设项目使用阶段的社会评价，特别关注项目与所在地区的关系，如何营造一种祥和、轻松、亲切、舒适的关系，是项目追寻的重要目标。建设项目的管理方应该通过多种方式，采取多种措施保证项目与当地和谐相处。例如成立项目和当地有名望人士组成的协调会、项目使用代表恳谈会等，及时交换意见，互通信息，以增进了解；定期或不定期召开使用者代表会、联欢会以联络感情；组织各种沙龙、各种娱乐活动以加强联系。这些措施对于改善项目与当地的关系，增强凝聚力，调动当地居民支持项目的热情和责任感，无疑是至关重要的。

（五）项目后评价阶段的社会评价

建设项目的后评价是指项目投资建设完成后，对项目的决策、执行、效益、影响的系统而全面的评价。建设项目社会评价的后评价与使用阶段评价虽然在时段上是一致的，但在评价目的与评价内容上却有很大的区别。如前所述建设项目使用阶段社会评价的内容主要是项目设施功能及维护状况的评价、项目与所在地关系的评价等。其目的在于评估项目使用阶段的使用情况及项目与当地的适应情况。而建设项目后评价的社会评价目的在于总结经验，为今后建设同类项目积累经验，改进项目管理，消除或减轻不利影响，以利项目持续实施，并促进社会稳定与进步。其主要内容包括如下三个方面：

1. 社会环境影响评价

具体评价项目建设过程中和项目建成后的社会环境影响、自然环境影响，分析已发生的社会问题原因及已实施对策的实际效果。与可行性研究阶段的社会评价结果相比较，研究有无未曾预料到的、估计错误的社会问题，有无需要采取补救措施的问题，以及应当采取些什么措施，以利于项目持续实施，并促进社会稳定与进步。

2. 项目与社会适应性评价

分析项目对社区群众需要的适应性；项目对地区经济发展、社会目标实现的适应性；项目在扶贫、解困，提高居民尤其是贫困居民住房水平的贡献等。

3. 项目持续性评价

可持续性是当代社会经济发展要考虑的核心问题，也是项目后评价阶段社会评价的主要内容。建设项目持续性评价的具体内容与一般项目持续性评价内容一样，主要有项目环境功能的持续性、经济增长的持续性和项目效果的持续性三个方面。

环境功能的持续性主要评价项目建设对所在地区自然环境、生态环境、经济环境、文化环境、基础设施等人类生存和工作、生活环境带来的有利或不利影响；研究克服不利影响所采取措施的实际效果；分析潜在的社会风险，探讨进一步采取措施的必要性并预测其效果。

经济增长的持续性应从就业、原材料消耗、能源消耗、市场及产业政策、技术水平等角度研究项目对国家和地区经济发展所起的作用；探讨项目本身维持正常发展的必要条件及其现状；分析与项目继续发展有关的社会因素（如法律、法规、产业政策、业主及用户期望等）的有利或不利影响；研究项目经济实现持续增长的方式及其可能结果。

项目效果的持续性是指项目本身实现计划目标、提供商品或服务，以满足人们需要的持续能力。建设项目效果主要表现在其经营管理水平、服务效果、资源（尤其是土地和资金）供应条件。因而，建设项目效果的持续性评价应主要集中在项目的目标、社会效益、收入成本、经营管理、资源条件等方面进行评价。

三、建设项目社会评价的程序

建设项目的社会评价程序虽因项目类型、规模、性质不同而有所差异，但从总体上说，大致遵循一定的基本工作程序。这个工作程序可划分为筹备计划、调查研究、分析评价、总结报告四个阶段。对于一般大中型的建设项目，在可行性研究阶段进行详细社会评价时，具体工作可划分为如下几个步骤：

（一）项目社会评价的筹备与计划

筹备与计划阶段的主要工作是项目社会评价小组的成立及评价工作计划的制定。项目社会评价一般委托独立的咨询单位或聘请有经验的专业人士承担。具有社会评价能力的咨询单位大多是一些专门的研究机构或高等院校相应专业的教师或研究人员。社会评价小组一般由5～8人组成。为了便于联系，一般可在项目可行性研究或策划领导小组的统一领导下工作。

社会评价小组成立后的首要工作便是针对项目的具体情况制订评价工作计划。社会评价工作计划的具体内容包括工作小组的成员分工、进度安排、调研地点及范围的确定，以及上述各步骤工作内容在时间和进度上的协调安排。

（二）项目社会目标与评价范围的确定

1. 项目社会目标的确定

建设项目开发建设的社会目标取决于项目性质和规模。一般而言，像城中村改造这种涉及面广、社会影响大的项目注重于村民合法利益得到保障、城市景观环境和治安环境得到改善、土地价值得以显现等目标；城市社会公益性项目、基础设施项目则注重于当地投资环境、基础设施等的改善；大中型项目关注国家或地区，即宏观与中观的社会影响；小型项目则主要关注局部社区的社会环境影响。对于较大型的建设项目，其直接目标便是促进地区经济社会的发展，其直接的产出实物成果就是项目的开发建设量和经济收入。

2. 项目社会评价范围的确定

项目社会评价范围包括项目影响直接波及的空间范围与时间范围。空间范围一般是项目所在的县、市，其范围大小随项目规模的增加而扩大。对于一些特大型的建设项目，例如三峡水利工程项目、南水北调工程项目等，其空间范围会扩大到全省、几个省甚至整个国家。时间范围一般是指项目的经济寿命期。

（三）项目评价指标和标准的确定

1. 项目社会评价指标的选择

建设项目的社会评价指标，将因项目性质、规模、评价范围的不同而不同，也将因项目所处的环境条件、社会评价所处的阶段不同而有所区别。因而，应视项目的具体要求，按本章前两节建设项目社会评价内容的论述，选定合适的评价指标。

2. 进行调查研究，确定评价标准

调查研究是社会评价的基本工作。建设项目社会评价的调查研究有两个基本目的。其一是收集信息资料，了解基本情况；其二是确定社会评价标准。因而，调查研究主要内容有：

（1）调查评价的基线情况。基线情况是指没有拟建项目情况下社区的基本情况。主要依靠查阅资料、现场访问、座谈讨论等形式收集项目影响区域内的现有社会经济现状，及项目社会评价指标涉及的有关社会环境、自然环境、资源环境等方面的资料，并预测其未来在项目影响时段内的变化，作为评价的基线。

（2）调查项目所在社区及项目受影响社区的基本社会经济情况及其在项目影响时限内可能发生的变化。

（3）调查项目所在社区及项目受影响社区各群体的基本情况，项目开发对其影响及影响程度，各群体对项目的基本态度，有无潜在的社会风险等。

（4）调查社区内各群体、各机构及组织参与项目活动的态度、积极性、要求、期望、障碍及解决这些障碍的措施。

（四）进行社会评价并选择最优方案

1. 制订备选方案

结合项目的技术经济分析就项目场址选择、项目规模、规划设计、开发方案等制定备选方案，按照社会调查的结果对项目各方案进行更深入的社会调查。如采取问卷调查、座谈、实地考察等形式，了解项目影响区域范围内地方政府与群众的意见。如果是当地群众直接受益的社会公益性项目，则要注意了解当地资源条件、社区群众需求，他们对方案的看法和建议。大中型的建设项目，要注意了解当地对项目的适应性和接受程度，以便在方案评价、决策中纳入有益的意见。

2. 进行评价分析

根据事先确定的评价指标、调查研究收集的信息资料，对每一备选方案进行系统的社会评价。一般来说，这种社会评价按如下程序进行：

（1）计算可定量分析的社会评价指标，并按历史统计资料或同类可比项目的统计资料，评价这些方案指标的优劣好坏。

（2）采用专家评分法或其他方法，对各方案无法定量计算的社会评价指标进行量化评价。分析各种定性分析指标对项目社会评价的影响程度，判断当地各社会群体因项目建设受到影响的程度，揭示潜在的、可能存在的社会风险。

（3）分析各定量及定性评价指标对社会发展影响的程度，进行权重及排序计算，并对若干重要指标，尤其是存在不利影响的指标进行深入分析研究，制定防范与减轻不利影响的措施，并估计与评价这些措施的效益与效果。

（4）采用矩阵法或多目标决策法，根据上述评分与权重系数，对各备选方案进行综合评价。

3. 选定项目最优方案

依据各备选方案的综合分析评价结果，进行项目的方案优选。在社会评价优选方案时，要注意处理好如下问题：

（1）处理好综合评价总分数与关键问题的关系。社会评价的优选方案，无疑是综合得分较高的方案。但是，应当注意的是，并非所有得分较高的方案都是优选方案，要综合考虑该项目社会影响较大的几项关键指标及有无社会风险等因素。显然，只有那些综合评分较高、关键指标合格、无社会风险或已采取有效措施防范与解决社会风险的项目方案才是可供优选的方案。

（2）处理好社会评价与技术经济评价的关系。技术经济与社会评价是对同一项目从两个不同角度进行的评价。一个好的项目方案，应当是技术方案先进、财务风险低、经济效益好、社会评价也好的方案。如果同一项目的技术经济评价结论与社会评价结论一致，当然方案优选就是一致的。如果二者评价结论不一致，则要视具体情况，或调整方案、或采取相应措施，解决项目方案在技术、经济、社会方面存在的矛盾。

（五）撰写社会评价报告并进行论证

1. 撰写社会评价报告

项目社会评价报告是项目社会评价过程及社会评价结论的书面报告。项目的社会评价报告可作为项目可行性研究报告的一部分。只有社会影响特别大的项目，才单独上报社会评价报告。

项目社会评价报告内容的简繁程度取决于项目规模大小及项目社会影响大小，有无较大的社会风险等。一般而言，项目社会评价报告的主要内容应包括：项目社会调查人员构成、项目背景、社会调查过程及内容、社会问题分析、方案比较、最优方案的评选过程、方案论证中有争议的问题、尚存的问题，尤其是尚存的社会风险、拟采取的措施、估计的措施效果及成本费用等。如果是后评价阶段的社会评价，内容就更全面。本书后面几章所选的建设项目评价案例，就包括了可行性研究阶段的社会评价和后评价阶段的社会评价。

2. 专家论证

为了集思广益，对一些社会影响较大的项目，常常邀请有关专家，对项目社会评价过程和社会评价结论进行论证，征求专家意见，调整、修改、完善方案。

第四章

建设项目社会评价指标体系与方法

一、建设项目社会评价指标体系

（一）社会评价指标的选取原则

1. 典型原则。评价指标的设计不可能面面俱到，必须抓住重点，注意选择核心指标。

2. 可操作性原则。指标必须科学明确，要考虑指标值的测量和数据搜集工作的可行性，注意搭配好主观指标和客观指标的比例关系，尽可能使用现行的统计指标，减少主观指标。

3. 可比性原则。评价指标应该在时间或空间上具有可比性。那些在较长时期内变化不大的指标，或者在不同地区之间差别不大的指标，不应列入评价指标体系，如果因其地位重要，必须列入，也应赋予较小的权重。

（二）建设项目社会评价指标体系

评价指标体系指能够全面描述和反映被评价对象各方面本质特征的若干指标组成的体系。社会评价指标按照其衡量的内容和对象不同可分为客观指标和主观指标，核心指标和其他指标。客观指标反映客观社会现象，它们最适用于衡量项目带来的结构性变化。主观指标最适用于衡量对个人的影响，即他们的福利现状和期望，以及对受影响各方面的满意程度。核心指标是衡量项目影响，特别是衡量受项目影响人群的收入和就业状况，以及社会服务和当地文化状况的指标（史本山等，1998）。这些指标同时反映项目地区的具体目标人群对项目的看法。其他指标是特定行业的，或特定项目目标或具体情况相关的指标。对于建设项目的社会评价，应该建立一套综合客观和主观指标的核心指标。

虽然不同建设项目、同类建设项目在不同地区、不同时间都会遇有不同的社会因素和社会问题，项目之间特征差异明显，但是每个项目都与其社会环境有关。项目建设过程和项目建成运行期间，都对整个社会产生有利的和不利的影响，尤其是城市建设项目作为城市发展的基础，与城市经济的持续发展、城市社区和人类自身的发展都密切相关。因此，各种建设项目都必须满足一些最基本的社会目标才可以批准实施。公平、公正、消除贫困、持续发展等普适的价值标准是社会发展的目标，建设项目社会评价指标体系就是围绕这些目标而构建的。本文所建立的社会评价指标就是要构建一个易于对建设项目进行社会评价的指标体系，并使之满足独立、完整、透明、可操作的要求，以便于客观决策。

根据建设项目的社会评价主要内容和评价指标的选取原则，社会评价指标体系包括社会效益与影响指标、互适应性指标两部分组成（参见本书第三章）。这两大指标又可以分为多项子评价指标，子评价指标下可以再分为多项底层指标。在评价过程中，可根据具体情况选取底层指标。以下就部分指标的计算进行说明。

1. 社会效益与影响指标

社会评价是站在社会角度评价项目，意在从社会角度最佳配置资源。社会评价不但要求国民收入最大化，而且要求这些收入在全社会最佳配置，从而产生最大的社会效益。社会效益与影响指标就是要评价建设项目所产生的社会效益的大小和对整个社会的影响程度（曾胜，2005）。

（1）社会经济指标

目前的国民经济评价中已经包含了部分诸如对改变产业结构、产品结构、经济格局的影响等社会经济评价内容。为避免重复计算，在社会评价中应重点考虑就业效益、收入分配效果、居民经济生活三个方面的问题，也即是要在社会评价中着重解决社会经济公平问题。

就业效益分为直接、间接、潜在就业效益。就业效益可用总投资就业效益和单位投资就业效益两个指标来衡量：

$$U_t = Q_d + Q_j + Q_p$$
$$u_t = \frac{Q_d + Q_j + Q_p}{V_t} \tag{4-1}$$

式（4-1）中：U_t 为总投资就业效益；u_t 为单位投资就业效益；V_t 为投资总额；Q_d、Q_j、Q_p 分别为直接、间接、潜在就业人数，其中用 Q_d/V_t、Q_j/V_t、Q_p/V_t 表示单位直接、间接、潜在就业效益。

收入分配效果，指项目建成后对收入分配的影响，检验项目收益分配在国家、地方、个人间的收益分配比重是否合理，国家收入分配比重用“项目上缴国家的收益/项目的总收益”表示；地方收益分配比重用“项目上缴地方的收益/项目的总收益”表示；个人收益分配比重用“职工收益/项目总收益”表示。这三者之和等于1，表示项目收益在国家、地方、个人之间的分配比重。这里主要是这三者的分配比例是否合理。

收入的变化，影响响到居民的消费能力，从而影响到他们的经济生活。因此，居民经济生活的影响变化是通过居民收入的变化率来反映，即

$$收入变化率 = \frac{有项目时的收入水平 - 无项目时的收入水平}{无项目时的收入水平} \times 100\%$$

收入变化率为正时，说明居民的经济生活有所提高；反之，居民经济生活水平降低。

（2）社会环境影响指标

建设项目对社会环境的影响主要表现在以下几个方面：对人口的影响，对文化教育的影响；对项目所在地社会结构的影响；对项目所在地居民生活习惯的影响；对社会安定、稳定的影响；对居民卫生保健情况的影响等。①对人口影响主要有两个指标：人口密度和人口迁移率。②对文化教育影响的指标有“文盲率”、“大专以上文化程度人口占总人口的比重”、“人均受教育年限”、“在校学生占总人数的比例”和“每万人中专业技术人员所占比重”。③对居民卫生保健影响的指标有“卫生保健率”。④对社会安全和稳定的影响、对项目所在地社会结构的影响以及对项目所在地居民生活习惯的影响等，这些以定性为主的

指标可通过社会调查和参与式社会评估法获得，主要是了解其影响程度的大小。

(3) 自然资源影响指标

项目对自然资源的影响具体指标有水、土地、能源等资源消耗系数，自然资源综合利用效益，自然资源综合节约效益三类指标，其计算公式如下：

$$C_k = \frac{IR_k}{V_t} \quad k,t = 1,2,\cdots,n$$

$$U = \frac{\sum_{t=0}^{n} UR_k (1+I)^{-t}}{\sum_{t=0}^{n} V_t (1+I)^{-t}} \quad k,t = 1,2,\cdots,n \tag{4-2}$$

$$S = \frac{\sum_{t=0}^{n} SR_k (1+I)^{-t}}{\sum_{t=0}^{n} V_t (1+I)^{-t}} \quad k,t = 1,2,\cdots,n$$

式（4-2）中：C_k为某种资源的消耗系数；U 为自然资源综合利用效益；S 为自然资源综合节约效益；IR_k为某种资源的投入量；UR_k为第 k 种自然资源的利用效益；SR_k为第 k 种自然资源的节约效益；V_t为项目在第 T 期的总投资；I 为社会折旧率。

(4) 生态环境影响指标

将费用效益原理扩展，项目对生态环境影响的社会评价，可通过污染破坏所造成的费用损失和生态治理成本与效益两个方面来进行。

生态环境污染破坏费用损失指标为各生态要素污染破坏率，可进一步细化为：①对自然环境的污染破坏指标，如“水面污染综合指数”、“大气污染综合指数”、“区域环境噪声平均值”、“人均废物排放量”等。②对绿地、森林的破坏指标，如“植被破坏面积”、“人均绿地变化率”和“人均森林植物覆盖变化率”等。③对水土流失的影响指标，如“水土流失面积占地区面积的比例”等。④对野生动植物的影响指标，如“动植物物种数量变化率”、“濒危物种比例”以及“受保护动植物物种数量变化率”等（花拥军等，2004)。

生态治理成本与效益指标主要有“环保投资增长率”和“环保投资效益”等，也可以根据各生态要素方面的指标来表示。在评价中，可运用如生产率变动法、机会成本法、预防性支出法和置换成本法等来解决生态资源经济价值的计量问题。从计算的规范性和易操作性出发，可建立以下等式计算项目对生态环境与资源的经济影响（用 ERE 来表示)：

$$ERE = \left(\sum_{n=0}^{t} X_{fg} + \sum_{n=0}^{t} X_{fe}\right)[P/F, I, n] \tag{4-3}$$

式（4-3）中：X_{fg}为在第 n 年由生态或资源 f 影响造成的 X 产品的经济损益；X_{fe}为在第 n 年进行生态或资源 f 改造治理的成本；n 为项目期。

2. 社会互适性指标

(1) 项目与国家和城市发展的适应性指标

项目的建设必须符合国家、城市的发展需要，与其经济发展程度相协调。只有符合宏观的经济政策才能保证项目与城市的协调发展及项目经济效益、社会效益的发挥。用以下三个指标来反映：符合国家大政方针程度、符合城市发展需求程度、符合地区经济发展程度。这三个都是定性指标，其值可通过调查分析得到。

（2）当地人民需求适应性指标

只有在满足当地人民的需求情况下，项目的建设才能获得当地人民的支持，建设项目才能顺利进行。该指标也是通过实地调查，用定性分析的方法分析项目与当地人民需求的适应程度。

（3）项目受损群体的补偿指标

受损群体是指受到伤害和损失的一群人。在建设项目中，主要是指非自愿移民。这是一个定性指标。该指标主要评价补偿的合理性和公平性。对搬迁的补偿，通常包括现金或其他实物赔付，以补偿其失去的住房、土地和财产，以及因搬迁而失去的生计和带来的不便。

（4）项目公众参与指标

项目的公众参与是科学民主决策的重要途径，评价项目的公众参与应该结合定性与定量指标，定量指标包括召开座谈会、听证会、见面会的次数、参与决策各阶层人员的组成等。定性分析指标需要通过实地调查，了解公众对项目的了解程度、参与方法、参与途径、对决策的主观判断等。

（5）持续性指标

项目的可持续性指标主要通过“项目效果的持续性”（用 *PRE* 表示）指标来确定。

$$PRE=\frac{\sum_{t=0}^{T}W_{h}x_{h}(1+I)^{t}}{T} \tag{4-4}$$

式（4-4）中：T 为项目年平均效益大于年目标效益的时间；I 为项目社会折现率；X_h 为项目在 h 部门的年度效益值，$h=1$，2，…，n；W_h为项目在 h 部门年度效益值占项目全部效益的比重系数。式中的项目可持续效益为项目的有形和无形效益的总和。有形效益主要是经济效益和其他物质形式的社会效益。无形效益诸如文化、生活习俗等方面的影响可以通过社会调查方式来确定。通过以上的处理，即可将项目可持续性指标定量化。可持续性效益是对建设项目各个影响方面的综合计量，在实际运用中应在项目各个影响方面评价的基础上进行。例如，可持续性效益可以用对社会、环境和经济所形成的价值来表示。

二、建设项目社会评价的综合评价法

这里把社会评价的社会效益与影响和互适性这两大内容下的各项指标作为总体社会评价 R 的子评价指标。评价时先对每一个子评价指标分别根据其本身是定量指标还是定性指标来使用不同方法分别评价。在此采用优劣值指标 r 作为统一的评价值，$r\in(0,1)$，0 表示最劣，1 表示最优，然后将各指标的优劣值按一定的并合算法计算出各子评价优劣值 R_i，最终也按一定的并合算法获得总体社会评价优劣值 R。

1. 底层指标定量评价方法

各定量指标属性值的具体数据因指标而异，互相之间不能直接并合，因此需要先统一折算为评价优劣值。

为了方便定量指标统一，将指标主要分为三类，并区别处理：（1）指标值在上限值、下限值之间属性值越大越好的指标，超过上限值其优劣值为 1，低于下限其优劣值为 0；（2）指标值在上限值与下限值之间属性值越小越好的指标，超过上限值其优劣值为 0，低于下限其优劣值为 1；（3）在上限值和下限值之间存在一最佳值的指标，在下限值和最佳值之间属性越大越好，在上限值和最佳值之间属性越小越好，在最佳值处其优劣值为 1，低于下限值和超过上限值其优劣值为 0。

属性值与优劣值之间的具体函数关系随项目的不同、环境的不同和指标的不同而变化，比较复杂。为了能够方便地获得具体定量指标的优劣值，并考虑社会评价不可避免存在一定的粗略性，在此采用在上、下限（或最佳值）之间线形内插法进行定量指标的评价。具体折算公式见表 4-1，其中 q 指属性值，q_l 指下限指，q_h 指上限值，q_o 指最佳值（冒巍巍等，2002）。

优劣值折算公式表　　表 4-1

指标所属类别	指标属性值 q	优劣值 r 计算公式
第（1）类	$q_l<q<q_h$	$(q-q_l)/(q_h-q)$
	$q>q_h$	1
	$q<q_l$	0
第（2）类	$q_l<q<q_h$	$(q_h-q)/(q-q_l)$
	$q>q_h$	0
	$q<q_l$	1
第（3）类	$q_o<q<q_h$	$(q_h-q)/(q_h-q_o)$
	$q_l<q<q_o$	$(q-q_l)/(q_o-q_l)$
	$q>q_h$，$q<q_l$	0

2. 底层指标定性评价方法

评分法是决定型评价方法的一种，是指以评价者直观判断为基础，将评价对象按评价标准评分和处理的一种评价方法。社会评价使用评分法最大的优点是可将定性问题定量化，保证了评价的客观性和科学性，同时使用又比较简便。评分法的缺点是它是建立在评价者主观判断的基础上，受评价者的经验、态度喜好和价值取向的影响。可以通过合理评价，准确地设计评价等级和科学地进行主观判断，使得评分法的使用更为有效，减少人为因素造成的偏差。事实上，评分法在一定程度上是对客观数据难以预测的那部分社会影响进行量化的评价方法。评分法按其评分处理的方法不同，可分为加法评分法、连乘评分法、加乘评分法和加权评分法。各种方法都有其适应性的问题，在此我们采用加权评分法进行定性指标量化。

在评价过程中，按每个评价内容在指标中的重要程度赋予权数，设 w_i 为第 i 评价内容在该指标中的权重（$\Sigma w_i=1$），i 为评价内容的序数；确定各评价内容评价标准，并设计评价等级及对应得分（最优为 1、最差为 0），设评分数为 S_i；最后将各评价内容得分加权并合得到该评价指标优劣值，计算公式：$r=\Sigma S_i W_i$。式中：r 为所求的定性指标优劣值。

3. 总体社会评价结果的获得

（1）并合算法

要获得投资项目的总体社会评价值，需要按照一定的并合运算对底层指标的评价优劣值进行并合。在并合运算中，采用加法、乘法两种基本算法。一种基本算法要保证对整体优劣评价具有有效性或者说具有优劣传递性，则必须具备全优条件、全劣条件、趋优条件这三个保证条件，并且当基本算法有效时，其导出算法也有效。可证明，加法、乘法算法完全满足这三个保证条件。加法算法和乘法算法各有优缺点。加法算法的优点是：计算简便；缺点是：并合得到的优劣值分数差距拉不开。乘法算法的优点：克服了加法算法的缺点，增加了评价优劣值的灵敏性；缺点是：过多地加大了并合得到的优劣值分数差距。

（2）通过并合获得总体社会评价值

就基本并合算法优缺点考虑，通过组合基本并合算法以获得相对准确的最终社会评价值。在文中社会评价模型中存在两次并合，一是将社会评价子评价所涉及评价指标并合得到子评价的优劣值，二是将各子评价优劣值并合得到总体社会评价优劣值。对于前一种并合采用加法算法，将各指标优劣值相加获得子评价的优劣值；对于第二种并合采用乘法算法，将各子评价优劣值相乘后开 8 次方得总体社会评价优劣值。在可行性研究中，将投资不同方案的总体社会评价值对比，总体社会评价优劣值大者为从社会评价角度认为的较优方案。在项目周期各阶段中，可以通过总体社会评价优劣值来判断项目对于社会的优劣。

三、综合评价方法的应用案例

本节通过对 X 项目的建设进行社会评价，以此来介绍如何在建设项目社会评价中运用本章提出的评价指标体系与综合评价法。该评价是在 X 项目的准备和实施阶段时所进行的社会评价。

（一）项目概况

1. 建设背景

G 地区的高校在迅速发展过程中普遍遇到了用地不足的问题。为此，Z 市政府根据 GD 省委制定的关于“文化立省”的发展战略，提出了建设 X 项目的建议。

X 项目建设的重要使命是不仅要解决由于“扩招”带来的高校用地困难问题，还要通过 X 项目的建设实现对 G 地区“北优南拓、东进西联”城市发展战略的实质推进。X 项目正好为开启南拓发展之闸提供了动力，X 项目的建设必然会带动周边的土地开发和科技产业的发展，为南拓提供契机。从长远来看，X 项目的人才储备可为今后 G 地区的发展提供必需的人才资源并推进学、研、产一体化和高科技产业的发展，总之，X 项目对引导 G 地区空间及产业布局结构的优化都将产生重要作用。

2. 总体规划

X 项目坐落在 G 地区 M 岛及其南岸地区。它处在“G 城市建设总体战略规划”中确定的城市南拓发展轴的重要节点上，是未来 G 的“信息港”。

X 项目总规划面积为 43.3 平方公里，其中 X 项目首期工程——M 岛，面积约 18 平方公里，四面环水，拥有起伏的地形、连绵的水岸、良好的植被、丰富的文物古迹与特色景观。M 岛南岸则为 X 项目二期工程，约 25 平方公里。

3. 未来展望

未来岛内人口将增至 20 万，学生人数达 15 万。项目中轴线南部购书中心、北部博物馆及西端的科学中心等配套设施均建成并投入使用，由此将带动岛内的旅游观光事业，旅游及流动人口激增，光科学中心就可带来每年 300 万人次的游客。2006 年，X 项目新添八个体育馆和一个可容纳 5 万人的中心体育场，作为大学生运动会的主赛场和亚运会的备用赛场。届时 X 项目将揭去神秘的面纱，正式被全省乃至全国人民所认识，来自全国各地的比赛队伍入驻X城，也会给X项目带来无限的商机。

地铁四号线2005年年底开通琶洲至新造段与二号线接驳，七号线也于2007年动工。X项目北部往生物岛至仑头的隧道将于2007年底开通，届时X项目南北交通将畅通无阻，由G市老城区到X项目只需二十分钟车程。

X项目强化城市“绿心”的整体功能，采用开放式网络状、绿化生态系统，形成绿网，创造景观生态的安全格局。以各种形式的公共绿地为纽带来组织公共设施和生活设施，形成绿色城市户外游憩空间序列，实现人类“回归自然”的理想。

X项目的快速成长不仅使自身的旅游事业得到长足的发展，还带动了周边的旅游资源，与长洲岛、黄埔古港、万亩果园等共同构筑兼具历史人文、自然风光、都市风貌的文化旅游区。M岛南岸地区也开始进入了开发阶段。

4. 项目总投资

X项目一、二期总投资约330亿元，其中包括征地50多亿、高校建设和岛内公共设施，但不包括地铁、快速路等。

（二）定量分析指标计算

1. 就业效益

M岛内外总人数为12956人，教职工及岛内工作人员约5万人。村民中约有25%找到工作，因此新增就业人数53148人，而建设总投资为330亿元。

$$单位投资就业效益=\frac{项目新增就业人数}{项目建设投资}=\frac{53148}{3300000}=0.016\ （人/万元）$$

该指标越大越好，设该指标的上限值为0.02人/万元，下限值为0.016，就业效益折算成指标优劣值为0.5。

2. 居民收入变化率

征地前，当地居民一年人均获利1万元，征地后，虽然有一小部分当地居民可以通过出租房子、商铺以及利用X项目的资源做生意收入得到改善，但大部分居民失去了土地，难于就业，只能靠补偿款或简单的手工劳作维持最基本的生活。因此，征地后，当地居民的人均月收入为600元，一年则为7200元。

$$居民收入变化率=\frac{7200-10000}{10000}\times100\%=-28\%$$

该指标越大越好，设该指标的上限值为10%，下限值为-30%，居民收入变化率折算成指标的优劣值为0.1。

3. 人口迁移率

岛内原有居民人数为12956，现岛上原来的居民有5954人，因征地拆迁搬到岛外新村居住的人数为7002人。

$$人口迁移率=\frac{迁移人数}{原有人数}\times100\%=\frac{7002}{12956}\times100\%=54\%$$

该指标越少越好，设该指标的上限值为70%，下限值为10%，居民收入变化率折算成指标优劣值为0.4。

4. 土地资源消耗系数

耕地的大量占用是本项目的对自然资源方面的最大影响。因此，通过计算土地消耗系数，可以发现项目对项目所在地在自然资源方面的影响程度。M 岛是珠江 G 市段江心小岛，面积 1800 公顷，其中约 900 公顷是基本农田，因此，本项目占用耕地数 900 公顷，总投资为 360 亿。

$$\text{土地资源消耗系数}=\frac{\text{占用耕地数}}{\text{总投资}}=\frac{900}{360}=2.5\ (\text{公顷/亿元})$$

该指标越少越好，设该指标的上限值为 3 公顷/亿元，下限值为 1.5 公顷/亿元，其折算成指标优劣值为 0.5。

5. 生态环境影响指标

本项目对该地区生态环境的影响是破坏了当地原有的植被，按原有植被面积约为 1260 公顷计，每公顷植被价值约为 60 万元，植被经济损益为 75600 万元。新建植被约为 810 公顷，植被治理费用为 48600 万元。项目建设期为 2 年，社会折现率为 8%。

$$\text{生态环境与资源影响指标}(ERE)=(75600+48600)\times(1+8\%)^2=144867(\text{万元})$$

该指标越少越好，设该指标的上限值为 14.8 亿元，下限值为 14 亿元，其折算成评价优劣值为 0.6。

6. 项目效果的持续性

按 GD 省每年人均 GDP 为 4000 美元计算，一个学生毕业后工作 30 年能为社会带来的 90 亿元经济效益，一年总共有 15 万学生，每年带来的社会效益约为 1350 亿元，假设项目年平均效益大于年目标效益的时间为 50 年，社会折现率为 8%。

$$\text{项目效果持续性}=\frac{1350[(1+8\%)^{50}-1]}{8\%\times 50}=15492\ (\text{亿元})$$

该指标越大，说明项目的持续性效果越好。设该指标的上限值为 16100 亿元，下限值为 15000 亿元，其折算成评价优劣值为 0.8。

（三）定性分析

1. 国家与城市适应性评价

按照 GD 地区高等教育发展规划，至 2005 年，GD 地区高等教育毛入学率要达到 20%以上，普通高校在校生达到 80 万人；到 2010 年，高等教育毛入学率达到 30%，普通高校在校生达到 130 万人；到 2020 年，高等教育毛入学率达到 50%左右，普通高校在校生达到 200 万人左右。G 市地区高校集中了较多的教育资源，在 G 市地区高校就读的学生约占全省的 60%左右。X 项目的建成，保证了 GD 地区和全国的高等教育的持续发展，提供的更多的综合性知识人才。因此，通过专家评分法，符合国家大政方针程度、符合城市发展需求程度、符合地区经济发展程度这三个指标的优劣指都为 0.9，三个指标赋予的权重一样，该子评价指标的优劣值为 0.9。

2. 与当地人民需求适应性

X 项目建设是与我国高校扩招相伴而生的。X 项目的建设提供了更多的优质学位，让当地更多人能读到大学，较为符合当地人民的需求。但是，对于当地大部分村民并不是一件好事，他们部分要被迫搬离自已长久居住的地方。因此，通过专家评分法，该子评价指标的优劣值应为 0.7。

3. 受损群体的补偿

征地时，政府在时间紧迫的情况下，采取了“一刀切”的青苗补偿费（每亩 3000

元），村民的作物是政府派人强制清理的，许多农民特别是果农的损失严重。另外，政府拆迁时给他们住房的补偿标准是450～850元/平方米不等，但出售给居民的新房子是1200～1450元/平方米，他们认为自己的房子拆了但还换不来新房子，还要把“20000元/人“限期拆迁奖励”以及按照他们房屋面积600元/平方米的补贴和征地款加进去。而且，由于失去土地，农民收入下降从而导致另一个后果是子女上学变得越来越困难，补偿费不足以支付巨额的教育支出。因此，该项目对受损群体的补偿不太合理，优劣值为0.3。

4. 项目的综合社会评价

项目社会评价各指标优劣值情况见下表：

指标优劣值情况表 **表4-2**

序号	子评价指标	底层指标	底层指标权重	优劣值
1	社会效益与影响	就业效益	80%	0.5
		居民收入变化率	20%	0.1
	底层指标加权平均			0.4
2	社会环境影响	人口迁移率	100%	0.4
3	自然环境影响	土地资源利用系数	100%	0.4
4	生态环境影响	ERE	100%	0.6
5	国家与城市适应性	符合国家大政方针程度	33%	0.9
		符合城市发展需求程度	33%	0.9
		符合地区经济发展程度	33%	0.9
	底层指标加权平均			0.9
6	当地人民需求适应性	与当地人民的适应程度	100%	0.7
7	受损群体的补偿	受损群体的补偿的合理程度	100%	0.3
8	持续性	项目效果的持续性	100%	0.8

总体社会评价的优劣值是将各子指标的优劣值相乘，并开8次方。因此，X项目的社会评价优劣值为0.5。可见，X项目的总体评价优劣值处于中等水平。

四、建设项目社会评价的其他方法

（一）参与式评价法

在项目社会评价的实践中，还逐渐探索出了一些比较专门的方法，如协商、公众参与等。根据我们的经验，协商与公众参与是通过对项目利益相关者的广泛动员，使他们获得有关项目的信息，了解项目，并对项目的准备与实施提出其看法、建议，从而使项目的设置更为合理、公平和公正。

参与式评价法是通过一系列的方法或措施，促使事物（事件、项目等）的相关群体积极地、全面地介入事物过程（决策、实施、管理和利益分享过程）的一种参与方法。通过这些方法或措施的运用，使当地人（农村和城市的）和外来者（专家、政府人员等）一起对当地的社会、经济、文化、自然资源进行分析评价，对所面临的问题和机遇进行分析，从而做出计划、制定出行动方案并使方案付诸实施，对计划和运动做出检测评价，最终使项目的利益相关群体从项目的实施中得到收益。它的第一个目的是让乡村社区把自己收集的当地的资料放在一个特定的背景下来评估自己的情况。第二个目的是调动乡村社区的力量为实现他们未来的设想而采取行动。

（二）利益相关者分析法

利益相关者是指与项目或发展规划有利害关系的人、群体或机构。利益相关者包括以下几类人：主要利益相关者，是指发展项目的直接受益或者直接受到损害的人；次要利益相关者，是指与项目的方案规划设计、具体实施等相关的人员或机构，如银行机构、政府部门、非政府组织等。利益相关者分析在社会评价中用于辨认项目利益相关群体，并分析他们对项目的实施与实现目标的影响。利益相关者分析还可采用利益相关者研讨会等方式进行。

利益相关者分析的主要内容有：

（1）划分利益群体；

（2）明确各利益群体的利益所在及项目的关系；

（3）分析各利益群体间的相互关系；

（4）研究各利益群体对项目的态度及参与心理；

（5）研究因利益关系而引发社会问题的可能性及其预防措施。

利益相关者分析一般按照以下四个步骤进行：

（1）识别并界定利益相关者；

（2）分析利益相关者的利益及项目对其利益的影响；

（3）对每一个利益相关者的重要性和影响力进行分析；

（4）为重要的利益相关者制定出相应的参与方案。

对这些方法的应用参见本书后面的实际案例。

（三）社会成本效益分析法

社会成本效益分析法也是建设项目社会评价的重要方法之一。其应用项目经济评价的基本原理，对项目各种现实与潜在的成本与效益进行分析，在关注项目的财务效益、经济效益和环境效益的同时，也关注各种社会发展目标的实现，以减少项目可能引起的各种社会矛盾和风险。关于成本效益分析方法的具体论述，详见本书第五章。

第五章

建设项目社会评价中的成本效益分析法

一、建设项目社会成本效益分析的理论基础

建设项目社会评价中的成本效益分析法，也称为社会成本效益分析法，它是一个确认、衡量和比较建设项目的社会效益和成本的过程。这里的建设项目可以是公共投资项目，也可以是企业（私人）投资项目。这两种投资项目都需要进行评估以决定其是否代表了对资源的有效利用。以对企业投资项目进行社会效益成本评估为例，这个项目会涉及纳税、提供就业以及可能会带来污染。这些影响与单纯从企业投资角度进行评估产生的成本与收益是有着显著差别的。因此，社会效益成本分析既可以用来评价公共投资项目，同时也可以用来评价企业投资项目。项目社会效益成本分析法中将涉及“帕累托（Pareto）改进理念”这一福利经济学的理论基础与项目相关群体（referent group）这一重要概念。

（一）“帕累托（Pareto）改进理念”

假定某投资项目的总成本是＄Y，项目所带来的总收益是＄X，项目的净收益用＄（X－Y）来表示，其代表的是将土地、劳动力、资本等生产要素用于该项目建设而非其他用途的更好（X－Y>0）或更差（X－Y<0）的程度。

当我们说＄（X－Y>0）是指将投入用于该项目比用于其他可选方案都更好时，实际上是用了Kaldor-Hicks指标（Kaldor-Hicks criterion）来度量经济福利的变化。K－H指标说的是，即使执行项目的结果会使部分社会成员的情形变得更糟，但如果项目的受益者能对项目的损失者给予补偿的话，整个项目仍然会产生净收益。换句话说，执行项目并非一定要遵循“帕累托（Pareto）改进理念”（Pareto improvement）（指执行一个项目的结果是至少使一部分社会成员的情形变得更好，同时没有任何社会成员的情形会因此变得更糟）来增加社会福利，只需遵循“潜在帕累托（Pareto）改进理念”（Potential Pareto improvement）（总体结果更好）即可（Campbell，2003）。隐藏在这一观点之后的逻辑是如果社会认定执行这一项目后收益和成本分配的结果是不理想的，那么，就可能通过某种转移支付的方式对项目的收益与成本进行再分配。这一观点的问题在于转移支付的方式通常是通过征税或收费，而这种方式有时会扭曲经济行为，同时增加经济运行成本（Boardman & Greenberg，2001）。

（二）项目相关群体（referent group）

公司通常都是按部就班地对投资项目进行分析与评估，所采用的分析技术与进行社会

成本效益分析时采用的技术类似。实际上，从企业的角度对所提出的项目进行的评估通常是项目社会效益成本分析的一部分，其考虑的只是项目对企业产生的效益和成本—其会对收益与成本产生影响进而影响到利润。但项目往往会有更广泛的影响，诸如对环境和就业的影响，但如果这些不直接影响到企业的利润的话，它们往往在分析中就被忽略掉了。与此相对的是社会效益成本分析，它从一个更宽泛的或者“社会”的角度，来度量项目给所有社会成员所带来的成本与效益。在社会效益成本分析这一概念中，“社会”所指的是一个相对狭窄的内涵：简单地说，就是被决策者视为相关的由个体组成的群体，它通常也用“相关群体”（referent group）这一术语来表示（Pearce & Nash，1981）。在进行项目社会效益成本分析之前，分析者需要从项目决策者那里弄清楚项目“相关群体”的组成。通常说来，相关群体一般由国家所有的社会成员组成，但有时也将其内涵缩小在一个更为狭窄的范围，这时可以用“次相关群体”（sub-groups）这一术语来表示，比如说，某区域范围内的所有居民，或者某类特定的社会群体，比如：贫困者群体，失业者群体，老年人群体或者妇女儿童群体等（Just & Hueth，1982）。关于项目相关群体的概念会在本章的下一步部分进行更详尽的分析。

（三）非营利性建设项目可货币化效益的度量方法——消费者剩余法

在进行非盈利性建设项目经济分析时，如何量化项目对社会创造的直接收益是一个关键问题，正确判断和量化非盈利项目的直接收益，对于该类项目进行成本效益分析至关重要。福利经济学中的“消费者剩余法”是可以借鉴的方法。

消费者剩余是消费者在购买一定数量的某种商品时，愿意支付的总价格和实际支付的总价格之间的差额。消费者剩余是消费者的主观心理评价，它反映消费者通过购买和消费商品所感受到的状态的改善。在研究公益性建设项目时，消费者剩余反映的是项目对使用者所产生的可货币化效益。结合消费者剩余的概念，首先我们引入消费者剩余来量化公益性建设项目的效益，然后采取费用—效益方法分析项目的经济可行性。

消费者剩余可以用几何图形来表示。如图5-1所示：曲线是消费者的需求曲线，表示当商品价格发生变化时，消费者需求所引起的数量变化，商品的价格越高，需求量越少。需求曲线上每一个点都表示消费者对每一单位商品所愿意支付的价格。假定商品的市场价格为 P_1，消费者的购买量为 Q_1。那么，根据消费者剩余的定义，可以推断出：在产量0到 Q_1 区间需求曲线以下的面积表示消费者为购买 Q_1 数量的商品所愿意支付的总数量，即图中的 $0ABQ_1$；而实际支付的数量等于市场价格 P_1 乘以购买量 Q_1，即相当于图中矩形 $0P_1BQ_1$ 的面积。这两块面积的差额即图中的阴影部分面积，就是消费者剩余。

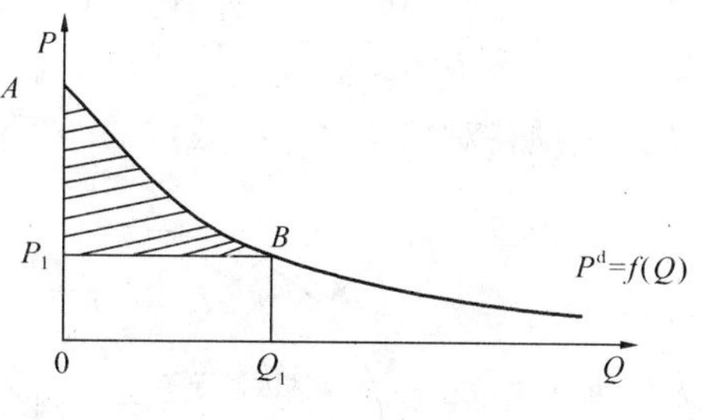

图5-1　消费者剩余

可见，当价格 P 越小时，$0ABQ_1$ 面积就越大，即消费者为购买 Q_1 数量的商品所愿意支付的总数量越大。同样，消费者剩余越大。当 P 趋向于0时，$0ABQ_1$ 面积就最大。西方经济学中，用消费者剩余来度量和分析社会福利问题，把消费者剩余作为公益性建设项目的量化指标。所以当 P 为0时，消费者剩余最大、即社会效益达到最大化。

二、建设项目的社会成本效益分析方法

成本效益分析可以从不同的视点来进行，比如说，对一个企业而言，它可以只从资产所有人（股东）的角度来考虑项目产生的成本与效益，从这一角度进行的效益成本分析称为“企业效益成本分析”（private benefit-cost analysis），这与我国项目财务评价中的项目自有资金现金流量分析相类似；另外，它还可以更为宽泛地从相关群体成员的角度来进行效益与成本分析。

“项目效益成本分析”（project benefit-cost analysis）是指用市场价格来估量项目所有的收益与成本，即 EBIT（Earning Before Interestand Tax）分析。这与我国项目财务评价中所得税前的项目全部投资现金流量分析相类似。项目效益成本分析揭示的是，在不考虑项目贷款利息和税收的情形下，项目在市场价格下是否有一个正的 NPV（经济净现值）。用这种方法计算出的 NPV 既不是自有资金下的 NPV（项目对投资人自有资金的价值），也不是社会性的 NPV（项目对所有相关群体的价值），而是项目在市场价格下的总价值（McMaster&Webb，1979）。项目所涉及的相关群体这一重要概念如图 5-2 所示。为进一步解释这一概念，现举例说明。假定某一外商独资企业将在某发展中国家建一工厂。政府希望从本国国民——也就是本项目的相关群体的角度评估该项目。这时，可先用上面介绍的两种方法来分析该问题。首先，项目在市场价格下的价值是多少（不论投资的资金来源，也不考虑纳税）？这是由项目效益成本分析法来决定的。在用该方法比较该项目的效益与成本时，是用市场价格来计算项目的收益与成本的，其净效益的现值用图 5-2 中的 $A+B$ 的面积表示；第二，从项目投资也就是资产所有人的角度而言是否有利可图？这是用企业效益成本分析法来决定的。如果项目的投资全部来自于自有资金，则只是在项目 NPV 中扣除税金即可。然而，如果在这里假设的是项目的部分投资来源于东道国的金融机构的贷款，那么，项目的贷款金额就应当从项目的成本中扣减掉，同时，也需要从项目的税后收益中扣减掉项目的还本付息额。

在这一例子中，假设项目的投资者不属于项目的相关群体。因此，图 5-2 中，面积 A 代表的是项目对相关群体净效益的净现值：对项目发放贷款的金融机构（银行）以及对项目所缴纳税金的接受者（政府）。项目对非相关群体——也就是项目的资产所有人的净效益，也是用净现值表示，如图 5-2 中面积 B 所示。从企业的角度，只有当项目的净收益对资产所有人而言为正值时，该项目才具备投资价值。面积 A 与 B 一起构成项目的净现值 NPV。

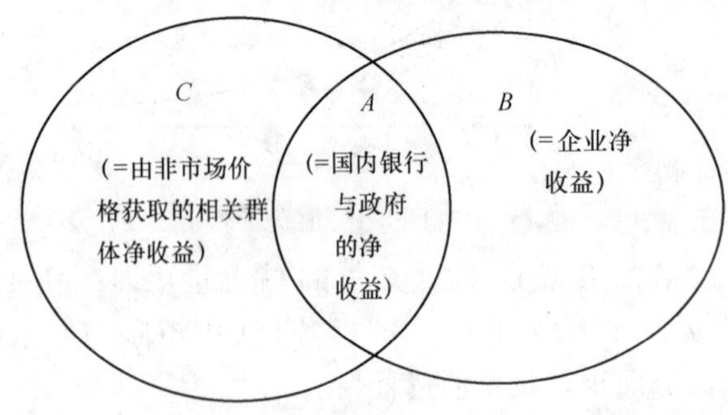

图 5-2 项目、企业、效率以及相关群体净收益的关系图

A：相关群体（市场价格）；B：非相关群体（市场价格）；C：相关群体（非市场价格）；$A+B$：项目（市场价格）；$A+B+C$：效率（非市场价格）

如前所述，项目实际上比用仅项目效益成本分析法得出的结论有着更广泛的影响。项目可能会对东道国内的不同群体产生效益或成本。举例而

言，一些本来面临失业的人或许会因此得到就业机会；他们从该企业所得到的报酬或许会比他们从事一些非市场性活动所得到的报酬要高；企业或许会购买不同的物品或服务，诸如水、电等等，支付的价格或许要高出这些投入本身的成本，由此再一次对部分相关群体带来净收益。项目也许会带来污染，影响到东道国国民的健康，同时也许还会给他们带来其他一些成本。在图 5-2 中，面积 C 代表的是这一部分净收益（扣除成本后的净收益的现值），它从项目相关群体的角度，用非市场化的价格来评估项目产生的这一部分收益与成本，可将它称为给相关群体所带来的非市场化的净收益/成本（non-marketed net benefit/cost）。给相关群体所带来的总的净收益用图 5-2 中的面积 $A+B$ 来表示。

那么，总面积 $A+B+C$ 又代表的是什么呢？它可以看成是项目有效率的净收益（efficiency net benefits）——指扣除机会成本后的项目效益的净现值，不论其是否施于项目的相关群体。这与我国的项目国民经济评价相类似。面积 B 代表的是项目对非相关群体也就是资产所有人的净收益，其将决定企业是否执行该项目。面积 $A+C$ 代表的是项目对相关群体的净收益，其将决定政府是否同意执行该项目。相关群体的净收益是项目的有效率的净收益的一部分。相关群体的构成跟随对项目效益与成本的计算范围的确定。因此，如前所述，确定项目相关群体的范围是一项基本的政策决策。相关群体净收益的构成是效益与成本分析主要要阐述的问题。

除了要度量相关群体总的净收益以外，分析者还需要知道它们是如何在各次相关群体之间进行分配的，这是因为对决策者而言，最可能想了解的就是净收益或损失是如何在项目相关群体的成员间进行分配的，这一内容涉及的是项目相关群体分析（referent group analysis）。

三、投资项目的社会成本效益分析程序

概括而言，对上述所讨论的假设项目（也可以是其他任何项目）的评估，可以从以下四个不同的角度出发：

（1）项目效益-成本分析：它由面积 $A+B$ 来表示，通过用市场价格来计算项目所有的投入与产出来获得（与我国项目财务评价中所得税前的全部投资效益分析相类似）；

（2）企业效益-成本分析：它通过从项目评估中扣除税收、利息以及偿还本金后获得。如果企业资产所有人不属于相关群体，如本例所述，则其净收益由图 5-2 中的面积 B 来表示，它代表的是非相关群体的净收益（与我国项目财务评价中的自有资金效益分析相类似）；

（3）效率效益-成本分析：它由面积 $A+B+C$ 来代表，其计算过程与项目效益成本分析类似，只是用来计算项目投入与产出的价格用的是影子价格（与我国项目的国民经济评价相类似）；

（4）相关群体（社会）效益-成本分析：它由面积 $A+C$ 来代表，可以用下面两种方法来求取—直接法：通过量化所有相关群体成员所遭遇的效益与成本来求得；间接法：通过剔除有效率的净收益中非相关群体的净收益来求取。在本例中，非相关群体的净收益（面积 B）是通过企业效益成本分析来获得的。当然，在其他案例中，企业的所有者也有可能是项目相关群体的组成部分。（在我国的项目经济评价中，对这一部分的成本效益未

加以充分的考虑）。

在进行一个完整的社会效益-成本分析过程中，项目分析者应当按照下面的步骤来进行：

首先，用市场价格计算项目的现金流量（图 5-2 中的面积 $A+B$）；

第二，用市场价格计算企业的现金流量（图 5-2 中的面积 B）；

第三，用有效率的价格（影子价格）计算项目的现金流量（图 5-2 中的面积 $A+B+C$）；

第四，在相关群体（与非相关群体）的成员间分配相关的现金流量。

很明显，有两种方法可以用来计算面积 $A+C$——相关群体的净收益：直接法，列出针对项目相关群体所有成员（在本例中，包括劳动力，政府机构以及普通公众）的效益与成本，同时对其进行度量与汇总；间接法，通过计算项目有效率的净收益，同时剔除其中属于非相关群体的部分。在第一种方法中，面积 $A+C$ 是直接计算出来的；在第二种方法中，先计算出面积 $A+B+C$，然后剔除对非相关群体产生的净收益（本例中由面积 B 表示），便可以间接地得到面积 $A+C$ 了。

概括而言，用间接法计算出来的是项目相关群体所获得的总的社会净收益，用直接法分项计算可以得到项目相关群体每一部分所分配到的社会净收益。这一与收入分配相联系的分类数据相对于汇总的数据而言为决策者提供了更重要的信息。当然，它也比汇总的数据更难获得。在效益-成本分析中，提倡同时采用这两种方法。

四、建设项目社会成本效益分析中的相关指标及其确定

（一）经济净现值指标（NPV）

从发展趋势来看，净现值被认为是项目经济分析的主要评判指标，它反映项目对国民经济净贡献的绝对指标，是用社会折现率将项目计算期内各年的净效益流量折算到建设期初的现值之和。其计算公式为：

$$NPV = \sum_{t=1}^{n} (B-C)_t (1+i_s)^{-t} \tag{5-1}$$

式中　C——每年的现金流入；

B——每年的现金流出；

i_s——社会折现率；

t——项目有效期。

项目经济净现值等于或大于零，表示国家为拟建项目付出的代价可以得到符合社会折现率要求的社会盈余，或者说除得到符合社会折现率要求的社会盈余外，还可以得到以现值计算的超额社会盈余。经济净现值越大，表示项目所带来的经济效益的绝对值越大。

经济净现值指标隐含着这样的前提假设：任何一年发生的现金流量具有相同的时间价值，不去细分现金流量内所包含的内容在性质上的不同。社会折现率 i_s 表示了有用物品占用的机会费用，净现值 $NPV\geqslant 0$ 意味着所研究的项目比存在的各种投资机会的效果还要好，因此是可取的。

（二）经济内部收益率指标（IRR）

经济内部收益率是反映项目对国民经济净贡献的相对指标，它表示项目占用资金所获得的动态收益率，也是项目在计算期内各年经济净效益流量的现值累计等于零时的折现率。其表达式为：

$$\sum_{t=1}^{n}(B-C)_t(1+IRR)^{-t}=0 \tag{5-2}$$

式中　B——经济效益流量；

C——经济费用流量；

$(B-C)_t$——第 t 年的经济净效益流量；

n——计算期。

经济内部收益率等于或大于社会折现率，表示项目对国民经济的净贡献达到或者超过要求的水平，应认为项目可以接受。

由于经济内部收益率的计算可以事先不知道社会折现率，很多人相信它比净现值更能反映项目投资的效果，因此在实际工作中较广泛采用。经济内部收益率的经济含义是：项目方案在这样的利息率下，在项目寿命终了时，不断变化的未被回收的投资被完全回收过来。因此，它是指项目对未被回收资金（投资）的收益能力，而不是仅指初始投资的收益能力。

（三）效益-费用比指标（B/C）

计算这个指标时，各年的净现金流量 Y 分解为效益 B_t（正的）和费用 C_t（负的）两部分，分别折现。效益现值 $B_o=\sum B_t\ (1+i_s)^{-t}$，费用现值 $C_o=\sum C_t\ (1+i_s)^{-t}$

$$\text{效益-费用比}(B/C)=\frac{B_o}{C_o} \tag{5-3}$$

当 $B/C\geqslant 1$，表示效益现值大于费用现值，建设项目可行。

国内学者对投资项目这几个指标有不同的评价，认为从我国目前的实际出发，经济内部收益率指标比经济净现值指标更好一些。其理由是：(1) 由于目前国家没有对折现率基准作出规定，计算经济内部收益率可以避开折现率问题；(2) 国内的实际工作者对经济净现值的经济含义不好捉摸，找不到一个与其相对应的实用的经济指标或经济指数来理解它；(3) 有些人认为经济净现值只是一个绝对数值，并不反映投资的效率。

（四）社会折现率的估算

社会折现率是从社会角度对资金时间价值的估量，是费用-效益分析体系中的重要参数。社会折现率在项目经济分析中作为计算经济净现值的折现率，并作为衡量经济内部收益率的基准值，社会折现率的高低对项目的评价和选择有极大的影响。

在投资项目的社会成本效益分析过程中，社会折现率的确定是一个关键的环节，因为只有准确地确定社会折现率，才能对一个项目的社会成本效益做出正确的判断。对于一个投资项目，如果采用过低的折现率，对社会无效益或低效益的项目也会上马，造成社会资源的浪费，影响社会经济的可持续发展；如果采用过高的折现率，有效益的项目也会因为无法通过经济评价而被舍弃，同时，过高的折现率也会低估未来的长远利益，刺激人们过早地耗尽自然资源，把成本负担强加于未来几代人的身上。所以，只有选择恰当的社会折现率，才能作出正确的投资决策，才能使经济资源在私人部门和公共部门之间及其内部合理地配置。

从银行的贷款利率角度进行分析，资料显示，我国5年的贷款利率从20世纪90年代初期的15.12%降至目前（央行2009年2月发布）的5.94%，大约下降至原来的2/5；同时考虑到社会长期投资风险溢价2%～3%，因此可推算出社会折现率为：

$$i_s \approx 5.94\% + (2\% \sim 3\%) = 7.94\% \sim 8.94\%$$

另外，考虑到目前我国的投资项目进行财务评价时所选取的基准折现率一般在9%～10%左右（由资本成本的加权平均法而得，视投资类型与投资风险的不同而变化），因此，按照社会折现率略低于财务折现率的原则，将目前我国投资项目的社会折现率定为8%～9%也应该是合理的。当然，这一取值应该是随着社会经济的变化而随时进行动态的调整，不能将其固定化。

五、应用社会效益成本分析方法的相关建议

社会效益成本分析方法首先是要帮助分析者识别、度量与评估项目的社会影响，项目给相关群体带来的收益是否超过其所带来的损失（不管谁是受益者或受损者）。它是从政府（而不是企业）的角度来决定一个项目是否执行的主要评价指标；其次，该方法还应帮助分析者识别与度量项目的收益与成本在各相关群体成员间的分配。它是政府有关部门在对项目的收入进行再分配时的主要参考依据。另外，社会成本效益分析也有助于定量评估建设项目的社会风险。由此，我们对该方法的应用提出如下具体建议：

（1）从政府的社会公共事务管理职能的角度，不论是对公共投资项目，还是对企业（或私人）投资项目，都应要求做国民经济评价和社会评价，以加强对项目的环境影响与社会影响的控制，仅靠企业自己在可行性研究报告中所做的项目社会评价是不够的，因为所站的角度不同，所以视点不同，很可能得出的结论也不同；

（2）在进行项目的国民经济评价与社会评价时，不仅要通过对项目影子价格的测算与社会折现率的选取，做到对项目所产生的总体与宏观的经济效率的控制，即进行项目的效率效益成本分析，同时还应从项目所有受影响的相关群体的角度出发，对项目进行相关群体（社会）效益成本分析，测算出项目的相关群体总的净收益以及相关群体内部各子项之间净收益的情况，以此为依据来决定是否同意执行该项目，以及对项目实施后的收益进行合理的再分配，对受损失的相关群体进行相应的补偿。

（3）从项目管理的角度，为避免投资项目的社会风险，企业不仅要详细测算项目的直接成本与收益，进行投资项目的财务评价，还要详细地分析项目的社会效益成本，进行项目的社会风险评估。

对建设项目社会成本效益分析法的具体应用详见本书第十二章的案例。

第六章

建设项目社会评价的调查方法

一、社会调查概述和原则

（一）社会调查概念

建设项目社会评价中的调查方法，简称社会调查法，是指应用科学的方法，有目的、有计划地对建设项目影响区域进行实地调查，广泛、系统地收集项目社会效益与社会影响方面的相关资料，通过分析社会效益与社会影响，为项目决策者规避社会风险、提高社会效益提供可靠依据。社会评价中的社会调查主要包括项目前期社会评估中的社会经济调查、项目建设阶段的社会调查、项目运营阶段的社会调查。社会调查法是社会评价中应用最广泛的方法之一，是建设项目决策和建设项目社会评价的前提与基础。调查研究的方法包括社会科学研究中所有可能的方法，如案头研究、观察、访谈、座谈会、问卷调查等，至于具体采用哪些方法，则取决于研究目的与具体的项目特点。

在社会调查的概念中，应该把握以下三点：

（1）社会调查的基础是收集资料

只有做到有目的、有步骤、系统地收集真实的资料，并予以实事求是地分析研究，才能及时地为建设项目的决策者提供客观而准确的资料，从而保证项目决策的客观性和精确性。

（2）社会调查的内涵是广义的

社会调查不仅包括资料的收集，还包括信息资料的分析研究，需要从项目众多影响因素中识别主要的因素，从而采取相关的措施以规避社会风险。

（3）社会调查的方法必须是科学的

经过精心选择的社会调查方法必须依据不同的客观情况，有计划、有目的、有针对性地实施，以更好地解决实际问题。

（二）社会调查的一般原则

社会调查是一项复杂而细致的工作过程，在社会调查中建立一套系统科学的程序，是社会调查工作顺利进行、提高工作效率和品质的重要保证。社会调查的步骤按照项目的影响范围大小、项目所在区域的社会差异性、调查内容的繁简、调查的时间、地点以及调查人员的学识经验等条件具体确定。但无论社会调查规模的大与小、内容多与少，都应该依据以下基本原则，即调查资料的准确性和时效性，针对调查主题的全面性和经济性，以及调研的创造性。

1. 准确性原则

调查资料必须真实、准确地反映客观实际。科学的决策建立在准确了解客观情况的基础之上，只有在准确的社会调查资料的基础上尊重客观事实，实事求是地进行分析，才能看清问题，做出正确的决策。

资料的准确性取决于以下三个方面：

（1）调查人员的专业素质

调查人员的技术水平决定了他们在调查中技巧的使用水平，对问题的敏锐程度，对整体调查方案的理解程度，以及资料的筛选、整理、分析水平等。

（2）调查人员的敬业态度

社会调查在大多数情况下是一项很辛苦的工作，并不是简单地看看剪报、发个问卷收上来，或者随便找个人谈谈话那样轻松。大多数情况下，每个建设项目社会评价的影响因素均不一致，涉及到的影响群体差异很大，而且项目可能面临激烈的利益冲突，因而社会调查人员必须具备一种科学的态度、敬业的精神才能做好。浅尝辄止的工作态度是做不好社会调查的。

（3）资料提供者是否持客观态度

资料提供者是否持客观态度，是否说出他们内心真实的想法，会直接影响到调研结果的准确性。在建设项目的社会评价中，由于存在受益方和利益受损方、每个人受项目影响的大小存在差异，人们站在自己利益的角度考虑，可能会提供不客观的信息，或出现言行不一致的现象。而我们的调查人员往往并没有考虑到这一点。有时完全听取其中一方的意见可能会有欺骗性，但又不能忽视任何一方的意见。怎么办？解决问题的关键是要很好地理解利益相关方的利益，要了解他们的意见与自身利益的关系。而这样做的方法就是最大限度地利用多种信息渠道听取利益相关方的诉求、利用第一手观察资料以及进行深入细致的调查。

2. 全面性原则

这一原则是根据调查目的，全面系统地收集有关建设项目的社会信息资料。项目社会环境的影响因素很多，既有人的因素，也有经济因素、社会因素、政治因素等，甚至有时国际大环境对社会环境也有较大影响。由于各因素之间的变动是互为因果的，如果单纯就事论事地调查，而不考虑周围环境等因素的影响，就不能把握事物发生、发展甚至变化的本质，就难以抓住关键因素得出正确的结论。建设项目尤其是大型建设项目不可能离开一个地区的社会、经济发展状况，因此一个完整全面的社会调查应包括宏观的背景情况，如社会政治经济环境、以及整个项目影响范围内现实和潜在的受益和受损群体、在少数民族地区还应包括对少数民族习惯和文化的调查等内容。

3. 针对性原则

对于特定项目的社会调查，还应遵循“针对性”原则。在建设项目社会评价中，不同类型项目的社会评价重点是不同的，比如扶贫项目更关注脱贫的效果，而水库移民项目除了关注移民后生活能否得到改善外，还会注重移民能否被当地接纳、移民新的交际圈能否有效建立、移民特有的风俗习惯能否得以保留等。社会调查的目的，就是要准确把握住不同建设项目间社会关注点的差别，识别出社会影响群体，最终采取相应的措施以规避社会风险，扩大社会效益。

4. 时效性与延续性相结合原则

社会调查一般要求调查资料是最新的，社会评价中的社会调查除了时效性外，还要求有延续性。因为一个建设项目的影响是长远的，它与当地能否适应不仅要看现在的情况，还要考虑过去和未来，所以社会评价的社会调查往往也结合人类学的研究方法。

5. 信度与效度相结合原则

不管是定性调查还是定量调查，都要满足一定的信度与效度要求。信度指使用相同测量方法重复测量同一个对象时，得到相同结果的可能性。例如，用秤重复5次称某人的体重，得到的数值都是75kg，可以说明这台秤具有相当的稳定性，即信度较高。但不能因此断言该人的体重就是75kg，因为有可能这台秤存在系统性偏差。效度指测量所得与一般所接受的概念含义之间的相关程度。可分为内部效度和外部效度。内部效度是测量手段真正量度我们想要量度的概念和变量的程度；外部效度是研究、调查结果推广到一个较大范围的能力。有许多确定效度的判别标准，如：表面效度、标准关联效度、内容效度和建构效度等。还是前面的例子，当这个人站在一台经过检定的，质量良好的秤上时，显示的体重是70kg，这时候，信度与效度都得到了保证。

6. 创造性原则

社会调查是一个动态的过程，虽然有科学的、程序化的步骤，但任何环节都需要创意的帮助。社会调查的创造性思维，不能仅仅在调研开始前的头脑风暴会议上绽现，而应该贯穿于整个调研设计和实施过程中。有创意的调研人员，总是能十分敏锐地捕捉那些有价值的信息，不让它们失之交臂，抓住它们，并深入地挖掘它们。创造性调研的特点之一，是根据调研中发现的有价值的信息，提出一个很有创意的假设，然后运用各种调研方法进一步去证明这种假设是否确实存在；创造性调研的特点之二，是抛开那些传统的、先入为主的思维方式，采用准确、直接的调研新手段、新方法。

调研的创造性实际上是社会调查的诸多性质中最有价值的特性，是调研人员专业知识、调研技术、思维能力的综合体现，当然也是有效社会调查最有力的保障。有创意的调研总是来自于调研人员对项目的把握，对社会评价的理解，以及对调研技法的精通。

（三）社会调查的伦理问题

伦理问题广泛出现于所有形式的社会研究中。伦理问题影响社会研究进程的每一个层面，尤其是在国内快速城市化进程的背景下，无论是问卷调查还是访谈调查都应该注意伦理问题。

1. 对研究对象无害

社会研究最首要的伦理规则就是必须对研究对象无害。虽然社会研究通常不想伤害人，但如果不小心也会因疏忽而造成伤害。如果研究者披露了与受访者相关的负面信息，就触犯了这条伦理规则。当研究者进行研究设计时，应该不断地自问是否会对研究对象造成伤害。既然在生活中所做的每一件事都有可能伤害到他人，就必须衡量研究活动的重要性以及相对的危害性。

2. 自愿参与

社会评价另外一个基本的伦理规则是参与者必须自愿的。需要强调的是，这也是一个看起来很容易遵守的规则，因为任何研究人员如果强迫他人参与实验，都会受到批评；但是，有时具体问题需要具体分析。例如，当我们观察村民上访、静坐时候，我们往往不会征求参与者的意见。又例如一个研究者假装参加一个静坐活动，实际上要进行研究，被观察者对这个研究计划的参与有时并非完全出于自愿。

二、社会调查程序

社会调查的程序，是指从调查准备到调查结束全过程工作的先后次序。在社会调查中，建立一套系统的科学程序，有助于提高调查工作的效率和质量。通常，一项正式调查的全过程可分为：调查准备、调查实施以及分析总结三个阶段，每一个阶段又可分为若干具体步骤，如图 6-1 所示。

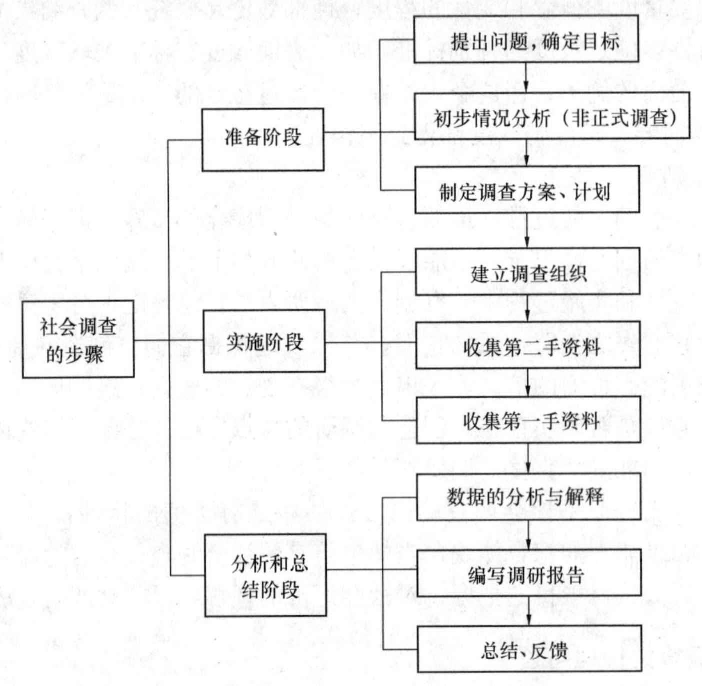

图 6-1　社会调查的程序

（一）准备阶段

社会调查准备阶段是调查工作的开端。准备是否充分，对于实际调查工作和调查的质量影响颇大。一个良好的开端，往往可起到事半功倍之效。调查准备阶段，重点是解决调查的目的、要求，调查的范围和规模，调查力量的组织等问题。在此基础上，制定一个切实可行的调查方案和调查工作计划。这个阶段的具体工作步骤如下：

1. 提出问题，明确目标

社会调查意义重大,其中一个重要的作用就是帮助人们识别项目主要的影响因素和需要深入研究的问题。只有当需要研究的问题被仔细、准确地定义以后，才能设计研究计划，获取切合实际的信息。在对需要研究的问题进行定义的过程中，确定所要研究项目的目标也是一项重要的工作。每一项目应含有一个或多个目标。在这些目标未被明确建立之前，是无法进入下一步的研究的。因此，在每次起草调研提案之前，调研人员首先要知道自己要干什么，要对调研目的与目标十分明确。

2. 初步情况分析和非正式调查

调研人员对初步提出来需要调查的课题，要搜集有关资料做进一步分析研究，必要时还可以组织非正式的探测性调查，以判明问题的症结所在，弄清究竟应当调查什么。探测性研究资料的收集具有较大的灵活性。已出版的材料、个别访谈、反面佐证案例等，都是行之有效的资料来源。另一方面，如果研究的问题能够准确、清晰地得到定义，就可以直接做描述性或因果关系研究。同时，要根据调查的目的，考虑调查的范围和规模多大才合适，调查的力量、时间和费用负担是否有保证。如果原来提出的课题涉及面太宽或者不切实际，调查的范围和规模过大、内容过多，无法在限定时间内完成，就应当实事求是地加以调整。

3. 制订调查方案和工作计划，拟订调研计划书

社会调查经过上述分析研究之后，如果决定要进行正式调查，就应制定调查方案和工作计划，即拟订调研计划书。

社会评价调查方案是对某项调查本身的设计，目的是为了调查有目的、有秩序地进行，它是指导调查实施的依据，对于大型的社会调查显得更为重要。调查方案设计的内容如下：

1）为完成调查的课题需要收集哪些信息资料；

2）怎样运用数据分析问题；

3）明确获得答案及证实答案的做法；

4）信息资料从哪里取得，用什么方法取得；

5）评价方案设计的可行性及核算费用的说明；

6）方案进一步实施的准备工作。

建设项目社会评价调研工作计划是指在某项调查之前，对组织领导、人员配备、考核、工作进度、完成时间和费用预算等做出安排，使调查工作能够有计划、有秩序地进行，以保证调查方案的实现。例如，可按表 6-1 设计调研计划。

调研计划表　　**表 6-1**

项　目	内　容
调查目的	为何要做此调查，需要了解些什么，调查结果有何用途等
调查方法	采用询问法、观察法或实验法等
调查区域	项目的影响地区、影响范围等
调查对象、样本	对象的选定、样本规模等
调查时间、地点	调查所需时间、开始日期、完成日期、地址等
调查项目	访问项目、问卷项目（附问卷表）、分类项目等
分析方法	统计的项目、分析和预测方法等
提交调查报告	报告书的形式、份数、内容、中间报告、最终报告等
调查进度表	策划、实施、统计、分析、提交报告书等
调查费用	各项开支数目、总开支额等
调查人员	策划人员、调查人员、负责人姓名和资历等

总之，建设项目社会评价调研计划书必须具有可操作性，对调查对象、调查范围、调查内容、调查方法、调研经费预算、调研日程安排等都应给出明确的线路。

（二）实施阶段

社会评价调查方案和调研计划经论证确定后，就进入了调查实施阶段。这个阶段的主要任务，是组织调查人员深入实际，按照调查方案或调查提纲的要求，系统地收集各种资料和数据，听取被调查者的意见。这一阶段的具体步骤如下：

1. 建立调查组织

社会评价调查部门，应当根据调查任务和调查规模的大小，配备好调查人员，建立社会评价调查组织。调查人员确定后，需要集中进行学习。对于临时吸收的调查人员，更需要进行短期培训。学习和培训的内容主要包括：

（1）明确社会评价调查方案；

（2）掌握社会评价调查技术；

（3）了解与建设项目有关的方针、政策、法令；

（4）学习必要的社会学和人类学知识等。

2. 收集第二手资料

社会评价调查所需的资料，可分为第一手资料和第二手资料两大类。第一手资料是指需要通过实地调查才能取得的资料。取得这部分资料所花的时间较长，费用较大。第二手资料是指研究机构原来已有的评价案例或其他机构已出版的研究成果。取得这部分资料比较容易，花费较少。在实际调查中，应当根据调查方案提出的内容，首先组织调查人员收集第二手资料。收集第二手资料，必须保证资料的准确性和可靠性。对于统计资料，应该弄清指标的含义和计算的口径，必要时应调整计算口径，使之符合调查项目的要求。对于某些保密的资料，应当根据有关保密的规定，由专人负责收集、保管。

3. 收集第一手资料

经常遇到的情况是，为解决问题所需的资料并不能完全地从内部记录或已出版的外部记录中获得，即不能完全地从第二手资料中获得。因此研究必须以第一手资料为基础。第一手资料是专门为项目研究而收集的。收集第一手资料常要回答下面几个问题：是通过观察实验、还是询问来获得资料；问卷采取封闭式还是采取开放式结构；是将研究的目的直截了当地告诉被访者还是对他们隐瞒研究的目的；此外还有许多问题，但上述几个问题是在研究过程中必须回答的基本问题。

（三）分析和总结阶段

社会评价调查资料的分析和总结阶段，是得出调查结果的阶段。这一阶段的工作如果抓得不紧或者草率从事，会导致整个调查工作功亏一篑，甚至前功尽弃。它是调查全过程的最后一环，也是调查能否发挥作用的关键环节。这一阶段有以下具体步骤：

1. 数据的分析与解释

数据分析包括对采用的抽样方法进行统计检验，以及对数据的编辑、编码和制表。编辑就是对问卷表进行纵览的过程，以保证问卷的完整、连续；编码就是对问题加以编号，以使资料更好地发挥分析作用；制表就是根据某种指标对观察得到的数据进行分类和交叉分类。

在大多数研究中，都要涉及编码、编辑和制表程序。而统计检验作为一种独特的抽样过程和数据搜集工具，往往仅应用于某些特殊的研究。在可能的情况下，统计检验一般都在数据搜集和分析之前就进行，以保证所得到的数据与意欲研究的问题密切相关。数据分析时候还可采用EXCEL和SPSS等成熟的统计分析软件，以提高数据分析的质量和效率。

2. 编写调研报告

调查研究报告主要归纳研究结果并得到结论，提交给建设项目的决策者使用。很多管理人员都十分关心这一报告，并将它作为评价研究成果好坏的标准。因此，研究报告必须写得十分清楚、准确。无论研究做得多么深透、高明，如果没有一份好的研究报告，都将会前功尽弃。

（1）调研报告的主要内容

1）调查目的、方法、步骤、时间等说明；

2）调查对象的基本情况；

3）所调查问题的实际材料与分析说明；

4）识别项目的主要影响因素，做出结论；

5）提出建设性的意见和建议；

6）统计资料、图表等必要附件。

社会评价调查报告的结构没有固定的格式，一般由导言、主体、结论、建议与附件组成。导言部分介绍调查课题的基本状况，是对调查目的地简单而基本的说明；主体部分应概述调查的目的，说明调查所运用的方法及其必要性，对调查结果进行分析并详细说明；附件部分是用来论证、说明主体部分有关情况的资料，如资料汇总统计表、原始资料来源等。

（2）社会评价调查报告的注意事项

编写社会评价调查报告，还应当注意以下几个问题：

1）坚持实事求是原则

调研报告要如实反映真实的情况和问题，对报告中引用的事例和数据资料，要反复核实，必须确凿、可靠。

2）要突出重点

调研报告的内容必须紧扣调查主题，突出重点。结构要条理清楚，语言要准确精炼，务必把所说的问题写得清楚透彻。

3）结论明确

调查结论切忌模棱两可，不着边际。要善于发现问题，敢于提出和建议，以供决策参考，结论和建议可归纳为要点，使之更为醒目。

4）印刷精美

调研报告应完整、整齐装订，印刷清楚、精致美观。

3. 总结反馈

社会评价调查全过程结束后，要认真回顾和检查各个阶段的工作，做好总结和反馈，以便改进今后的调查工作。总结的内容主要有以下几个方面：

1）调查方案的制订和调查表的设计是否切合实际；

2）调查方式、方法和调查技术的实践结果，有哪些经验可以推广，哪些教训应当吸取；

3）实地调查中还有哪些问题没有真正搞清，需要继续组织追踪调查；

4）对参加调查工作的人员做出绩效考核，以促进调查队伍的建设，提高调查水平和工作效率。

值得注意的是，在上述社会评价调查的程序中，除了提出问题这一步骤之外，其他研究步骤并不能完全依照设想的程序进行。并且这些步骤也不是僵化不变的。实际运用时，可视调查内容、环境条件及要求的轻重缓急，灵活使用。有的程序可以省去，有的可以强化，有的可以重复。例如，在制定某项研究方案时，我们也许会发现要研究的问题并没有很好地定义，这样，研究人员也许需要重新回到第一步，对需要研究的问题再做仔细的界定；再如，进入收集数据阶段时，可能会发现原计划的方法成本太高，这时为了保持预算平衡，就可能需要对原来的研究设计进行改变，减少资料规模，或以其他资料来代替（也许依靠第二手资料）。但当资料已经收集得差不多时，研究人员再要对研究方案做改动的话，所花的代价就非常大，这将影响研究的进行。正因如此，在进行资料收集之前，就应对研究设计十分认真地考虑，以免造成不必要的损失。

三、社会调查方法分类

社会调查可以采用多种方法，调查方法是否得当，对调查结果有很大的影响。研究者必须依据评价项目的实际情况，正确地选择社会调查的类型和方法。社会调查方法根据不同标准可以有不同的分类，如图 6-2 所示。

（一）按调查目的分类

可划分为探测性调查、描述性调查、因果性调查三大类。

1. 探测性调查

探测性又称非正式调查。当社会评价组对项目社会评价的重点和难点不明确时，可以采用探测性调查来找出症结所在，然后再作进一步研究，以明确调查对象，确定调查重点，选择调查方法，寻找调查时机。

> **例 6.1** 某城市修建了一条城际高速公路，需要进行社会评价。但决策者对沿线经过了哪些地区？遇到了什么阻力？对沿线地区的发展会造成什么影响？公路建设的拆迁量有多大？居民对拆迁补偿的意见如何？是否有减少投资的改进方法？城市从高速公路的建设中获得了哪些经济和社会效益？这些情况可能并不清楚。在这种情况下，可以采用探测性调查，从交通部门、地方政府那里或沿线居民那里收集资料，以便了解情况。

由此可见，探测性调查只是收集一些有关资料，以确定问题所在，至于问题应该如何解决，则有待于进一步的调查研究。探测性调查回答的是“可以做什么”，也即是“投石问路”。探测性调查一般通过搜集第二手资料或请教专家，或参照以往发生的类似实例来进行。

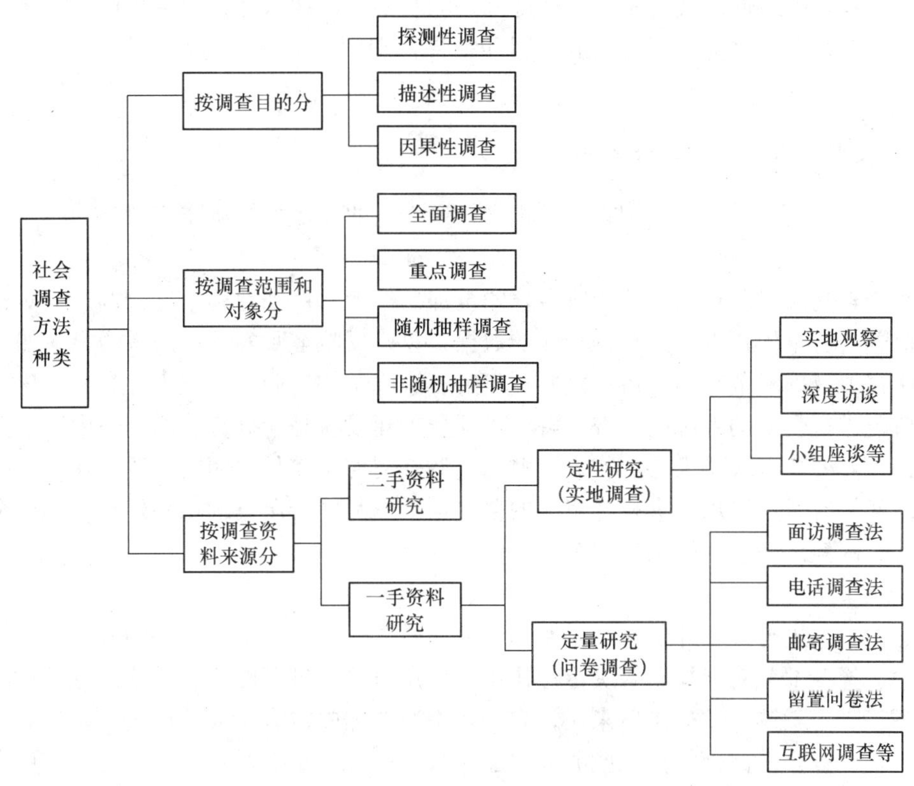

图 6-2　社会调查方法分类

2. 描述性调查

所谓描述性调查，是指对确定调查的问题通过收集资料并经甄别、审核、记录、整理、汇总，做更深入、更全面的分析，确认问题真相，并对问题的性质、形式、存在、变化等具体情况做出现象性和本质性的描述。

> **例 6.2**　政府部门想了解某大型建设项目拆迁量大小及影响，拆迁量有多大？涉及到多少居民？拆迁后居民的安置如何？拆迁后生活有什么影响等等。通过调查，把拆迁居民的具体情况如实地描述出来，不必做结论。

描述性调查回答的是“是什么”，一般可用于建设项目社会影响的调查、建设项目与当地互适性的调查等。常用的方法有二手资料分析、抽样调查、固定样本连续调查、观察法等。

3. 因果性调查

因果性调查是对导致研究对象存在或变化的内在原因和外部因素的相互联系和制约关系做出说明，并对诸因素之间因果关系、主从关系、自变量与因变量的关系进行定量与定性的分析，指出调查对象产生的原因及其形成的结果。

> **例 6.3**　项目建设拆迁与当地大量民众上访的因果关系如何，提高补偿标准是否可以减少冲突等等，这些问题和假设可以通过因果关系研究来检验。

由此可见，因果性调查就是在描述性调查的基础上，找出建设项目中出现的各种社会现象之间、各种问题之间相互关系的原因和结果，它回答的是“为什么”，常用方法有实验法。

（二）按调查范围和对象分类

可划分为全面普查、重点调查、随机抽样调查与非随机抽样调查四大类。

1. 全面普查

全面普查是指对调查对象总体所包含的全部单位无一例外地逐个进行调查。对建设项目影响范围进行全面普查，可获得全面的数据，正确反映客观实际，效果明显。如果对建设项目所在地及影响范围的人口、民族、年龄、家庭结构、职业、收入分布、文化及风俗习惯等情况进行全面的系统的调查了解，对项目的建设将是十分有利的。但由于全面普查工作量很大，要耗费大量人力、物力、财力，调查周期又较长，因此一般只在较小范围内采用。当然，有时可借用国家权威机关的普查结果作为社会调查的二手资料，例如全国人口普查和全国经济普查所得到的有关数据资料等。

2. 重点调查

重点调查是进行社会评价时所采用的传统方式之一，也是采用较多的方式。它是在调查对象中选择一部分对全局具有决定性作用的重点单位所进行的调查。这部分重点单位虽然数目不多，但就调查的标志值来说，它们要不在总体中占有很大的比重，要不对总体的影响很大，调查这一部分的情况能够大致反映整体情况。重点调查常用于建设项目中社会问题最多、社会效益最好或者最具有代表性的部分，对这些部分的调查能够了解建设项目的社会影响和社会效益，从而找出评价的重点。

3. 随机抽样调查

随机抽样在社会调查中占有重要地位。在实际工作中应用也很广泛。随机抽样最主要的特征是从母体中任意抽取样本，每一个个案被选入样本的概率都相等且不为零。在随机抽样条件下，样本的抽样误差能较精确地估算出来，因此可以根据调查样本统计值来推断母体的情况。随机抽样的方法有简单随机抽样、分层随机抽样、分群随机抽样、系统抽样以及多阶段整群抽样等，具体在下文分析。

4. 非随机抽样调查

非随机抽样是指抽样时不是遵循随机原则，而是按照研究人员的主观经验或其他条件来抽取样本的抽样方法，每一个个案被选入样本的概率并不相同。由于抽样误差无法估算，因此无法用样本的统计值推断母体的情况。非随机抽样方法有任意抽样、判断抽样、滚雪球抽样和选择知情者等。

（三）按调查资料来源分

1. 二手资料研究

第二手资料的研究也称为资料文献调研、案头研究，主要包括对项目的熟悉、理解和通常所作的文献研究。正如前面所说，社会评价是一种手工艺品，评价的成功与否会更多地依赖评价者本身的专业知识、经验和能力。因此社会评价工作者需广泛猎阅与项目有关的知识，从社会评价的基本理论与方法，到项目的历史背景、项目影响区域（特别是涉及少数民族地区）的经济和社会状况，以及特殊项目的专业知识都应该进行了解。而文献研究是一个比较常用的方法，尤其在评价的前期，大量的文献研究对社会评价尤为必要。文献研究主要从以下几个方面进行：

（1）熟悉和理解项目。项目的类别很多，范围很广，涉及许多专业知识，理解项目需要具备一定的专业知识，必要时还需要相关专业人士的配合。

（2）收集、研究历史文献。收集项目所在地区的地方志书，以求得对项目所在地区历史发展面貌的一般理解。有少数民族的地方还需要收集民族志方面的文献，以熟悉了解少数民族的历史与变迁情况。

（3）收集统计数据。收集项目区有关省（区）及县（市）的国民经济和社会发展方面的统计数据，以及有关的人口普查及人口抽样调查数据，以对项目所在区域的社会经济发展状况、居民的就业和生产经营活动、居民的收入来源等有一个清晰的认识。

（4）收集以往的调查成果。其他学者在项目所在地区的调查研究报告是了解项目的重要参考资料，收集这些实地调查成果，是社会评价人员在短期内了解项目区基本背景的重要工具，也是经济快捷的办法。以往的研究还可以为社会评价研究提供了可直接利用或相互印证的材料。

2. 一手资料研究

第一手资料的研究又称为初级研究。初级研究与案头研究不同，必须在制订详细的调查方案的基础上，由调查人员通过访问或观察方法来获取资料。一手资料研究按照能否定量又分为定性研究和定量研究。

（1）定性研究

在定性研究中收集到的信息通常不可能从统计上得以证实，却传递了一种看法或直觉。定性研究的结果是根据小型的、大概 20 到 30 人的抽样调查得出的。使用的关键方法是观察与访谈，重点则放在被访者的见解及意义上，而且它着眼于事情为什么发生和怎样发生。

定性研究的抽样调查通常规模极小，以致无法对整个目标群体的看法做出有效的假设说明。然而，定性调研可以为定量研究提供作进一步深入探索的关键性信息，为定量调研指明方向。

定性调研也称为实地调查，可分为直接调研和间接调研，直接调研又称为非隐瞒的调研，也就是说调研对象在被调研时知道调研意图，主要方法有观察法和小组座谈法、深度访谈法、面访调查法。间接调研又称隐瞒性调研，被调研者并不知道调研的意图，主要方法是人类学中经常使用的参与式评估法。

（2）定量研究

定量研究是基于统计并且较为人们熟悉的一种社会研究手段。它研究的是多少、何人、何时及何地。它应用抽样、调查表和基于计算机的数据处理方法来产生有效的定量估计。

定量研究虽然比定性研究更费时费钱。但如果我们要调研的问题中确实有需要定量研究的方面，那它就是很重要的。特别需要指出的是，在统计技术与计算机技术已日趋成熟和完善的今天，对数据的分析处理过程对定量研究而言已不再是一件困难的事，定量研究结果的可信度，主要取决的是一手调查资料本身的真实性、可靠性与充分性。

定量研究的方法主要包括询问法中的入户面访调查、邮寄调查、电话调查、留置问卷以及互联网调查法等。

总之，按不同需要和标准，社会调查的种类很多，这说明社会评价的调查是一个分阶段、分层次，由浅入深的过程。

四、社会调查中的定性调查法

社会调查中的定性调查法也称实地调查法，在项目的社会评价中经常被用到。实地调查主要用于获得定性资料，即本身并不容易定量为数字的观察。例如一个实地观察者无法将村委会的家长式作风用数字化的程度表达，当然这也并不表示实地调查不能收集定量资料。实地调查的主要长处在于它能够给研究者提供系统的观点，与定量调查有些不同，实地调查最适合在自然情景下研究态度和行为，所以它特别适合跨越时间的社会过程研究。如实地调查者可以现场了解拆迁农民集体上访事件的酝酿与发生，胜过事后对事件的重新建构。

实地观察与其他方法的不同之处在于它不仅仅是资料收集，也是典型的理论生成活动。实地观察者很少带有需要加以检验的、已明确定义的假设，比较典型的做法是，试图从事先无法预测的进程中发现有意义的东西——从事初的观察，推导出尝试性的一般结论，这些结论能够启发进一步的观察，进行这种观察，然后再修正结论等等。

（一）定性调查方法介绍

很多的社会评价都采用实地调查中的田野调查法。田野工作或田野研究（fieldstudy）的方法源于人类学，社会评价在借用田野工作方法时，与通常的学术研究有所区别。人类学家用一年或更长的时间来理解一个社区的文化，主要是通过参与性观察来了解研究对象，而社会评价往往用几个星期甚至更短的时间，通过观察、访谈、座谈会等方法去理解社区的基本情况，了解居民的基本态度和看法。这种短时间的田野研究方法又被称为参与性农村评估法。

在实地调查中，会用到许多方法，主要包括参与观察、深度访谈、个案研究。参与观察是研究者参与被研究的事件，成为行动者。这里的深度访谈是一种不同类型的访谈，是一种非结构性的、受访者有更大自由的、可以引导谈话方向的访问方式。个案研究是针对单独的个人、群体或社会所进行的案例式观察。

1. 深度访谈

从某个角度来说，实地调查是到行为发生的地点单纯地观察和聆听，只要专心于发生的过程就可以让我们获益不少。与此同时，实地调查可以加入更主动的研究行为，有时候提出问题并记录人们的答案也是很合适的做法。

深度访谈又称为“质化访谈”，是一种无结构的、直接的、个人的访问。在访问过程中，由掌握高级访谈技巧的调查员对调查对象进行面对面、一对一的深入访谈，用以揭示被访者对某一问题的潜在动机、信念、态度和感情，充分挖掘被访者的内心思绪。这是在社会评价中用得较多的方法。

深度访谈可分为三种方式：结构性访谈、非结构性访谈和半结构式访谈。“结构性访谈”又称为“标准化访谈”，研究者事先设计好一份标准化的问卷，访谈者依循问题进行访问，每位被访者均针对相同的问题进行回答，而访问员不能自行发问。定性研究的深度访谈，属于非结构性的访谈，它是根据大致的研究计划在访问员和被访者之间的互动，并不是一组固定的、必须使用一定的字眼和顺序来询问的问题。它在本质上是由访问员确立对话的方向，再根据受访者提出的议题加以追问。实地调查的一个特殊优点在于实际情境中的弹性，访问员可以根据受访者的答案进行追问。在深度访谈中，访问员必须能够同时聆听、思考和谈话。在深度访谈中，访问员并非被动的接收者，而是与被访者是一起互动，访问员应该用希望被解答的问题和希望提出的议题来引导访问。

在完整的实地调查中，访谈是绝对必要的部分。每天晚上回顾记录有其重要性——要清楚我们已经观察到了什么，更明白我们研究的情况，并找出我们在进一步观察时应该多注意的地方。访问员必须以同样的方法回顾访谈记录，找出所有该问而没问的问题，在下一次访谈别人的时候要开始问这样的问题。访谈就像实地调查的其他状况一样要靠练习才能进步。

克维尔（1996）为完成访谈的程序列举了7个步骤：

①定出议题：将访谈目的以及欲探讨的概念明确化。

②设计：列出达成目标需经历的过程，包括伦理方面的考虑。

③访谈：进行实地访谈。

④改写：建立关于访谈内容的文件。

⑤分析：确定搜集到的资料与研究之间的关联。

⑥确证：检查资料的信度和效度。

⑦报告：告诉别人我们学到了什么。

2. 小组讨论会

小组讨论会，又称焦点小组座谈，研究者在以失地农民、外来人口作为他们的研究对象时，时常用小组讨论会或类似的形式获得有用的信息。研究人员常常利用小组讨论会来发现特定人群的生存状况及异同，一般由访谈者事先准备进行讨论的问题清单（或访谈提纲）。在实际中一般采用非正式访谈和问卷调查相结合的方法，以便为受访者创造有效参与的机制。小组讨论会一般由6～10人组成，他们被召集到一起参加由主持人协调的小组讨论。被选来的参加者都代表某一特定的人群，诸如青少年、单亲家庭、下岗职工等。参看例6.4。

例6.4　小组讨论会：

对城市下岗职工的生活质量调查可以获得一个初步的看法。调查小组召集了10名下岗职工来讨论调查问卷，讨论会的主持人向他们问了许多具体的问题：“问卷包括了有关问题的全部吗”、“您能很容易地理解答卷说明吗”、“完成这份问卷花了您多长时间？”研究人员将用小组讨论会的调查结果来修改问卷，以便顺利地在大样本的下岗职工中开展调查。

小组讨论会可以对特定人群的需求和期望形成比较深入的见解。然而，要是讨论会的参加者与较大总体中的其他成员在一些未曾预料到的方面（如，受教育水平更高）有差别，这个小组讨论的结果就不能应用于整个总体。

目前小组讨论会在社会评价中的应用相对较少，但这种方式在社会评价的调查问卷设计以及了解整体情况方面将有重要的应用。

（二）观察记录

在直接观察和访谈中，把一切过程完整而真实地记录下来是很重要的。即使是录音机和相机，都不能完全捕捉这个社会过程的所有相关方面。实地研究方法最大的长处，就是研究者能够在行为现场观察并思考。如果可能的话，作为研究者的我们应该在观察的时候记录自己的观察；若不可行，也应该在事后尽快地记下笔记。

观察记录应该包含了研究者的经验观察及对它们的诠释，要记下研究者“知道”已经发生的和研究者“认为”已经发生的事，然而重要的是，研究者也要将这些不同的记录加以区别。例如，研究者可能记录A君对村民领袖的计划提出了反对意见，研究者认为这表示A君有竞选该村委会主任的倾向。此外，研究者认为自己听到了领导者对这个反对意见的回应。

正如不能期望观察到所有事物一样，研究者也不可能记录所有观察到的东西。就像研究者的观察代表的是所有可能观察中的实际样本，研究者的记录代表的也是研究者所观察的样本，当然研究者应该记录观察中最重要的部分而不是随机抽样。

在研究开始之前，有些最重要的观察是可以预料的，有些则会随着观察的进展逐渐明显。有时候如果研究者准备了标准的记录格式，就会使研究者的记录工作简单些。例如，在城中村的研究中，研究者可以预期几类人的特性，这对于研究者的分析可能最有帮助——如年龄、性别、行业、村民和外来人口等等——然后准备一份可以让实际观察很容易记录的格式，研究者也可以事先发明一套符号速记法来加快记录。在研究群众集会的参与程度时，研究者可以先用格子表示会议室中的不同区域，然后就可以很简便、快速、确实地记录听众的位置。

任何事前的准备，都不应该局限于不在预料之内的事件或其他方面的记录。相反地，加速处理可预料的观察，可以让研究者更自由地观察非预料中的情况。

对于从事社会评价的研究者都已经很熟悉笔记的过程。就像前面提过的，每个人大概都对实地调查有些了解。然而要成为一个好的实地调查者就需要记好笔记，好的笔记需要小心审慎的注意力以及一些特殊技巧。有一些守则是可以遵循的：

首先，除非必要，研究者不要过分信赖自身的记忆力，因为那是不值得信赖的。即使研究者很自豪地拥有照相机式的记忆力，在观察时或在事后尽快地做笔记也是好的。如果在观察时做笔记，就请别太冒失，如果人们看见将他们的言行都写下来，很可能会表现得不一样。

其次，分阶段记笔记也是一个很好的办法。在第一阶段为了跟上访谈，研究者可以做简略的记录，在离开那个情景之后，再将记录详细地重写。如果研究者在观察事件之后很快地这么做，那么现场简略的记录应该会让研究者回想起大部分的细节，拖得越久，就越难回想。

这个方法听来很合逻辑，曾经参与过实地调查的研究者，大多可能就已经下决心这么做了，但必须有一些自我约束才能维持研究者的决心。仔细地观察和记录是很累人的，特别是当研究者在受到刺激或有压力的情况下持续较长时间去做。如果研究者花了8个小时的时间进行直接观察并且记录人们如何处理灾情惨重的水患，那么，接下来的第一件事可能就是躺下来睡一觉，把衣服弄干或喝点东西。这时，我们需要从亲临一线的报社记者身上获得动力与灵感，他们也经历了同样的重重艰难，但却必须在截稿前把这些事写出来。

第三，在观察之后，是否值得把所有回想起的细节都记下？指导原则应该“是”。一般说来，我们在有机会回顾并分析大量的信息之前，并不能真的确定什么重要或什么不重要，我们记录的在开始时看起来并不重要的东西，也许最后它会变得很重要。而且记录这些不重要细节的过程本身，可能会使研究者回忆起重要的事。

应该了解，我们的实地笔记大部分都不会反映在研究计划的总结报告上。更严格地说，我们做的大部分笔记都是白费，但我们的笔记仍然非常重要的。

> 笔记中有多少是有用的？
>
> 即使最富的金矿每吨也只能提炼出30克的纯金，也就是说这个金矿的99.997%都是浪费的。但是这30克的黄金可以延展至覆盖约18平方英尺的区域（相当于685页厚的书）。所以即使记一吨重的笔记，选用的也只是最精华的部分。

就像实地调查的其他方面一样，熟练要靠练习才能达到。实地调查的优点是，可以从现在就开始练习而且在任何情况下都可以持续，不需要真的参与一项有组织的研究计划来观察和记录。

（三）定性资料的处理

前面讨论了我们身为实地调查者如何进行观察并记录，现在讨论事后该如何处理这些观察记录。这个讨论把大部分的焦点放在建档和组织的过程。在真正进行研究计划之前，如果先学一些实地调查者已经发展出的特殊技巧，对定性资料的处理会做得更好。

1. 整理笔记

当我们在专注于一些社会现象的轨迹之后，得到的可能是一堆凌乱的笔记。看观察结束的早晚，也许结束之后最想做的就是把这些笔记摆在一边然后睡觉。但这种做法是不太适合的，实地研究者的时间是没有什么规律的，在一连串的观察之后，尽快重写调研笔记是很重要的。

把所有的调研笔记变成打字稿会比手写好得多、比较易读，而且打字比手写快，如果在这前提下我们能使用电脑就更好。把笔记尽可能地当作当天经验中诸多细节的刺激物，我们的目标应该是使我们的打字笔记清楚、详细得犹如现场所记，而且尽量把相关的一切都记录下来。如果把涂鸦的现场笔记视为记忆的诱因，就会发现每天晚上重新打字的重要，而且要清楚该如何继续进行。

此外，用复写、影印或多写一份笔记资料。当我们在分析资料和准备报告的时候，需要在不漏失信息的情况下剪贴。有了至少两份资料，我们可以使用一份而将另一份备用。下面讨论如何使用打字笔记的其他备份。

2. 建立档案

调查时的打字笔记可以作为这个研究的历时观察记录，在整理的时候，应注明日期和时间。保持一份这种格式的完整笔记可以让我们回顾事情发生的时间顺序并建立档案，也使我们在需要的时候复制某些特定部分。尽管没有必要把我们的主要档案放进银行保险柜里，但是细心保管这些档案仍然是非常重要的。

打字笔记的副本可以用来剪贴、标线、涂写、画圈和建档。原始观察资料的凌乱，不能告诉我们太多关于社会生活的价值。最后我们须分析并诠释我们的观察，辨别行为的模式，发现事物中隐含的意义。将我们的笔记组织起来建档便是发现意义的第一步。

档案可以用各种各样的方法进行组织，在组织档案时会有一些容易忽略的方面。然而，当我们开始进行自己的研究计划时，就会发现制作什么样的档案已经是资料分析的一部分。开始时，研究者应该制作一些背景档案，然后计划在研究过程中随时添加档案，因为研究者将持续地发现关于研究对象的历史。此外，也可能要建立一份传记档案，并在任何情况下将所有个人的资料放在一起，这样做可以让研究者对这个人有更全面的认识，也可以帮助研究者了解不同事件的关联。

为了避免遗忘，还要建立一份参考书目档案，以便研究者可以在研究中回顾所有需要阅读的东西。写报告更可以将别人已经写过的文献作成参考书目。如果要不断回到图书馆去找资料的出处，就会很浪费时间也让人感到挫折。

背景档案的制作是一项相当直接的管理工作，但分析档案的建立则取决于观察中所见到的以及研究事件的性质。当研究者获得了事物不同方面的意义，就要建立档案来处理它们。

建立分析档案的工作应该是一个持续的过程，不要在计划开始时就建立一个档案系统，然后从头到尾很固执地坚持使用下去。要保持这个系统的弹性并时时修正，以便应付新出现的相关议题。档案系统的弹性是实地调查笔记或其他资料处理过程的一个重要特征。当研究者不断修订以求最恰当地组织资料时，应该要常常回头去看那些已经分类的资料，以确定是不是应该被移到新建立的档案体系中，有时候只要笔记就可以了。

注意电子文档和档案资料的保存。调研中会收集到许多相关的资料，重要的资料应该有纸质资料和电子资料的备份，并妥善保存，当有需要时就可以及时查阅。在进行了定性资料处理后，就要着手进行定性资料的分析。

（四）定性调查的优缺点及效度和信度

1. 定性调查的优缺点

实地调查对于研究行为和态度的细微差异，以及考察长时间的社会过程特别有效，实地调查的主要优点在于它能达到的深度。弹性是实地调查的另一个优势，研究者可以随时修正研究计划，或抓住任何一个机会临时准备进行调查，而问卷调查并不能轻易开展。此外，实地调查的花费相对较少，同时对研究人员的要求高。

实地调查也有缺点。由于调查是定性而不是定量的，这样就很难针对大型群体作出精确的统计描述。

2. 定性调查的效度和信度

效度方面，与问卷调查相比，在某些事件上实地调查似乎能提供更好的测量效果。例如“暴力”这个概念比起在一段特定时间内该地区打架次数的统计数更为有力。实地调查一般以举出详尽的事例来取代对概念的定义。

信度方面，即使是实地调查的深度测量，通常也是很个人化的，因此对于实地调查中任何纯粹的描述都要小心，可以采用比较性评估。

实地调查对社会科学家来说是潜在的有力工具，它在问卷调查和实验的优缺点之间找到了有用的平衡。

五、定量调查中的样本设计与抽样方法

社会调查中的定量调查方法主要用于获得适于定量分析的资料，例如通过调查所获得的资料来计算地区总人口中的失地农民百分比等。

（一）样本设计

在收集第一手资料的定量研究过程中，还必然伴随着对调查样本的设计和样本的采集。在社会调查中，广泛采用的是抽样调查法。因此，研究人员在样本设计过程中必须考虑以下问题：

1. 目标总体

目标总体又称为母体，是指要调研的对象的总和。例如，“全体中国人”、“京珠高速公路拆迁居民”、“所有失地农民”等都是抽样的目标总体。明确目标总体有助于保证抽样的规范和样本的合格。

2. 样本

（1）样本的概念及重要性

样本是被称为目标总体的一部分或子集。目标总体是用来抽样的总体。调查人员常常研究的是样本而不是总体。一个好的样本是总体的缩影、是总体的一部分——非常像它，仅仅小一些而已。最好的样本是总体的代表或模型。如果样本的重要特征（如年龄、性别、健康状况等）构成同其在总体中的分布形式近似，那么，这个样本是有代表性的。假定所研究的总体由1000人组成，其中50%是男性，45%在60岁以上。一个代表性的样本虽然人数较少（比如说500人），但它也应该由50%的男性和45%为60岁以上的人组成。

调查样本本身是没有意义的。样本的重要性在于它代表或反映目标总体的精确程度，调查结果将在由机构、个人、问题或系统组成的目标总体中应用或推广。看看例6.5中描述的调查示例，在该项调查中，由所有项目拆迁范围内的拆迁居民组成目标总体，其中的200户居民被抽取，他们回答的结果将用来代表目标总体的观点。

例6.5　抽样调查：目标总体和样本

总的目的：研究拆迁居民对搬迁的态度

目标总体：项目拆迁范围内的拆迁居民

样本：某项目1000户拆迁户中的200户（在2个拆迁点各随机抽100户）

为什么在社会评价的调查中需要抽样？例如，上述研究中，为什么不包括所有的拆迁

户？抽样主要考虑的是调查研究的效率和精确性。研究样本比研究整个目标总体更快，并且花费也更少。抽样是一种有效利用资源的方法，它可以把花在收集不必要的数量过大的个人或群体资料的经费用在其他活动上，例如，监测数据收集的质量。

抽样有助于调查精确地集中在有意义的特征上。例如，假如想比较不同年龄居民对搬迁态度的差异，就可以找到正好满足项目要求的抽样方法（在本例中是分层抽样）。在许多情况下，对于调查人员来说，研究一个有精确定义特征的样本比试图调查整个总体更合适。

当选取一个样本的时候，应该确保它是目标总体的可靠代表。然而，没有样本是完美的，几乎每个样本都有某种程度的偏倚或误差。下列问题清单有助于确保样本有精确的描述的特征和代表性。

（2）如何获得一个有代表性的样本

1）精确地陈述调查目的

调查研究的目的是进行调查的原因。调查研究是为了描述、比较和预测认知、态度及行为。例如，一个大型的公共图书馆可以通过进行读者调查来了解读者对图书的偏好，从而使图书采购部门选择更适合读者的图书。学校行政管理人员可以通过访问员对学生进行调查，并利用调查资料来预测对学生未来计划最有影响的课程。

研究人员也可以用调查资料评估具体项目或政策是否有效。例如，一个公园的管理层可能对取消门票三年后游客的人群和数量感兴趣；政府官员可能想知道一个针对失地农民进行就业培训的计划实施后，参加过的农民与没有参加的农民相比是否有所不同。即使调查采用自填式问卷或访问，那也是用于“研究”的目的（这里“研究”被用来包括系统询问或调查）。

例 6.6 展示了例 6.5 中调查的总的目的如何被进一步地定义出具体目的和研究问题。

例 6.6　总的目的、具体目的和研究问题

总的目的：研究拆迁居民对搬迁的态度

具体目的：描述和比较不同年龄、不同收入、不同性别的拆迁居民对搬迁的态度

具体的研究问题：

①不同年龄的拆迁居民对搬迁的态度是什么？

②不同收入的拆迁居民对搬迁的态度是什么？

③不同性别的拆迁居民在对搬迁的态度上是否存在差异？

确立的具体研究问题是为了指导在调查中必须包括的具体问题或项目。基于例 6.6 所陈述的研究问题，调查中就必须包括有关被访者年龄、收入、性别的问题，并且有测试被访者对搬迁态度的问题。

2）设立清楚明确的被访者合格入选条件

有关被访者的合格入选条件或纳入标准是一个人必须具有的特征，以便他们能合格地参加调查；排除标准是把某人排除在外的一些特征。对目标总体按照纳入和排除标准，从总体中剔除所有不符合纳入标准和所有满足排除标准的人，就构成了一个由符合被访者条件的人组成的研究总体。详见例 6.7 的说明。

例 6.7　纳入标准和排除标准：选择合格的样本？

研究问题：某城市主干道人行天桥对沿线小学生的出行效果如何？

目标总体：小学生

纳入标准：

- 年龄在 5～12 岁之间
- 主干道沿线小学的学生
- 每天需穿过道路

排除标准：虽在该主干道沿线小学上学，但不需穿过主干道

评论：调查结果将仅仅应用于符合参加条件的人，不能适用于任何 12 岁以上或 5 岁以下的小学生。虽然目标总体是小学生，但纳入标准和排除标准定义了特定的人群范围——即研究总体，本例中的研究总体为所有符合“年龄在 5～12 岁之间、在主干道沿线小学上学、每天需穿过道路的小学生组成的集合。”

在例 6.7 中的调查设定了区分合格被访者的界线。然而，这样做也能限制调查结果的推广。为什么调查者应该谨慎小心地应用调查结果呢？简而言之，设置被访者的合格入选条件的一个主要原因是对条件之外的对象进行调查是不实际的。在对城市主干道沿线的调查中所有 5 岁以下或 12 岁以上的小学生会需要另外的资源来开展这个调查；同时，由于被访者数量的增大，进行资料分析和解释也更费力。此外，5 岁以下或 12 岁以上的小学生的需求也可能同大多数小学生不同。对于小学儿童父母的调查，如果包括只能讲其他语言而不讲普通话的父母，调查访问时会需要翻译，那将是非常困难并且费用很高的事情。设定纳入标准和排除标准是为了有效地把调查集中在最合适的人群中，以期获得最精确的信息。

3. 抽样框

抽样框是代表目标总体对象的样本列表。完整的抽样框中，每个调研对象应该出现一次，而且只能出现一次。很多时候，由于调研人员无法获得完整的抽样框，从而导致了抽样误差的产生。

4. 抽样设计

抽样设计作为调研设计的有机组成部分，是根据调研方法的不同而采取的不同抽样技术。抽样调查法要求抽选出的样本必须是母体的浓缩，要能代表母体的特征。为此，第一，要有足够的容量；第二，要有正确的样本抽取法，才能把调查误差降低到最低限度。抽样调查方法主要分为两大类，一类是随机抽样，另一类是非随机抽样。

5. 样本规模

样本规模是指所抽取的样本量的多少。“样本量越多，调研精度越高”，这个命题是正确的，但往往被很多人误解。实际上，即使在最理想的情况下，统计精度也只是与样本量的平方根成正比。而对于一个特定的抽样调研，在达到一定的样本量后，再增加样本量对提高它的统计精度就起不了多大作用，而现场调研费用却会成倍增加。因此，样本规模的确定原则是，控制在必要的最低限度。但最低限度的样本量到底是多少，却常常困扰着调研设计者，对这个问题的回答还是应该回到调研目的上，即只要样本量足够让调研者发现问题或获知解决问题的信息，那就应该说，达到了调研者希望的最低限度的样本量。

（二）抽样方法

抽样方法常常被分为两种类型：随机抽样（也称概率抽样）和非随机抽样（也称非概率抽样）。概率抽样对假定一个样本是研究总体或目标总体的代表提供统计学基础。在概率抽样中，目标总体的每个成员都有一个已知的非零概率被包括在样本中。概率抽样意味着样本是被随机抽取的，它排除了在选择样本时带有的主观性，是获得样本的“公平”方法。目前，概率抽样仍然是社会科学研究中选取大型和具代表性样本的主要方式。

尽管概率抽样的质量明显优于非概率抽样，但由于社会评价的特殊性，在一些情况下，采用概率抽样是不能实施或者实施起来很不经济的。这些时候，非概率抽样就成了较优的选择。非概率抽样是基于研究者的判断来选取参加者，研究者根据目标总体的特征和调查的需求来判断。在非概率抽样中，一些合格的目标总体的成员有机会被选取，而另外一些则没有机会。但非概率抽样的局限也是明显的，由于机会不均等，调查结果在推广到目标人群时需慎重。

1. 随机抽样

（1）简单随机抽样

进行抽样的第一步是获得一个由符合条件的个体组成的总体名单，样本将从这个总体名单中抽取。要使样本成为其总体的代表，这个被称之为抽样框的总体名单，必须包括所有或几乎所有的总体成员。在简单随机抽样中，每一个对象或个体都有相等的机会被从抽样框中抽取。每次从目标总体的成员中独立地抽出一名被访者。一旦他们被选取，就不能有第二次机会，也不能被放回抽样框中。因为机会均等，随机抽样被认为是没有偏倚的。使用简单随机抽样的典型方法是对潜在参加者的名单应用随机数码（可以从随机数码表或计算机产生的随机数码中获得）。

假定要用随机数码表从包含20位工程技术人员的名单中随机地选出10位工程技术人员的姓名。这20个姓名就是目标总体，其名单就是抽样框。给每一个姓名编上一个号码，范围是01～20，然后从随机数码表中选出01～20之间的前10个数码。同样地，也可以用计算机产生10个01～20之间的随机数码。假设计算机产生的随机数码是01、03、05、06、12、14、15、17、19和20。事先被编上相应号码的技术人员姓名就被包括在样本中。例如，小李和小王的编号分别是01和20，那么他们就被选中了，而小陈（02）则没有被选中。

简单随机抽样的优势是你能在没有太多技术困难的情况下获得一个无偏倚的样本。然而，可能无法得到一个包含所研究总体的全部成员名单来进行随机抽样。假如你在开展一项拆迁安置户满意度调查，以前的研究又证实年老的拆迁安置居民和年轻的拆迁安置居民常常在满意度水平上有相当大的差别。那么，如果在新调查中用简单随机抽样的方法，可能无法获得足够大的年轻拆迁居民的比例来检验与具体调查紧密相关的任何差别。为了确保获得的样本中有某些特征的对象能占足够的比例，需要采用分层随机抽样。

（2）分层随机抽样

在分层随机抽样中，总体被分成不同的亚群，或者叫层，然后，随机样本被从每一个亚群中抽取。例如，假设想要调查有关对男性失地农民进行技能培训项目的效果，计划从参加过该培训的1000名男性中抽取300名作为样本。同时，打算按照文化程度、年龄和收入（高为“+”，中为“0”，低为“－”）把他们分成不同的组，这里的一般健康状况、年龄和收入就是层。

在使用分层随机抽样时，如何决定亚群或层？层应该根据已有的与结果有关的资料来确定。例如，在这个例子中，对于男性失地农民的技能培训，研究已经表明受教育程度、年龄和收入会影响培训效果。选定具体层的理由可以来自文献或专家意见。

分层随机抽样比简单随机抽样要复杂得多。层必须能被确定并且证明是合理的，层分得过多可能导致调查费用增加和难以驾驭。

（3）分群随机抽样

分群随机抽样一般用于规模大的调查。分群随机抽样与分层随机抽样是有区别的。因为它是从自然存在的区域开始的。分群抽样是将样本总体划分为不同群体，这些群体间性质相同，然后再将每个群体进行随机抽样，这样，每个群体内部存在性质不同的样本，即“群间差别小，群内差别大”；而分层抽样则是将样本总体划分为几大类，这几大类之间是有差别的，每一类则是由性质相同的样本构成。即“层间差别大，层内差别小”。

分群随机抽样同分层随机抽样的差别可以用例 6.8 的两个虚构案例来说明。

例 6.8　分层随机抽样与分群随机抽样对比

案例 1：分层随机抽样

人民公园的游客按照年龄（老年、中年、青年和儿童）分层，在每一个年龄段里随机抽取 100 名游客。

案例 2：分群随机抽样

国内某特大型投资项目建设需搬迁 10 个小型工厂，从中随机地选取 5 个，对被选出的每家工厂的全部工作人员进行调查。

多阶段抽样是分群随机抽样的扩展，先抽出群，再在群中用简单随机抽样的方法选取样本。抽群和抽样能在任何阶段进行。例 6.9 讲述了某高速公路调查项目中使用分群随机抽样的情况。

例 6.9　分群随机抽样与高速公路调查项目

JX 省高速公路第三期将于 2006 年底动工，公路经过了五个县市，在项目的决策阶段（2005 年），由国内某研究机构对四个县市进行社会评估。抽样过程为：他们用分群随机抽样的方法先选出了 10 个村落，再在这 10 所村落中选取样本。调查人员对这些村落进行了访谈，并采用随机方式对村民进行了问卷调查。

当汇总一个目标总体全部成员的详尽名单既不可能也不实际时，分群随机抽样和多阶段抽样是收集调查信息的有效方法。例如，想轻易地获得某城市大型剧院的所有观众或大型建设项目经过地区居民的名单是不可能的，但可以很容易地得到剧院、村落的名字。

在多阶段抽样中遵循的总的指导原则是最大化群的数量。增加群的数量可以减少每个群中样本的数量。比如，调查某市村民对城中村改造的满意度需要 500 个样本，如果只选两个城中村，则每个城中村需 250 个村民，从逻辑上讲，这比抽 10 个城中村，每个城中村调查 50 个村民要难完成得多。实际上，必须确定获得谁的合作更困难：是城中村还是村民?

(4) 系统抽样

系统抽样，又称等距抽样。假设有一个建设项目影响范围内3000位居民的名单，要从其中选出500个样本来进行社会调查。3000除以500等于6，这意味着名单中每6个人就有一个会被选进样本。要从名单上系统地抽样，需要一个随机的开始，可以通过掷骰子获得。如果掷骰子出现的是3，就应该在名单上首先选择第3个名字，然后第9个、第15个、第21个等，直到选够500个名字为止。

在手工选样时，系统抽样比简单随机抽样来得简便。但须特别注意总体分布的周期性问题，不要让总体的模式与选取样本的间隔相重合。比如要研究夫妇双方对建设项目拆迁安置方案的满意度差异时，如果总体名单（抽样框）采取先列丈夫后列妻子形式排列，而当抽样间隔为偶数时，就可能全部选入丈夫或者全部选入妻子。

2. 非随机抽样

调查研究人员有时会用非随机抽样，是因为样本成员显示出代表性或能方便地被召集。例6.10讲的三种情况下，往往较适合进行非概率抽样。以下的部分将讲述五种常用的非概率抽样方法。

例6.10　三种适合使用非概率抽样的情况

①对难以确定人群的调查。进行因某房地产项目而上访的组织成员目标和志向调查，要求已知的组织成员至少介绍三名其他成员参加访谈。

评论：在这个总体中采用概率抽样的方法是不实际的，因为调查对象较难找到，更不要说要得到所有被访者的合作。

②对特定人群的调查。在市区10所剧院访问所有能够并愿意对剧院设施舒适度作出评价的观众。

评论：由于某种原因，调查者无法建立合格的抽样框进行严格的概率抽样。

③试访形式的调查。给参加过培训班的50名失地农民进行调查问卷，以便了解在失地农民培训后的就业情况。组织调查的政府部门将利用这个结果帮助他们来决定是否需要对其他失地农民参加的培训班开展正式调查和评估。

评论：这个调查的目的是收集信息，以用于有关培训班是否需要正式调查和评估的决策。因为调查数据是用作计划活动的一部分，而不是宣传和推广这种培训班，非概率抽样方法是适当的。

(1) 任意抽样

任意抽样，也叫做便利抽样，比如在某大型建设项目拆迁范围内的居民区进行调查，在居民区的入口或其他地方采用街头拦截访问或者入户调查。例6.11所示的是一个便利抽样的案例，正如案例所描述，方便样本是由一组愿意并能得到的个体组成。这个有关居民拆迁意愿情况调查的方便样本由所有愿意接受访问的人构成。然而，自愿回答调查问题的人在某些重要的方面可能与那些不愿回答的人有所不同。例如，他们也许更健谈，或者拆迁对他们的影响不大，而这会影响他们拆迁的态度。由于抽样方法上有潜在的偏倚，这个调查结果仅能应用（须非常谨慎）于所在居民区的拆迁户，他们的年龄、教育水平、收入等都与方便样本的特征相类似。

例 6.11　便利抽样

拆迁居民对搬迁的态度如何？他们对拆迁补偿的要求如何？为了回答这个问题，研究者进行了一项为期两周的调查，访问员在居民区找了两个祠堂和居民集中的公园进行调查。

（2）判断抽样

判断式抽样又称目标抽样。在前期的社会评估和项目后期的社会评价中，有时可以根据自己对总体的认识，如对总体构成要素和研究目标的认识，即根据我们对研究目的的判断来选择适当的抽样方法。特别是在问卷的初步设计阶段，应该选择尽量多元化的总体作为抽样的基准，对问卷题目进行检验。虽说有时研究的结果并不能代表任何有意义的总体，但这种检验能有效地暴露出问卷中的缺陷。这种情况可以作为前测，而不是最终的研究。

在某些时候，我们要对较大总体内的某个次级集合进行研究；这个次级集合的组成要素很容易辨认，然而如果要把这些次级集合全部列举出来，又几乎是不可能的事。例如，我们如果要对在政府门前静坐的拆迁农民组织者进行研究。许多农民组织者是比较容易找到的，但却不大可能对所有的农民组织者进行定义或从中抽样。为了对所有的或大多数农民组织者的样本进行研究，就必须根据研究目的来搜集资料。

通常，实地调查研究者对研究“异常案例”也特别感兴趣。他们通过对异常案件的考察来加深对态度和行为规律的理解。要理解居民对拆迁的整体态度，可以访问在居民会议上没有陷入群情的或根本没有参加汇集的居民。

（3）配额抽样

配额抽样是非随机抽样中流行的一种，说起它，人们容易想起 1936 年和 1948 年的美国总统大选预测。1936 年盖洛普使用配额方法成功地预测了总统候选人，而同样的方法却造成了他在 1948 年的错误预测。就像随机抽样一样，配额抽样所强调的也是样本的代表性，虽说两者达到目的的方法不一样。

配额抽样类似随机抽样中的分层抽样。它首先将总体中的所有单位按一定的标志分为若干类（组），然后在每个类（组）中用任意抽样或判断抽样方法选取样本单位。要使配额抽样有效，比例必须是精确的。因此事先要对总体中所有单位按其属性、特征分为若干类型，这些属性、特征称为“控制特征”。如被调查者的姓名、年龄、收入、职业、文化程度等。然后按各个控制特征分配样本数额。但有时，精确性常常会变得模糊不清。例如，学校调查就时常受不固定的和变化的学生人数影响。同时，年龄分布也随学校的不同而存在相当大的差别。

配额抽样方法简单、易行，可以保证总体的各个类别都能包括在所抽样本之中，与其他几种非随机抽样方法相比，其样本具有较高的代表性。

配额抽样的逻辑有时还可以被有效地用于实地调查。譬如在一项有关正式团体的研究中，应该对团体的领袖和普通成员都进行访谈。如果研究失地农民，就应该既访问激进的农民，也访问较温和的农民。大体说来，当社会评价看重代表性的时候，就应该用配额的方法，对男人和女人、年轻人和老年人以及类似的情形都加以访问。

（4）滚雪球抽样

滚雪球抽样，有人认为是任意抽样的一种形式，这种方法在定性的实地调查中经常被运用。滚雪球抽样是在特定总体的成员难以找到时最适合的一种抽样方法。譬如对农民工、失地农民等的样本就十分实用。这种抽样程序是先收集目标群体少数成员的资料，然后再向这些成员询问有关信息，找出他们认识的其他总体成员。所谓滚雪球，就是根据既有研究对象的建议，找出其他研究对象的累积过程。在雪球抽样中，以前确定的一组成员被要求去识别总体的其他成员。随着最近确定的成员指出其他成员的姓名，样本就会像滚雪球一样增大。这种技术在总体名单得不到又无法汇编时使用。例如，农民工和失地农民都可以被要求参加雪球抽样，因为这些人群没有可获得的会员名单。然而，雪球抽样不仅仅用于非法人群或非大众化的人群，例 6.12 说明了这种方法的另一种可能应用的情况。

例 6.12　滚雪球抽样

一项邮寄调查的目的是为了确定未来 20 年全科医生需要培养的关键能力有哪些。研究者获得了一个 50 名医生和医学教育工作者的名单，要求他们中的每个人提供 5 位其他可能完成调查问卷的医生的名字。

(5) 选择知情者

严格说来，选择知情者并不属于非概率抽样方法，但在社会研究的抽样中值得引起人们的注意。当研究者想要了解某种社会环境（比如说某地的治安状况或地方社区），那么，这种理解多半有赖于这些团体中一些成员的合作。社会研究者谈到受访者，是指提供有关自身情况的人士，他们可以使研究者通过这些资料形成对团体的综合认识，至于知情者，则是能够直接谈论团体一切的某个成员。

知情者对社会调查至为重要，例如，如果想了解本地公共住宅计划中的非正式社会网络，最好能找到社区中一些了解研究需求，并能提供协助的有代表性人士，这将大大提高调查效率。

六、定量调查中的问卷设计

一个成功的问卷设计应该具备两个功能，一是能将所要调查的问题明确地传达给被调查者；二是设法取得对方合作，最终取得真实、准确的答案。但在实际调查中，由于被调查者的个性不同，文化程度、理解能力、道德标准、生活习惯、职业、家庭背景等都有较大差异，加上调查者本身的专业知识和技能高低不同，这都将会给调查带来困难，并影响调查的结果。

（一）调查问题设计原则

不管是在社会评价还是一般调查工作中，下面的一些指导原则对于调查问题的设计是比较重要的。

1. 目的性原则

目的性是指所提的问题在逻辑上应与调查目的有关。问卷调查是通过向被调查者问问题来进行调查的，所以问题必须与调查主题密切联系。这就要求在问卷设计时重点突出，避免可有可无的问题，并把主题分解为更详细的题目，即把它分别做成具体的询问形式供被调查者回答。

2. 可接受性原则

调查问卷的设计要能比较容易地让被调查者接受。由于被调查者对是否参加调查有着绝对的自由，调查对他们来说是一种额外负担，他们既可以采取合作的态度，配合调查；也可以采取对抗行为，拒答或不真实回答。因此，请求合作就成为问卷设计中一个十分重要的问题。应在问卷说明词（即问候语部分）中，将调查目的明确告诉被调查者，让对方知道该项调查的意义和自身回答对整个调查结果的重要性。问卷说明词要亲切、温和，但切忌肉麻；提问部分要自然，有礼貌和有可允许的趣味性，应适合被调查群体的身份、水平等。

3. 顺序性原则

顺序性原则是指在设计问卷时，要讲究问卷的排列顺序，使问卷条理清楚、顺理成章，以提高回答问题的效果。问卷中的问题一般可按下列顺序排列：

①最初的提问应当是被访者容易回答且较为关心的内容；

②提问的内容应从简单逐步向复杂深化，容易回答的问题放在前面；

③对相关联的内容应进行系统的整理，使被访者不断增加兴趣；

④作为调查核心的重要问题应在前面提问；

⑤专业性强的具体细致问题应尽量放在后面；

⑥敏感性问题也应该尽量放在后面；

⑦封闭性问题放在前面，开放性问题放在后面。

4. 简明性原则

简明性原则主要体现在以下三个方面：

（1）调查内容要简明。没有价值或无关紧要的问题不要列入，同时要避免出现重复，力求以最少的项目设计出必要的、完整的信息资料；

（2）调查时间要简短，问题和问卷都不宜过长。设计问卷时，不能单纯从调查者角度出发，而要为回答者着想。调查内容过多，调查时间过长，都会招致被调查者的反感。根据经验，一般问卷时间应控制在30分钟左右；

（3）问卷设计的形式要简明易懂、易谈。

5. 匹配性原则

匹配性原则是指要使被调查者的回答便于进行检查、数据处理和分析。所提问题都应事先考虑到能对问题结果做适当分类和解释，使所得资料便于做交叉分析。

（二）调查问题设计习惯语言的使用

1. 使用的句子应完整

无论是陈述还是提问，完整的句子才能表达清楚、完全的想法。下面的例子就说明了这一点。

> **例6.13　使用完整的句子提问**
>
> 差的提问：您的居住地是哪里？
>
> 评论：居住地在不同的人听来有不同的理解。我可能回答广东省，但另一个受访者也许说广州、或某个具体的小区名称。
>
> 改进后的提问：请问您现在居住城市的名字是什么？

现实的调研中也会经常遇到这样的例子，例如我们在广东DG进行某项目社会评价的一次问卷调查中，题目选项中需填写所在城市和区，但是有许多居民将所在区域写成自己的居住小区或者工厂，需要由访问员来判别其所在区域。

2. 避免用不确切的词或指代不清的词

具体问题是精确的和不含糊的，应避免使用不确切的词或指代不清的词。在没有提示的情况下，如果有两个以上的潜在受访者对问题中的词语理解一致，就可以认为这个问题是精确的和不含糊的。例如，假设想了解低收入家庭对自己住房需求的认识，要求他们描述自己所需住房的大小。每个人对需求的理解是不一样的，如果没有限制条件，答案很可能变得不切实际。加上限制可以使这个问题变得更具体和有效：

不太具体：请问您需要的住房（建筑）面积？

较具体：请问您需要的最小住房（建筑）面积？

提的问题越详细，得到的答案就越可靠。例如，不问某个时期的一般或典型行为，而是问一个具体时间段内的行为。见例 6.14。

例 6.14　用具体时间段使提问更加具体

差的提问：请问您每年从村集体分红分了多少钱？

好的提问：请问您在过去一年里从村集体分红分了多少钱？

详细的问题总是有助于产生可靠的答案。例如，要了解村民对村委会的评价，不是仅仅一般地问村民对村委会的态度，而是要确定村民对村委会是否满意，看看这些例子。

不太具体：您对村委会满意吗？

较具体：您对村委会的决策满意吗？

非常具体：您对村委会关于城中村改造的决策满意吗？

3. 避免使用俚语和方言

俚语和方言并非每一个人都能了解，因此要避免使用它们。然而，有一些例外。在对说某种特殊语言的同类人群的调查中，也许要用受访者熟悉的俚语，诸如做同样工作或职业的工人、有类似健康或社会问题的人、十几岁的青少年等。此外，社会评价中可能涉及少数民族地区、偏远地区，这些地区有着特定的方言，可能和普通话有着很大的差异，在调查时要注意转化成调查对象容易识别的方言和俚语。

使用俚语和白话的问题在于打算向普通受众报道调查结果时，需要解释这些俚语，并且不内行的解释会导致信息意义的丢失。

4. 谨慎使用行话和技术术语

调查不是对话。要获得精确的信息，调查问题的语法、标点和拼写必须标准。最好避免使用行话和技术术语，除非有足够的理由相信所有的受访者都熟悉这些术语。即使是这样，像使用俚语一样，也必须考虑更广泛的受众将在多大程度上明白调查结果。

例 6.15　避免使用行话和技术术语

原提问：请问您的住宅是否成套？

评论：住宅成套是书面用语，一般受过普通教育的居民都能了解，在很多场合都适合，但一些受教育程度较低的市民或者城中村的居民并不了解。在广州市城市低收入住房困难住房状况调查的时候，我们在调查表的填表说明中对专业术语进行了详细的解释。当然，对于上面的提问，也可以改为如下：

改进的提问：请问属于您的住房是否有独立的厨厕？

调查应该用那些每一个与调查有关的人员最能理解的词语。这常常难以做到。所有问题都要经过能熟练地读和说问卷所用语言的人检查和测试，包括专家和潜在受访者。在社会调查中使用习惯性语言还应该注意社会评价对象的特殊情况，社会评价要求我们关注弱势群体，社会评价的弱势群体往往是失地农民、外来务工人员等，他们的受教育程度低，对调查中有些语句是陌生的，因此要换成他们能听得懂的语句。

5. 问句要考虑时效性

对象购买房子、患重病、生孩子、丧父母等重大生活事件，可以用一年或一年以上的时间期限。而对一些次要的问题应该用一个月以下的期限。要求人们回忆过长时间内的某些相对不重要的事情会引起太多的猜测。但如果时间间隔设得太短，所问的某个事件可能还不会发生。调查问题中时间期限的使用情况见例 6.16。

例 6.16　调查问题中时间期限的使用

差的提问：在过去 5 年的时间里，请问您平均每年的收入是多少？

评论：时间跨度可能太长了，受访者难以准确地回忆；加上每一年的收入相差可能很大。

好的提问：请问您上一年的收入是多少？

6. 当需要节省时间使阅读量最小或需要简答时，应采用尽量短的问题

短问题可以节省时间，只需要相当少的阅读量。同时，它们的答案也倾向于提供不太详细的信息。长问题一般是为受访者提供背景资料以帮助他们回忆，帮助他们思考为什么做某件事或为什么持有某个特别的观点。

短问题：土地被征用后你有过工作吗？如果有过，是什么工作？工作对您土地征用后的生活有多重要？

长问题：土地征用后对许多村民的生活产生了巨大的影响，土地征用后对您的生活影响大吗？你在土地征用后去找过工作吗？您找过什么样的工作？

长问题对获得一些涉及敏感性问题（腐败问题）和社会上有争议的问题（例如大规模的土地征用和城市基础设施建设）的信息是有用的。但在自填式问卷中使用长问题时，应考虑受访者阅读和答题所需的时间。

7. 必要时谨慎使用暗示性的问题

有时，调查人员对那些令人难堪的问题或有争议的问题故意以暗示的方式提问。暗示性地提问的目的是鼓励受访者给一个“真实的”答案，而不只是一个社会上可以接受的答案。常用的暗示方式有两种，详见例 6.17。

例 6.17　用暗示性的问题提示受访者

目前由于村民自治体制仍不完善，村民和村委会的关系紧张是一个比较普遍的问题，请问贵村村民和村委的关系如何？是否存在矛盾？

小心地使用暗示性的问题。人们有时会识破它们而变得恼怒，要么不回答问题，要么不准确地回答问题。

8. 避免用带偏见的词或短语

带偏见的词或短语会引起情绪上的反应，这对调查所要解决的问题将无济于事。有些词和短语被认为带有偏见性是因为它们能激发情绪反应或偏见。在社会评价中，带有这种特性的词和短语如：贪污腐败、克扣工资、贿赂、买选票、偷工减料等。

在不完全理解受访者的文化和价值观时，或者不经意地问了冒犯性的问题时，调查就会产生偏见。为了防止这种可能性，在正式使用前，所有的问题都应请人审查和进行预测试。

9. 避免有双重意义的问题

一个有双重意义的问题含有两个不同的想法。我们在城中村改造社会评价的问卷调查中曾有一个问题："您对现在住房及其周围环境的满意度如何?"，这个问题确实存在双重含义。即"您对现在住房的满意度如何?"和"您对现在住房周围环境的满意度如何?"可以肯定的是，有些人会对住房满意对环境不满意，有些人对环境满意对住房不满意，有些人则都不满意。然而，不管受访者如何回答有双重意义的问题，实际上都无法知道他或她的意思。为了避免问这样的问题，应检查问卷中使用"和"的地方。

10. 避免用否定的方式提问

否定性的提问让多数受访者难以回答，因为这要求运用逻辑性的思考。例如，假设有问题问受访者是否同意下列陈述"国家不应该降低征地拆迁的补偿标准"有些受访者可能没看到"不"这个词。而另一些人会错误地把否定意义转变成肯定意义，以为问题是"我认为国家应该降低征地拆迁的补偿标准"如果确实要用否定方式提问，一定要强调否定词：

"国家不应该降低征地拆迁的补偿标准。"

（三）使用封闭型问题还是开放型问题

问卷调查中的问题有两种形式。当答案需受访者用自己的话作答时，即为开放型或开放型结尾的问题。而答案若是受访者从预定的答案中选择出来的，即为封闭型或封闭型结尾的问题。通常，封闭型问题被认为是比开放型问题更有效、更可靠的从人群中收集信息的方法。两种形式的问题的各有适用的范围，在应用中也各有优劣。

1. 开放型问题

开放型问题允许受访者用自己的话作答。如果要得到预想外的答案或想知道受访者真正看到的世界，这样的问题很有用。而且一些受访者喜欢用自己的语言陈述观点，有时这会帮助获取调查报告可引用的材料。在社会评价的调查中，各利益群体的观点和利益的表达很重要，因此与一般的调查相比，开放性的题目得到更多的应用。然而，开放型问题的答案难以统计、比较和解释。请参看下面的问题。

例 6.18

问题：在过去的一个月中，你自己因噪声影响难以入睡的频率是多少?

答案 1：不经常。

答案 2：大约 10%的时间。

答案 3：比一个月前次数少多了。

对受访者给出的开放型问题的答案必须进行分类和解释。例如，例 6.18 的答案中，大约 10%的时间（答案 2）是否意味着不经常（答案 1）? 答案 3 如何与其他两个答案比较? 开放型问题主要应用于收集个体而非群体信息的调查中。很多经常进行定性调查的社会学和人类学专家对开放型问题答案的分类和解释有着丰富的经验。

2. 封闭型问题

封闭型问题提供预定的备选答案，受访者只需从备选答案中选择。这样的问题比开放型问题更难设计，是因为它需要事先知道可能出现的答案，即选项。一些受访者喜欢封闭型问题，因为他们不愿意或不能够在调查中表达自己的意见。

封闭型问题获得的结果是能够进行统计学分析的标准性数据，而统计学分析是使人群（例如，团队、学校、青少年、年老者、外来务工人员等）调查的数据产生作用的关键。并且，因为从受访者那里得到的结果更为清晰，这样的答案也就更值得信赖和具有连贯性。封闭型问题容易标准化。例 6.19 是一个封闭型问题。

例 6.19　封闭型问题

在过去的一个月中，你自己因噪声难以入睡的频率是多少？（单选）

总是　　1

非常频繁　　2

比较频繁　　3

有时　　4

几乎从不　　5

从不　　6

3. 确定开放型或封闭型问题检查清单

问卷调查法是一种以书面提问方式调查信息的方法，它属于标准化调查，即要求所有被调查者按统一的格式回答同样的问题。

问卷中的问题可以采取开放或封闭或半开放半封闭式的形式。开放是问题对答案不提供具体内容，完全让被调查者用自己的语言回答问题；封闭式问题就是调查者先规定问题的几个答案，再让被调查者选定自己认为适当的答案；在实践中，往往是用半开放、半封闭式的问题，即对某问题调查者先给出几种答案，让被调查者选择，然后要求其回答选择答案的理由。问卷设计好之后，应先在小范围内进行试调查，以便在问卷发出之前，能发现其中不足之处。

怎么知道何时使用开放型问题而何时使用封闭型问题呢？下面的表 6-2 会有助于抉择。

开放型问题与封闭型问题的选择　　**表 6-2**

	√如果是，选择开放型问题	√如果是，选择封闭型问题
目的	受访者自己的语言至关重要（为了使受访者高兴、为了获得引证或证据）	想获得能被分级或排名的数据（例如。按照从最好到最差的分级标准），并且已经有好的分级办法
受访者特征	受访者有能力用自己的语言提供答案 受访者愿意用自己的语言提供答案	你想要受访者使用事先制定的一套答案
提问方式	因为答案是未知的，更愿意问开放型问题	你希望受访者从备选答案中选择
分析结果	有分析答案的技能，即使受访者答案是各种各样的	你希望计算出选择答案的数量
报告结果	愿意提供个人或群体的口头答案	你要报告统计数据

（四）问卷设计的其他注意问题

1. 请专家审阅问卷

对设计的调查问卷和调查所涉及的论题，有丰富知识的专家能告诉你哪些是太复杂且不容易管理的问题，哪些是太长或难于精确回答的问题。向这些专家询问和请求其审阅非常有助于改进问卷的设计。

2. 在正式调查前进行试调查

潜在受访者是调查样本的一部分，他们符合入选条件——即他们是你要调查的人。例如，若要调查高级中学里青少年学生的饮食习惯，那么，审阅者就应该是高级中学的青少年。潜在受访者的审阅能保证调查问题有意义并把所有重要的意见包括在内。

例 6.20　正式开展调查前的试调

在调查开始前，对调查对象或潜在的调查对象进行试调是非常重要的，试调对于暴露问卷中存在的问题，如：问卷设计不完善、覆盖面不够、语言运用不恰当、犯常识性错误等。

2007 年 12 月～2008 年 3 月，广州市开展了改革开放以来最大规模的城市低收入住房困难家庭住房状况调查，在调查中就通过试调成功地避免了许多事先没有考虑到的问题。例如承租的政府公房很多没有房地产权证，承租合同没有建筑面积只有使用面积的数据，以及许多特殊的情况。经过试调把这些问题暴露出来以后，通过修改选项、添加备注等方式使问卷得以完善。《广州市城市低收入住房困难家庭住房状况调查表》已作为附件在本章后面给出，供读者参考。

3. 选用或改编在其他调查中成功应用过的问题

许多调查问题是对公众公开的。像国家人口普查中心设计的问题。这些问题已经被检验过、使用过，并且已显示能收集准确的信息。在适当的时候可以利用它们。

七、各种调查方法的简要比较

前面的讨论并非详尽无遗，但是它涵盖了大多数的主要因素。资料收集方式的选择是非常复杂的，它牵涉到调查研究过程的很多方面。接下来将总结各种资料收集方法的一些优缺点。

（一）面访调查法

面访调查主要包括入户面访调查和街头拦截式面访调查两大类。

入户面访调查，是指调查人员按照抽样方案的要求，到抽中的家庭或单位中，按事先规定的方法选取适当的被访者，再依照事先拟定好的问卷或调查提纲上的顺序，对被调查者进行面对面的直接访问。另外一种则是在一些人群集中的场所进行拦截访问。

1. 面谈法的优点

①回答率高。回答率高可以提高调查结果的代表性和准确性，这是调查成功的首要前提。

②当被访问者因各种原因不愿意回答或回答困难时，可以解释、启发和激励被调查者合作，完成调查任务。

③可以根据被调查者的性格特征、对访问的态度、心理变化及各种非语言信息，扩大或缩小提问范围，具有较强的灵活性。

④可对调查环境和背景情况进行了解，有利于访问者判断所得资料的可靠性和真实性。

2. 面谈调查法的缺点

①调查的人力、经费消耗较多，对于大规模、复杂的市场调研更是如此。所以，这种方法比较适用于在小范围内使用。

②对调查人员素质要求较高，调查质量易受访问者工作态度、提问技巧和心理情绪等因素的影响。

③对调查人员的管理比较困难。有的调查人员出于省事或急于完成调查任务的目的，随意破坏对样本的随机性要求和其他质量要求；有的调查人员在取得一些资料后即擅自终止调查得出结论，甚至还有人根本不进行调查，自己编造调查结果。这些问题都是十分错误的，但并非这种调查方法所特有，只是采用这种方法时对调查人员较难控制罢了。

④面谈法中的入户面访通常要求调查人员亲自到被调查单位或家中调查，对于规章制度较严的单位和对来访者有戒心的家庭，采取此法有时会遇到不少困难。

（二）电话调查法

电话调查是由调查人员通过电话向被调查者询问了解有关问题的一种调查方法。

1. 电话调查的优点：

①取得市场信息资料的速度最快。

②节省调查时间和经费。

③覆盖面广，可以对任何有电话的地区、单位和个人进行调查。

④被调查者没有调查者在场的心理压力，因而能畅所欲言，回答率高。

⑤有利于访谈员对访谈过程进行控制（与邮件调查或互联网调查相比）。

⑥对于那些不易见到面的被调查者，采用此种方法有可能取得成功。

2. 电话调查法的缺点

①被调查者只限于有电话和能通电话者，在经济发达地区，这种方法可得到广泛应用。但在经济不发达、通讯条件比较落后的地区，在一定程度上影响调查的完整性。

②电话提问受到时间限制，询问时间不能过长，内容不能过于复杂，故只能简单回答，无法深入了解有些情况和问题。

③由于无法出示调查说明、照片、图表等背景资料，也没有过多时间逐一在电话中解释，因此，被调查者可能因不了解调查的详尽、确切的意图而无法回答或无法正确回答。

④对于某些专业性较强的内容，如询问对方单位计算机的型号、使用年限等问题，而接电话者未必是这方面的专家时，就无法取得所需的调查资料。

⑤无法针对被调查者的性格特点控制其情绪，如对于挂断电话的拒答者，很难做进一步的规劝工作。

⑥可能不太适合涉及隐私或敏感性问题的调查。

电话调查法适用于急需得到调研结果的场合，随着我国电讯事业的发展，电话调查作为一种快捷、有效的调查方法，将会愈加得到广泛重视和运用。

（三）邮寄调查法

邮寄调查法是将问卷寄给被调查者，由被调查者根据调查问卷的填表要求填好后寄回的一种调查方法。

1. 邮寄调查的优点

①可以扩大调查区域，增加更多的调查样本数目，只要通邮的地方，都可以进行邮寄调查。此外，提问内容可增加，信息含量大。

②调查成本较低，只需花费少量邮资和印刷费用。

③被调查者有较充分的时间填写问卷，如果需要，还可以查阅有关资料，以便准确回答问题。

④可以避免被调查者受调查者的态度、形象、情绪等因素的影响。

⑤通过让被调查者匿名方式，可对某些敏感或隐私情况进行调查。

⑥无需对调查人员进行专门的培训和管理。

2. 邮寄调查法的缺点

①征询问卷回收率一般偏低，许多被调查者对此不屑一顾。

②信息反馈时间长，影响资料的时效性。

③无法确定被调查者的性格特征，也无法评价其回答的可靠程度，如被调查者可能误解问题意思、填写问卷可能不是调查者本人等。

④需要样本的详细地址。

⑤要求被调查者要有一定的文字理解能力和表达能力，对文化程度较低者不适用。

（四）留置问卷法

留置调查是指调查者将调查问卷当面交给被调查者，说明调查意图和要求，由被调查者自行填写回答，再由调查者按约定的日期收回的一种调查方法。

留置调查是介于面谈和邮寄调查之间的一种方法，此法既可弥补当面提问因时间局促，被调查者考虑问题不成熟等缺点，又可克服邮寄调查回收率低的不足。缺点是调查地区、范围受一定限制，调查费用相对较高。

（五）互联网调查的优点

1. 互联网调查的优点

①收集资料的单位成本低。

②回收速度快。

③具有自填问卷法的所有优点。

④具有电脑辅助法的所有优点。

⑤像邮件调查一样，为回应者思考答案、查找记录或询问他人提供了足够的时间。

2. 互联网调查的缺点

①样本局限于互联网的使用者。

②面临获得合作的挑战（取决于被抽到的群组和研究主题）。

③具有没有访谈员参与的资料收集方法的各种缺点。

最后，在选择方案时，研究者也应该考虑各种资料收集方式的结合。如前所述，很多问题的答案不会受资料收集方式的影响把个人、电话、邮寄和互联网资料收集方法结合在一起，可能会节约总的成本，因为有的资料收集方式不需要有关抽样或无回应率的花费。

附件

广州市城市低收入住房困难家庭住房状况调查表

编号：□□ □□□ □□□ □□□

<table>
<tr><td colspan="3">调查对象对调查情况
真实性承诺</td><td colspan="6"></td></tr>
<tr><td rowspan="12">A
调查对象及家庭基本情况</td><td>A1 姓名</td><td></td><td>A2 身份证号码</td><td colspan="3"></td><td>A3 联系电话</td><td></td></tr>
<tr><td>A4 职业性质</td><td>□</td><td colspan="6">(1) 行政机关 (2) 事业单位 (3) 国有或集体企业 (4) 私营企业 (5) 外资或港澳台企业
(6) 个体户 (7) 军人 (8) 打散工 (9) 无业 (10) 退休 (11) 学生
(12) 其他________ (请填写)</td></tr>
<tr><td>A5 户籍地址</td><td colspan="7">______区____________街道办事处（镇）__________居委会__________路
__________街__________号__________房

地段号____________户号____________</td></tr>
<tr><td colspan="2">A6 家庭人数</td><td>人</td><td colspan="3">A7 上一年家庭可支配总收入</td><td colspan="2">元</td></tr>
<tr><td colspan="2">A8 家庭自有产权住房套数</td><td>套</td><td colspan="3">A9 家庭自有产权住房总建筑面积</td><td colspan="2">m^2</td></tr>
<tr><td>A10 有无享受过购房优惠政策</td><td>□</td><td>(1) 有
(2) 无</td><td>A11 享受过何种购房优惠政策</td><td>□</td><td colspan="3">(1) 房改房 (2) 解困房 (3) 安居房 (4) 经济适用住房 (5) 单位集资建房 (6) 落实侨房政策专用房 (7) 拆迁安置新社区住房 (8) 其他________ (请填写)</td></tr>
<tr><td>A12 有无享受过政府廉租住房保障</td><td>□</td><td>(1) 有
(2) 无</td><td>A13 享受过何种廉租住房保障</td><td>□</td><td colspan="3">(1) 租赁补贴 (2) 实物配租 (3) 公房租金核减</td></tr>
<tr><td>A14 低保证号</td><td></td><td>A15 低收入证号</td><td></td><td>A16 特困职工家庭证号</td><td colspan="3"></td></tr>
</table>

<table>
<tr><td rowspan="6">B
住房状况</td><td rowspan="6">现住房情况</td><td>B1 住房住用状态</td><td>□</td><td colspan="3">(1) 自有产权居住 (2) 承租 (3) 借住
(4) 其他________ (请填写)</td><td colspan="2">B2 是否配备独立厨厕</td><td>□</td><td>(1) 是
(2) 否</td></tr>
<tr><td>B3 住房性质</td><td>□</td><td colspan="8">(1) 承租市直管公房 (2) 承租单位自管公房 (3) 廉租住房 (4) 承租私人房屋
(5) 一手商品房 (6) 二手房 (7) 农民房 (8) 房改房 (9) 解困房 (10) 安居房
(11) 经济适用住房 (12) 单位集资建房 (13) 自建房 (14) 祖传私房 (15) 落实侨房政策专用房 (16) 拆迁安置新社区住房 (17) 其他________ (请填写)</td></tr>
<tr><td>B4 借住住房来源
(注：仅限借住时填写)</td><td>□</td><td colspan="4">(1) 父母 (2) 子女 (3) 兄弟姐妹
(4) 亲戚 (5) 朋友 (6) 其他________
(请填写)</td><td colspan="2">B5 租金
(注：仅限承租时填写)</td><td>元/月</td></tr>
<tr><td rowspan="2">B6 地址</td><td colspan="3" rowspan="2">______区______街道办事处（镇）______居委会
______路______街______号______房</td><td rowspan="2">B7 户型</td><td rowspan="2">__房
__厅</td><td>B8 建筑面积</td><td colspan="2">m^2</td></tr>
<tr><td>B9 使用面积</td><td colspan="2">m^2</td></tr>
<tr><td>B10 住房总层数</td><td>层</td><td>B11 住房结构 □ (1) 框架 (2) 混合 (3) 砖木 (4) 其他</td><td>B12 住房竣工年份</td><td>年</td><td>B13 房地产证号</td><td></td><td>B14 图幅地号</td><td>图：
幅：
地号：</td></tr>
</table>

续表

B住房状况

现住房情况

B15同住成员情况（包括调查对象）共＿＿＿＿人	B16 姓名	B17 性别	B18 与调查对象的关系	B19 出生年月	B20 身份证号码	B21 产权人或承租人情况	B22 是否广州户籍	B23 备注Ⅰ
			本人					

B24 非同住产权人或承租人情况	B25 姓名	B26 性别	B27 与调查对象的关系	B28 出生年月	B29 身份证号码	B30 产权人或承租人	B31 是否广州	B32 备注Ⅱ

第二套住房情况

B33 住房来源	□	（1）自有产权房　（2）承租房 （3）其他＿＿＿＿（请填写）	B34 是否配备独立厨厕	□（1）是　（2）否

B35 住房性质	□	（1）承租市直管公房　（2）承租单位自管公房　（3）廉租住房　（4）承租私人房屋　（5）一手商品房　（6）二手房　（7）农民房　（8）房改房　（9）解困房　（10）安居房　（11）经济适用住房　（12）单位集资建房　（13）自建房　（14）祖传私房　（15）落实侨房政策专用房　（16）拆迁安置新社区住房　（17）其他＿＿＿＿（请填写）

B36 住房用途	□	（1）出租　（2）空置　（3）外借 （4）自住　（5）其他（请填写）	B37 承租租金（注：仅承租时填写）	元/月	B38 出租租金（注：仅出租时填写）	元/月

B39 地址	＿＿＿＿区＿＿＿＿街道办事处（镇）＿＿＿＿居委会 ＿＿＿＿路＿＿＿＿街＿＿＿＿号＿＿＿＿房	B40 户型	＿房 ＿厅	B41 建筑面积	m^2
				B42 使用面积	m^2

B43 住房总层数	层	B44 住房结构	□	（1）框架　（2）混合 （3）砖木　（4）其他	B45 住房竣工年份	年	B46 房地产证号		B47 图幅地号	图： 幅： 地号：

续表

C收入状况	C1家庭成员情况（包括调查对象）共_人	C2 姓名		C3 性别 C4 出生年月	C5 与调查对象的关系 C6 上一年可支配收入（元）	C7 职业性质 C8 文化程度	C9 身份证号码 C10 工作单位	C11 备注Ⅲ
		1			本人			
		2						
		3						
		4						
		5						
		6						
		7						
		8						
		9						

D家庭资产情况	资产类别 姓名	D1 银行存款（元）	D2 土地及房产	D3 汽车	D4 投资类资产估价（元）	D5 收藏品	D6 其他
	调查对象		___处，具体___	___辆，具体___		___件，具体___	具体___
	家庭成员 2		___处，具体___	___辆，具体___		___件，具体___	具体___
	家庭成员 3		___处，具体___	___辆，具体___		___件，具体___	具体___
	家庭成员 4		___处，具体___	___辆，具体___		___件，具体___	具体___
	家庭成员 5		___处，具体___	___辆，具体___		___件，具体___	具体___
	家庭成员 6		___处，具体___	___辆，具体___		___件，具体___	具体___

注：土地及房产具体包括位置、用途、面积、楼龄等；汽车具体包括品牌、车龄等；收藏品具体指类别；除此以外的其他贵重物品请填写在“D6 其他”栏。

续表

E住房需求	E1 住房需求主要原因	□	（1）改善居住条件　（2）无房　（3）拆迁　（4）结婚　（5）外地迁入 （6）其他________（请填写）
	E2 住房需求时间意向	□	（1）1年以内（含1年，以下同）　（2）1～2年　（3）2～3年　（4）3～4年 （5）4～5年　（6）5年以上
	E3 最希望政府提供的住房保障方式	□	（1）销售型经济适用住房（选1答F购房需求）　（2）租赁型经济适用住房（选2答G租房需求）　（3）廉租住房（选3答G租房需求和H希望政府提供的廉租住房保障方式）　（4）其他________（请填写）
F购房需求	F1购房区域意向	□	（1）越秀　（2）荔湾　（3）海珠　（4）天河　（5）白云　（6）黄埔 （7）番禺　（8）花都　（9）萝岗　（10）南沙　（11）增城　（12）从化
	F2对购买现有新社区住宅选择意向（首选必填）	首选 □ 次选 □	**荔湾区：**（1）郭村新社区　（2）大坦沙新社区　**海珠区：**　（3）大塘新社区 **天河区：**　（4）泰安花园新社区　（5）珠吉新社区　（6）广氮新社区 **白云区：**　（7）同德新社区　（8）金沙洲新社区　（9）松洲新社区 **黄埔区：**　（10）新溪新社区　（11）东苑新社区
	F3需要的最小住房建筑面积	□	（1）30～35m²（含35m²，以下同）　（2）35～40m²　（3）40～45m²　（4）45～50m²　（5）50～55m²　（6）55～60m²　（7）60～65m²　（8）65m²以上
	F4需要的最小住房户型	□	（1）一房　（2）二房　（3）三房　（4）三房以上
	F5能承受的最高住房总价	□	（1）10万元以下（含10万，以下同）　（2）10～20万元　（3）20～30万元 （4）30～40万元　（5）40～50万元　（6）50万元以上
	F6能承受的最高购房单价	□	（1）3000～3500元/m²（含3500元/m²，以下同）　（2）3500～4000元/m² （3）4000～4500元/m²　（4）4500～5000元/m²　（5）5000元/m²以上 （6）其他________（请填写）
	F7能承受的最高首付款	□	（1）3万元以下（含3万元，以下同）　（2）3～6万元　（3）6～9万元 （4）9～12万元　（5）12万元以上
	F8能承受的最高月供楼款	□	（1）500元以下（含500元，以下同）　（2）500～700元　（3）700～900元 （4）900～1100元　（5）1100～1500元　（6）1500元以上
G租房需求	G1租房区域意向	□	（1）越秀　（2）荔湾　（3）海珠　（4）天河　（5）白云　（6）黄埔 （7）番禺　（8）花都　（9）萝岗　（10）南沙
	G2需要的最小住房户型	□	（1）一房　（2）二房　（3）三房
	G3需要的最小住房建筑面积	□	（1）20m²以下（含20m²，以下同）　（2）20～25m²　（3）25～30m²　（4）30～35m²　（5）35～40m²　（6）40～45m²　（7）45～50m²　（8）50m²以上
	G4能承受的最高住房租金	□	（1）100元/月以下（含100元，以下同）　（2）100～200元/月　（3）200～300元/月　（4）300～400元/月　（5）400元/月以上
H	H1希望政府提供的廉租住房保障方式	□	（1）租赁补贴　（2）实物配租
I备注Ⅳ			

签名				
签名	调查对象签名及日期	年　月　日	调查员签名及日期	年　月　日
	检查员签名及日期	年　月　日	督导员签名及日期	年　月　日

续表

J调查员记录部分	J1 调查对象的配合程度	□ （1）非常配合 （2）配合 （3）一般 （4）不配合 （5）非常不配合
	J2 调查对象的住房拥挤程度	□ （1）非常拥挤 （2）拥挤 （3）一般 （4）宽敞 （5）非常宽敞
	J3 对调查对象居住环境的整体感观（根据装修、家具、家电情况判断）	□ （1）非常简陋 （2）简陋 （3）一般 （4）豪华 （5）非常豪华
	J4 你认为调查对象接受资助的迫切程度	□ （1）非常迫切 （2）迫切 （3）一般 （4）不迫切 （5）不需要
	J5 其他____________________（请填写）	

填表说明：

1. 表格必须严格按照填表说明，如实填写，不得弄虚作假、不得隐瞒虚报；表格填写一律用黑色钢笔或者黑色签字笔；

2. 该表用于广州市城市低收入住房困难家庭住房状况调查；

3. 本表编号为“穗调 20□□ □□□ □□□ □□□，”年份后面为 11 位编号，编码规则同申报表，其中前 2 位是区编码，第 3～5 位为街道办事处（镇政府）编码，第 6～8 位为居委会编码，由市调查办提供；最后 3 位为标识调查对象的流水号，由街道办事处（镇）统一编排；此编号应与调查对象所填的申报表编号一致；

4. 调查对象对调查情况的真实性承诺，填写样式如：“本人承诺所提供的情况和资料真实可靠”；

5. 调查对象及家庭成员：调查表中的调查对象与申报表中的申报人必须为同一人。调查对象以家庭为单位进行申报并接受调查，调查对象及家庭成员应具有法定的赡养、抚养或收养关系（包括配偶、父母、子女、养父母、养子女及其直系隔代关系）；调查对象及家庭成员应具有本市市区城镇户籍，并在本市工作或居住；户籍因就学、服兵役等原因迁出本市的，可作为家庭成员；30 岁以上单身人士可独立申报，并作为独立的调查对象；当调查对象不具有完全民事行为能力时，可由其法定监护人代为行使被调查的责任；

6. 调查表有填写栏及选择栏，需填写的栏目直接将内容填入表格中的空白处，选择栏直接将序号填入该栏左边的方框；

7. 姓名：需按有效证件上的名字填写，不得填写曾用名、别名等；

8. 身份证号码：需按第二代身份证号码填写，没有第二代身份证的，按第一代身份证号码填写；

9. 联系电话：需填写家庭固定电话，以及调查对象或家庭成员的移动电话、小灵通；联系电话需保证在调查期间联系到调查对象；

10. 职业性质：分为行政机关、事业单位、国有或集体企业、私营企业、外资或港澳台企业、个体户、军人、打散工、无业、退休、学生、其他；

11. 户籍地址：指户口簿所记载的详细地址；住址属镇且与表格中的居委、路、街等对应不上的，按原有习惯填写，并将路、街等字样划去；地段号和户号是根据户口簿所记载的 8 位数字和 6 位数字内容填写；

12. 可支配收入：指在支付个人所得税、财产税及其他经常性转移支出后所余下的实际收入；通俗地讲，就是居民可以用来自由支配的收入；计算公式为：可支配收入＝总收入－交纳所得税－交纳的财产税－其他经常性转移支出；

13. 总收入：居民全部的实际收入，包括经常或固定得到的收入和一次性收入；不包括周转性收入，如提取银行存款、向亲友借款、收回借出款以及其他各种暂收款；

14. 上一年家庭可支配总收入：指调查对象及家庭成员的上一年可支配收入总和；

15. 家庭自有产权住房：指调查对象及家庭成员拥有实际产权的住房；

16. 家庭自有产权住房总建筑面积：指调查对象及家庭成员所有自有产权住房的建筑面积总和。无自有产权住房的，自有产权住房套数和自有产权住房总建筑面积填“0”；

17. 有无享受购房优惠政策：指调查对象或家庭成员是否享受过购房优惠政策；享受购房优惠政策是指享受过政府或单位提供的房改房、解困房、安居房、经济适用住房、单位集资建房、落实侨房政策专用房、拆迁安置新社区住房等；

18. 有无享受过政府廉租住房保障：指调查对象或家庭成员是否享受过政府提供的廉租住房保障；廉租住房保障包括租赁补贴、实物配租或公房租金核减；

19. 租赁补贴：指廉租住房保障部门向符合条件的申请对象按照廉租住房保障的补贴标准发放租金补贴，由其自行到市场上租赁住房；

20. 实物配租：指廉租住房保障部门向符合条件的申请对象提供住房，并按照廉租住房租金标准计收租金；

21. 公房租金核减：指对现已承租市直管房和各单位自管公房的低收入住房困难家庭，按照廉租住房租金标准予以减收住房租金；

22. 住房状况：包含现住房情况和第二套住房情况，如有三套以上住房的，第三套及以上住房的情况在备注Ⅳ栏填写；

23. 住房住用状态：自有产权居住指居住房屋拥有自有产权；承租是指从市场上或向政府、单位租住的住房；借住是指借住在亲戚、朋友或者其他人家里；其他是指除上述情况之外的其他情形；

24. 地址：指住房的详细地址，地址属镇且与表格中的居委、路、街等对应不上的，按原有习惯填写，并将路、街等字样划去；若房屋不在本市的，按实际地址填写；

25. 图幅地号：指房地产证上房屋坐落一栏中所记载的图号、幅号、地号；

26. 同住成员：指目前与调查对象共同长期居住的人员；同住成员中有残疾、重病人士或其他特殊情况的请在备注Ⅰ栏注明；同住成员超过 9 人的，将超出的同住成员的基本情况填写在备注Ⅳ栏；

27. 非同住产权人或承租人情况：填写目前与调查对象不同住的产权人或承租人情况，特殊情况在备注Ⅱ栏注明；

28. 出生年月：填写格式如 1977.07，其中前四位表示年份，后两位表示月份；

29. 产权人或承租人情况：填写“产权人”或“承租人”，如果住房产权是与他人按份共有的，请先填“产权人”，然后填上实际份额；

30. 是否为广州户籍：请填写是或否；是——此处特指具有广州市市区城镇户籍者，否——此处特指不具有广州市市区城镇户籍者；

31. 收入状况：填写调查对象及家庭成员的收入状况，家庭成员中有残疾、重病人士或其他特殊情况的请在备注Ⅲ栏注明，家庭成员超过 6 人的，将超出的家庭成员的基本情况填写在备注Ⅳ栏；

32. 文化程度：分为小学及以下、初中、高中或中专、大专、本科及研究生；

32. 工作单位：填写所在单位及部门的详细名称；退休人员的工作单位请填写原工作单位和退休金的发放单位；

33. 家庭资产情况：分为银行存款、土地及房产、汽车、投资类资产（含企业股份、股票、各类基金、债券等投资类资产）估价、收藏品及其他。调查对象及家庭成员与其他非家庭成员按份共有的财产，按个人份额填写；家庭成员按份共有的财产，按个人份额填写；家庭某项资产没有明确按份共有的，只填写在一个成员名下；

34. 土地及房产：指住房、商铺、工业物业（如厂房、仓库）或单独的可转让土地；

35. 投资类资产：指股票、基金、债券等；

36. 收藏品：包括具有收藏价值的字画、古币、瓷器、邮票、金玉器等；

37. 住房需求时间意向：指调查对象计划什么时候购买或承租住房；

38. 调查对象在“最希望政府提供的住房保障方式”中选择“（1）销售型经济适用住房”，只需填写“F 购房需求”；选择“（2）租赁型经济适用住房”，只需填写“G 租房需求”；选择“（3）廉租住房”，需填写“G 租房需求”和“H 希望政府提供的廉租住房保障方式”；

39. 租赁型经济适用住房：指租金高于廉租住房，但性质仍属于经济适用住房的一种用于出租的保障型住房；

40. F 购房需求栏和 G 租房需求栏中涉及面积、价格的问题，调查员不需给出选项，根据调查对象的回答进行相应的选择；

41. 以下情形需在备注Ⅳ栏注明：

①调查对象及家庭成员住房套数超过两套的，第三套及以上住房的地址、建筑面积等情况填写在备注Ⅳ栏；

②同住成员（包括调查对象）超过 9 人的，将超出的同住成员的基本情况填写在备注Ⅳ栏；

③家庭成员（包括调查对象）超过6人的，将超出的家庭成员的基本情况填写在备注Ⅳ栏；

42. 调查员记录部分：调查员根据自己对调查对象及其家庭情况的整体印象和感受，实事求是地记录自己的相应看法。其中的J1—J4为调查员必填部分，“J5其他”项并非每一个都需要填写，只用来填写一些特殊情况，例如调查对象非常贫困、住房安全性很差、家庭成员长期患病或者长期失业；还有调查员所观察到的现象与调查对象提供的情况不一致，如观察到调查对象住房面积、家庭资产与其提供的情况反差较大等；

43. 入户调查时，调查对象需准备和出示户籍、住房、收入和资产等方面证明资料的原件和复印件。证明资料包括：户口簿、自有住房权属证明、承租住房的租赁合同、纳税证明、工资单、银行存款、有价证券等收入和资产的证明；

44. 调查员在完成调查表后，应认真检查，确保没有遗漏、签名完整、所有回答已清晰记录才可离开。

第七章

建设项目征地过程的社会评价
——以番禺小谷围岛项目为例[1]

一、相关文献综述与项目研究背景

20 世纪 90 年代以来，伴随着我国城市化进程的加快，城市建设土地需求越来越大，各地政府不断加大征地和拆迁速度。与此同时，越来越多的农民失去土地、居民房屋被拆迁，成为失地农民或被拆迁人。有关资料预计，1999～2010 年，我国耕地面积将至少减少 1.6 亿亩，近 3000 万农民将失去赖以生存的土地。伴随着土地的流失，依附于土地之上的各种权益也随之流失，因征地和拆迁而引起的利益冲突越发明显，并由此引发了诸多社会矛盾，引起了国内外广大学者的关注，他们从不同的角度、用不同的方法对此进行研究，取得了许多理论成果。其中具有代表性的观点包括：世界银行的移民和社会政策高级顾问迈克尔.M. 赛尼教授（1991）认为“任何工程都只能以造福于民为目标。工程应当对它所侵害的那一部分人的利益有所补偿，以使工程所涉及的所有人都能从中获利”；傅崇兰（2003）等从农村土地制度入手，指出必须建立有利于农民退出农业的土地制度，在明确土地权属的基础上，将确立农户的永久使用权作为深化土地制度改革的切入点，同时完善土地经营管理权，在具体操作中，由各乡镇政府成立土地银行，具体进行地籍调查、土地信息、土地使用权的评估、入股和土地整理等活动。上海财经大学的王克强等（2003）通过考察我国土地市场化的现状和土地对农民的作用等，提出在农村实行产业化经营、建立农村要素市场等建议。2004 年后，他们通过更深入的调查研究，提出严格征地范围、承认集体土地产权的完备性、按完全补偿原则以市场价格为征地价格、提高个人补偿比例、完善征地补偿支付的内容等方式，在我国实行集体土地资产化运作的新路以建立农村社会保障机制。西北农林科技大学的陆迁、叶小雯（2005）通过现实中征地补偿案例的考察，提出了三个方面的制度改革：直接补偿机制、自动重新分配机制、普遍的社会安全网，并采取先保障、再补偿、培训就业的征地程序。四川师范大学的杜伟（2005）通过对一些征地补偿安置的事例的考察和研究，提出要改革现行的土地征用制度。具体是严格行使土地征用权，规范征地范围、体现市场经济规律、合理制定补偿标准，以社会保障为核心、以市场需求为导向、拓宽被征地农民的安置途径、坚持政府统一征地，实行征地与供地分离，简化征地后实施程序，建立征地补偿制度等。北京大学的章政教授（2005）以北京郊区的“郑各村”为对象进行实证研究，提出了优化土地经营机制、加强土地管

1　本项目参与人员还有：吴开泽、王辉、巫翠娟、杨佳、赖惠敏、梁健如、黄玩豪、李健超

理、形成合理的委托一代理机制等土地产权制度的创新模式。河海大学朱东恺、施国庆（2005）则认为，在征地拆迁过程中政府与失地农民之间存在问题的根源是利益冲突，主要表现在征地与失地、土地增值与征地补偿、城市扩张与失业、宏观目标与微观目标、长远利益与当前利益等五个方面。在此基础上，提出了重新进行政府角色定位、实施制度创新、建立失地农民权利保障机制等观点。以上研究从不同的侧面对我国的征地制度进行了探讨，指出了农村土地征用过程中存在的问题和相关的对策，为完善我国的征地制度提供了很好的参考依据。

当前，我国正处于经济高速发展时期，在这个过程中失地农民的问题尤其值得注意。我们认为，在征地过程中深入考察各相关利益群体的得失，切实了解征地后失地农民的感受，分析这种感受产生的原因和他们急需解决的问题，以此设计出全面考虑各方利益的、具有可实施性的征地补偿安置方案，这对于落实党中央提出的以人为本的科学发展观，真正体现立党为公、执政为民的理念，意义重大。

为此，我们在查阅了大量资料的基础上选取了南方某大型建设项目作为研究个案，对其所在地的政府部门、农户、村委会、用人单位等进行了深度访谈和问卷调查，同时以对其境内北亭村村民在征地过程中的生活状况与亲身感受的调查为基础，试图从农村社会保障、征地补偿、失地农民安置等方面提供相关政策建议。

二、调查过程

（一）调查研究流程

本课题的调查研究流程如图 7-1 所示。课题调查组从 2005 年 4 月份开始查阅征地方面的相关资料，实地走访了小谷围的 4 个保留村，并和当地街道办的工作人员进行了深入交谈，初步了解了征地后各保留村村民的生存状况和政府在这方面做的相关工作。6 月底，课题调查组联系好了访谈的农户，做好了访谈的相关准备。7 月 6～9 日，课题调查组对北亭、贝岗、穗石和谷围新村的 15 户村民进行入户访谈，掌握了大量的第一手资料，

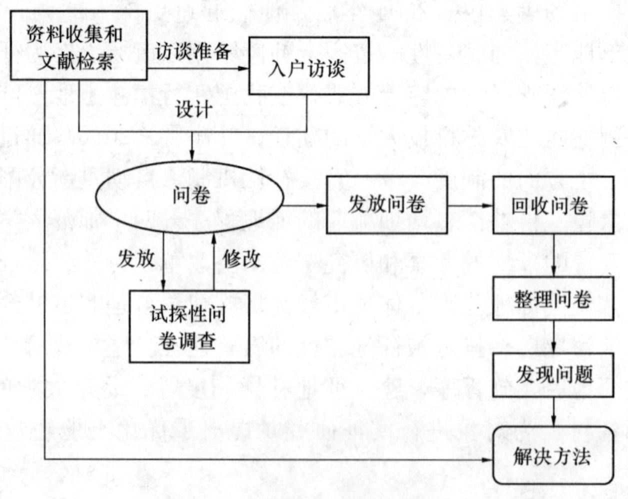

图 7-1　本课题调查研究流程图

了解了征地过程中出现的问题和农民急需解决的问题。在此基础上，经课题组成员的讨论和修改，制定了相关的调查问卷。7 月 17 号和 18 号，课题组分别在北亭村和南亭村进行了试探性问卷调查，针对调查中发现的问题，再次对相关语句进行了修改，最终确定问卷。从 2005 年 7 月 20 号开始，课题调查组陆续在北亭、南亭、贝岗、穗石、岛外新村等村发放问卷，8 月 3 日完成问卷回收，共回收有效问卷 205 份。2007～2008 年，我们对本项目进行了追踪研究。

本调查采用的是非随机任意抽样和与非随机判断抽样相结合的方式，其中岛外新村采用非随机任意抽样的方式；北亭村的调查采用了这两种方法，其中一部分由调查组成员和当地村民在人员比较集中的快餐厅外面发放，另外一部分由本地村民根据我们的要求，在祠堂和自己周围的人群中有选择地发放。南亭村的问卷中一部分由调查组成员和当地村民在人员最集中的江边公园任意抽样方式发放，另一部分由当地村民按照要求在自己认识的村民中有选择地发放。贝岗村和穗石村的发放方式和南亭村相似，都采取了两种抽样方法相结合的方式，贝岗村主要采取由当地村民在自己认识的人群中发放，穗石村则主要采用了任意抽样的方式。

在此基础上，我们对问卷进行了详细的分析，得到了许多有价值的数据。为了更深入地了解村民的感受，我们选取了北亭作为典型研究对象。对于一些相关问题，调查组于 8 月 2 日、8 月 3 日分别访谈了当地劳动和社会保障服务中心和北亭村委会。在此期间，调查组还向街道办的工作人员询问了相关情况。

（二）对相关数据的一些说明

本调查中的对象为“家庭主要劳动力”，所以男女比例显得失衡，“找到工作”的界定中把手工也算进出，这是由于手工的收入虽然不太稳定，但能保证村民一个月中有一半时间有工作。“征地补偿款”是除去购买保险后剩下的钱；“地方政府”是指直接和村民接触的区、镇两级政府。

（三）本次调查的不足之处

由于资金和人员的限制，本次调查发放问卷的数量有限，同时受抽样方法的限制，可能调查结果还不能完全反映全体村民的所有情况。同时，由于我们开始过高估计村民的文化素质，在问卷语言的表述上存在不恰当的地方，可能会使部分村民在理解上产生一定的困难。另外，在对农民收入的确定上也存在偏差，因为农民以前是一种自给自足的生活，收入难以完全以货币衡量。

三、小谷围征地情况调查发现

（一）小谷围简介

小谷围位于广州市番禺区，是珠江上的一个岛，面积 17.8 平方公里。由于某大型项目的建设，征用了大量的土地。征地后，岛内有 4 个保留村，岛内居民有 6314 人因征地拆迁搬到岛外新村居住，现在岛内有居民 6642 人。征地前这里主要以种植农作物为主，这里盛产稻谷、龙眼、荔枝、粉葛和各类蔬菜，是有名的“鱼米之乡”。这些年乡镇经济的发展，村民开始大量种植水果、蔬菜等，人均年收入根据当地提供的数据约为7000元，村民的贫富差距比较小。

此次调查共收回有效问卷205份，包括岛内四个保留村村民（指留在原地未搬迁者），和岛外新村（指搬迁至岛外安置者）。其中男151人，占74%；女48人，占23%，未注明6人，占3%（见表7-1和表7-2）。

调查村民所在村 **表7-1**

调查村民所在村						
村别	北亭	南亭	谷围新村	穗石	贝岗	总人数
所占人数	30	63	37	59	16	205

调查村民男女比例 **表7-2**

调查村民男女比例			
性　别	男	女	未注明
人数	151	48	6
比例（%）	74	23	3

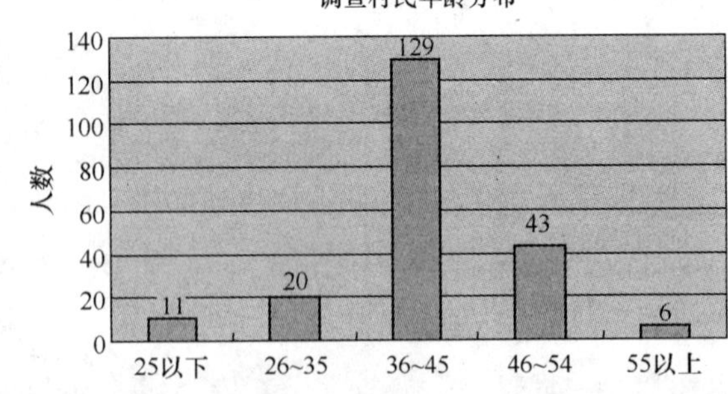

图7-2　调查村民年龄分布

由于调查对象主要是家庭主要劳动力，所以年龄主要分布在36～45岁之间，占61%（见图7-2）。受教育程度大都为初中和小学，分别为101人和58人；调查村民的家庭人口规模大都集中在4～5人。本次调查覆盖了小谷围地区的所有村，调查了不同年龄、性别和受教育程度的人群，其数据基本能代表当地的情况，有较高的可信度。见表7-3至表7-5。

调查村民受教育程度 **表7-3**

调查村民受教育程度						
大学	大专	高中	中专	初中	小学	文盲
1	2	32	4	101	58	1
0.5%	1%	16%	2%	50%	29%	0.5%

调查村民征地前家庭年总收入 **表7-4**

调查村民征地前家庭年总收入（单位：元）					
年收入	10000以下	10000～20000	20000～50000	50000～80000	80000以上
户数	15	25	96	40	6

调查村民家庭规模 **表7-5**

调查村民家庭规模					
人口规模	3人以下	4人	5人	6人	7人以上
户数	36	87	57	15	8

(二) 征地后农民的生活状况

岛内的农民先前较好地保留了岛居农民的特征，千百年来，他们在这片土地上繁衍生息。征地前，这里是有名的“鱼米之乡”，农民靠种稻谷、养鱼、种菜、种香蕉等为生，过着自给自足的生活。土地是他们生活的来源和依靠，是他们基本的保障。征地过程中由于时间过短，遗留下了许多问题，给村民带来了较大的冲击。征地后，一些农民通过出租房子、商铺以及利用该项目的资源做生意，收入得到改善，而一些没有工作、没有房子出租的村民只有靠征地补偿款和借款为生，如图 7-3 所示。

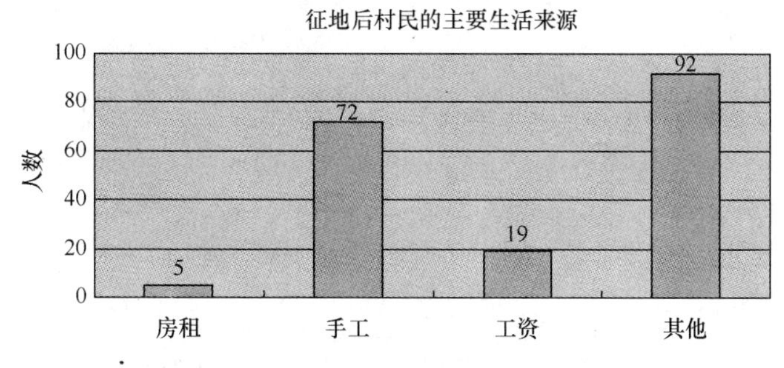

图 7 3　征地后农民的主要生活来源

注：其他占的比例很高，其中村民所填写的内容大部分为：靠补偿金、跟亲朋借钱、摩托车搭客等。

农民土地的丧失以及工作的不充分直接导致了收入的下降，从表 7-6 可以看出，村民的家庭收入大都在 900 元以下，但他们同时需要支付水电费、生活费、子女上学等费用，造成了人们的生活水平普遍下降。由于村民比较看重眼前利益，生活水平的下降在他们心中产生了不满。

调查村民征地后家庭月收入　　**表 7-6**

调查村民征地后家庭月收入（单位：元）						
收入	0	200～500	600～900	1000～1400	1500～1900	2000 以上
户数	24	31	41	26	10	9
所占比例	17%	22%	30%	18%	7%	6%

农民收入下降的也使得子女上学变得越来越困难。特别是 40～55 岁的村民，他们的孩子大都还在读书，而他们的又很难找到工作，只有靠以前的存款和征地补偿款来维持，但不多的征地款确实很难维持子女的学业。在本次调查的 205 份有效问卷中，有 132 户居民的年教育支出在 3000 元以上，其中 58 户居民的教育支出在 12000 元以上。见图 7-4。如此巨额的教育支出对农民来说无疑是巨大的负担。如果这部分农民的孩子因此而辍学，在他们失去土地保障的情况下，他们将面临失业的困扰，如此下去将形成恶性循环，对社会的治安和稳定也会造成损害。这是我们在调查中最为担忧的一个问题。

(三) 征地后村民的就业情况

征地后许多人没有了工作。项目在征地初期，政府出于社会安定的考虑，安排了约

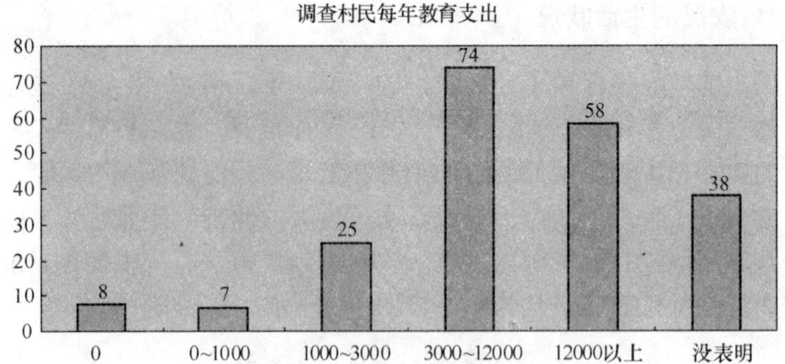

图 7-4 调查村民每年教育支出

2000 名村民作为治安协管员，但也未能做到每户一人安排工作。现治安协管员已被解散，有住房出租的村民每个月还可以获得几百到几千元的收入，但一些被拆迁的农民因为没有房子出租就没有了生活来源，大多靠征地款维持生活。此外，政府出于某些考虑，建设期间各工地不容许招收本地人，各大学招收工人又各自独立，吸纳本地人就业能力有限。当地举办的几次招聘会也只有几百人成功就业。另外，由于建设项目内的市政园林、清洁等由项目指挥部负责，许多项工程已承包给外地老板，他们也较少招收本地人，农民的就业遇到许多困难。村民工作安置情况如表 7-7 所示。

抽样调查中村民工作现状 **表 7-7**

调查村民的工作现状			
工作情况	找到工作	没有	未注明
人数	52	110	47

在这种情况下，一些就业有困难的村民也利用当地的优势从外面揽一些手工活回来，或者从事建筑、绿化园林、清洁、小生意等。这些工作的报酬大多只能勉强维持生活，有的甚至连基本的生活费也维持不了。由图 7-5 和表 7-8 可以看出，村民的月工作收入大都在 800 元以下，而这大概是这个家庭的最主要收入了。农民面临的失业困境直接导致了收入的下降，将成为影响社会稳定的一个重要因素。

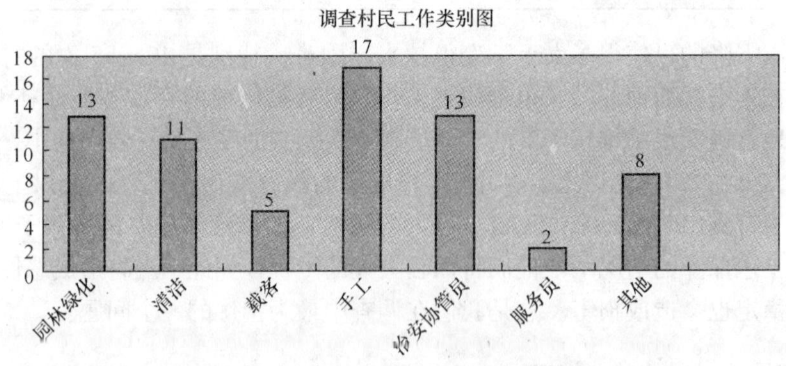

图 7-5 调查中获得工作村民的工作类别

获得工作村民的工作类别及收入表　　表 7-8

工作类别	园林绿化	清洁	载客	手工	治安协管员	服务员	其他
人数	13	11	5	17	13	2	8
工资（元）	约 700	600～700	不详	600～800	900～1000	不详	不详

（四）征地后村民就业难的原因分析

作为岛居农民，他们之前较好的保留了农民的特征。他们勤劳、朴实、善良，但又有小农意识和农民自身的狭隘性心理。同时，由于征地前当地的物产丰富，蔬菜、水果等销往广州市区，他们的收入处在一个较高水平，生活水平并不低，一些工资低的活不愿意做。加上他们年龄偏大，文化素质不高，在现在用人单位对人员的年龄和学历限制很大和城市尚不能接纳大量劳动力的情况下，就业很困难。根据当地劳动和社会保障服务中心负责人介绍："（我们）从去年 6、7 月份开始培训（失地农民），提供了很多工种，已经有 2000 多人已接受培训。从去年到现在已召开了六场招聘会，去年三场，今年三场，达成意向的（人数）场场不同，具体名单没有给我们，只给了个数据，大概有几百人成功走上工作岗位。大概每场（招聘会）有两三百人（招聘成功），最近一场达成意向的不足 100 人。"

村民自身的素质和长久以来养成的习惯也给他们的就业带来很大制约，在我们的调查中就有几个村民放弃了政府安排的工作，其主要原因就是"要求高，不能适应"。村民不愿意参加政府提供工作的原因抽样结果如表 7-9 所示。

调查村民不愿意参加政府提供工作的原因　　表 7-9

放弃政府安排工作的原因				
原因	待遇低	工作要求高、不能适应	觉得有失身份、不愿意做	其他
人数	4	8	2	1

另外，村民对工资的期望过高也是他们就业困难的一个原因。由于村民的教育支出普遍较大，他们也渴望有固定的收入。但由于新村村民还有很长的一段路程才能回到旧村，这些都无疑增加了他们的交通成本。他们普遍要求有 800 元以上的工资（调查村民认为可以接受的工资如图 7-6 所示）。当地劳动和社会保障服务中心的负责人也证实："我们曾经给村民推荐了 600 元（每个月）的工作，他们说不如回去'穿珠'（指把一些细珠用线锈

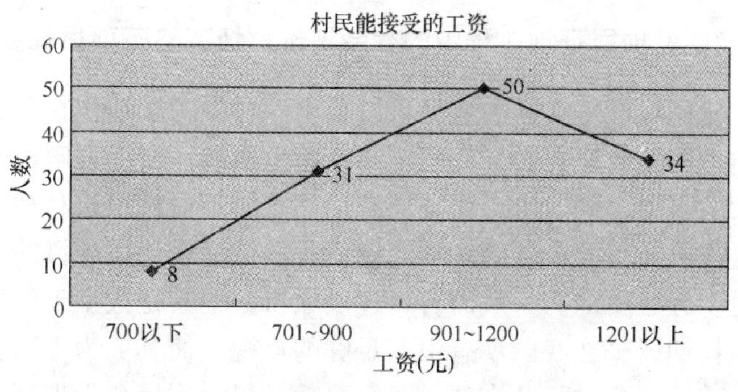

图 7-6　调查村民认为可以接受的工资

在细布上做装饰和其他用品的手工活)”。从目前的情况看，政府积极引导当地手工企业的发展，将能为村民提供更多的工作岗位，这对于解决当前面临的困境是很有帮助的。农民观念的改变需要一个过程，经过一个缓冲的过程后，他们会降低自身的期望，就业的矛盾应该可以缓和。

(五) 征地后农民的社会保障问题

征地后政府出于好意用村民的征地款给村民买了年限不等的社会养老保险，其中男60岁、女55岁以上的村民都买了全额保险，征地后就已经开始发放养老金。把失地农民纳入城镇社会保险体系是对农民安置的一种积极探索，但在现在村民收入来源不稳定甚至没有收入来源的情况下，就会让农民产生误解和不支持。一些未能买足保险的村民，每个月需支付330元购买社会保险，一般情况下村民实在没有能力将社保供下去。当地街道办劳动和社会保障服务中心的工作人员也说：“如果两个人都勤奋、健康的话，对于一般家庭，每个月都有1000多块的收入了，加上征地后有积蓄，一般都供得起社保的。如果说家里只有一个人工作，但却有几个人吃饭或人很懒之类的，那就没办法啦!”据我们调查了解，大多数家庭只有一个人甚至没有人就业，现在依靠征地款生活。如果改变交纳社会保障的方式，用现有集体保留的土地增值的收益交纳社会保障费不失为一条积极的道路。

(六) 调查村民对做好征地工作并保障农民合法权益的意见

征地时，政府在时间紧迫的情况下，对青苗补偿采取了“一刀切”的方法（每亩3000元)，村民的作物是政府派人强制清理的，许多农民特别是果农的损失严重，这在他们的心理上产生了不满和抗拒。还有许多村民花了近十万元的积蓄，历时几年建造了自己的房屋，突然间要拆除，心中难以割舍。另外，他们房子的补偿标准是450～850元/平方米不等，但新房子是1200～1450元/平方米，他们认为自己的房子拆了但还换不来新房子，还加上要把20000元/人的“限期搬迁奖励”、按照他们房屋拆迁面积600元/平方米的补贴和征地款才能购买得起新的住房，他们认为不合理。在我们的调查中，许多搬迁到新村的村民都反映新房子的质量存在问题。

四、关于大型建设项目征地拆迁工作中若干问题的思考

(一) 做好大型建设项目征地过程中的社会评价，切实防范项目社会风险

由整理出来的村民对征地拆迁的意见可以看出：村民的知情权在征地过程中并没有充分体现出来，这样，即使政府有美好的愿望和措施也不能让村民理解。由此引发的误解将会对项目造成很大的阻力，同时也会让基层利用信息的不对称谋取私利。综观该大型建设项目的整个征地过程以及由此产生的各种问题，我们认为在建设项目的征地过程中引入项目社会评价制度是十分必要的。一般而言，建设项目，尤其是大型工程建设项目都涉及大量的社会问题，但长期以来在我国没有引起足够的重视，使其成为工程和社会学学科都忽视的边缘地带。对建设项目进行社会评价研究，就是指运用社会学理论和方法，对项目社会影响、利益相关群体、弱势群体等进行分析，提出减少社会影响的策略，给出与项目相

关的社会政策设计。这既能拓展社会学研究的领域，也能解决长期困扰建设项目的一些难题。同时，政府在设立大型建设项目工程进度时间表时，还应该深入考察项目实际情况及涉及的各方利益，考虑社会与相关群体的承受能力，为解决社会当前面临的尖锐矛盾预留充足的时间，研究出最有效的路径与方法。

（二）提倡利益相关群体参与式项目评估，切实加强和征地村民全过程的交流和沟通

项目征地拆迁需要办理非常多的手续，同时还需处理镇、村委、村民各方利益分配的问题，这需要做许多解释、处理许多矛盾。由于时间紧，许多东西都未能充分考虑进去，遗留了许多问题。当地街道办一位工作人员感慨地说："由于时间太紧了，青苗补偿采取一刀切（3000 元每亩）的补偿方式，一些村民对此意见很大，还有其他一些遗留的问题也很难解决"。项目征地时曾经承诺给予村民 15%的保留用地，但由于需要经过许多部门的批复，加上其他原因，这些土地至今仍未有着落。许多村民对此的意见非常大，北亭村一位副主任说"政府征收了我们几千亩的土地，答应给我们 15%的保留用地，但到现在都还没有给。他们要求我们在规定的时间给钱，不给就弃权，我们集体给了 4000 多万元，现在政府也没有什么答复"。由于农民对土地的深深依赖，他们很看重 15%保留土地，这其中的信息不顺畅产生误解，也是他们和地方政府态度对立的原因之一。因此，我们在此提倡利益相关群体参与式项目评估，切实加强和项目的利益相关群体全过程的交流和沟通。

（三）加快土地立法进程，完善征地补偿的制度，使征地过程有序、合法地进行

我国长期以来实行低标准的征地制度，这在当时有利于城市化进程，但现在也刺激了地方政府的土地投机，越权批地、化整为零批地、以权代言代法等违法行为时有发生[8]。这种低标准征地是以造成大量农民失地、社会治安恶化，农民集体上访等巨大的社会效益的损失为代价的，已经不适应社会的发展。项目的征地补偿是按照被征地前 3 年平均产值的 5～12 倍为标准发放的，但这并不能保证村民的生活水平不降低。我们认为国家应该以土地的现有用途为标准、按照市价进行补偿，以确保失地农民的生活水平不降低。

土地立法进程亟待加快，农村土地产权混乱的局面也有待改变。《中华人民共和国土地管理法》规定的补偿是以土地的原用途为标准补偿的；《新物权法草案》虽然对征地拆迁的补偿作了规定，但这些规定并没有细化，在实际操作中只有指导性的作用。我们建议提高征地标准，同时制定《土地规划法》，这样一方面可以保证农民的利益得到保障，另外可以防止地方政府和单位随意改变土地用途进行土地投机。同时培育和管理农村地产市场中介机构，在保证农村土地公有的前提下推进农村地产市场化，使农村地产的交易在更加透明的情形下进行，交易双方的地位更加平等，才能更有效地保障农民的利益。我们在调查中发现的村民认为征地过程中农民利益受到损害的原因如图 7-7 所示。

征地程序应做到规范并且公开，一般说来，应先征询征地村民的意见，然后根据村民的意见和国家有关规定制定补偿方案，向村民解释说明以消除误解，再根据意见进行修改，最后实施。这样，全程实行"阳光地政"，使整个征地过程在公开、公平与公正的环境下进行，就能避免许多误解和腐败的发生。

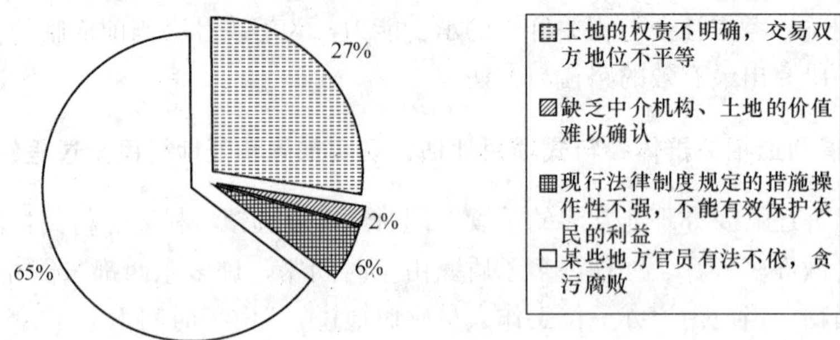

图 7-7　调查村民认为征地过程中农民利益受到损害的原因

（四）做好失地农民的就业和社会保障，建立农民平稳退出土地的机制，切实保护弱势群体的利益以维护社会稳定，保证城市化的顺利进行

征地补偿安置应该做到“以人为本”，目前我国对失地农民的安置大多采取以货币安置为主的安置模式，失地农民的生活、就业、社会保障缺乏有效的解决途径（杨翠迎，2003）。项目征地后对失地农民的就业、住房、社会保障等采取了措施，但仍未收到好的效果。就业是民生之本，只有就业率达到一定程度，社会才能稳定。从图 7-8 可以看出村民对就业机会的期望是很高的，政府引导将是解决问题的关键。

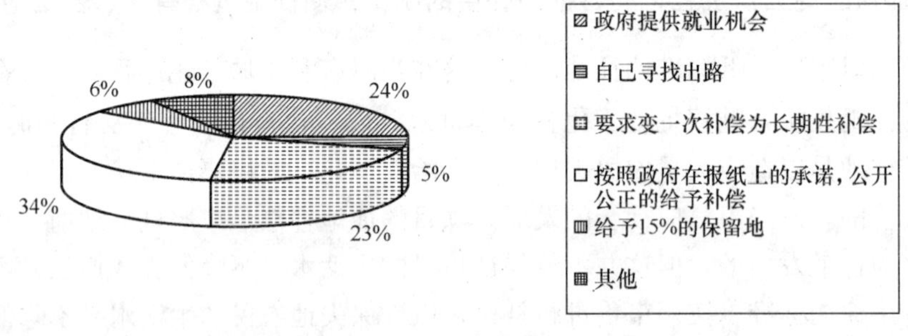

图 7-8　调查中村民认为解决当前面临的困境的关键

项目的市政园林、清洁、物业管理等需要大量的工人，优先安置失地农民的就业能提供大量的工作岗位。当然，农民的素质偏低，对他们进行引导、树立典型，培训是必要的。同时，政府要扶持当地手工制作企业的发展，以吸收年龄偏大的农民的就业。我们调查中发现村民的就业期望并不高，只是对工资期望高。针对这种情况，政府一方面要做艰苦细致的工作，说服村民降低工资期望，告诉他们现在就业形势的严峻。村民出于生存的危机感，肯定会降低工资期望。村民认为可接受的工作如图 7-9 所示。

政府也应该引导村民加强自身学习，提高认识，改变他们长期以来养成的自由散漫的工作态度，降低就业期望。村民们也应该自己改变观念，积极寻找出路。对于 35～45 岁的农民，由于他们的文化水平不高，一般的工作单位又不愿意招收，政府要对他们进行就业培训，积极提供劳动岗位，引导他们适应角色的改变。由于此前村民参加政府组织的培训后，就业率仍然不高，村民对培训的评价不高，在下一个阶段政府相关部门应该换一种培训方式，以一种先确定好就业渠道再培训的方式，这样就能产生示范作用，村民自然就乐意去接受培训。调查中所发现的当地政府安排的培训情况如图 7-10 所示，村民觉得培训对就业的帮助如图 7-11 所示。

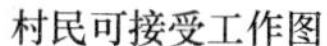

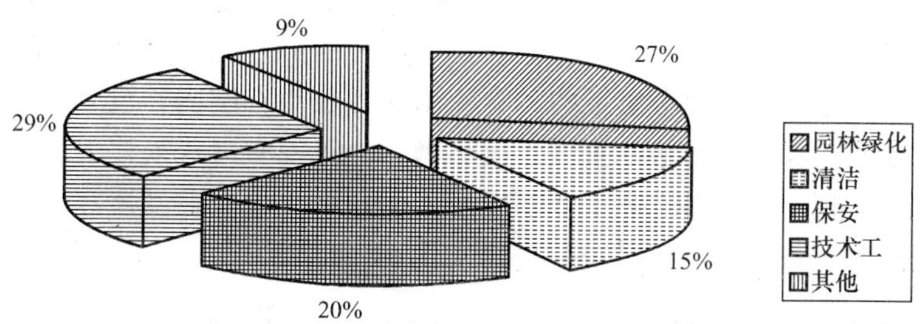

图 7-9　村民认为可以接受的工作

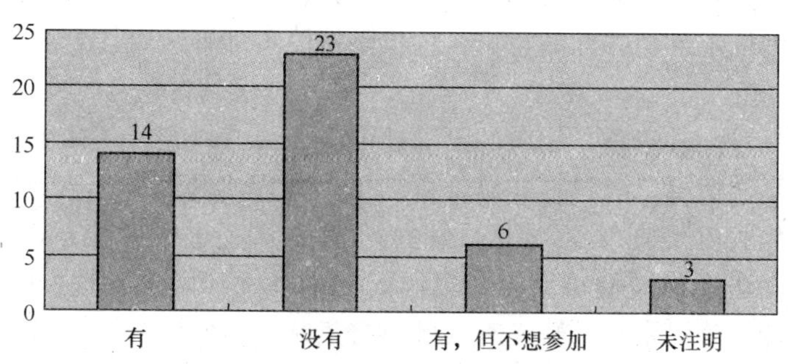

图 7-10　当地政府安排北亭村村民的培训情况

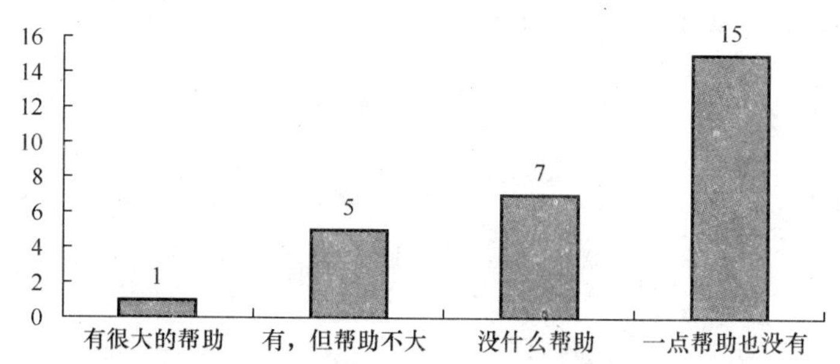

图 7-11　村民觉得培训对就业的帮助

至于村民的意识转变过程问题，据我们的调查了解，村民现在的问题是缺少对未来的期望，有“过一天算一天”的感觉。由于对未来没有目标，他们往往不去积极寻找工作机会，而是聚集一起下棋、打牌、打麻将，长期下去将形成不好的风气，容易产生新的社会问题。政府现在需要做的工作是让村民看到希望，例如对子女教育费用难以支付的家庭给予资助，对家庭实在困难的家庭提供最低生活保障。这样村民的后顾之忧没有了，再对他们实施培训，他们就愿意多了，也会积极寻找工作。有了这么一个缓冲过程，他们的意识也会转变过来了。政府再禁止聚众赌博，引导村民开展文化活动，整个社会风气会好起来，与项目的文化氛围也会相得益彰，还可以探索出一条“城中村改造”的新路。

（五）积极引导手工业的发展，解决村民当前面临的就业难问题

当前手工和房租已成为村民收入的主要来源。调查中了解到如果每天都有手工活干的话，一个人每个月可以挣到700～900元。这说明手工活将可以吸纳大量的农村闲置劳动力，维持村民家中的生活和初中以下的教育支出。现在小谷围内并没有一家手工企业，村民需要到市区或新造镇以外的地方去领活回来做，由于没有形成规模效应，不利于手工业的发展。建议政府重点扶持当地手工业的发展，引导手工业企业发展壮大，提供政策支持使其成为当地的特色产业，还可以繁荣当地文化。

（六）加大对各级政府的监督力度，积极推进村委会的改革

从对村民的意见整理可以发现村民对地方政府和村委的行为多有不满。在征地过程中，具体的操作都由基层政府和村委实行，由于镇、村两级并没有做好宣传工作，村委也没有有效地向村民征求征地方面的意见。这也是村民不理解政府，上级政府不了解民情的一大原因。

由于我国实行村委直选后，相应的制度还没有完善，村官管理存在缺位，所谓的村务公开并不能反映真实情况，对村官的监督仍然不力（冯书原，2005）。征地后各村大都实行了所谓的“固化股权”的经济合作社，把村集体资产经过股份的方式组成一个经济体。由于国家对此的立法进程缓慢等原因，集体资产难以做到民主管理、民主决策、民主监督、对各种违法行为难以限定并缺乏有效的监督机制。我们认为需要尽快制定村委会运作的法律法规，建立村委会的监督体制。这样，村委会才能成为人民谋利，传达民意的真正意义上的村民自治机构，国家的政策才能有效地实现。像本项目征地过程中这种缺乏沟通、知情权被剥夺的现象才能避免。也只有村民自治得到真正的实现，法律规定的征地补偿及各种福利才能真正惠及到广大的失地农民。

第八章

建设项目前期拆迁与开发方案设计中的社会评价——以广州 DP 大马路开发整治项目为例[1]

一、项目概况

（一）项目背景

本项目是广州市 H 区“一轴两圈”商业规划的重要组成部分。“一轴两圈”商业规划方案，是未来十年 H 区商业规划的总体框架。DP 大马路开发整治工程，是“一轴两圈”商业规划方案中，构筑“东部亚运商圈”的一个重要环节。

“一轴”是指：广州新城市中轴线华南快速干线；“两圈”是指：“新中轴线核心商圈”和“东部亚运新商圈”。其中“新中轴线核心商圈”为：广州大道以东、广深线以南、华南快速干线以西、珠江以北的地区，包括天河南、林和、石牌、冼村、猎德五条街的行政区范围（总面积约 18 平方公里）。而“东部亚运新商圈”是指：以地铁四号线为纽带的车陂街、黄村街和前进街行政范围（总面积 17.24 平方公里）。

“东部亚运新商圈”有两大组团：一是以花花世界购物中心为龙头，依托奥林匹克中心，辐射科学城的“黄村一前进区”；二是依托地铁换乘枢纽车陂站和黄洲站的“车陂一黄洲区”。在初步规划中，前者以游憩商业和高级名牌专业店为主，后者则以零售商业为主。DP 大马路正好位于这两大组团的相交线上，地位相当重要。因此，DP 大马路开发整治工程的成功与否，将直接影响“东部亚运新商圈”工程的成败，关乎“一轴两圈”商业规划方案能否顺利实施。因此，DP 大马路开发整治方案的制订受到了区政府的高度重视，同时也赢得了社会舆论的广泛关注。

以往的商业街规划，一般由规划设计单位独立完成。这一独立的操作模式虽简明快捷，但却导致了不少“问题商业街”的出现。其根本原因在于这一操作模式，缺乏了对当地经济、人文环境的深入调研。如何将“调研”与“规划”科学地合起来，成为政府部门、经济界和学术界共同关注的一大热点问题。在此情况下，旨在将“调研”与“规划”有机结合的“DP 大马路开发整治方案”便应运而生。

本项目报告分为三大部分，分别为：“现状调研分析”、“项目规划设想”和“开发模式与政策建议”。其中第一部分的工作重点在于：对 DP 大马路及其他相关地段的经济、

1 本项目参与人员还有：马鹏涛、慎重波、李家声、何舜斌、吴开泽、黄玩豪、杨永亮、王辉、赖惠敏、廖建珍、罗锦维、巫翠娟、梁健如、赵学兵、陈宝霞

人文环境进行充分有效的社会调研；第二部分的工作重点在于：根据调研所得的结论，结合相关的规划理论，提出对项目开发整治的初步总体构思；第三部分的工作重点在于：综合一二两部分的工作成果，提出本项目的开发整治模式及对政府的相关工作建议。

（二）项目区位、范围

项目位于广州市H区DP大马路（中山大道与黄埔大道区段）。南起黄埔大道，北至H区红十字会医院，全程约1.2千米的DP大马路待改造段，两侧宽约50米的区间范围。本项目的调研范围包括DP大马路及其合理的辐射区域。

（三）研究目标

在对DP大马路及其他相关地段的经济、人文环境，进行充分有效的社会调研的基础上，提出大马路开发整治方案的初步总体构思，为制定科学合理的规划方案提供参考依据；同时通过此项目的操作，探索出一条“道路开发改造”前期工程中，“调研”与“规划”科学结合的正确途径。

（四）调查的原则与方法

1. 观察法：运用笔录与拍照等手法，边观察边记录。

2. 深度访谈法

深度访谈法的选用

深度访谈本质上是由访问者建立对话方向，在针对由受访者提出的若干特殊主题加以追问。利用深度访谈，研究者可以获得受访者较为详细的意见、价值、感受，尤其是当问题具有敏感性，面对面的深度访谈通常能提供敏感性问题较为精确的回答。

深度访谈进行的方式通常可以分为三种：

（1）结构性访问（标准化访问），研究者事先设计好一份标准化的问卷，访问者依循问题进行访问，每位受访者均针对相同的问题回答，而访问员不能自行发问。

（2）非结构性访谈（非标准化访问），研究者事先并未拟定固定的问题，而由访问员依照研究目的，提出比较广泛的问题，受访者可以自由作答，然后由访问员依照受访者的回答决定该追问哪些问题。

（3）半结构式访谈，依照研究者所事先准备的大纲，但是不需要依照问题顺序来访问，而是根据访谈大纲及受访者的回答，随时调整、延伸问题。这种方法兼具结构性与非结构性的特征，访问员可以控制访谈过程，可节省访谈时间，也确保访谈的质量，以获得深入而详尽的资料。

经课题组详细考虑，决定采用“半结构式访谈”，课题组先根据调研目的拟定访谈大纲，以小组为单位对目标群体进行访谈。如商业现状和前景方面，对DP大马路商家及中介对该地段商业状况及前景的看法进行深度访谈；拆迁方面的调研，对大马路区段受拆迁影响的居民、商铺、相关企业进行访谈；商业现状调研方面，针对铺主、顾客、消费者和地产中介组织深度访谈。

3. 文献调研法：查阅相关统计年鉴、到相关街道办了解情况，收集数据。

4. 数据处理与分析，将所得的数据结合访谈记录进行统计分析。

（五）项目调查过程概述

2005年12月11日，课题组成员6人到实地走访，对改造范围的情况有了一个表面的了解，并分别在大马路周边200～500m的范围内进行了深入的实地观察，拍下了大量的照片。

2005年12月17日，课题组成员10人到现场，详细地登记了大马路区段的店铺和住宅，并对其结构、层数、装修、面积进行了描述。同时对临街店铺进行了访谈，初步了解了房屋产权和使用者的一些情况，特别对当地的治安、店铺的租金、商业业态、人员状况有了比较深入的了解。

2005年12月23日，课题组成员4人到车陂街道办事处调研，和街道办副主任、规划科、综治办公室、党建办等部门领导进行深度访谈，详细了解了已改造区段的经济发展情况，当地居民的收入水平、收入来源、社会保障情况，以及改造可能涉及的房屋、仓库、场地等的产权情况。这使得课题组对改造区段的情况有了大概的了解。同日下午，课题组到车陂公司（原车陂村委会）的城管、规划部门了解一些情况。

2006年1月2日，课题组成员3人到石路街调查石路街两旁房屋产权情况，和周围的居民进行了交谈，对大马路及周边的历史变迁情况和当地居民的收入来源、收入水平、社会保障等有了直接的了解。

2006年1月13～14日，课题组成员10人采用抽样的方式对可能的拆迁范围以及周边房屋的屋主、承租户、当地居民进行了若干深度访谈，询问了房屋的产权情况，希望的拆迁补偿方式和安置情况，居民对当地的感受等。同时也询问了临街店铺的租金情况和希望的补偿方式以及对改造的看法。另外，部分成员还对涉及的西湖和DP两个社区居委会进行了访谈，了解社区的概况和改造区段的总体情况。另外还到改造区段的部分小区进行访谈，对他们的消费方式、收入水平进行了了解。还有一部分成员对DP圃兴和农贸两个市场的管理处进行了访谈，了解改造对他们的影响以及村民的收入情况。

2006年1月17日，课题组3位成员再次到大马路了解产权情况，进行了一些访谈，对前面的一些情况进行补充完善。

2006年1月22日，课题组2位成员到大马路的十四社了解了村民的收入情况，并调查周边住宅小区的相关情况。

在调查完毕后，课题组结合相关的文献和统计资料，经过多次讨论和修改，完成课题报告的撰写。本研究将社会评价理论和方法运用到商业项目中，希望用社会学的分析工具分析项目改造中可能存在的社会问题，以有效化解改造中可能存在的利益冲突，使项目获得好的经济和社会效益。

二、项目所在区域经济社会状况分析

（一）H区历史概况

1985年5月24日，H区经国务院批准成立，从广州市郊区分出来，成为广州市新建区时，只有沙河街，五山街、员村街、车陂街以及沙河区（镇）、DP区（镇）。随着广州城市向东扩展，H区已发展为22条街（沙河、五山、车陂、员村、石牌、登峰、天河南、林和、沙东、兴华、棠下，猎德、冼村、天园、黄村、元岗、朱吉、新塘、龙洞、凤凰、前进街等），成为广州市快速发展中的城市中心。

（二）H区经济概况

1. H区产业和经济基本状况

近年来，H区国民经济保持持续快速健康增长。2004年全区实现生产总值605.29亿元，比上年增长16.15%。2005年实现地区生产总值888.81亿元，同比增长14.0%，保持了国民经济持续快速健康发展的态势。其中，第一产业增加值完成0.94亿元，同比下降3.9%；第二产业完成增加值170.13亿元，同比增长10.4%；第三产业增加值完成717.74亿元，同比增长14.9%，拉动GDP增长11.8个百分点，其实现的增加值占全市第三产业增加值的比重为22.86%，中心城区地位进一步得到巩固和加强。

H区在经济发展过程中，产业结构不断优化，重心进一步向第三产业倾斜。2005年，H区国民经济三次产业结构比重调整为0.11 ∶ 19.14 ∶ 80.75。其中，第二产业的发展离不开软件业的建设和固定资产投资的快速增长。第三产业占GDP的份额历史性地超过了八成，在第三产业中，服务业是支撑第三产业高速增长的重要因素，拉动效应最为突出。服务业全年实现增加值266.60亿元，增长速度为22.9%，高出GDP增长速度近9个百分点，拉动全区国民经济增长6.2个百分点，是广州经济发展的强力引擎。

2. 宏观发展战略及区域规划

根据《广州市商业网点发展规划（2003～2012年）》，10年内，广州将建设三层商业圈，新增57个大型购物点。按照广州城市“拉开建设、优化布局、新区先行、带动老区”的总体规划思路，《规划》提出了广州全市域构建“四线三圈、两轴一带”的大商业格局，实施“东推进、西延伸、南跳跃、北培育”的商业网点拓展战略。其中，三层商业圈主要是：

内圈：北至内环路—铁路沿线（麓湖路以东以铁路为界）、东至华南快速干线、南至新港路—昌岗路、西至工业大道—内环路以内的圈层，含越秀区、东山区、荔湾区和H区西部、海珠区北部地区。

中圈：内圈与二环路之间，包括H区北部和东部、芳村区、海珠区南部、黄埔区大部和白云区南部、番禺区北部。

外圈：二环路外区域，含花都区、增城市、从化市、黄埔区南岗片、开发区和白云区北部、番禺区南部。

规划期限为2003～2012年，分三阶段实施，近期为2003～2005年；中期为2006～2010年；远期为2011～2012年。

广州市商业中心区的形成和发展有其深厚的历史沉淀及良好的现实基础，主要分布在广州市旧城区——越秀区和荔湾区。随着近年来城市中心的东移，广州的另一商业中心在H区出现，即位于天河体育中心和珠江新城一带，是广州市新兴的商业中心，档次较高。可见，广州市市级商业中心区的分布十分集中，分布在历史悠久的旧城区中心和市的中央商业区，而H区是新城区中发展较快的一个区。

根据H区“2010年大变”任务，一方面以体育中心区（新城市中轴线）为中心，发展壮大高新技术产业和高层次服务业；另一方面，加强东北部基础设施建设，加快农村经济的转型升级。具体包括按照智能生态园的标准，全面启动高唐生态软件园的建设，重视发展生物制药、新材料、光机电一体化等高新技术产业。

同时，H区政府还大力支持东部新商圈的形成，提升商业产业素质，引进有实力的大型商贸企业进驻，加强该地区的物流集散、服务居民等功能。

总体上看，H区的商业将以现代化的商业为主，形成一个有机和多元化的整体。具体包括一条具有广州现代商业标志性的商业带和七个区级商业中心。现代化的商业带是指由珠江新城中央商务区、天河城一带中央零售区、天河北路——林和西路大型综合商业区以及岗顶一带信息技术产品密集销售区组成的高级商务走廊。七个区级商业中心包括DP、沙河、石牌、员村、棠下、五山和龙洞商业中心。除此之外，还将建成四条较具规模的特色商业街、建立起一大批区街（镇）级商业服务区以及形成一批具有相当规模的专业批发市场。

随着亚运会临近，以DP为核心的东部亚运新商圈将逐步形成。根据规划，东部亚运新商圈核心有两个：一是以花花世界为龙头，依托奥林匹克中心，辐射科学城的黄村—前进地区，二是依托地铁换乘枢纽车陂站和黄洲站的车陂—黄洲地区。以这两个核心形成两个不同功能与特色的片区，一个是以游憩商业区和高级名牌专业店为主的奥体中心片区，另一个是以商业零售为主的车陂—黄洲片区。

目前DP商业主要集中在DP大马路一带，据了解，嘉裕集团星级酒店已落户DP，而合生创展也将在骏景花园建设一个大型商务购物中心。规划显示，东部亚运新商圈定位为广州市东翼商圈、游憩商业区、大型专业市场区和新型业态的试验发展区。相信随着亚运会、科学城的带动，DP商业发展前景优越。

（三）区域人口及居民生活概况

1. 人口构成及变化趋势

H区第五次人口普查（2000年）的结果是：辖区总人口1109320人，其中常住户籍人口439333人（非常住户籍人口为92992人，合计户籍人口为532325人），非户籍人口646662人。居住DP镇户籍待定人口21606人，原住DP现在国外人口1719人。1949～2000年H区人口变化趋势见表8-1。

1949～2000年H区人口变化趋势　　**表8-1**

年　份	总人口（人）	比上次普查增长	
		增加人口（人）	增长（%）
1982	229276	70127	44.06
1992	430153	200877	87.61
2000	1109320	679167	157.89

注：2000年人口普查的口径与往次不同，总人口包括居住了6个月以上的非户籍人口，因此不能简单比较，但可以观察其趋势。（资料来源：《H区人口统计》）

2000年第五次人口普查，H区的总人口比第四次人口普查增长了1.58倍，人口的年均增长率为9.94%，比1982～1999年的年均增长率8.18%高出1.76个百分点。而同期广州市仅增长0.58倍，换言之，广州市2000年比1990年新增的3643025人中，每100

个新增人口有 18.6 人在 H 区。其中，以 2000 年与 1990 年相比，增幅最大的是 DP 镇（462.25%），其次是沙河镇（358.38%），第三是车彼街（125.14%）。人口增长的原因主要有：

第一，人口增加主要来源于非户籍人口。1990 年的第四次人口普查，H 区的常住人口为 346304 人，占总人口的比重为 80.51%，但到 2000 年第五次普查，常住户籍人口比 1990 年四普时仅净增 93029 人，户籍总人口占全区总人口 1109320 人的 39.6%，同期，非户籍常住人口净增了 562813 人，占总人口的比重从 19.49%急速上升至 58.29%。1990～2000 年 H 区人口变化见表 8-2。

1990～2000 年 H 区人口变化 **表 8-2**

年份	总人口（人）	常住户籍人口		常住流动人口	
		绝对值（人）	占总人口比重（%）	绝对值（人）	占总人口比重（%）
1990	430153	346304	80.51	77827	19.49
2000	1109320	439333	39.6	646662	58.29
年均增长（%）	9.94	2.41	—	22.66	—

第二，常住人口的急速增加，主要原因是“务工经商”、“学习培育”和由老城区“搬迁”等流入 H 区。“五普”显示的人口因各种原因迁入的情况如表 8-3 所示：

2000 年 H 区人口迁入原因 **表 8-3**

项目	务工经商	工作调动	分配录用	学习培训	拆迁搬家	婚姻迁入	随迁家属	投亲靠友	其他
人数	27163	1568	1198	13091	7908	1183	5399	3492	1457
比重（%）	43.49	2.51	1.92	20.96	12.66	1.89	8.65	5.59	2.33

上述统计资料表明：（1）H 区处在经济的成长期和城市建设的扩张期，有大量的就业机会和相对宽裕的容纳居住的城市空间；（2）H 区是广州市重要的文教区、区内 13% 的人口是各地到此学习、培训的。

H 区人口增长的趋势大致表现为：

1）珠江新城总用地 6.6 平方公里，按人口密度为每平方公里 2 万人计算，将新增 10 万人以上。DP、沙河等可以开发的土地将成为住宅区，吸纳的人口不下 20 万。可以预计的是，到 2010 年，H 区将吸纳由老城区和其他地区取得广州市户籍的常住人口 30 万左右。

2）按户籍人口与常住流动人口的比例为 4 ∶ 6 计算，新增的常住流动人口将达到 45 万左右。也就是说，按过去 10 年的发展趋势，在广州市的人口空间分布格局和管理制度不变的前提下，到 2010 年，H 区的总人口预计将在 180 万～190 万人之间，进入“超大城市”临界点。

2. 流动人口分布和增长趋势

（1）流动人口区域分布

调查组将户籍人口密度与总人口密度进行比较发现，外来常住流动人口（指居住半年以上的常住流动人口）以及户籍人口主要是在“城中村”地区积聚的（见表 8-4）。

H 区户籍人口区域分布、与总人口比较 **表 8-4**

区 域	户籍人口（人）	总人口数（人）	总人口/户籍人口
五山街	59324	86900	1.47
员村街	36006	74249	2.06
车陂街	22337	56061	2.10
沙河街	42281	48749	1.15
登峰街	40556	79533	1.96
石牌街	70067	134347	1.92
沙东街	17498	32075	1.83
天河南街	39207	57537	1.47
林和街	38108	55735	1.46
兴华街	22413	77415	3.45
棠下街	22021	67188	3.00
天园街	7819	31920	4.08
冼村街	4589	28746	3.79
猎德街	7747	16838	2.17
DP 镇	40804	108015	2.65
沙河镇	58548	154012	2.63
总 计	532325	1109320	2.08

表中显示：第一，H 区常住流动人口比户籍人口多 1.08 倍。第二，在 16 个人口普查的街镇中，常住流动人口与户籍人口之比超过全区平均水平的有 8 个。最高是天园街（3.08 倍）、以下依次为冼村街（2.79 倍）、兴华街（2.45 倍）、棠下街（2 倍）、DP 镇（1.65 倍）、沙河镇（1.63 倍）、猎德街（1.17 倍）和车陂街（1.10 倍）。

常住流动人口高度集中的区域，都有一个共同的特点：即都是新成立的带有村的街道。或者说，城中村是常住流动人口高度集聚的地区。其原因在于：第一，这些地区的进入门槛低，如居住费用、生活费用等比较低，流动人口以较低的成本就可以立足生存；第二，这些地区及周边区域往往有比较多的就业机会和市场空间，使流动人口得以“常住”。

在 H 区的常住流动人口总数为 646662 人，占 H 区总人口的 58.29%。若按常住流动人口绝对值排位次，沙河镇居首位（93528 人），第二到第七位（绝对值超过 4 万人）依次为：石牌街（71553 人）、DP 镇（70362 人）、兴华街（56041 人）、登峰街（47571 人）、棠下街（45260 人）和员村街（43246 人）（见表 8-5）。

H 区常住流动人口区域分布 **表 8-5**

区 域	总人口数（人）	常住流动人口（人）	常住流动人口绝对值排次
五山街	86900	30744	9
员村街	74249	43246	7
车陂街	56061	35642	8
沙河街	48749	18631	15
登峰街	79533	47571	5
石牌街	134347	71553	2

续表

区　域	总人口数（人）	常住流动人口（人）	常住流动人口绝对值排次
沙东街	32075	20603	14
天河南街	57537	28319	10
林和街	55735	26789	11
兴华街	77415	56041	4
棠下街	67188	45260	6
天园街	31920	24848	12
冼村街	28746	22399	13
猎德街	16838	11126	16
DP 镇	108015	70362	3
沙河镇	154012	93528	1
总　计	1109320	646662	—

若以常住流动人口/总人口来排序，按表 8-5 的结果，其中超过 60%的有 9 个单位，由高位至低位依次为：冼村街（77.92%）、天园街（77.84%）、兴华街（72.39%）棠下街（67.36%）、猎德街（66.08%）、DP 镇（65.14%）、沙东街（64.23%）、车陂街（63.585%）、沙河镇（60.73%）。

（2）流动人口增长趋势

1990 年，H 区的常住流动人口为 77827 人，占总人口的比重为 18.09%。2000 年，常住流动人口为 646662 人，占总人口的比重为 58.29%。1900～2000 年，H 区常住流动人口的年增长率为 23.58%。从 2000 年到 2010 年的 10 年间，H 区的农村城市化处在加速推进期。珠江三角洲地区又是我国经济增长最为活跃和强劲的高增长带，因此未来将有大量的流动人口进入 H 地区。可以预见，H 区的流动人口将持续增加。

3. 人口素质与生活状况

（1）文化素质

2000 年第五次人口普查发现，H 区的人口文化程度发生了一定变化，总体来说人口素质有所提高：大学本科及以上文化程度人口为 134326 人（其中大学本科 118936 人，研究生 15363 人），占总人口 1109320 人的 12.11%，比 1990 年的 11.88%，上升不及 0.2 个百分点。大专及以上人口为 253363 人，占总人口为 22.84%，比 1990 年的 20.05%提升了大约 2.8 百分点。

H 区居民受教育情况见表 8-6，由于这个表本身包括了 0 岁及以上人口，因此，调查组以每 10 万人拥有的大专及以上文化程度这个指标进行比较。

第五次人口普查 H 区各街镇人口受教育情况　　表 8-6

项　目	辖内人口数	未填	小学及以下	中学/中专	大专及以上
五山街	86900	3042	7302	27408	49148
员村街	74249	5075	16111	43401	9662
车陂街	56061	3947	12712	34080	5322
沙河街	48749	2506	9039	28214	8990
登峰街	79533	3901	13346	47245	15041

续表

项　目	辖内人口数	未填	小学及以下	中学/中专	大专及以上
石牌街	134347	5618	15271	57705	55753
沙东街	32075	1982	6744	19923	3426
天河南	57537	2738	7651	28980	18168
林和街	55735	2593	7534	29935	15673
兴华街	77415	5424	13911	43794	14586
棠下街	67188	3951	10003	37284	15950
天园街	31920	2011	4176	16228	9512
冼村街	28746	1270	6694	19209	1243
猎德街	16838	768	4058	11473	839
DP 镇	108015	5737	22606	68364	9308
沙河镇	154012	9867	32338	91098	20709
合　计	1109320	60430	189486	606041	253363

根据上表，从大专及以上人口数量的绝对值看，石牌街以 55753 人居第一位，五山街第二（49148 人），沙河镇第三（20709 人），天河南第四（18168 人）。如里排除大学校园的因素，天河南街的人口文化素质最高。

从大专及以上人口占辖区人口总量看，五山街排在第一位（56.56%），即每 100 人中有 56.56 个是受过大专及以上教育。石牌排在第二位（41.5%），天河南（31.58%）和天园街（29.81%）分别排在第三位和第四位。猎德街没有达到全国的平均水平（3.6%），冼村街和 DP 镇没有达到广州市的平均水平（9.3%），车陂街（9.5%）仅略高于广州市的平均水平。

（2）就业结构

1）在业人口

2000 年 H 区的劳动适龄人口为 875473 人，在业人口 568422 人（占适龄人口的 64.93%），H 区在业人口变化情况见表 8-7：

H 区在业人口变化情况　　　　**表 8-7**

	在业人口	劳动适龄人口	在业人口占劳动适龄人口的比重（%）	劳动适龄人口占总人口的比重（%）
1990 年	232853	324235	71.82	75.38
2000 年	578635	875473	64.93	83.42

注：第五次人口普查的记录中有在业人口 54847 人，由此推算 2000 年全区在业人口总数为 578635 人，占劳动适龄人口的 64.93%。

第五次人口普查在业人口占劳动适龄人口比重较第四次人口普查下降了 4.79 个百分点，主要原因有三个：第一，在校人口比重增加，就业年龄后延。第二，外来劳动人口占总人口的比重大，但工作相对不稳定，造成在业人口比重下降。第三，失业人群增加。

2）职业结构

以下是 H 区第五次人口普查大行业就业结构（见图 8-1）：

调查组对 H 区的就业结构分析如下：

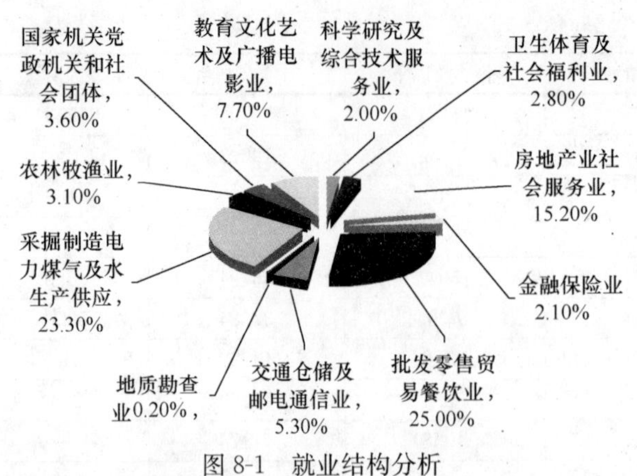

图 8-1　就业结构分析

第一，H 区的批发零售餐饮就业率位居第一（25.0%），超过了工业（采掘制造电力煤气水生产及供应）23.3%的 1.7 个百分点，较 1990 年的 11.9%上升了 13.1 个百分点，增幅为 95.8%；工业则下降 6.1 个百分点，由 29.4% 下降到 23.3%，降幅为 20.7%。

第二，房地产服务业由 1990 年的 6.3%上升至 2000 年的 15.2%，上升了 8.9 个百分点，位居工业之后排在第三位，增幅为 141.3%。

第三，教育文化及广播电影艺术则由 1990 年的 11.3%下降到 2000 年的 7.7%。

第四，建筑业由 1990 年的 7.7%上升到 2000 年的 9.6%，上升了 1.9 个百分点，升了 24.7%。

第五，金融保险业由 1990 年的 0.7%上升到 2000 年的 2.1%，增加了 1.4 个百分点，增长 200%。

此外，除了党政机关和社会团体以及农林牧渔业分别下降 3.8 和 11.1 个百分点，其他项变动幅度均不到 2%。

2002 年撤镇并街后，DP 大马路被纳入车陂街管辖范围，而根据车陂街道办公布的数据显示，2005 年该街人口的职业构成如图 8-2 所示：

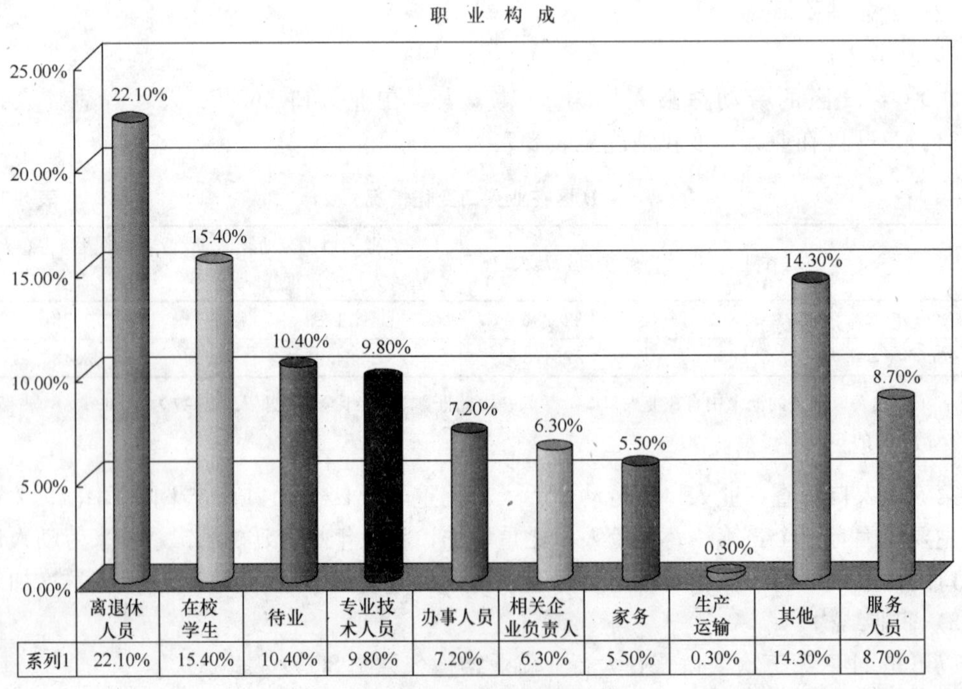

	离退休人员	在校学生	待业	专业技术人员	办事人员	相关企业负责人	家务	生产运输	其他	服务人员
系列1	22.10%	15.40%	10.40%	9.80%	7.20%	6.30%	5.50%	0.30%	14.30%	8.70%

图 8-2　职业结构分析

3）产业人口

从三大产业的人口结构来考察H区从业人员的结构。第四次人口普查与第五次人口普查三大产业人口占全部就业人员的比重进行比较见表8-8：

H区人口产业状况 **表8-8**

	第一产业从业人口比例（%）	第二产业从业人口比例（%）	第三产业从业人口比例（%）
1990年	14.23	29.42	56.35
2000年	3.07	32.97	63.96
构成变化（增减）	−11.16	3.55	7.61

上表突出反映了H区在20世纪90年代快速推进的城市化进程和社会经济的巨大变迁轨迹。

（3）生活质量

1）收入水平

农村居民收入方面。1996年H区农村居民人平均收入为10584元，2000年增加到14481元，增幅为36.82%；劳动力平均收入相应从1996年的15787元提高到24781元，增幅为56.79%。见表8-9：

H区农村收入情况变化 **表8-9**

年　份	农村人均收入	农村劳动力平均收入
1985	1240	2217
1990	3437	4435
1995	9831	14840
2000	14481	24781

城市职工收入方面。1990年H区城市职工的人均工资收入为3230元，2000年提高到18850元，增长了4.48倍。同期，我国城镇居民收入从749元增加到6316.8元，增长了7.43倍。见表8-10。

H区城市职工工资变化情况 **表8-10**

	单位	1990年	1992年	1994年	1996年	1998年	2000年
职工人数	万人	1.274	1.976	2.559	3.949	4.13	4.03
职工年人均工资	元	3230	4042	7136	10851	13322	18850

2）失业和保障

在第五次人口普查的抽样调查中（抽样人数为90963人），H区的失业人口为5089人，失业率为8.49%。其中男性失业率为7.72%，女性失业率为9.59%。

抽样调查的情况反映了H区的实际情况。理由是：第一，H区的失业率低于专家估计的全国失业率。按专家的估计，我国2000年的实际失业率为10%，潜在失业率为17%。这和国家正式公布的登记失业率有较大出入。第二，H区的就业人口压力包括了本区城市化过程中，约3万名农村居民的重新就业和外来人口的大量涌入（前面的统计资料表明：1999年、2000年涌入H区的流动人口分别在15万人次、18万人次）。因此，H

区的失业率实际上是包括了“潜在的失业人口”。从这个层面来说，H区的失业率相对要低。第三，H区的失业率比较高的地区为车陂街（15.54%）、猎德街（14.06%）、员村街（11.84%）和冼村街（11.64%），比较客观反映了H区经济社会发展过程的“外部成本”特征。车陂街的失业率高和广州氮肥厂有直接的联系。必须指出的是：在H区不是没有就业机会，而是受失业人口的技能、就业意向限制，造成了相当部分属于经济学理论所描述的“自愿失业”（选择性失业）或“结构性失业”的现象。

第五次人口普查H区人口失业情况（单位：人） 表8-11

项目	人数	失业人口	失业男性	失业女性	失业率	男性失业率	女性失业率
五山街	7656	144	71	73	5.05	4.33	6
员村街	6025	488	276	212	11.83	11.11	12.9
车陂街	4616	508	301	207	15.51	15.08	16.18
沙河街	4038	246	135	111	9.61	9.38	9.92
登峰街	6598	405	232	173	8.76	8.81	8.7
石牌街	11276	527	244	286	7.44	6.26	8.88
沙东街	2483	124	66	58	6.93	6.35	7.73
天河南街	4775	242	120	122	6.97	6.29	7.8
林和街	4648	204	117	87	6.99	6.84	7.19
兴华街	6439	284	173	111	6.85	6.77	6.96
棠下街	5597	296	167	129	7.55	7.21	8.05
天园街	2520	105	41	64	5.21	3.48	7.62
冼村街	2280	223	114	109	11.55	8.89	16.8
猎德街	1346	150	78	72	13.75	11.68	17.02
DP镇	8381	408	252	156	6.24	6.44	5.93
沙河镇	12285	735	335	400	9.69	7.3	13.36
合计	90963	5089	2722	2367	8.49	7.72	9.59

在2000年第五次人口普查，情况发生了变化。在城市化加速推进的过程中，H区的行政区发生了非常大的调整。在DP镇内成立了棠下街和天园街两个街道办事处。不过，调查组可以从相对可比性角度进行比较。

未工作人口生活保障方面。广州市未工作人口总量为266.75万人，H区为36.12万人（占当地总人口的比重为32.56%，而失业人口为53921人）。未工作人口生活来源靠家庭其他成员供养（23630人），占未工作人口总数的65.4%，比广州市的同口径高出5.2个百分点，其原因是H区的人口总数中有较大比例的学生人口。H区在50岁及以上的未工作人口9374人中，靠领取退休金的人口为7043人，占本样本比重的75.13%，高于广州市平均水平约9个百分点，以原因是H区的城市化水平高于广州市的总体水平。

所搜集资料旨在为本调研提供更新、更权威、更直观全面的资料，为分析拆迁安置、补偿及商业定位提供数据的支持。由于数据多为2004以前的数据，但近年来H区每年都在不断撤村的行政建制，而改行政街，所以给人口数据分析带来了一定的影响。根据所掌握的资料表明，DP大马路已不属于DP镇，而应属于车陂街的辖区范围，所以在分析

2002 年以后数据的时候应以车陂街的数据为准。

通过以上统计数据，调研组发现，近几年，广州市及 H 区经济继续保持强劲的发展势头，H 区在产业结构调整中注重发展第三产业，并取得了良好的效果。从广州市及 H 区商业规划可知，DP 大马路在东部商圈中占据着举足轻重的地位，其发展潜力不容小觑。人口增长方面，H 区人口增长迅速，外来人口比重大。H 区人口文化及职业构成合理，从事第三产业人口剧增。此外，H 区人口收入水平较高，社会保障完善，为城中村改造提供了很好的环境。

（四）项目所在地区微观分析

1. DP 大马路地区历史沿革

DP 大马路地区先后隶属于番禺县、广州市郊区和黄埔区。1956 年 6 月后，辖区曾一度归属广州市郊区。1960 年 5 月和 1973 年 2 月，DP 地区两次转归黄埔区。1973 年 10 月至 1985 年 5 月建区前，辖区全部属广州市郊区。2002 年 12 月，DP 镇撤销。车陂街建于 1981 年 5 月，由 DP 社划出车陂地区组成。到 2004 年，街下辖 10 个社区居委会和一个撤村改制公司，包括：DP 社区居委会、西湖社区居委会、天雅社区居委会、龙口社区居委会、东岩社区居委会、美好社区居委会、广氮社区居委会、车陂北社区居委会、车陂经济发展有限公司。总人口数 56061 人，常住流动人口 35642 人。

2. DP 大马路的历史沿革

（1）作为广州东部重要的有悠久历史的商业集镇，吸引了周围的大量人流

DP 大马路地区以前是珠江出海口（当地人称海边）的河沙沉积地带，几百年前，一些农民就在河沙上种起了一些耐生的农作物，经过好几代人的改造，这里成了平坦肥沃的农田。当地人利用河涌等进行运输和灌溉，即使到现在，仍然有一些蕉农利用涨潮的时候把香蕉运进城出售。由于交通便利、地理区位优越，大概一百多年前，DP 大马路区段成为当地一个重要的集镇，吸引了原来整个 DP 镇以及石牌、棠东、棠下、甚至远至天河龙洞、黄埔区、海珠区的人流。随着海珠、天河其他地区的发展，这里作为商业集镇逐渐衰落，但直到现在，这里仍能吸引整个车陂街道的人流。

（2）改革开放后第二产业迅速发展，后由于工厂的迁走面临衰落

改革开放后，车陂地区的服装、鞋、玩具等行业迅猛发展，当地的许多农田被开发作为厂房。大马路地区吸引了大量外来人口，据人口统计资料显示，1982 年车陂街人口密度为 10123 人每平方公里，1990 年为 12836 人每平方公里，是当时 H 地区人口密度最大的地区。后来由于广州市环保要求提高，生活费用上涨以及 DG 等地的竞争等原因，大量的工厂外迁，到 2000 年人口密度降为 10230 人每平方公里，是 H 区唯一一个出现人口密度下降的地区。由于原 DP 地区行政归属的变迁，这里遗留了许多其他地区的企业，如白云第一建筑公司（简称白云一建）、广州进出口公司 DP 化工仓等，现在这些企业大多倒闭，所以这里的土地和房屋的产权比较混乱。

（3）改造区段优势明显，贸易向改造区段集中

DP 大马路北段进行了两次比较大的改造，第一次是在 20 世纪 80 年代，第二次是在 20 世纪 90 年代。1996～1998 年，当地政府投入了 200 多万元，分期将 DP 大马路扩建为四车道、并纳入了区的市政管理道路。道路扩建带来了房地产商品房的

开发，家园购物中心超市、麦当劳的进驻和美华百货超市的开业等使北段逐步形成了车陂的繁华商业区。历史上集镇市场也经过了几次变迁，而这与道路的改造有很大的关系。根据当地老居民介绍，早期集镇是在黄埔大道往南的码头附近，后来沿着大马路向北移动，80 年代 DP 大马路北段改造后，集镇迅速向北移动到汇友苑；90 年代后主要的商业设施（如大型的农贸市场、超市、休闲娱乐场所）都集中到已改造的北段（即红十字会医院到中山大道段）。

三、项目改造区段拆迁调研与分析

（一）拆迁调研的目的和必要性分析

1. 拆迁调研的必要性

征地拆迁问题已经成为目前一个突出的社会问题，湖南嘉禾事件、某些大学城的拆迁、汕尾红海湾事件等等都引发了严重的社会问题，也引起了中央和各级政府的高度关注。

征地拆迁容易引发群体事件，其主要原因是由于赔偿标准太低、补偿不到位，拆迁后农民（居民）的生活和就业保障没有做好以致拆迁户的生活水平下降等。在实践中表现为：拆迁补偿款在层层下传中截留、征地过程不规范、透明度低，没有和拆迁户很好地协商、沟通，没有做好思想工作，没有确实考虑拆迁户的利益、补偿的方式不切合实际，这些都损害了拆迁户的利益。

2. 拆迁调查的目的

由上面的分析可以看出：拆迁前和拆迁过程中的社会经济调查显得尤为重要，它可以了解拆迁户的生活水平、收入和支出状况、社会保障、对居住地的感情、感受、迫切需要解决的问题等等。这是制定合理的补偿方案和补偿标准、减少拆迁阻力最为重要的根据之一。由于 DP 大马路是城乡结合部，以前还是一个当地比较大的集镇，人员构成比较复杂。这里不但有旧城镇的居民，有当地“洗脚上田”的农民，有在附近小区居住的灰领和白领，还有更多的外来打工和做小生意的人口。由于行政区划调整的原因，改造区段房屋的产权也非常复杂，不仅有村、社、还有房管所、街道的房屋、甚至还有私人的厂房。鉴于此，我们制定了针对政府机关、社区居民委员会等不同部门管理人员及居民的访谈方案，采用了深度访谈和电话访谈等方式，获得了许多珍贵且真实的资料。

（二）调查过程综述

1. 调查问题

（1）当地永久性居民的职业性质、生活水平、收入水平、收入的主要来源、消费情况和家庭状况。

（2）居民子女上学的情况，包括费用、地点、对子女教育的重视程度。

（3）居民的社会保障和社会福利状况。

（4）不同人群对当地的感受、认同和依赖、对现在生活的看法（比如满意不满意、不满意在什么地方？满意在什么地方?)。

(5) 居民的安置愿望，比如是异地安置还是就地安置还是给于金钱补贴?

(6) 居民希望的补偿方式：经济性和非经济性的要求怎样?

(7) 原有已经被改造的区段对未改造区段的村民心理的影响，已改造地段居民的补偿方式怎样？他们是否满意？有什么值得借鉴的地方?

2. 调查对象

(1) 拆迁范围内涉及的当地居民和承租人。

(2) 街道办相关部门领导：街道办副主任、综治办主任、规划科科长等。

(3) 村、社区居民委员会：车陂村委会、西湖社区、DP社区。

(4) 村自建市场管理处：DP圃兴市场和十四社农贸市场管理处。

3. 调查过程概述

本次共调查共深度访谈了9个当地居民、电话访谈了3处房屋的产权以及其他情况，对23处房屋进行了访谈和产权确认，同时对改造区段涉及的街道办规划、综治办等相关管理部门、2个居委会、1个村集体公司及其下1个经济社、2个市场管理处进行了大量深度访谈。通过这些大量、深入、反复的访谈以及对访谈资料的验证和对比，我们认为了解的资料是真实和有代表性的，其结果能反映大马路的真实情况。

4. 调查中存在的不足

由于调查所在地人流情况复杂、调查中不少人并不配合调查，调查资料的取得比较艰难，许多资料无法量化。调查中涉及收入情况，许多人出于隐私和其他原因都不愿意提供准确的数据。这些都在一定程度上影响了调查的质量。课题组在整理了所有的调查资料并查阅了相关文献后，对不少数据进行了对比分析和论证，获得了比较准确的数据，数据具有一定的参考作用。

(三) 项目区段居民的收入状况

根据我们对车陂街道办、西湖、DP社区和当地居民的大量深度访谈，得知大马路附近的居民主要由四部分组成：当地农民、旧城镇的居民、新建小区的居民和在城市从事低收入工作的外来人员。

1. 当地农民的收入和生活情况

DP大马路区段是一个贫富悬殊较大的地区，改革开放后，这里的工业发展迅速，土地开发加快，在这股浪潮中造就了一小部分富豪。另外，由于各村的集体收入不一样、村民个人出租住房的数量和租金水平也存在差异，也造成了各个村的收入差别很大。我们从车陂十四社的村务栏了解到该村2005年10月份的收入情况，见表8-12～表8-14。

从表中可以看出，十四社的主要收入来源是商铺、厂房的租金收入。根据调查，十四社居民不超过200户，以每户4.5人计算，平均每人每年可以从集体分红接近10000元。十四社有两个市场，分别是圃兴市场和十四社农贸市场，还可以为村民提供大量的就业岗位。据调查，十四社圃兴市场就解决了100多个村民的就业问题。

车陂十四社 2005 年 10～11 月份收入、支出表 **表 8-12**

车陂十四社 2005 年 10 月份收入（单位：元）	
商铺、厂房租金收入	793823
存款利息	23039.22
卫生、管理费	33810.73
总共	850672.95
车陂十四社 2005 年 11 月份支出（单位：元）	
上期余	30863185.89
收　入	853751.69
支　出	430081.04
支出方面	（单位：元）
公益福利	201704.00
管理费	26877.36
办公费	3917.36

车陂十四社 2005 年结余表 **表 8-13**

车陂十四社 2005 年结余	
实际库存	31286856.54
现　金	39254.00
存　款	31286464.00

车陂十四社 2005 年田亩分配表 **表 8-14**

车陂十四社 2005 年田亩分配（单位：元）	
劳动力每人	11560
老人每人	6936
小孩每人	3468

资料来源：车陂十四社财务公布

另外，我们从十三社一个 60 多岁的老居民那里了解到，他现在有 23 股股金，每股 1200 元，其他居民按照年龄和入户的时间长短股份也有不同。其他社的股金每股几百到一千元不等。另外他透露房子出租在村民的收入中占了很大的部分，他自己每个月大概可以收到 2～3 千元，一部分居民有好几栋房子，每个月的收入有 10 万元。我们从十四社的房屋税收公布栏可以看到，这里几乎每户都有数量不等的房子出租。但村民的收入仍然不平均，例如西湖社区的居民就比不上 DP 社区的居民，有临街店铺出租的比没有临街店铺出租的居民收入要高。从总体上讲，当地农民的收入水平并不低，在车陂街道地区属于中上水平。

2. 旧城镇的居民的收入和生活情况

作为老的集镇，从黄埔大道到红十字会医院的 DP 大马路和二马路两边保留了大量的公房，其中主要属于原员村房管站、车陂村和 DP 公司。这些房子是从解放初到 20 世纪 70 年代建造的，由于长期缺少修缮，房屋已经显得很破旧，有些甚至成为危房。如化工仓库周围的公房大多是年久失修的两层砖瓦房，没有独立洗手间，卫生条件很不好。一楼一般是商铺，但可以看到露出的砖头。旧城镇居民大都是原来 DP 镇及白云区一些企业的工人，由于这里企业的衰落和倒闭，许多年轻人到外地工作，留下大多是离退休职工、失业人员和年幼的孩子。他们大多依靠退休金生活，每个月的收入在 1000 元以下，还有一些是救济户。从车陂街道办到黄铺大道的区段的大马路以及石路街两旁的居民的收入则更低，他们很多是失业人士和退休人士。根据西湖社区提供的数据，这段路 40%以上居民的月收入在 400～600 元之间，是比较贫困的。

3. 新建小区的居民收入和生活情况

大马路附近主要的小区从北段往南有苹果园、天河广场、派出所宿舍楼南楼、北楼、DP 商业中心宿舍楼、富康新村、康乐新村、雅逸居、经济社住人楼、汇友苑、天力居等。根据 DP 社区提供的资料，辖区内雅逸居、汇友苑居等小区居住的人有 5000～6000 人，原住居民只有 1679 人。据居委会提供的数据，小区居民的月收入为 2000 元左右，以天力居为例，1998 年 6 月年刚开盘时的均价为 3000 元/m^2 左右，2001 年 7 月最后一期达到了 4000 元/m^2，平均每平方上涨 800 元左右。由此可见，小区居民的收入并不低，在广州属于中上收入水平。从调查中了解到，这部分居民购买日常生活用品主要在超市还有附近的农贸市场。但由于周围人员比较复杂，他们的休闲、娱乐和高档物品的消费都到天河城、上下九等地方。

4. 从事低收入工作的外来人员收入和生活情况

DP 大马路区域还有大量的外来人员，他们主要在城市从事服装、食物等的贩卖以及在附近的工厂（如制衣厂、模具厂）、住宅小区、饭店、大排档、环卫站等地打工。这些人口占了当地常住人口中很大的比例，整个区域的发展都离不开他们的辛勤劳动。表 8-15、表 8-16 是当地流动人口和户籍人口在当地的比重。

车陂街道常住流动人口区域分布　　表 8-15

H 区常住流动人口区域分布				
区域	总人口数（人）	常住流动人口（人）	常住流动人口/总人口（%）	排次
车陂街道	56061	35642	63.58	8

车陂街道户籍人口区域分布、与总人口比较　　表 8-16

H 区户籍人口区域分布、与总人口比较			
区域	户籍人口（人）	总人口数（人）	总人口/户籍人口
车陂街道	22337	56061	2.10

资料来源：《广州市 H 区人口分析报告》

这些外来人员的收入差别较大，有一些商贩由于善于经营，他们的收入就和小区里的居民不分上下，但对于大部分人员来说，他们的收入在当地是偏低的。根据我们对当地街道、居委会、外来人员的调查，外来人员的收入主要集中在 450～850 元之间，其中以 600 元以下居多。这些人主要居住在农贸市场后面村民自建的出租屋，以及沿 DP 大马路两旁的公房和村民的出租屋。

（四）项目区段的产权状况和相关人群情况

1. 需改造区段各个节点及相临区段房屋产权大部分是公房，夹杂了少量的私人住房

（1）A 节点

A 节点区段的产权比较复杂，由北往南，从红十字会医院对面的三角地带——车陂街派出所所在地，这里有车陂街社区活动中心（在建），以及一些四层的宿舍楼和临街道的饭店、还有一些低层的房屋。根据调查资料统计，属房管局和车陂公司的公房占了80%以上，私人的房屋占了很小部分。

（2）B节点

路段从现在的化工仓库通过，主要的拆迁范围大都属于仓库范围，这里除了仓库建筑外，还有一些20世纪80年代建设的低层楼房，多为三层以下。沿大马路有一排低矮的两层瓦房，大部分是属于员村房管所，还有部分土改时候分下来的私人房屋也夹杂在里面。B结点还有一些涉及供销社职工的福利分房，但量不大。根据DP社区提供的数据，仓库四周的承租户大概有70多户。根据调查，一楼的商铺多出租给外地人经营，在问到改造对承租户的影响时，他们表示习惯到各处做生意，这里不行就转到其他地方，这也是流动人口的一大特点。根据社区提供的资料和我们的调查，B节点区段也居住了许多老城镇的居民，他们靠养老金为生，收入水平在1000元以下，还有不少是救济户。这里房屋的租金很便宜，大概2～7元/m^2，比市场租金便宜很多。同时，由于当地购买生活用品很方便，加上他们在当地生活惯了，都希望能回迁。

（3）C节点

位于DP二马路与宦溪西路之间，主要涉及丽城健康中心，住宅涉及的不多，为一两层的住宅。

（4）D节点

C节点横跨二马路对面，主要涉及的是一些三四层的楼房。

C、D节点所在的地方原来属于白云一建公司，现在有些卖给私人、有些出租、还有一些是职工宿舍楼，产权比较混乱。

（5）E节点

DP大马路与湖边街的交接处，湖边街延伸65米左右，往西40米，主要涉及一些住宅，多为二层瓦房。这里居民的情况、居住环境和B节点相似，涉及的居民不多。主要是模具厂和房管所的房子。

（6）F节点

DP二马路与石路街的交接处并沿二马路走大概81米，往南走55米，主要涉及一些一层商铺，二层为住宅的瓦房。

（7）G节点

黄埔大道、石路街以及二马路的交接处，沿黄埔大道143.3米，二马路125.1米的范围，主要的有起亚汽车店、广州市煤气供应站、模具厂以及一些邻街商铺。

2. 大马路区段居民成分复杂，贫富差距较大

改造区段的居民主要包括：当地农民、旧城镇的居民和在城市从事低收入工作的外来人员，他们的收入水平相差较大。其中小区居民月收入在1000～2000元为多，不少人的收入三、四千甚至更多，在当地属于较高水平，是未来主要消费群体。当地农民的贫富差距较大，由于农民主要以收房租为生，中年农民在就业市场上没有竞争力，房租和村分红成为他们的主要收入。有房子出租的人每户每个月大概有3～5千元的收入，每个月几万元甚至更高房租收入的人也不在少数，但其中一部分没有房子出租的村民收入比较低。旧城镇居民的收入水平不高，他们大多靠退休和社会救济金生活。外来务工人员大都从事最低层的工作，一部分人从事商业活动和小买卖，收入差距也很大。

当地居民每个月收入水平（单位：元）　　表8-17

小区居民	村民（DP社区）	村民（西湖社区）	旧城镇居民	外来务工人员
1500元以上	900～10000	600～5000	600～1000	500～900

资料来源：社区和村民调查中了解到的居民收入

3. 需改造区段居民的社会保障和社会福利情况

改造区段的居民以旧城镇居民和外来人员为主。由于旧城镇居民所在的公司大都倒闭或衰落，他们现在大都靠退休金生活，退休金在700～1000元不等。而一些早期失业居民的生活就更加困难，甚至靠救济金生活。外来人员大多没有任何社会保障，他们大多是为了生活而来到这里，但一些人来这里很久了，对当地也产生了感情。在改造时应充分考虑这些情况。

4. 需改造区段的环境状况差，居民有迫切改变环境状况的愿望

改造区段环境很差是我们在调查中了解到的一个普遍的反映。以石路街一段为例，这条长不超过200米的路，不仅有环境很差的地下制豆腐店，有农机修理站、堆着垃圾的废墟、蜂窝煤制造场所、民居、厂房等，沿石路街还有一条臭河涌。据说一旦发大水，水就会涌上来，甚至浸入居民的房子，居民被迫迁移。这些民居低矮，由于年久失修已经很残破，居民也希望住的地方环境好点，只是因为那是房管所的住房，承租户就没有作多大的修缮。另外化工仓库一段也是一个典型的区段，这里是两层的砖木结构瓦房，房子已经使用了40年以上，下层做商铺，上层住人。二楼住宅是不成套住宅，没有独立卫生间，通风采光都非常不好，但居住非常密集。

5. 需改造区段居民大都希望拆迁后能采用回迁的安置方式

根据我们对当地居民、社区居委会、街道的调查，了解到改造区段的居民的收入水平都不高，其中一部分还需要政府救济，并且他们现在是租公房住，如果随便打发他们走了，他们没有经济实力去购买房子，将面临巨大的住房困难。同时，DP大马路是老集镇，这里衣食住行都很方便，并且商品比周围都便宜、品种比周围的市场多，他们更愿意居住在原地。另外，许多老城镇居民在这里居住得久了，他们的朋友、他们的交际圈子都已经固定，他们也希望在熟悉的环境中生活。以上的原因都使得他们希望在原地安置，并且一定要保证住房，租金不要上涨太高。

6. 已改造区段改造的效果明显，有重要的参考意义

DP大马路北段在80年代进行了改造，90年代由车陂街牵头对DP二马路进行了改造，当时的改造费用是区政府、街道以及沿途单位共同分担。由于当时的改造只是在原来旧有街道的基础上向两边扩大，除了临街的一些店铺，涉及的拆迁量并不大。同时，由于十年前的拆迁成本比现在低很多，所以当时的拆迁补偿标准、方法对现在没有很大的参考意义。但从另一个侧面给我们警示，如果任由未改造区段继续衰落下去，那么不仅限制整个车陂街经济的发展，而且越往后的拆迁补偿成本就更加高。已改造区段获得了良好的发展，大量商品房开发业，也带动了商贸的繁荣，已经给了我们一个很好的启示。而原来比大马路落后的黄村（现在中山大道对面），其城市面貌的变化和经济发展已经超过大马路区段。因此，抓住时机，适时地开通大马路有非常好的经济和社会效益。

（五）大马路区段改造的必要性和急迫性分析

1. 改造的必要性和急迫性

有学者指出，城中村改造的前提条件有两个：一是产权清晰，可以把城中村改造问题转为旧村改造问题；二是足够的衰落程度，这时城中村的相对价值下降、而城中村土地的潜在收益将相对上升，这时进行改造将是最经济的。由于DP大马路改造区段基本是公房，涉及的私房比较少，并且当地农民已经转为居民，集体土地已经转为国有土地，产权是清晰的。因此第一个条件已经满足。

DP大马路区段作为一个有一百多年历史的老城镇，曾经在周边地区具有一定的积聚能力，吸引了周边许多地区的人流。但是，它的衰落也是明显的，且不说它不能吸引石牌、棠下地区的人流，就是附近的黄村、宦溪村也不断把人流吸引走。我们从第五次人口普查资料中可以看到：车陂街是H区失业率最高的街道，也是H区唯一出现过人口密度下降的地区。由此可见，DP大马路的衰落是明显的。这是一个传统商业集镇的衰落的反映。如何发挥传统商业集镇的优势、加快发展步伐已经成为当地必须面临的问题，见表8-18、表8-19。

第五次人口普查H区人口失业情况（单位：人） **表8-18**

项目	人数	失业人口	失业男性	失业女性	失业率	男性失业率	女性失业率
五山街	7656	144	71	73	5.05	4.33	6
员村街	6025	488	276	212	11.83	11.11	12.9
车陂街	4616	508	301	207	15.51	15.08	16.18
沙河街	4038	246	135	111	9.61	9.38	9.92
登峰街	6598	405	232	173	8.76	8.81	8.7
石牌街	11276	527	244	286	7.44	6.26	8.88
沙东街	2483	124	66	58	6.93	6.35	7.73
天河南街	4775	242	120	122	6.97	6.29	7.8
林和街	4648	204	117	87	6.99	6.84	7.19
兴华街	6439	284	173	111	6.85	6.77	6.96
棠下街	5597	296	167	129	7.55	7.21	8.05
天园街	2520	105	41	64	5.21	3.48	7.62
冼村街	2280	223	114	109	11.55	8.89	16.8
猎德街	1346	150	78	72	13.75	11.68	17.02
DP镇	8381	408	252	156	6.24	6.44	5.93
沙河镇	12285	735	335	400	9.69	7.3	13.36
合计	90963	5089	2722	2367	8.49	7.72	9.59

1982～2000年天河分地区人口密度情况 **表8-19**

街道	1982年	1990年	2000年	2000年比1990年增长（%）	2000年比1982年增长（%）
H区	1623	3045	7507	146.5	362.48
车陂街	10123	12836	10230	−20.3	1.06
沙河街	7343	4355	38690	169.5	423.9
五山街	3765	4660	8206	76.1	117.95
员村街	7134	10689	13827	29.36	93.82
石牌街	2633	8588	32928	283.42	1149.59
登峰街	2447	7979	17141	114.6	600.49
DP镇	649	796	2908	265.3	348.07
沙河镇	729	1606	3018	87.9	313.99

资料来源：《广州市H区人口分析报告》

DP 大马路北段的改造给了我们一个很好的启示，北段改造后，商业迅速发展，许多大型超市、购物中心和农贸市场纷纷在北段聚集，北段的发展远远快于未改造的南段。现在北段已经建起了富力新村、天力居等高档小区，从城市品位、消费能力远远大于南段。另外，从集贸市场的迁移也可以看到改造的影响，市场的三次迁移都是向改造的区段移动，可以说改造 DP 大马路将能促进当地工商业的发展、提升当地的消费品位，进而吸引附近的人流，对当地的经济获得大的发展有着非常重大的意义。

2. 当地政府、居民认为改造是迫切和需要的

改造区段和未改造区段在环境、面貌、经济各方面的强烈反差对当地居民的影响和冲击是比较大的，课题组在街道、居委、商场、农贸市场的调查中都了解到，当地政府和居民非常希望能把路扩大，这样不仅可以改善目前交通堵塞、街道两旁乱停车的现象，更重要的是随之而来的人流增多、商业的兴旺和整个大马路消费品位的提升。这样对于扩大大马路的商业辐射范围，形成规模效应、进而发展经济是非常有利的。当地街道也曾在 1999 年想将路扩宽，但由于需要的费用很大，而且路段涉及民居和商铺，还需做好拆迁居民的安置和补偿等，街道没有这样的经济实力，所以改造一直没有实施。

对于改造区段需要拆迁的居民来说，沿路的公房和私房多是五十年代初建的，卫生设施和给水排水设施都很落后，现在这些房子很残旧、也无法满足现代生活的需要。课题组在调查中也了解到，由于是公房，他们很少修缮，房子破旧不堪住得实在不舒服，只要解决了他们的安置问题，他们是赞成改造的。

当地不在拆迁范围的居民对改造是很赞成的，由于大马路路面很窄，使得从北段到黄埔大道没有公交车，北段也只有一路公共汽车，他们从中山大道到黄埔大道很不便利。小区和当地居民希望能把路扩大后，多加公交线，同时建一些大型的停车场。这样，就可以改变当前坐车不方便、路边乱停车的现象。

3. 现在是很好的改造时机

由上面的分析可知，城中村改造的两个前提条件（产权明晰和足够的衰落程度）已经满足，此时适时地进行改造，将是最经济的。现在广州的中心向南、向东移动，而车陂正处在拓展轴上，是一个非常好的战略区位，对于产业的承接和城市的发展有很重要的意义。2010 年亚运会在广州举办，而车陂比邻广东奥林匹克中心，得天独厚的环境将为车陂的发展创造了一个很好的机会。车陂需要有好的基础设施和配套设施来迎接这个机遇，大马路的开通对于改善车陂的交通环境和投资环境、提高当地商业的档次和品位有非常重要的意义。此时改造大马路是一个很好的时机。

（六）项目改造和征地拆迁的相关建议

1. 把握时机，适时推进大马路区段的改造

由 DP 地区的发展过程可以知道，大马路的改造将关系到车陂街道和周围地区的发展以及天河“一轴两圈”的产业布局。如果改造一再延误，将严重影响当地经济的发展。2010 年，广州市将举办亚运会，而主赛场——广东奥林匹克中心就在车陂附近，这将极大地促进当地经济的发展。在亚运会举办前对其进行改造，将获得很好的经济、社会和文化效益。

2. 做好征地拆迁过程中的协调、沟通工作

征地拆迁容易引发群体事件，造成社会的不稳定和不好的社会影响，因此需要在征地拆迁前做好沟通、协调工作，就有关的事情和拆迁户达成协议，以保证征地拆迁的顺利进行。

3. 做好被拆迁户的补偿、安置工作

大马路的开通改造涉及大量的居民，对他们合理的补偿应该作为衡量改造成功与否的重要指标。补偿应该按照政府的相关规定，并结合拆迁范围内居民收入较低、年龄普遍偏大的实际，合理给予补偿。同时要考虑的他们子女的上学和他们对当地的感情，尽量安排他们回来居住。在改造期间，尽量给他们安排周转房，对一些不愿意居住政府提供的周转房的居民，可以给予相应的租房补贴。

4. 改造过程中注意环境和治安的改善

大马路周边区域环境较差，各种卫生设施较少、绿化率低、生活污水和其他废水严重影响了当地环境，并给当地的商业活动造成了不利的影响，使得高收入群体不愿意在当地消费。大马路改造需要特别注意环境的改善，以吸引更多的人流，进一步提高当地的消费品位。同时，这里也面临着比较严重的治安问题，偷盗和抢劫比较严重，这些都是改造需要特别注意的地方。

5. 改造应该能让最广大的群体受益

大马路的改造开通不仅仅是一个商业项目，更应该是一项民心工程。改造应该考虑到在尽可能吸引高收入消费群体的同时，保留传统的商业项目，以保证当地低收入群体的生存和发展，应该考虑当地大量外来人员的居住和消费需要。把这些人群考虑进去，项目就能尽可能让广大人民受益。

四、项目所在区域商业现状分析

（一）商业现状分析的研究目的

本项调研的目的在于通过对DP大马路已改造段及待改造段的商业进行现状调研与数据分析，发现最适合大马路的商品种类、商品档次和商业经营模式，为待改造段的商业定位提供参考。

（二）商业现状分析的研究问题

1. 商业现状调研

（1）DP大马路区段各大商业城的商品种类，商品价格、商品档次、人流量有何特征？

（2）各大商业城中，首层与非首层的经营状况有何差异？

（3）DP大马路已改造区段街铺的商品价格、商品档次、人流量有何特征？

（4）DP大马路待改造区段街铺的商业现状有何特征？

（5）目前DP大马路各大商业城、街铺的经营模式有何特征？

（6）改造后的南段大马路商业街，应采用何种商业定位和经营模式？

2. 消费者调研

根据研究目的，本研究以地区商店店主以及房产中介为对象，了解 DP 大马路区域的商业现状及消费情况，然后得出项目进行商业开发的可行性和局限性，以及最适合的商业档次、消费者偏好等结论。商业现状调研需了解以下问题：

（1）DP 大马路区域的商业配套现状如何，能否适应该地区居民及商家的需求；

（2）DP 大马路区域在商家及居民心中的商业形象是怎样的；

（3）DP 大马路区域需要改善的地方有哪些；

（4）DP 大马路区域做商业的可行性；

（5）DP 大马路区域目前最好做的商业类型是什么；

（6）DP 大马路区域内消费情况；

（7）DP 大马路区域消费者的购买力如何；

（8）DP 大马路区域消费者的类型；

（9）DP 大马路区域消费者消费的偏好；

（10）DP 大马路区域商业在周边区域的地位。

（三）天河广场商业现状分析

1. 现状概述

天河广场位于 DP 大马路与中山大道交界处，占地 3000m²，楼高 33 层，1～2 层为商铺，3～4 层为写字楼，5～33 层为住宅。商铺与写字楼的主入口刚好位于中山大道与 DP 大马路相交所成直角的角平分线上。穿过宽约 8m 的主入口，是四层架空的椭圆形中心广场，广场内设有手扶电梯，商铺围绕中心广场程环状分布，二、三、四层设环形走廊。广场（含商铺）的基底面积约为 3000m²（仅计算临 DP 大马路部分），见表 8-20。

天河广场商业现状统计表　　　　**表 8-20**

层数	经营业态	开业率	人流量（人/分钟）
一层	电脑软件；复印打印；房地产中介	65%	4～5
二层	美工工作室；广告创作室；小公司接洽点、办公室；美容中心；小型仪器展销部	50%	1～2
三、四层	写字楼；小茶座（位于 4 层）；语言培训学校	65%	1～2

2. 现状分析

经调查分析，课题组把天河广场的商业现状概括为以下几点：

（1）商铺空置率高

一般来说，在一个大型的商业城，首层商铺的生意往往是最兴旺的，出租率也是最高的。即使如此，天河广场首层商铺的出租率却不到 70%，二层商铺的出租率更低至 50%。按照发展商原本的规划，广场的首层和二层为商铺，三、四层为写字楼，但在二层已出租的商铺中，约有 1/3 为许多小公司的办公室和接洽点，也就是说二层的许多商铺已被当作写字楼使用。由此，天河广场商业氛围的淡薄，商铺空置率很高。

（2）场内人流量小，场外人流量极大

广场内人流量小，广场外人流量极大，这是天河广场一个奇怪的现象。课题组在周六下午四点进行测算，天河广场正门前方人行道上的人流量达 60 人/分钟；但在同一时段，天河广场首层的人流量却不到 5 人/分钟，二层的人流量就更少了，有时连续两三分钟也没有一位客人在环形走廊上通过。设在广场中心的手扶电梯也长年处于停顿状态。

（3）经营主题不够鲜明

对于天河广场的经营范围，在受访者中很少有能清晰回答这一问题的人。天河广场的经营范围包括：地产中介，电脑软件，复印打印，广告创作，美容……等。但在这一系列的业务中，除了“地产中介”稍能给人“成行成市”的感觉外，其余无一能为消费者留下清晰的印象。

（4）聚集了大量地产中介

天河广场首层聚集了包括合富、中原、满堂红在内的大批二手地产中介，大批二手地产中介的高度聚集是天河广场一个值得注意的地方。

3. 天河广场调研总结和建议

（1）大马路周边存在大量居住区

天河广场长期萧条是其租金水平相对较低的其中一个原因。一般说来，二手地产中介集中的地方往往也是居住区集中的地方，天河广场首层集中了大批的二手中介，其原因在于大马路周边存在着 DP 广场、羊城花园、雅怡阁、天力居、城市假日园等大量的中档居住区。位于大马路周边的这些大型居住区是 DP 大马路商业街的重要客户来源，因此在对 DP 大马路南段商业街进行规划时，必须对这些居民的消费偏好做深入的研究。

（2）商业城要有鲜明的经营主题

鲜明的经营主题往往是一个大型商业城的魅力所在。多个不同品牌的同类型产品的聚集，能为顾客提供一个多样选择的购物空间，在顾客心目中构筑某类商品的最优选购点，从而把带有某种鲜明购买目的的顾客，从一定距离外吸引过来。当一个大型商业城有了一个（或多个）鲜明的经营主题时，带着各种购买目的（或多种购买目的）的顾客，便会不约而同地在这一商业城聚集。顾客在达到购买目的的同时，会被多种品牌高度聚集的商其他品所吸引，而产生突发的购买欲，或在脑海中对此类商品留下深刻印象。当顾客对此类商品产生需求时，他们便会马上想起这一购物中心。这样一来多种非同类商品间，便会形成良好的相互促进作用，于是一个大型商业城特有的经济效益便形成了。

天河广场地处中山大道与 DP 大马路交汇处，交通便利，户外人流量极大。设商铺两层，铺装良好。首层广场、二层环型走廊和沟通首二层的手扶电梯构成了良好的立体交通系统，这一系列完善的设施为天河广场提供了造就大型商业城的硬件。然而天河广场却未能产生合理的聚集效应，没有成为一个成功的商业城，归根到底的一个重要原因是没有鲜明的经营主题，未能给消费者留下一个深刻的印象。广场首层虽然集中了好几家地产中介，但基于地产中介自身的经营特点，它不可能为广场带来太大的客流量，这一小小的聚集对于一个大型商业城来说是远远不够的。

天河广场这一案例告诉我们：没有鲜明的经营主题，就不可能造就一个成功的大型商业城，即使是在地理位置优越、户外人流量极大的地段也不例外。因此，在 DP 大马路南段的改造中，若想构建一个成功的大型商业城，就必须首先明确地提出该购物中心的经营主题，并结合实际对这些主题进行反复论证。

（四）家圆时装百货商业现状分析

1. 现状概述

家圆时装百货位于DP大马路已改造区段，一栋大型临街建筑的二层，毗邻DP农贸市场。商场呈矩形，面积约为2500m²。商场设有临街手扶电梯，内装修简洁明快，光线适中，作为一家以经营中档服饰为主的时装百货商场，经测算家圆时装百货的人流量约为20人/分钟，不算太大，但据观察平均每5～8分钟就会有一位顾客到收银台付账，由此可见，其商品是较受消费者欢迎的。表8-21是商场内部分品种服装的价格水平：

家圆时装百货商业现状统计表 **表8-21**

品　种	价格（元/件）	人流量（人/分钟）
（1）休闲裤	50～80	15～20
（2）西装	200～300	
（3）童装	低档25；中档65	
（4）睡衣	睡衣15～30	

2. 现状分析

调查资料显示，家圆时装百货作为一家以销售中档服饰为主的商场，其经营状况相当稳定，无论是DP农贸市场内“成行成市”的低档服饰还是DP购物中心内的中高档服饰，皆未能压缩其市场空间，由此可见，中档服饰在DP有着稳定的顾客群。

3. 家圆时装百货调研总结及对本项目的启示

家圆时装百货“以中档产品为主”的成功定位，说明了这样一个事实：“DP大马路周边存在着大量的中产阶层人士”，因此在大马路南段商业街的商业定位上，应把中档商业作为一个重要的组成部分考虑。

（五）DP农贸市场商业现状分析

1. 现状概述

DP农贸市场位于DP大马路已改造路段以西，距天河摩登城约200米。DP农贸市场与大马路间被一排临街建筑所分隔，由两条长20～30米的小道相连。整个农贸市场占地约3万m²，为一层临建，按经营范围的不同，大致可以将整个农贸市场分为水果、肉菜、鞋服三大部分。鞋服部分位于市场的北部，每个铺位的面积为10～15m²，其商品以低档服装、鞋类为主，服装的价格为15～60元，鞋类的价格则在30～50元范围。经测算，此低档鞋服集市内人流量极大，达45～60人/分钟，外省民工和周边村民是此庞大人流的主力军。

2. 现状分析

DP农贸市场作为一个大型的肉菜、水果、低档鞋服的集散地，以可选择性高，价格低廉等优点吸引着大马路周边很大范围内的居民。据被访档主介绍，农贸市场的辐射力很强，部分黄埔区边沿地带的人口也常到此购物。

3. DP农贸市场调研总结和建议

DP农贸市场具有强大的辐射力，给大马路带来了丰富的人流，为大马路商业的繁荣作出了极大的贡献。在珠三角的城乡结合地带，像DP大马路这种“集市与商业街共生共荣”的商业运作模式，有许多成功的案例。因此，合理保留农贸市场将对大马路商业街的繁荣有着积极的意义。

另一方面，多个农贸市场的存在，也为大马路商业街带来了人员构成复杂、难于管理等问题，因此如何加强治安、卫生的管理，将是大马路南段商业街面临的一个重要问题。

（六）美华百货超市商业现状分析

1. 现状概述

美华百货超市位于DP大马路与雅怡街交汇处，设在一小区临街一边的二层，首层设手扶电梯出入口。商场由百货和超市两部分组成。百货部分位于商场入口处，经营范围以首饰，烟酒，手机，化妆品为主；穿过百货部分便进入超市部分，超市的经营范围极广，囊括了服装、皮具、文具、厨具、家电、食品……等各个方面。表8-22是对商场商业现状的一个粗略统计：

美华百货超市商业现状统计表 表8-22

<table>
<tr><th>品　种</th><th>价格（元/件）</th><th>人流量（人/分钟）</th></tr>
<tr><td>（1）手机</td><td>500～2000</td><td rowspan="10">45～55</td></tr>
<tr><td>（2）首饰</td><td>200～1500</td></tr>
<tr><td>（3）化妆品</td><td>50～100</td></tr>
<tr><td>（4）西装</td><td>300～1300
（以500～600为主）</td></tr>
<tr><td>（5）风衣</td><td>60～200</td></tr>
<tr><td>（6）手袋</td><td>30～150</td></tr>
<tr><td>（7）文具</td><td rowspan="4">市场价</td></tr>
<tr><td>（8）家电、厨具</td></tr>
<tr><td>（9）日用品</td></tr>
<tr><td>（10）肉类、蔬果</td></tr>
</table>

2. 现状分析

美华百货超市是目前DP大马路上唯一一家大型百货超市，从巨大的人流量和收银台前长长的队伍可以看出其经营状况良好。大马路周边密集的居住区为美华超市提供了稳定的客户来源。在商品价格上，中档商品是美华百货的主流。在周边存在大量农贸市场的情况下，超市内的蔬菜和肉类专场仍吸引了大量的顾客，由此也可以看出大马路周边稠密的人口和较大的购买需求。

3. 美华超市调研总结和建议

无论从规模、商品种类、价格还是管理水平上看，美华百货与好又多、万佳等大型超市还存在着一定的差距。从DP大马路口沿中山大道搭乘公交车往棠下好又多、华润万佳只不过15分钟车程，因此，好又多、万佳等知名超市必然会吸引DP大马路附近的居民，在这种情况下，美华百货的繁荣，充分说明了DP大马路的零售百货业还存在相当大的潜在市场。假如能在大马路的南段引进一间大型的品牌超市（如好又多、百佳、万佳），则一方面能很好地开发大马路周边零售百货业的潜在市场，另一方面，在地铁五号线开通以后，这家紧靠地铁出入口的品牌超市的辐射范围将会沿黄埔大道向东、向西扩展，成为黄埔大道上一个极为重要的零售百货市场。

（七）天河摩登城商业现状分析

1. 现状概述

天河摩登城位于 DP 大马路已改造段的最南端，比邻 H 区 DP 供销社，正对 H 区红十字会医院，占地 1600 平方米，外立面以白色为主色调，线条明朗，颇具现代风格，楼高五层，各层的商业现状如表 8-23 所示：

天河摩登城商业现状统计表　　　　**表 8-23**

层数	经营业态	价格	开业率	人流量（人/分钟）	顾客特征
首层	（1）化妆品（美宝莲）		98%	25～30	以年轻白领、青少年、外省人为主
	（2）女士服装	30～150 元/件			
	（3）女士手袋	30～60 元/件			
	（4）首饰	30～230 元/件			
	（5）精品	10～20 元/件			
	（6）皮鞋	50～200 元/件			
	（7）运动鞋	100～200 元/件			
	（8）手机	500～1500 元/件			
	（9）孕妇服	100～300 元/件			
二层	（1）电子游戏中心		95%	30～40	
	（2）儿童服装、玩具	30～150 元/件			
	（3）小饰物、精品	10～30 元/场；团体优惠价 5 元/场			
三层	影视城	10～30 元/场团体优惠价 5 元/场	100%	晚上人流量大	
四层	天宇网吧（拥有 200 多台机）	会员 2 元/小时；非会员 3 元/小时			

2. 现状分析

经分析，天河摩登城的商业现状具有以下三大特点：

（1）中档服装、鞋类、精品被受冷落

摩登城首层的经营范围主要以中档女士服装、鞋类、手袋、化妆品、精品为主，人流量保持在 20～25 人/分钟，作为一个刚开业不久的购物中心，这样的一个商铺开业率和人流量还算是相当的不错。但被访业主普遍认为商品价格过高，故顾客看的人多，买的人少。经观察，娱乐是顾客进入摩登城的主要目的，而购物往往只是次要目的，这是导致首层商铺“看的人多，买的人少”的一个重要原因。

（2）娱乐服务业具有一定的市场

调查数据显示，摩登城二层的电子游戏中心，三层的影视城和四层的网吧均较受消费者的欢迎，每天晚上及节假日的白天更是这些商铺经营的高峰期。

（3）外省民工是客流的一个重要组成部分

经不同时点的多次观察发现：外省民工是摩登城内客流的一个重要组成部分（约占 1/4），这也印证了被访铺主说的“顾客以打工的居多”这一说法。据了解，该区域民工的人均月工资普遍在1000以下，这部分人群对摩登城的商品价格比较敏感。

（4）商家对DP大马路投资环境颇具信心

据调查，摩登城首层商铺的月租金为150～200元/平方米，这一租金水平与广州传统商业旺地，如沿江中路、人民南路相比虽有一定的差距，但价格水平仍较高。在这一较高的租金水平下，摩登城开业不久便有95%以上的商铺开业率，可见商家们对DP大马路的投资环境是比较看好的。

（5）铺主普遍认为租金水平过高

被访铺主普遍认为摩登城的商铺租金较高，扣除租金和税费后，他们的盈利空间极小，甚至会亏损。

3. 摩登城调研总结及对项目的启示

综合以上分析，课题组的总结和建议如下：

（1）可在大马路南段建设一个休闲娱乐中心

在一个大型的居住区群周边不仅需要一个大型的购物中心，还需要一个休闲娱乐中心，摩登城二、三、四层的成功经营充分说明了这一事实。目前大马路北段的商铺已一定程度上满足了居民的购物需求，但休闲娱乐场所却相对缺乏。因此，在大马路南段商业街中建造一个较具规模的休闲娱乐中心是很有商业意义的。为了避免与摩登城定位雷同，规划者可以考虑把卡拉OK、美容美发、酒吧、茶座、特色风味小吃等作为经营的重点。考虑到DP大马路附近治安条件较差，人员构成较复杂等不利因素，休闲娱乐中心必需加强管理，杜绝黄、赌、毒的入侵。

（2）采取“低开高走”的租金操控模式

摩登城开业不久，商铺单位租金已经达到相当高的水平，使不少铺主面临着亏损的压力。在一座商业城根基未稳，人流量未算太大的情况下，过高的租金将会使部分铺主面临亏损的压力，如果短期内出现大量铺主因无法负担过高的租金而退出的话，必将会为商业城的整体形象带来负面影响。大马路南段商业街中的商业城，在开业初期能否走旺，将对项目的成败构成重大的影响。因此，“低开高走”的租金操控模式是值得考虑的。

（八）DP购物中心商业现状分析

1. 现状概述

DP购物中心位于DP大马路已改造段东侧，距中山大道约80米，占地2000平方米，建筑面积8900平方米，楼高4层。广场外立面程纯白色，给人以明快清新的感觉，内外装修较豪华。广场内四层架空，二三四层设有环形走廊，各层商铺围绕中心广场，呈环状分布，广场内设有手扶电梯，此购物中心各层的商业现状分布如表8-24所示：

DP购物中心商业现状统计表 **表8-24**

<table>
<tr><th>层　数</th><th>经营业态及价格</th><th>开业率</th><th>人流量（人/分钟）</th><th>顾客特征</th></tr>
<tr><td>首层</td><td>手机、中高档休闲服（200～500元/件）</td><td>95%</td><td rowspan="3">15～20</td><td rowspan="3">以年轻白领，中高收入人士为主</td></tr>
<tr><td>二层</td><td>女装品牌服饰；肯德基</td><td>95%</td></tr>
<tr><td>三层</td><td>女士内衣（60元每件起）</td><td>95%</td></tr>
<tr><td>四层</td><td colspan="4">正在装修</td></tr>
</table>

2. 现状分析

经分析，DP 购物中心的商业现状具有以下特点：

（1）中高端定位的首个“试水者”

DP 购物中心是目前 DP 大马路上定位最高的一个大型购物中心。中高档休闲服、女装品牌服饰构成了其服装产品的主流，在产品档次上，与 DP 农贸市场内的低档服装形成了鲜明的对比，与家圆时装百货中的中档服饰也拉开了一定的差距。作为 DP 大马路上高档购物中心的首位尝试者，DP 购物中心的经营案例对大马路南段商业街的定位有着重要的借鉴作用。经不同时段多次测算，购物中心内的人流量为 15～20 人/分钟。对于一个成熟的大型购物中心来说，这一数值属中等偏低水平，但考虑到刚开业不久，第四层还处于装修阶段等因素，这一人流量是尚可接受的，相信随着亚运的临近和周边交通的进一步完善，DP 购物中心的商业氛围将会不断增强。

（2）肯德基与服装店的共生

将肯德基引入购物中心内部，是 DP 购物中心的一大特色。肯德基作为一间知名的西式快餐店，对年轻的中产阶层人士有着巨大的吸引力，而这些年轻的中产阶层人士又刚好是购物中心内中高档服装店的一个重要目标客户群，于是它们两者间便产生了良好的共生关系。

3. DP 购物中心调研总结及对本项目的启示

综合以上分析，课题组的发现和建议如下：

（1）在大马路南段建设高档商业城具较大的风险

DP 购物中心的商业现状表明，目前 DP 大马路北段对高档商品的消化能力仍是相当有限。可见，在大马路南段商业街建设大型高档购物中心的风险是较高的。但随着地铁五号线的建成和大马路南段中高档居住区的兴起，景观卫生条件的改善，其风险将有所下降。总的来说，大马路南段大型高档商业城的建设不宜过早。

（2）“名牌城”的构想

肯德基的进驻为 DP 购物中心带来了大量稳定的中产阶层客流，大大改善了购物中心内的营业氛围，品牌的力量在此得到了充分的体现。大马路南段作为一次性大规模整体规划改造的区域，商业开业初期的商铺将面临缺乏固有稳定客源的问题，在这种情况下，通过租金和政策的优惠吸引大量中档名牌商家的进驻，构筑一个“名牌城”将会使大马路南段的整体商业氛围产生质的飞跃。

（九）DP 大马路已改造段街铺商业现状分析

1. 现状概述

DP 大马路已改造段，北起中山大道，南至 H 区红十字会医院。全长约 1.1 公里，双向四车道的路面宽约 25 米（含人行道）。该路段的街铺 70%以上地处多层、小高层商住楼的裙楼，装修状况普遍良好，它们的经营范围囊括了服装、地产中介、餐饮、士多……等多个行业，其中以服装、餐饮、地产中介所占比例最大，具体状况如图 8-3 所示：

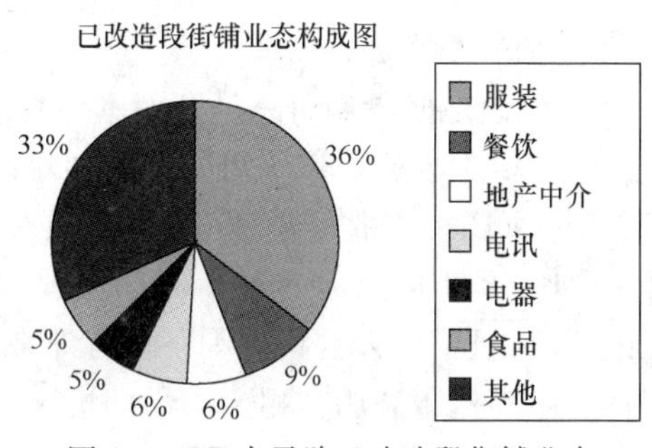

图 8-3　DP 大马路已改造段街铺业态

服装店作为此路段街铺中所占比例最大的商铺，其商品的价格水平视档次不同可分为两个层次：品牌服装的价格一般为150～300元/件，非品牌服装的价格则在30～150元/件。而士多、小餐馆、电器铺等商铺的商品则均与市场价格接近。

此路段街铺的月租金水平相对较高，普遍在300元/m²以上，部分地段已装修较好的铺位经炒作后，租金竟高达1000元/m²。

不同时段的多次测算结果显示，此路段的平均人流量为80～90人/分钟（不包括汽车等交通工具上的人）。

2. DP大马路已改造段现状分析

经分析，DP大马路已改造段的商业现状具有以下几个特点：

（1）中档服装店所占比例大

据调查，在此路段的街铺中，服装店所占比例为36%，而这些服装店所售的产品中，品牌服装的价格高达150～350元/件，虽说在这些商铺中也不乏30元/件的非品牌服装，但这些低价服装一般只是商铺用以吸引人流的一些特价商品。总的来说，中档和中高档服装才是这些商铺的主流商品。

从顾客来源上分析，购买中档、中高档服装的顾客一般是在周边小区居住的中高等收入人士，且他们具有一定的重复购买性。民工则极少购买。由此可见，DP大马路周边存在着一定数量的中高收入人士，他们也有着到此路段消费的习惯。

（2）地产中介相对较多

据统计，在已改造路段短短的一公里范围内，地产中介（街铺）已占了6%的比例，由此可见大马路及大马路周边存在着相当巨大的房屋、商铺租赁市场。

（3）民工是人流量的重要组成部分

对于一条宽约25米的道路来说，80～90人/分钟的人流量，确实是相当可观的，受访的许多商家都认为“大马路人多”，受访铺主被问及“为什么要到这里开铺”时，许多都会说是因为“看中这里人多”。但值得注意的是购买能力弱的民工是这个巨大人流中的一重要组成部分，据粗略估计，在这股人流中民工所占比例约为50%。

（4）治安状况欠佳

据受访铺主介绍，大马路的治安条件较差，行人、商铺被盗的现象屡见不鲜，打斗、群殴等事件也时有发生。

（5）缺少停车场

据观察，由于缺乏充足的停车场，大马路已改造段的路面两侧停泊了不少汽车，这些停泊在路边的汽车使原本双向四车道的马路变成“三车道”，致使大马路在车流高峰期会出现短暂的堵塞现象。

3. 已改造区段调研总结及对本项目的启示

综合以上分析，课题组的总结和建议如下：

（1）DP大马路周边的人口构成具有双重性

“外来务工人员数量大”是DP大马路的一大特色，但DP大马路周边人口构成具有明显的“双重性”。大马路周围不仅有外来工，还居住着大量的中等收入人士。首先，大量中档、中高档服装店在租金高昂的情况下仍能生存，就很好地证明了这个事实。其次，麦当劳、肯德基这两个以中高收入人士为目标客户的西式快餐店双双落户大马路，再一次说明了大马路区段存在一定数量的中高收入人士。再次，DP 大马路周边大量中档居住区的存在，则很好地指出了 DP 大马路中高收入人士的来源。由于大马路区段人口构成的双重性，在对大马路南段商业街进行规划时，必须考虑中产阶层人士的消费需求，但也不可忽视庞大的民工人流的潜在需求，以及他们对商业气氛的影响。

（2）须重点考虑停车场的建设问题

目前大马路已改造段的“占路泊车”现象，是车位不足的一个警示。大马路南段开通后，DP 大马路将一定程度上肩负起沟通中山大道与黄埔大道的职责。届时，大马路的车流量将会大增，如果允许“占道停车”现象继续存在的话，容易引发交通阻塞问题。因此在对大马路南段商业街进行规划时，须重点考虑规划停车场。从另一个意义上来说，若想扩大 DP 大马路的商业辐射范围就不得不为自驾车人士提供充足、便利的停车场。

（3）加强环境管理，大力整顿治安

不少受访铺主指出，大马路附近是不乏高收入人士的，但这些高收入人士通常不会选择在大马路消费，他们舍近求远的一个重要原因是大马路的治安条件差。由此可见，若想留住周边的高收入人士的目光，吸引其他地方的客源，就必须加强对大马路的环境管理，大力整顿治安，以消除消费者的心理顾虑。

（十）DP 二马路街铺商业现状分析

1. 现状概述

DP 二马路北起 H 区红十字会医院，南接黄埔大道，全长约 1.2 公里，路面宽 15～20 米（含人行道）。道路两旁以 1 层临时建筑和 2～3 层破旧公房为主。图 8-4 是该路段街铺的业态分布图：

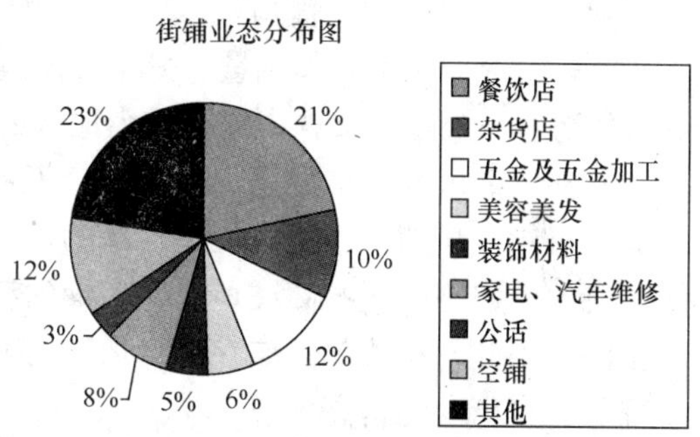

图 8-4　DP 二马路街铺业态

由上图可见，餐饮业在二马路所占比重最大，其次是五金加工，杂货士多也占有相当大的比重。

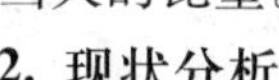

2. 现状分析

二马路街铺的商业现状具有以下特点：

（1）风味多样，价格低廉是二马路餐饮业的一大特点

DP 二马路的食肆以“大排档”、小餐馆居多，从黄埔大道沿二马路往北短短 300 米范围内，已聚集了粤、川、湘、北方等多种风味的餐馆。除“风味多样”外，二马路上食肆生意兴隆的另一个重要原因是价格低廉，而“价格低廉”的一个重要原因是这里的租金水平相对较低。

（2）食肆主要集中在二马路南段

据统计，这些风味食肆主要集中分布在二马路的南段（黄埔大道向北 300 米范围内），这一分布格局的一个重要成因是二马路南段靠近黄埔大道，交通比较方便。

（3）五金加工、机电维修行业广泛分布

五金加工、机电维修在二马路中北段占了相当大的比重，这些行业的存在一定程度上为该路段带来了噪声，也影响了道路的形象。同时，五金行业和餐饮分布在同一条街，也说明业态分布混乱。

（4）公用电话店数量相对较大

据统计，在DP二马路上一共有5间公用电话店，据店主介绍他们的顾客以外省民工为主，由此可见DP二马路是外省民工的一个集聚地。

（5）工厂分布多

DP二马路的周边存在大量的工业区，这些工业区普遍在二马路均设有入口，这些工业区的存在为二马路带来了大量的人流。

（6）商铺外观普遍较差

由于二马路沿街商铺多以一层临建和2～3层旧公房为主，因此商铺的外观普遍较差。

3. 二马路商业调研总结和建议

综合以上分析，课题组的总结和建议如下：

（1）把二马路南段改造成一条“食街”

规划中地铁五号线“DP站”将建设在目前DP二马路的南端。届时，二马路南端的人流量将会剧增。DP二马路南段是顾客从地铁DP站出来后第一眼看到的景观，若这一路段的形象不佳，将会影响到人们对DP大马路的第一印象。因此对二马路南段商铺进行适当修缮是十分必要的。目前二马路南段食肆区以其风味多样，价格低廉等特点吸引了较为稳定的客源，如对商铺的外立面加以装修，加强对该路段的卫生管理，则可把二马路南段建设成一条有特色的“食街”。这样一方面可以利用“食街”增大地铁出口的聚客能力，为DP大马路带来稳定的人流量，另一方面也可以通过整治美化二马路南段，使从地铁五号线DP站有一个好的景观，提高整个地区的品味。

（2）在食肆区与五金加工、机电维修等行业间划分界线

调查显示，虽然二马路南段是食肆的密集区，但在这些食肆间也穿插有不少从事五金加工、机电维修等行业的商铺，这些商铺的存在一定程度上破坏了“食街”的卫生环境与经营氛围。因此，有关部门应在“食街”与五金加工、机电维修等其他行业间进行新的布局，确保“食街”的营商环境。

（十一）商业调研的研究发现与开发建议

1. 项目总体建议

（1）“立足本土，创造特色”的商业定位构想

如果我们把新市商业街、龙洞商业街等这些以当地周边小范围居民为服务对象的商圈称为内向型商圈的话，则应该把像上下九，北京路等服务范围极大，跨越好几个区域的商圈称为外向型商圈。把大马路商圈定位为内向型商圈还是外向型商圈，是规划者对大马路南段商业街进行定位时必须首先考虑的一个问题。就大马路已改造段的商业现状来分析，结合周边的人口构成、消费者特征，课题组发现：若把大马路南段商业街建设成一条内向型的商业街，将会使大马路南北两段商业街的商业服务能力之和远远超出周边居民的消费能力；另一方面，若把大马路南段定位为纯外向型的商业街的话，在面对天河城商圈、上下九商圈、北京路商圈等众多强大竞争对手的情况下，地理位置相对偏僻，配套设施未够完善的大马路南段商业街将面临极大的经营风险。因此，大马路南段商业街的商业定位必

须走“内外结合的道路”：在配套一定数量的以周边居民为目标客户群的商业，为商业街创造稳定的人流。在此基础上，开发一系列以“广州东部地区”为目标市场的商业项目，通过差异化的经营手法，创造自身特色和优势，把握亚运的契机，打响“东部广州商业中心”的品牌。

（2）休闲娱乐业未来市场发展的空间不容忽视

购物、休闲娱乐、餐饮是城市商业的三大重要组成部分。在这三者中“购物”所占的比重往往最大，但随着人民生活水平的不断提高，休闲娱乐所占的比重正不断增大。从大马路已改造段的商业现状来分析，休闲娱乐事业在当地拥有相当大的发展空间。在亚运期间，国内外宾客的云集，也将会为当地休闲娱乐事业创造巨大的市场。因此在对大马路南段商业街进行定位时不应忽视休闲娱乐业的发展前景。

（3）宜采用“以中档为主兼顾低档”的商业定位

据统计，在大马路已改造段的人流构成中，中档消费者和低档消费者约各占了一半比例。若把大马路南段商业街定位为纯中档的商业区，目前大马路商圈周边有限的中档消费者将难以保证南段商业街的繁荣；另一方面以“东部广州”的中档消费者为目标市场的外向型特色商业，又难以在短期内为大马路带来充足的客流量。因此，纯中档的商业定位，必将为大马路南段商业街的早期经营带来较大的风险。若将大马路南段改造为纯低档的商业街，一方面将会与周边众多的农贸市场形成定位上的大规模重复，另一方面也将会使大马路商业街因此而错失“借亚运契机腾飞”的大好时机。综合以上分析，让中档商业和低档商业在大马路上合理共存，才是唯一可行的商业定位模式。

（4）对不同档次的商业需进行分区、分段管理以利整体运作

当中档商业与低档商业在同一道路上共存时，若任由档次各异的商业随意分布、自由组合，一方面将会影响中档商品的形象和业绩，另一方面也会增加低档商业的经营成本。无论从那一方面来讲都会为商业街的整体运作带来不良影响。因此，在中档商铺与低档商铺共存的情况下，规划者必须通过分区，分段等手法对其两者进行合理划分，尽可能减少两者间的相互干扰。

2. 项目开发的具体建议

（1）新增的商业城必须具有鲜明的经营主题

鲜明的经营主题往往是一个大型商业城的魅力所在。多个不同品牌的同类型产品的聚集，能为顾客提供一个多选择的购物空间，在顾客心目中构筑一个某类商品的最优选购点，从而把带有某种鲜明购买目的的顾客，从一定距离外吸引过来。当一个大型商业城有了一个（或多个）鲜明的经营主题时，带着各种购买目的（或多种购买目的）的顾客，便会不约而同地在这一商业城内聚集。顾客在满足原始购买目的的同时，会被其他类型多种品牌高度聚集的商品所吸引，而产生突发的购买欲，或在脑海中对此类商品留下深刻印象。当对此类商品产生需求时，他们便会马上想起这一购物中心。这样一来多种非同类商品间，便会形成良好的相互促进作用，于是一个大型商业城特有的经济效益便形成了。

天河广场地处中山大道与DP大马路交汇处，交通便利，面积较大，设施完备，先天条件优越，然而却未能产生合理的聚集效应，没有成为一个成功的商业城，归根到底的一个重要原因是——没有鲜明的经营主题，未能给消费者留下一个深刻的印象。

天河广场这一案例告诉我们：没有鲜明的经营主题，就不可能造就一个成功的大型商业城，即使是在地理位置优越、户外人流量极大的地段也不例外。因此，在DP大马路南段的改造中，若想构建一个成功的大型商业城，就必须首先明确地提出此购物中心的经营主题，并结合实际对这些主题进行反复论证。

(2) 把中档消费者作为一个重要的目标客户群

家圆时装百货"以中档产品为主"的成功定位，告诉我们这样一个事实"DP大马路周边存在着大量的中产阶层人士"，因此在大马路南段商业街的商业定位上，应把中档商业作为一个重要的组成部分考虑，把中档消费者视为一个重要的目标客户群。

(3) 在加强管理的基础上，保留农贸市场，以确保大马路的辐射力不受削弱

DP农贸市场具有强大的辐射力，给大马路带来了大量的人流，为大马路商业的繁荣作出了巨大的贡献。在珠三角的城乡结合地带，像DP大马路这种"集市与商业街共生共荣"的商业运作模式，有着其根深蒂固的生存基础。因此，合理保留农贸市场将对大马路商业街的繁荣有着积极的意义。

另一方面，多个农贸市场的存在，也为大马路商业街带来了人员构成复杂、难于管理等问题，因此如何加强治安、卫生的管理，将是大马路南段商业街面临的一个重要问题。

(4) 在地铁入口附近引入大型超市，大力发展"地铁经济"

无论从规模、商品种类，价格还是管理水平上看，美华百货与好又多，万佳等大型超市，还存在着一定的差距。从DP大马路口沿中山大道搭乘公交车往棠下好又多、华润万佳只不过15分钟车程。因此，必然会有不少居住在DP大马路附近的居民选择到好又多、万佳购物，在这种情况下，美华百货的繁荣，充分说明了DP大马路的零售百货业还存在相当大的潜在市场。假如能在大马路的南段引进一间大型的品牌超市（如好又多，百佳，万佳），则一方面能很好地开发大马路周边零售百货业的潜在市场，另一方面，当地铁五号线开通以后，这家紧靠地铁出入口的品牌超市的辐射范围将会沿黄埔大道向东，向西扩展十余公里，成为黄埔大道上一个重要的零售百货市场。

(5) 在大马路南段建设一个休闲娱乐中心，以填补目前市场的空白

在一个大型的居住区群周边不仅需要一个大型的购物中心，还需要一个休闲娱乐中心，摩登城二、三、四层的成功经营充分说明了这一事实。目前大马路北段的商铺已一定程度上满足了居民的购物需求，但休闲娱乐场所却相对缺乏。因此，在大马路南段商业街中建造一个较具规模的休闲娱乐中心是极具市场价值的。为了避免与摩登城定位上的雷同，规划者可以考虑把卡拉OK、美容美发、酒吧、茶座、特色风味小食等作为经营的重点。但考虑到DP大马路附近治安条件较差，人员构成较复杂等不利因素，休闲娱乐中心必需加强管理，杜绝黄、赌、毒的入侵。

(6) 采取"低开高走"的租金操控模式，降低开发初期承租户资金压力，以增强信心获得持续发展

摩登城开业不久，商铺单位租金已经达到相当高的水平，使不少承租户面临着亏损的压力。在一座商业城根基未稳，人流量未算太大的情况下，过高的租金将会使部分铺主面临亏损的压力，如果短期内出现大量铺主因无法负担过高的租金而退出的话，必将会为商业城的整体形象带来负面影响。大马路南段商业街中的商业城，作为出生于大面积"新

铺”丛中的产物，在开业初期能否走旺，将对项目的成败构成重大的影响。因此，“低开高走”的租金操控模式是值得考虑的。

(7) 构建一个中档商品的“名牌城”，提升 DP 大马路南段整体商业气氛

肯德基的进驻为 DP 购物中心带来了大量稳定的中等收入客流，大大改善了购物中心内的营商氛围，品牌的力量在此得到了充分的体现。作为一次性大规模整改的产物，开业初期，大马路南段的商铺将面临缺乏稳定客源的问题，在这种情况下，通过租金和政策的优惠吸引大量中档名牌商家的进驻，构筑一个“名牌城”将会使大马路南段的整体商业氛围产生质的飞跃。

(8) 重点考虑停车场的建设以改善交通环境

目前大马路已改造段的“占路泊车”现象，是车位不足的一个警示。大马路南段开通后，DP 大马路将一定程度上肩负起沟通中山大道与黄埔大道的职责。届时，大马路的车流量将会大增，如果容许“占道停车”现象继续存在的话，容易引发交通阻塞问题。因此在对大马路南段商业街进行规划的过程，必须重点考虑停车场的设计问题。从另一个意义上来说，若想扩大 DP 大马路的商业辐射范围就不得不为自驾车人士提供充足、便利的停车场。

(9) 加强环境管理，大力整顿治安

不少受访铺主指出：大马路附近不乏高收入人士，但这些高收入人士通常不会选择在大马路消费。他们舍近求远的一个重要原因是因为大马路的治安条件差。由此可见，若想留住周边的高收入人士的目光，吸引其他地方的客源，就必须加强对大马路的环境管理，大力整顿治安，以消除消费者的心理顾虑。

(10) 把二马路南段改造成一条“食街”

规划中地铁五号线“DP 站”将建设在目前 DP 二马路的南端。届时，二马路南端的人流量将会剧增。毗邻 DP 大马路的 DP 二马路南段是顾客从地铁 DP 站出来后第一眼看到的景观，若这一路段的形象不佳，将会影响到人们对 DP 大马路的第一印象，因此对二马路南段商铺进行适当修缮是十分必要的。目前二马路南段食肆区，以其风味多样，价格低廉等特点吸引了稳定的客源，如对商铺的外立面加以装修，加强对该路段的卫生管理，则可把二马路南段建设成一条“食街”。这样一方面可以利用“食街”增大地铁出口的聚客能力，为 DP 大马路带来丰富的人流，另一方面也可以通过整治，美化二马路南段，使从地铁五号线 DP 站出来的客人对 DP 留下美好的第一印象。

(11) 在二马路的“食街”与五金加工、机电维修等其他行业间划出一条明显的界线，确保“食街”的营商环境。

调查显示，虽然二马路南段是食肆的密集区，但在这些食肆间也穿插有不少从事五金加工、机电维修等行业的商铺，这些商铺的存在一定程度上破坏了“食街”的卫生环境与经营氛围。因此，有关部门应在“食街”与五金加工、机电维修等其他行业间划出一条明显的界线，确保“食街”的营商环境。

五、相似项目的调研与分析

(一) 棠景街改造情况及分析

调研时间：2005 年 12 月 26 日

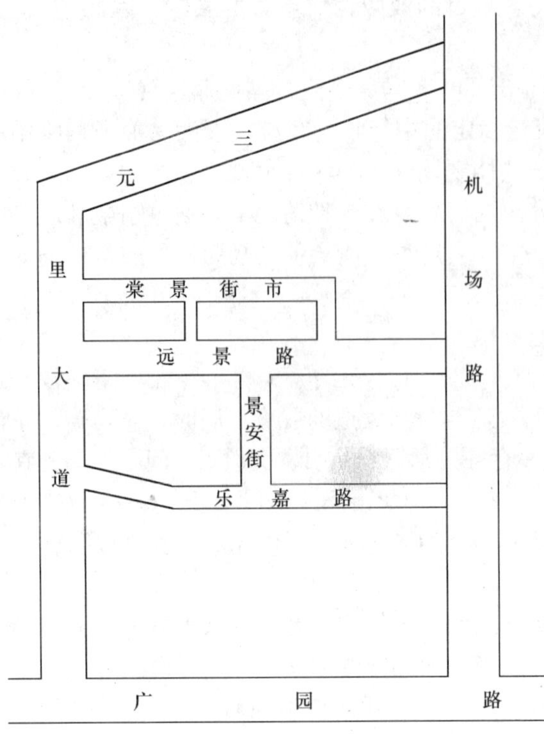

图 8-5　棠景街区位示意图

调研简介：本次调研以访谈法、观察法和二手资料的收集进行，调查中我们了解了棠景街改造的背景、改造范围、改造模式、管理体制改革、居民生活的变化、改造过程中的重难点等，并着重研究了改造前后远景路及其周边的商业现状，通过对案例经济效益和社会效益的分析，总结出应该吸取的教训和值得借鉴的地方。

1. 棠景街改造基本情况

棠景街位于白云区机场路西侧，由原棠溪、远景两个城中村组成。2000 年 3 月，白云区政府成立了棠景街道办，开始了棠景街的改造。在改造之前，全街除了机场路、三元里大道（即旧广花路）外，剩下的多是断头路，这些路都是四五米宽的泥土路，路的两侧则是密密麻麻的农民出租屋，据统计，4.32 平方公里的辖区内除了 10 多个大型的小区外，有 4500 栋农民出租屋。街道办成立后，以解决交通堵塞作为突破口，第一条打通的是乐嘉路，随后几年，陆续拆除了农贸市场、竹木市场、工业品市场、宅基房等违建 70 多万平方米，打通或拓宽了远景路、乐嘉西路、棠安街、水边街、松云路、合益街、南天大街、心谊路等多条断头路和丁字路，新建绿化面积 91280 平方米，新建群众文化休闲场所 11 个共 96000 平方米，改建、新建商业步行街和商业中心 12 个。

2001 年 6 月 30 日，远景、棠溪两村共 5000 多名农民成建制转为城市居民；2002 年 6 月 20 日撤销远景、棠溪两个村民委员会，到调研时，已调整和新建已有 27 个社区居民委员会；2002 年 7 月，完善原农村合作经济股份制、固化村民股份、公司化改制集体经济组织等工作也相继完成，见图 8-6～图 8-11。

图 8-6　改造后的远景路

图 8-7　时代商业中心（村集体物业）

图 8-8　饮食娱乐中心

图 8-9　东段商住楼

图 8-10　棠景街市

图 8-11　乐天广场（由旧窝棚改造而成）

2. 远景路改造前后商业业态的变化

远景路为东西走向，双向共四车道，连接机场路和三元里大道两条主干道，全长850米，步行约20分钟可走完全程。改造前的远景路是一条仅300米长的机耕路，两边物业的月租不过10多元/平方米，在改造过程中，拆除了村集体的部分仓库，征用了村集体的土地（多为农田）。为进行改造开发，街道专门成立了一家公司，将沿线物业统一租下来，然后打包转租给物业公司，物业公司请了四个商业设计公司对远景路进行规划，最后定位为“白云区的北京路”，总投资估计达3000万。

目前，远景路商铺经营范围包括饮食、休闲中心、超市、零售店、房产中介、烟酒、五金等。街道内有华城百货、时代电脑城、时代商业中心和时代新都会几间商业广场，时代新都会是远景路唯一的商业和写字楼综合体，凭借其优越的位置和高档的硬件配套，成为远景路的标志性建筑。远景路内商业分布的特点如下：东段与机场路相接，商铺多数在住宅的裙楼底层，单间面积在20到50平方米之间，经营饮食店、日用品和房产中介为主，租金150元左右；中段与景安街交界，以商业广场为主，主要经营饮食（包括中西餐厅、韩国料理、美式快餐）、休闲中心、超市和日用品，档次较高，租金在100多至200之间；西段连接三元里大道，只有少数的商店（便利店、五金、烟酒等），店铺装修较简单，租金每平方米50元到60元。

商业氛围方面，目前，远景路商业尚未完全开发，沿街仍有部分旧仓库和烂尾楼，即便是商业广场，出租率也低，时代电脑城更是空置多时。远景路虽然车流较多，但除了饭市时间人流量较大外，总体上人流量还是少。目前远景路的居住人口主要集中在万方园、翠逸家园等几个小区的住户以及附近棠景街区内，居住人口约有3万人，万方园、翠逸家园的住户以中等和中高收入的居民为主，其中一部分是白云区若干专业市场做生意的私营业主，棠景街区内的居民由本地居民和外来人员组成，外来人员约为本地居民的5倍，消费能力较低。可见，与“北京路”的定位相比，远景路的人流量和购买力水平是远远不足的。现时，途经远景路的公交线路只有3条，而地铁远景路站何时动工仍是未知之数，相信只有以后在交通环境改善后，才能充分调动消费人群过来。

3. 远景路周边商业点

棠景街市，棠景街市位于远景路北侧，与远景路仅隔着一排建筑，西接三元里大道，总长约600米，路宽不足20米，东端右拐至远景路。棠景街市被当地居民喻为“大笪地”，主要经营低档商品，以服装、箱包、杂货和小食店为主。棠景街市人流较旺，外来打工者占多数，消费能力低，商铺主要设在农民住房的首层，两三年前月租金为五六十元每平方米，目前每平方米已升至100元以上，因此铺主都感到生意难做。

乐嘉路是区内另一条商业街，经过政府的整饰后，两面商铺租金由以前的每平方米28元上升到320元。该街的乐嘉商业广场占地达2.5万平方米，全部采用高档落地玻璃窗，是两年前村社投资1500万从一个污水横流的石材市场改造而成的，现在整个广场年租最少有800万元，15个月就可以收回全部投资。

4. 改造前后居民生活的变化

居民收入的变化。目前，棠景街一带居民的收入主要来源于出租屋、打散工和村集体生活补助。近年的改造使当地居民住宅的出租率明显提升，但租金水平却未见涨。居民每月的房租收入在2000至3000元之间。由于自身缺乏就业技能、政策上存在障碍以及雇主对城中村居民印象不好等原因，田地被征收后，居民很难找到好的工作，平时主要还是到外面打散工。村集体收入方面，改造后，村集体收入明显减少，原因有以下几个方面：一是改造过程中拆除了部分村集体物业；二是目前村集体物业租赁情况不佳；三是村集体的一些物业是通过街道下设的物业公司转租出去的，物业公司对外收租的租金较高，但分给村集体的就很低。如棠景街市和三元里大道交界的漾景商业城，目前二楼以上的月租金达五六十元/平方米，但物业公司只按8元/m^2的租金给村集体。

精神形态方面。由于历史原因，远景村村民文化素质普遍不高，与现代市民相差甚远，一方面由于技能缺乏，在城市就业竞争中处于不利地位，难以找到合适的工作；另一方面往往通过收取房租就能维持生活，不用为生活而奔波。因此，一部分居民逐渐习惯了不劳而获、游手好闲、无所事事，精神文化活动相当落后。

此外，村内居民子女入学和就业都比较困难，子女不能跨区就读，而且普遍学历较低，以中学、中专为主。

我们在调查中发现，居民对改造的意见较大，主要集中在农田征收后补偿少、就业难、村集体收入减少导致生活补助少，卫生管理差等。

5. 对本专案的评价及对大马路改造的借鉴意义

(1) 棠景街改造属于政府主导、半市场化的改造模式。整个改造在政府的调度，街道办等部门的实施下，自上而下的开展。棠景街的改造又不是单纯的政府主导型，在改造中也有开发商介入了。其特点在于：以政府为主导能够充分考虑全社会的综合利益，有利于调配各相关部门的资源，开发商的介入能够为政府解决一部分资金问题，并提供经营管理的意见，但开发商受经济利益驱使，往往导致资源的浪费和对社会效益的忽略。

（2）运作方式

棠景街改造的基本思路是“基础设施建设——前期经营——继续改造”。政府提前将基础设施完善，减轻了村资金压力，启动前期经营，从而使可交易物业收入增加，逐渐盘活土地资产，完成后续改造。

（3）改造的难点

改造过程中的难点在于资金缺乏和村民抵触情绪较大。资金问题方面，棠景街道路、市政基础滞后，改造需要投入的资金很大，加上建筑密度大，拆迁安置所需的资金也很大。而建设新村所需的资金更是一笔巨大的开支，整体改造所需的资金数以亿计，完全由村集体来投资困难很大，区一级的财力也无法承担。此外，城中村改制后，村集体经济组织改制后成为股份制企业，改造“城中村”这样重大的投资决策，要通过股东大会或董事会表决通过，由于改造会触及股东（原村民）的利益，可能会对投资改造有抵触情绪。因此改造资金的筹措困难重重，资金问题成了改造的一大拦路虎。

居民抵触情绪较大。棠景街改造过程中，政府采取了较为强硬的态度，未能做好与居民的沟通和协调，加之改造后居民收益得不到增加，目前居民的意见较大，抵触情绪较高，这对后续改造将产生很大的阻碍。

（4）不同档次商业的有机结合

目前，远景路主要以经营中档及中高档商品和服务为主，与此同时，相隔不足100米的棠景街市则是低档商品成行成市；原因在于目标客户和服务半径的不同。这种情况在DP大马路同样存在，一方面，大马路周边住着不少收入较高、消费能力较强的居民，但是这部分人很少在大马路消费，而是转向棠下村及天河城一带；另一方面，在大马路消费的以街道内及周边中低收入者为主；形成了两大差异的消费群。因此，如何在商业规划上同时满足两者的需求是非常重要的，我们不妨通过内外街设置，形成不同档次商业的有机结合，同时注意规划设计的细节（如人流、车流的导向，建立公共绿化广场等），既保留两条街的相对独立性，又达到两者的和谐统一。

（5）远景路对DP大马路改造的借鉴

两者周边都是以城中村为主；两者都受6大型项目的带动，远景路临近白云新城，即未来集休闲、商贸、旅游、低密度居住区为一体的新城市中心，DP大马路临近奥林匹克中心，亚运会的举行将对DP大马路的商业有积极的带动作用。交通方面，远景路的改造是为连接机场路和三元里大道两条主干道，政府还打算在远景路和机场路交界处设置地铁站，这与DP大马路很相似。因此，如何吸引来自主干道的人流，如何通过对居民需求特点和购买力的认识，寻求准确的定位，是两者均要面临的重要问题。远景路目前商业还不兴旺，与其“北京路”的定位更是大相径庭，主要原因是人流量少，居民消费能力低，这也是对DP大马路定位的一个警示。

在如何吸引人流上，除了靠完善交通外，还可以从远景路相对兴旺的饮食业上得到启示。目前，远景路东西两端出口有御口福饭店和东江海鲜酒家坐镇，中部有不少酒楼和中西餐厅，生意都比较旺。我们认为，通过东西两端的大酒楼，把外面的人流吸引进来远景路消费，打造“饮食一条街”，或是通过饮食带旺休闲娱乐业，再带旺周边其他商业，是一条很好的商业发展模式，也是非常值得DP大马路借鉴。

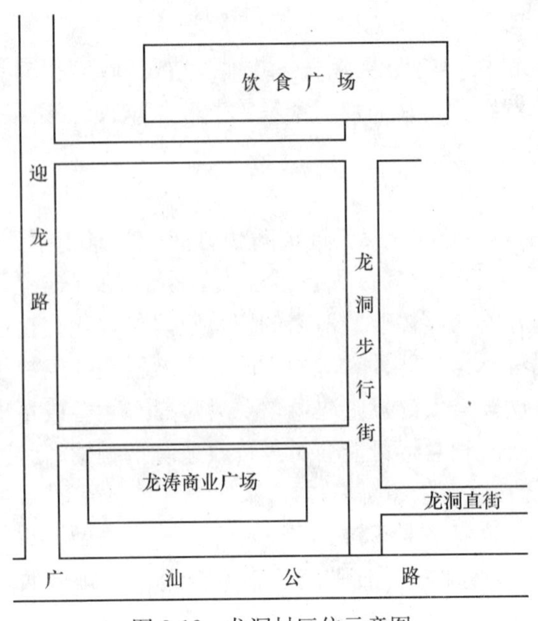

图 8-12　龙洞村区位示意图

（二）龙洞村改造情况分析

调研时间：2005 年 12 月 30 日

调研简介：本次调研以访谈法、观察法和二手资料的收集进行，调查中我们了解了龙洞村改造的背景、改造范围、改造模式、管理体制改革、居民生活的变化、改造过程中的重难点及传统文化的保护等，并着重研究了改造前后龙洞步行街及其周边的商业状况变化，通过对案例经济效益和社会效益的分析，发掘应该吸取教训和值得借鉴的地方。

1. 龙洞简介

龙洞街位于广州市 H 区东北部，辖区面积 11.7 平方公里，总人口约 6 万人，辖内有龙洞村、五个社区居委会、广东工业大学、广东金融学院等十几所大中专院校及广东省林科院、中国林业科学研究院热带林业研究所等多个科研机构，既是典型的城乡结合地区，也是有名的教育文化区。

龙洞村是龙洞街管辖的一条行政村，因当地原有九条小村庄，有九龙归洞之形，故又称龙眼洞村，龙洞村户籍人口 6400 多人，总面积 5.21 平方公里，其中耕地面积 2300 多亩，山林面积 4000 多亩见图 8-13～图 8-16。

图 8-13　龙涛商业广场

图 8-14　龙洞步行街

图 8-15　龙洞步行街

图 8-16　饮食广场

2. 改造实施

由于历史的原因，旧村规划失控，建筑密度大，治安、卫生、消防等方面都存在着许多问题，成为制约龙洞地区社会经济发展、推进城市化进程的最大障碍。于是，龙洞村在街、村两级部门的组织下，充分利用优越的地理优势和文化教育的密集优势，以路网建设为带动，开展了城中村的改造工作。

（1）改造方案简介

拟改造村域总占地面积约为 38 万 m^2，现状总建筑面积为 66 万 m^2。其中：村民住宅建筑面积 58 万 m^2，村集体物业房屋建筑面积 8 万 m^2，现状建筑密度为 50.7%，现状容积率为 1.74（见表 8-25）。

在空间环境、使用功能、公建配套基础设施等方面都高标准、严要求，把旧村规划改造为环境优美、居住舒适、经济发展及文化繁荣的现代化新村。规划上主要是调顺道路关系，适当调整地块形状和理顺功能，使土地利用更为合理有效。

1）道路系统规划。在原有中心村规划道路系统基础上，形成新的三纵四横的道路网格局，道路系统更为合理明晰，地块与广汕公路的联系更为紧密，道路沿线用地商业价值亦有所提高。

2）用地布局。目前用地性质大多为住宅用地，规划依照现有土地权属及现状，合理安排住宅用地和其他功能用地。临近广汕公路的地块更集中的设置经济发展用房，包括商业中心、酒店和写字楼，充分利用地块价值。而北边地块集中作为村民住宅用地，强化环境质量。毗邻广汕公路设城市广场，美化了城市道路景观，也增强了龙洞村的景观特色。

3）修建性详细规划各项经济技术指标。修建性详规服从龙洞村中心村规划，配套设施按规划细则配备。建筑密度控制 32%，容积率控制在 3.0 以内，绿地率控制为25%～30%。

总体规划经济指标一览表　　表 8-25

项　目	总用地面积/km^2	实用地面积/km^2	总建筑面积/km^2	容积率	建筑密度/%	绿地率/%
指　标	37.39	25.07	87.48	2.34	30.9	27.7

（2）基础设施建设

俗话说：要致富，先修路。然而修路首要解决的是资金问题，龙洞村在资金比较缺乏的情况下，通过抵押贷款 4000 多万元，修建了迎龙路、富民路、迎新路、迎福路等共 8 公里长、20 米宽的道路，所有道路都按市政路的标准铺设了下水道、排污管、人行道、路灯、消火栓和绿化带。同时，针对村内住宅建筑密度较大的情况，如何解决消防隐患显得非常重要，龙洞村选择了“抽疏”的方法，迎龙路、龙洞中路、迎新路三条消防通道共拆除民宅 220 间，建筑面积 2 万多平方米。建成后，形成了“三横三纵”的道路格局，大大降低了消防隐患，同时也带来了周边物业的升值。

（3）经济建设和集体福利

在改造过程中，龙洞村成立了龙洞龙汇实业有限公司对村集体经济进行管理，龙洞村在集体经济发展中，大力发展第三产业、高校配套产业和工业园区建设，龙洞商贸城、广东工业大学学生公寓、龙洞商业广场、汇东假日酒店、龙洞第一工业区和第三工业区、龙山工业园、龙洞汽配市场、龙洞商业步行街等一批上规模、上档次的商业市场的相继建成，提高了产业效益，村集体经济收入1998年为1200万元，2004年约8000万元。调查中，我们了解了龙洞村2005年11月公布的财务收支表如表8-26所示：

龙洞村2005年11月财务收支 **表8-26**

	2005年1～11月（万元）	2004年同期（万元）	同比增长
1. 收入	6841	6154	11.2%
1.1 经营收入	3836	4674	
1.2 发包及上交款	2385	607	
1.3 其他收入	596	851	
1.4 投资收益	24	22	
2. 支出	2220	2066	7.5%
2.1 经营支出	166	194	
2.2 管理支出	1827	1571	
2.3 其他	227	301	
3. 纯收入	4621	4088	13.0%

注：经营收入主要来自酒店收入、商贸城、商业街、商业广场收入和工业园收入。

村的集体经济壮大了，股份分配也逐年提高，集体福利越来越好，据了解，村集体福利主要有以下方面：

"老有所养"：退勤的老人每月可领到230元的退勤补助；退休的干部每月可领到800元退休金；

"失业补助"：失业的村民每月可领到150元的就业补贴；

"股份平衡"：通过发行项目股份，使低收入家庭有一笔稳定的收入，扶助了弱势群体；

"病有所医"：兴建二级医院——龙洞人民医院，使村民享受就医服务和合作医疗的优惠；

"教育为本"：投资1500多万元龙洞小学，使龙洞小学晋升为市一级学校，还每年出资奖励升入大专院校的村民子弟。

（4）文化建设

龙洞村非常重视文化建设，投资一千多万元建设了文化活动中心和文化体育广场，其中文化活动中心占面积3500多平方米，配备歌舞厅、图书馆、电子阅览室、书法室、健身室、体育活动室、老人活动室、曲艺社、棋牌室等10多个活动场所，拥有330多万元舞台设备，2万多册图书和34种报刊，电子阅览室拥有全国文化信息管理资源共享工程系统，均免费向群众开放，是广州市首批"十佳"农村文化室和广东省特级文化站。龙洞文化体育广场占地面积14000平方米，有面积300平方米的演舞台、1500个固定座位清凉谜语的大型电子屏幕、120米长的科普长廊以及足球场、篮球场、羽毛球场、健身路径、自动饮水机和休闲公园，设备齐全，环境优美，是广东省优秀文化广场。

另外，街道文化站属下有书画协会、读书协会、摄影协会、曲艺社、文博会等多个文艺团体。经常开展群众喜闻乐见、具有龙洞特色的社区文化活动，调查当天，我们还看见街道办组织的元旦文艺演出，吸引了大批群众观看。

3. 商业现状

通过改造，龙洞村形成了以龙涛商业广场、龙洞步行街、迎龙路和龙洞直街为核心的商业圈，通过规模效应，繁荣了当地的经济。

龙涛商业广场临近广汕公路，是龙洞村的中心地带，总建筑面积一万多平方米，分两层，底层为商铺，临街铺位主要是银行、便利店、电信用品店和文具店，室内主要经营中低档服装、鞋类和饰品，是龙洞街最大的服装市场；二层为龙涛超级市场和麦肯鸡美式快餐店，龙涛超市商品种类齐全，且价格不高，吸引了很多顾客，生意一直很旺。

龙洞步行街位于龙涛商业广场东侧，总投资 200 万，是广州市第一条由农村自行投资建设的具有农村特色的商业步行街，是天河七大商圈中龙洞商业圈的中心点，是龙洞村继龙洞中路、迎龙路、富民路、迎福路、迎新路后又一个改造项目。

龙洞步行街南起龙洞牌坊，北至龙洞小学，长 360 米，宽 20 米，门面仿明清建筑风格，临街立面安装琉璃瓦，路面安装花岗岩，地下安装排水管，高清晰摄像监控，沿街绿树婆娑，广告牌统一规范，安放反映农村风貌的耕具、石磨、耕牛等实物和雕塑及大型喷水池。项目于 2003 年 7 月开始改造，2004 年春节投入使用，除了对临街路面和建筑进行修饰外，还拆除了街北的违章建筑。步行街主要经营中档的商品，包括鞋类、饮食（快餐、粉面、凉茶等），电信用品，文具，杂货，精品等。据了解，步行街两侧的商铺有近一半是属村集体所有的，其他的多为村民自建房。在该处做生意的很多是外地人。租金方面，与两年前（整治前）相比，商铺租金普遍有了 2～3 倍的提升。目前，平均每平方米月租金为 200 到 300 元之间，更有甚者超过 300 元，例如一间 26 平方米的临街铺位，两年前月租金为 2100 元，现在已上升至 7300 元。前来步行街消费的人群主要是学生和当地居民，并以中午、傍晚和晚上最热闹，由于消费能力比较低，当地商品价格也不高。

步行街西侧原本是农贸市场，最近拆迁了，准备建一个商业中心。步行街北端是村集体建造的饮食广场，那里虽然都是一到两层的平房，但都贴上了朱红色的瓷砖，门面也很简洁干净，显得井然有序，饮食广场西接迎龙路，迎龙路东侧也是整列的大排档，两者形成颇具规模的饮食中心，晚饭和夜宵时间，店铺把桌椅都摆在外面，广场上人山人海，很热闹。

4. 经验借鉴

（1）以村集体为主导的改造方式的优点和不足

龙洞村在改造过程中，村集体发挥着主导的作用，充分地调动了村民的积极性。这种模式有以下优点：首先，村民是改造的直接受益者，有动力投入改造。其次，村股份公司参与整个改造工作，从中可以获得一定收益，村民作为股东也可以收益共享，村股份公司和村民的利益根本上是一致的，因此在改造过程中遇到的利益冲突可以较为有效的调解。例如，在改造龙洞直街过程中，要拆迁 73 间商铺，当时大多数村民持支持的态度，只有 2 户意见较大，村集体随即按照村规发出停止合作医疗报销福利的通知书并加强宣传劝说，其态度也逐渐转变了。第三，村民对本村的情况最为熟悉，改造方案的选择也更能切合本村的特点。

缺点是面对城中村改造如此复杂的工作，村股份公司能否有效地运作，对其经营能力是一个重大的考验。在这一点上，龙洞村还是做得比较好的。

（2）恰当地选择改造时机

“城中村”改比不改好，越早改造，代价越小，收效越大，避免形成中的城中村变成成熟的“城中村”，这一点对 DP 的启示较大。

（3）着眼于集体经济的长远发展

龙洞村通过贷款等方式投资基础设施建设，直接带来了村集体物业的升值，同时，村集体还大力发展第三产业、高校配套产业和工业园区建设，极大地壮大了村集体经济，实现经济的可持续发展。

（4）注重传统文化的保留和利用

在龙洞村改造过程中，村集体非常重视历史文化的保护、继承、延续和合理利用，通过农业特色步行街的建设，实现了传统文化和现代商业的结合，通过大力发展村文博事业，丰富了城中村文化，实现了物质文明和精神文明的双丰收。

（5）商业圈是购物、饮食、休闲、娱乐的统一体

从龙洞步行街、龙涛超市和迎龙路一带的商业构成和分布状况可以看出，只有在了解目标消费群需求特点的基础上，满足其购物，饮食，休闲和娱乐的需要，才能最大地吸引人流。

（三）农林下路商业街改造情况分析

课题组通过访谈法、观察法和二手资料的收集，了解了农林下路商业街的发展状况和遇到的问题，并结合DP大马路实际，从商业街定位、商业街功能及交通配套等角度，提出相关建议。

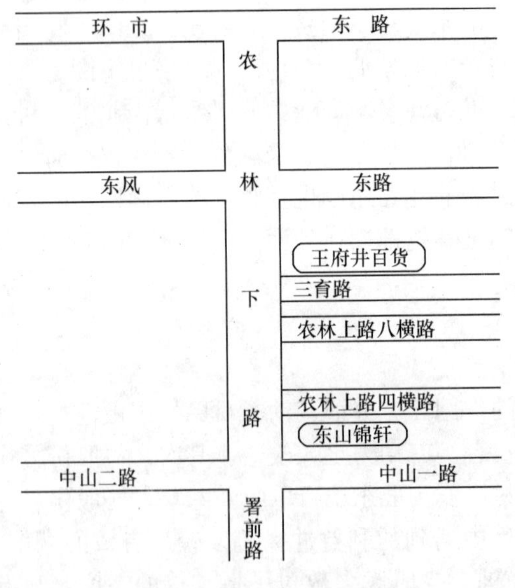

图 8-17　农林下路区位示意图

1. 农林下路概况

农林下路位于广州市越秀区（原属东山区），与北京路、上下九步行街并称为广州三大商业街，相比之下，农林下路是后起之秀，但随着广州大规模的城市中心东移及旧城区改造，农林下路以其独特的现代化建筑群，立体式交通枢纽，以及现代商业区的繁华，成为广州市经济发展的一个亮点。

农林下路南起中山一路，北至环市东路，中间被东风东路隔开，形成南北两段，总长度约1200米，其中南段800米，北段400米。道路为双向共4车道，绿树成荫，人行道铺设彩砖，沿街路灯、广告井然有序。

农林下路交通配套相当完善，不仅连接几条主干道，街内还有十多条公交线路经过，104、112路电车总站位于南端；地铁方面，南端与中山一路交接处有地铁一号线东山口站，北端地铁五号线区庄站正在施工。据了解，政府原本想将农林下路打造成步行街，但考虑到农林下路重要的交通枢纽作用，保留了其通车功能。

2. 农林下路商业状况

调查发现，农林下路的商业分布南北段差异较大，北段只有同仁堂药店及零星商铺，南段从中山一路路口到东风东路约800米的街道内，聚集了王府井百货、东山锦轩现代城、即将开业的锦童子天地三个大型购物中心以及一百多家临街商铺，商业气氛浓厚。沿

街商铺以经营服饰、鞋类、饮食、日用品等居多，档次为中档和中高档，并以品牌专门店形式经营为主，比如服装店就聚集了雅图、歌莉娅、苹果、华伦天奴等品牌。

王府井百货商场，众所周知，王府井是北京城中全国著名的零售百货商店，是到北京旅游时的购物好去处。1996 年，王府井在广州开设了广州王府井，并看好农林下路的商业潜力，选址在此。王府井由北京王府井百货（集团）股份有限公司投资经营，经营面积达 2 万平方米，实施高档经营定位，主要经营化妆品、补品、钟表、男女服饰、工艺品和家电等，商场集购物、休闲、餐饮、娱乐、金融服务于一体，提供批量商品电话预定、大件商品免费市内送货等多项便民服务项目，设有大型地下停车场、酒楼等服务设施，吸引了大批顾客。

东山锦轩现代城位于农林下路与中山二路交界原农林礼堂地段处，占据地铁站出口的有利地位，总建筑面积达 6 万多平方米，是东山口首屈一指的商住大厦。其中一至六层裙楼和地下一层为商铺，形成好又多大型超市、肯德基、风味美食城和众多品牌专门店的商业群。

调查发现，农林下路一带人流较多，特别是南段一带，王府井百货、锦轩现代城和沿街商铺都聚集了不少顾客，顾客来源主要有以下方面：

（1）周边居民

农林下路所在的东山区位于广州市中心区域，历史文化相当浓厚，更是有名的教育强区。追溯历史，上世纪初，农林下路一带已经是国民党达官贵人和华侨聚居的地方，目前，当地居民无论是原居民还是近几年搬进的住户，收入水平都比较高，后者不少是看中东山区优质的教育资源而不惜支付较高楼价入住东山的。因此，农林下路周边不乏高收入、高品位和高学历的消费群。

（2）在周边机关单位和写字楼工作的上班一族

东山区向来是党政机关的聚集地，另外，东山区近年来强调发展“总部经济”，加强区内写字楼建设。其中农林下路是东山区引导发展总部写字楼的重点地段之一，从农林下路至中山一路、中山二路都将发展高级写字楼，吸引企业总部进驻。农林下路北段现有浦发银行写字楼、广发银行写字楼等，南段有新裕大厦、中国电信大厦等写字楼，与天河北纯写字楼物业相比，农林下路一带写字楼多数采用“商场＋办公”的形式，下面几层设置了商场。白领一族收入较高，消费能力强，注重商品的质量和档次，同时，对满足精神层面提出更高要求，这不仅对农林下路商业的发展提供了强大的市场，更大大促进了高档次及专门店的发展。

（3）来自广州其他区域的市民和外地游客

凭借着优越的地理位置和便利的立体交通，农林下路吸引了很多来自天河、荔湾、海珠等区域的市民前来消费，其中不少是有车族。同时，外地游客也是这里的常客，不少人冲着同仁堂药店和王府井商场的名气慕名而至，外地游客一般消费量较大，成为这里的一大顾客源。

租金方面，农林下路临街商铺中，以 20～50 平方米的铺位较受欢迎，月租金在 1000 元每平方米左右，一般只租不售，进驻率接近 100％。

商业发展特征综述：农林下路商业街的空间发展是广州市商业中心体系的重要组成部分，其商业功能的发展提高，是通过在城市商业中心结构变化过程中寻找准确定位来实现的。首先，农林下路不仅涵盖了一般的零售业和服务业，并且包括金融、贸易、信息、展览、娱乐、房地产业、写字楼及配套的商业文化、市政、交通服务等设施，是一个大商业的概念。其次，农林下路影响力较大，在越秀区的区域经济中起着举足轻重的作用。再次，农林下路作为目前广州市三大商业街之一，具有一定的知名度，起着对外窗口的作用，在某种程度上代表着广州的形象。

3. 经验借鉴

通过对农林下路商业街的研究，我们总结了商业街发展的经验，并结合 DP 大马路实际，提出了若干建议。

（1）明确商业街的市场定位

任何商业街在建成之前，都应该进行恰当的定位。商业街市场定位是指根据消费者的数量、需求、偏好以及购买力的不同，对各种类别、层次的消费者进行细分，在此基础上确定商业街的目标市场，进而确定该商业街的规模、经营门类及商品档次等。农林下路商业街就是瞄准中高等收入消费者和外地游客，从而确定其发展方向和商业布局的。在 DP 大马路商业街定位过程中，建议把消费者购买力水平、职业、居住地等因素作为细分市场的基础，把整体消费者划分为若干个细分市场，结合各消费群所含的消费者数量和需求特点等因素，选择合适的目标市场。

（2）拓展商业街的功能

农林下路商业街凭借其准确的市场定位，吸引了不少顾客，但是，阻碍其整体素质提高的因素有很多，功能上的单一就是其中一点。在人们的生活质量普遍改善、购买力显著增强、休闲时间逐步增多的情况下，消费需求也日趋差异化、个性化和多元化，单一的购物功能无法使商业街吸引足够的客流量。市场的发展、需求的多样化必然刺激现有商业格局的改变，提高商业业态的品位，从而促使商业街的功能由传统的、单一的购物向购物、休闲、娱乐观光等多功能发展。DP 大马路作为临近奥林匹克中心的商业街，在规划和发展过程中，不妨考虑完善其旅游和观光功能。

（3）完善商业街的交通设施

便利的交通是农林下路商业街发展起来的重要原因，但目前交通堵塞和停车位不够的问题很突出，农林下路为双向四车道，对分流周边几条主干道的车流压力很大，尤其是上下班时间，经常形成堵塞。停车方面，停车场主要集中在几间大型商厦，车位明显不够，随处停车的情况时常出现。农林下路面对的消费者是中、高收入阶层，其中不少是有车族，因此，交通堵塞和停车位不够的问题对消费者的影响很大。以此为鉴，在 DP 大马路的规划中，要对未来的交通状况有超前的认识，考虑好交通的组织和停车问题，避免因交通设施的落后影响整个商业街的发展。

（4）在环境建设中体现“以人为本”

商业街的环境建设必须体现“以人为本”的理念，不仅要统一规划，还要对绿地、花坛、步行道、街道照明设施、微型广场、路牌、广告灯箱等进行精心设计和建设。此外，还应提供为顾客服务的各种设施，包括舒适的休息设施，如坐椅、观光车等；方便顾客的银行自动取款机；分布合理的公用电话亭；标志醒目的公共厕所；方便的咨询服务设施，如触摸式导视屏；街道交叉口、转折点、连接处的导向性标志等。调查发现，农林下路在人行道铺设、沿街绿化、照明和广告牌设置上做得比较好，并且王府井百货后面有小型绿化公园，沿街还有不少银行，但总的来说，绿化休闲空间较少，公厕、电话亭等设施缺乏。在 DP 大马路规划建设中，应对以上问题有所重视，同时，针对 DP 大马路街道较长的特点，建议设立绿化广场，供市民休憩之用。

（5）发挥大型购物中心的作用

目前，农林下路商业街主要有王府井百货和锦轩现代城两间大型的购物中心。王府井百货本身就是有名的品牌，商场内经营的商品种类繁多，是名牌商品的聚集地，吸引了很多消费者。锦轩现代城在吸引市民到农林下路一带消费方面也起着很大的作用，锦轩现代城位于农林下路和中山一路十字路口处，经营面积大，其间还有好又多超市入驻，有着较强的辐射力。建立大型商业中心，引进名牌商家进驻，能够发挥强大的聚集效应和名牌效应，对商业街的整体繁荣起着极大的拉动作用。因此，建议在 DP 大马路与黄埔大道交界处设立大型商业中心，承接黄埔大道和地铁的人流车流。

因此，在 DP 大马路商业街建设和发展过程中，必须充分了解市场，通过合理确定其发展方向，构建完善的商业体系，引导土地使用综合化、中心功能多样化、注重规划的整体性，注重历史及人文环境的保护和营造，把 DP 大马路建设成现代化的商业街（见图 8-18～图 8-21）。

图 8-18　锦轩现代城

图 8-19　地铁口

图 8-20　沿街铺面

图 8-21　沿街路面

4. 专案部分调研发现和建议

通过对以上专案的研究，调研组提出以下几点重要的调研发现和建议：

（1）改造模式上，根据专案调研，结合 DP 大马路实际情况，建议在 DP 大马路改造中实行政府主导，半市场化的改造模式，有利于发挥政府和市场两方面的优势。

（2）运作方式上，采取“基础设施建设—前期经营—继续改造”的基本思路。政府提前将基础设施完善，减轻了资金压力，启动前期经营，从而使可交易物业收入增加，逐渐盘活土地资产，完成后续改造。

(3) 改造时机的选择上，建议尽早改造，以避免形成成熟的城中村，增加改造成本。

(4) 在DP大马路商业街的规划设计上，应立足长远，考虑其未来的交通承受能力，合理规划，避免出现交通堵塞和停车位不足的问题。此外，还要在设计上体现“以人为本”，打造舒适便利的现代商业街。

(5) 在商业街的定位方面，要结合DP大马路实际，在充分调研分析的基础上确立目标市场，寻求特色定位，同时，拓展商业街的功能，发挥DP大马路购物、观光和休闲娱乐的功能。

(6) 在吸引客流方面，建议在DP大马路两端引入大型的商场或饮食娱乐中心，发挥聚集效应和名牌效应，吸引周边的居民前来消费。

(7) 实行不同档次商业的有机结合。一方面，DP大马路周边住着不少收入较高、消费能力较强的居民，但是这部分人很少在大马路消费，而是转向棠下村及天河城一带；另一方面，在大马路消费的以街道内及周边中低收入者为主，由此形成了两大差异的消费群。因此，如何在商业规划上同时满足两者的需求是非常重要的，我们不妨通过内外街设置，形成不同档次商业的有机结合，同时注意规划设计的细节（如人流、车流的导向，建立公共绿化广场等），既保留两条街的相对独立性，又达到两者的和谐统一。

六、项目总体评价及综合定位

(一) 项目SWOT分析

1. 优势分析

(1) 政府支持，项目在资金和政策上得到保障

DP大马路商业街是H区“一轴两圈”商业布局规划中“东部亚运商圈”的一个重要组成部分。在“东部亚运商圈”的营造过程中，H区政府有意把“大马路商业街”打造成“H区的形象代表”。由此可见，H区政府对大马路南段改造工程给予了高度的重视。在这一有利条件下，大马路南段改造工程在资金和政策上将得到保障。

(2) 连通中山大道和黄埔大道，地理位置极为重要

中山大道、黄埔大道是广州东西向交通的两大主动脉，全线开通后的DP大马路将成为DP地区连通此两大动脉的纵向交通要道，届时经该路段往返于中山大道、黄埔大道的人流和车流（特别是人流）将会激增。这一特殊的地理位置，使大马路具备了成为商业街的一个与生俱来的优势。

1) 紧靠地铁五号线DP站

规划中的地铁五号线DP站，将设在如今的DP二马路南端入口处，距DP大马路南端入口仅200多米。地铁入口的存在将为大马路南段带来大量的人流，这对大马路商业街的成功运营有着积极的意义。

2) 地铁五号线在中山大道上不设站

西起珠江新城，东达黄埔，贯穿大半个广州的地铁五号线，在中山大道上不设站。这样一来将使得在珠江新城、黄埔工作而又居住在中山大道沿线（中山大道DP段）的地铁乘客，必须步行穿越DP大马路——上班时从北往南走，下班时从南往北走。由此形成的

这一股庞大的地铁客流，将成为促进大马路商业街走向繁荣的一大源动力。

3）周边存在大量的中档居住区

DP大马路周边聚集了城市假日园、DP广场、羊城花园、天力居、雅怡阁、金庭轩等大量的中档楼盘。由此可见，大马路周边存在着一定数量中等收入的潜在消费者。这一潜在顾客群将可能成为大马路商业街的一大稳定中端客源。

4）大型农贸市场的存在

DP大马路的周边分布着若干个大型农贸市场，这些农贸市场以其商品价格低廉、种类繁多等优势，引来了大量的购买者。这些农贸市场的辐射范围相当广，据了解，甚至是部分黄埔区的居民也有到此购物的习惯。大量农贸市场的存在使DP大马路形成了良好的聚集效应，为大马路商业街的早期繁荣奠定了坚实的基础。

5）周边存在大量工业区

DP大马路周边存在着粤安工业园、东湖工业区等许多大中型的工业区。在这些工业区内工作的务工人员和管理人员，把大马路商业街作为了首选的消费场所。工业人口的存在为大马路商业街带来了一股稳定客流。

6）邻近奥体，将可能在亚运中得益

广东奥林匹克体育中心（以下简称：奥体）是2010亚运会的主场馆。DP大马路商业街距奥体中心仅两公里路程，作为奥体附近最大的商业街，亚运期间必将成为国内外运动员、游客首先青睐的购物、休闲、娱乐场所。

7）已改造路段商业氛围浓厚

目前，DP大马路已改造段已聚集了DP购物中心、家圆时装百货、天河摩登城等大量成熟的商业城，商铺林立的步行街上人来人往……商业氛围相当浓厚。已改造段的繁荣，将为改造后的南段商业街带来丰富的人流量，而南段商业街的建成则将会进一步增强整条大马路商业街对消费者的吸引力。

8）存在大量公房，拆迁成本相对较低

目前的DP大马路待改造段存在着大量的公房。而公房的拆迁成本远远低于私房的拆迁成本。大量公房的存在将有助于降低大马路改造工程的成本，为项目的运作带来良好的效益。

9）建筑低矮、装修简陋、没有大型新建筑

建筑低矮、装修简陋、缺少大型新建筑这是DP大马路待改造段的一大特点。这一特点的存在将有助于减少拆迁补偿费用，降低本项目的营运成本。

2. 劣势分析

（1）被城中村包围，周边建筑缺乏美感

DP大马路待改造段处于城中村、工厂的包围之中。城中村内简陋低矮的建筑、铁皮盖顶的工厂极之缺乏美感，因此，改善建筑的外立面，改善周边的硬质环境将是大马路南段改造工程中的一大工作重点所在。

（2）路段中设有大量工业区入口

大马路待改造区段设有大量的工业区入口，出入工业区的货运车辆必须途经大马路商业街。这些货运车辆的频繁进出将会一定程度上破坏大马路商业街的营商氛围。为了避免工业区与商业区之间的相互干扰；有关部门应制定整改方案，将工业区的入口改设在周边其他道路上。

(3) 治安状况差

治安状况差，是DP大马路商业街的一大顽疾。在大马路上“偷、抢、打”等现象时有发生。据了解，“治安状况恶劣”是目前居住在大马路周边的高收入人士不愿意到当地消费的一个重要原因。因此，若想留住周边的中高收入人士，吸引其他地方的中高档消费者到此消费，就必须大力整顿大马路的治安，使其发生质的改变。

(4) 消费者构成具有双重性，商业定位难以一步到位

居住在周边大型中档居住区的居民，富裕的村民构成了大马路的中档消费群；在周边工业区内工作的民工，在城中村内租赁房屋的流动人口构成大马路的低档消费群。消费者构成的双重性使大马路待改造段的商业定位难以一步到位。是要全面面向中档消费者，还是要以低档消费者为主要服务对象，或是要将这两者有机结合，同时满足这两大消费群的需求——这是对大马路待改造段进行商业定位过程中必须首先考虑的一个问题。若选择了“同时满足两大消费群”这一商业定位模式，“如何处理不同档次商铺间的分布关系，如何让两大不同档次的消费群体和谐共处”将会成为规划者将要面对的第二大问题。

(5) 远离老城区

从荔湾、越秀等老城区乘坐公交车到DP大马路购物，最少需要90分钟，来回一次花在公交车上的往返时间将达180分钟之久（假如选择地铁，交通费用将会相对较高）。漫长的交通时间将会成为妨碍老城区居民到大马路购物的一大原因。因此，在确定大马路商圈的辐射范围时，规划者不应过分乐观地把荔湾、越秀、芳村等地的潜在消费者计算在内。

3. 机会分析

(1) 亚运的契机

DP大马路距广东奥林匹克体育中心（以下简称：奥体）仅2公里，奥体是2010年亚运会的主场馆。作为奥体附近最大的商业街，大马路商业街将面临得天独厚的发展机遇。届时来自国内外的运动员、游客将会在此附近高度聚集。体育用品、亚运吉祥物、具有中国本土特色的手工艺品将会大受欢迎。因此，有关当局必须好好把握这一不可多得的发展机遇，把大马南段商业街建设成为2010年亚运会的一个重要商业配套基地。

(2) 成为周边居民的购物、休闲娱乐中心

DP大马路周边存在大量的居住区、工业区。只要通过合理的规划，将可以把大马路商业街建设成这一庞大的居民、工人群体的购物、休闲娱乐中心。

(3) 成为黄埔产业工人、珠江新城白领的消费热土

黄埔区作为目前广州最重要的工业基地，它聚集了10多万名高薪产业工人；珠江新城是广州未来的CBD，是高薪白领高度聚集的地方。目前这两个地方的商业配套相对落后，在地铁五号线顺利开通的情况下，吸引这些地方的中高收入人士到大马路消费将成为可能。

(4)“东进”带来机遇

“东进、南拓、西联、北优”是广州城市发展的总体态势，广州城市中心正在向东、向南移动，这是近年来有目共睹的事实。随着城市中心的继续东移，DP大马路商业街的人流量将会不断增大，其商业价值也将日益上升。

（5）周边尚未形成大规模的商业中心

DP大马路商业街是目前DP地区唯一一个颇具规模的商业中心。周边大型商业中心的缺失，竞争对手的相对较少，为大马路商业街的招商引资和早期的繁荣创造有利了条件。

4. 威胁分析

（1）“黄村”可能会抢占亚运的商机

黄村隔广园快速路与“奥体”相对，两者的距离不足500米。同是作为2010年亚运的配套商业基地，相对DP大马路而言，黄村可谓占尽了地利。目前坐落在黄村，占地27万平方米，总投资60亿元人民币，由高盛企业集团开发的“花花世界购物中心”已经落成。花花世界购物中心是一家集购物、娱乐、休闲、餐饮于一身的大型购物中心。其中，“体育用品”将成为其重点打造的一大卖点。相信在这一大型购物中心的“模范”作用下，黄村地段的商业配套将会在这一两年内迅速兴起。面对占尽地利的黄村商圈，面对来势汹汹的花花世界购物中心，大马路南段商业街必须形成自身的特色，形成自身的魅力，不应在定位上与花花世界购物中心形成过多的重复。

（2）天河城商圈的阻挡作用

天河城商圈是广州规模最大，辐射范围最广的一个商圈。西起广州大道，东达华南快速干线的天河城商圈，以其强大的魅力牢牢地吸引了广州市民的注意。无疑，天河城商圈将成为大马路商圈向西拓展自身辐射范围的一大障碍。因此大马路待改造段商业街的商业定位，一方面要立足本土，设法留住当地巨大的消费群；另一方面则要形成鲜明的经营主题，走特色化道路，逐渐开创自身的地区品牌。

（3）来自“大沙地商圈”的挑战

黄埔作为广州的工业重区，其商业配套相对落后。然而，历经多年的发展也形成了以“大沙地路”为中心的大沙地商圈。客观地说，大沙地商圈既没有上下九、北京路、一德路那样鲜明的经营主题，也不具备天河城商圈那种强烈的聚集效应，但它却很好地满足了当地消费者的日常消费需求：产业工人的饮食、购物、娱乐等一般性消费都能在大沙地得到满足。“追求便利”成为工作繁忙的产业工人选择在大沙地消费的一大重要原因。因此，要想吸引黄埔产业工人到大马路购物，就必须使大马路商圈具备一些大沙地商圈所没有的一些明显优势，如：商品品牌的多样性，相对较低的价格……等。

（4）来自周边小商圈的挑战

近年来，分布在大马路周边的若干个小商圈，正逐渐兴起。好又多、易初莲花进驻棠下板块，百佳、家乐福进驻员村板块。以这些大型超市为中心的所形成的地方性小商圈牢牢地吸引了其周边的居民，大大地压缩了大马路商圈的辐射范围。因此，大马路商圈若想吸引这些地区的顾客前来购物就必须充分突显其规模优势，通过合理的商业布局，形成若干类商品的大卖场，充分体现其作为“大商圈”所特有的魅力！

5. SWOT矩阵分析　（见表8-27）

（1）SO组合分析

1）在政府的支持下，充分利用“邻近奥体”这一优势，借“亚运”的契机，把大马路建成亚运配套基地。

2）利用地理位置优越、紧靠地铁这一优势，抓住“珠江新城、黄埔商业配套相对落后”这一机遇，将大马路建设成珠江新城白领、黄埔产业工人的娱乐、休闲、购物中心。

项目 SWOT 矩阵 **表 8-27**

项目 SWOT 分析			
		内部资源	
		劣势（W）	优势（S）
外部条件	机遇（O）	SO 组合	WO 组合
	威胁（T）	ST 组合	WT 组合

3）发挥“周边存在大量工业区和中档住宅区”这一潜在优势，在城市“东扩”的大潮中，把大马路建设成周边工人和本地居民的生活配套基地。

4）利用“已改造段商业氛围浓厚”这一优势，紧紧把握“周边尚无大型商业中心”这一机遇，将大马路建成东部广州的商业中心。

（2）WO 组合分析

1）乘借“亚运”的契机，在把大马路建设成亚运配套基地的过程中，加大对道路规划、治安、卫生、绿化的投入力度，从根本上改变“待改造段道路规划不合理，治安卫生环境恶劣，缺乏绿化等客观现实。

2）把握“周边尚未形成大型商业中心”这一机遇，在城市东扩的过程在，把大马路建设成广州东部的商业中心，牢牢吸引华南快速干线以东的顾客，降低“远离老城区”这一不利条件对大马路商业的影响。

（3）ST 组合分析

1）把握紧靠地铁五号线这一优势，大力发展地铁经济，利用地铁带来的巨大人流，盘活大马路的商业，巩固大马路商圈的商业根基，以降低“黄村抢占亚运客流”对项目的冲击。

2）在政府的支持下，利用已改造段浓厚的商业氛围，把大马路建设成一个富有特色的大型商圈，以“特色”吸引“大沙地商圈”、“天河城商圈”的顾客，以“规模”应对周边小商圈的挑战。

3）利用邻近“奥体”的地理优势，乘借亚运的契机，冲破“天河城商圈对西部老城区居民的阻挡”，吸引老城区居民的注意，使他们开始认识大马路，形成到大马路上消费的习惯。

（4）WT 组合分析

1）面对来自黄村“花花世界购物中心”的挑战，考虑到大马路“远离老城区”、“被城中村包围”等弱点，大马路商业街可采用“分期开发，逐期招商”的方法来降低开发的风险。

2）面临来自棠下、员村等周边若干个小商圈的挑战，在目前大马路“消费者构成具有双重性，中档消费者与低档消费者约各占一半”的情况下，为了避免出现“因低档消费者的大量流失，使人流量锐减的现象”，在大马路待改造段，可设置部分低档商业专区，但必须与中档、中高档专区合理分隔，避免相互干扰。

（二）项目总体评价与综合定位

大量的调研和分析表明，DP 大马路开发整治项目的实施，能优化 H 区东部地区的商业结构，提升周边土地的商业及居住价值，改善东部 H 区的交通、卫生和治安环境，具有良好的经济效益和社会效益。但基于大马路自身的劣势，和来自各方的竞争，本项目也存在着一定的风险。综合各方因素，权衡利弊后，本课题组对 DP 大马路商业街作出如下定位：

以车陂、DP、黄村为立足点，辐射棠下、员村、黄埔等广州市东部地区；在定位上以中档商业为主，兼顾低档商业，为高档商业预留发展空间的，集购物、休闲娱乐、餐饮于一体的大型商业街。

以下是对本项目"服务范围"、"商业档次"和"社会职能"的界定：

◇ 服务半径的界定

"以车陂、DP、黄村为立足点，辐射棠下、员村、黄埔等广州市东部地区"是一个具有层次性的服务半径，为了适应服务半径的层次性，改造后大马路的商铺，一方面应包括满足周边居民日常生活所需的"内向型商业机构"，另一方面也应包括以特色商品、规模经营为武器，把其服务半径延伸至较远范围的"外向型商业"。

◇ 商业档次的界定

大量的调研数据和分析结果表明，改造后的 DP 大马路应当以中档商业为主。考虑到目前大马路周边存在数量相当的低档商品消费者这一现实，规划者可在路段中的适当部位保留小量有特色的低档商业，但必须将中档商业区与低档商业区合理分隔。随着广州城区的"东扩"和亚运会的举办，大马路的商业地位必将不断上升。因此，在大马路的改造过程中，应建设小量临建商铺，为日后高档商业在大马路上的生存和发展留下可供拆建的土地。

◇ 社会职能的界定

购物、休闲娱乐、餐饮是改造后大马路商业街的三大社会职能。就"购物"职能而言，为了吸引更广范围的人群到大马路上购物，大马路商业街必须形成 1～3 个鲜明的"购物主题"。就"休闲娱乐"职能而言，为了避免与天河摩登城定位上的重复，应把 KTV、美容美发、酒吧、茶座等作为新增休闲娱乐机构的经营重点。就"餐饮"职能而言，在大马路上发展餐饮业，只是配合购物和休闲娱乐事业发展的一种手段，"为在大马路上购物、娱乐的顾客提供一个方便、快捷的就餐途径"是其存在的主要意义，因此大型的酒店和食肆并不是本项目发展的重点，为适应顾客的需求和方便管理，规划者可考虑在路段中设计一个快餐及风味小食专区。

（三）项目前景展望

（1）随着 DP 大马路的修建完成，该地段的交通条件将会发生质的提升，以往存在的"交通瓶颈"问题将得到彻底的解决。中山大道与黄埔大道南北相通，该地段的路网将变得更加明晰，交通效率更高。还对缓解城市道路的交通压力，起着极为积极的作用。

（2）随着交通硬件设施条件的改善，必定会给该地段带来更多的人流，车流。以前该地段的人流主要为附近的居民，以及在附近工作的人群。道路的拉通后，会有更大的过往人流、车流的出现。于是对该路段的受关注度将得到极大地提高，该路段必将成为 H 区城市景观的新亮点。

（3）随着交通条件的改善，人流量的增大，人流构成的复合化，该地段商业辐射能力得到大大的提升。在已经相对成熟的为日常生活服务的商业基础上，可适当提升经营档次，扩大经营范围，可引导市场向娱乐，购物，餐饮，休闲等多元化方向的发展，以促进

H区新的商圈的形成，构成“一轴两圈”商业格局。

（4）市政、交通设施条件的提升必将使周边土地有效升值，倘若能将该路段周边土地进行有效地置换，从而整合土地资源，将会创造更大的社会价值。

（四）项目产品规划与建筑设计提示

1. 设计思路

（1）随着道路的拉通，交通流量的增大，该路段的受关注度将大大增强，这将对H区社会和经济的发展有着积极的影响。因此，就城市空间景观的角度而言，必须对该路段的形象提出更高的要求。一方面是硬件形象，即“脸面”工程。如何通过这条路的建设来提升城市视觉的美感是摆在我们面前的重要问题。另一方面，是软件形象。即体现城市建设的人文关怀。城市空间的营造，加强公共空间的市民参与性，为人与人之间创造更多的交流机会，以使之成为“和谐社会”的具体体现。我们建议采取以下几种方式对沿街立面实施优化。

（2）市政方面：做到“三线”落地；根据人流情况，每隔30米需射一个垃圾桶；在D节点附近设一个垃圾回收站；污水采取暗沟排放至城市污水管道；在人流集中场所附近设移动卫生间。

（3）交通方面：根据周边地区的实际情况科学设定城市支路的宽度及走向，避免交通瓶颈的产生。在D节点范围设置停车场，以满足停车需求。

（4）景观方面：改造范围的绿地率不小于30%，在适当节点处设置绿化广场，并设置休憩设施。设置景观小品，在设计上要尽量体现地域文化特征。

（5）建筑方面：为满足规划要求，沿道路边线退让12米为建筑红线，将道路边线至建筑红线的范围内所有建筑物和构筑物予以拆除；对道路沿线的建筑外立面实施修整，建筑墙面整体粉刷，建筑顶部可适当进行装修，以使沿街立面具备一定的连续性；在有待后续开发的用地临街部分，可适当修建单层临时性经营铺面，高度不宜大于4.5米，在实施修建时，应统一设计，统一施工，并与整个街道立面效果相协调。

2. 节点构想

按照规划路网的结构，我们将改造地段共划分出7个节点。分别用字母A、B、C、D、E、F、G在平面图上表示出来。针对每个节点的特点以及其与周围环境的关系，我们分别对各个节点进行了控制。

节点的控制总原则：强调地域文化特色、重视文脉、注重视觉美感、体现人文关怀。根据每个节点的特点，我们分别从节点所处位置、现状描述、设计建议等方面对每个节点进行控制。

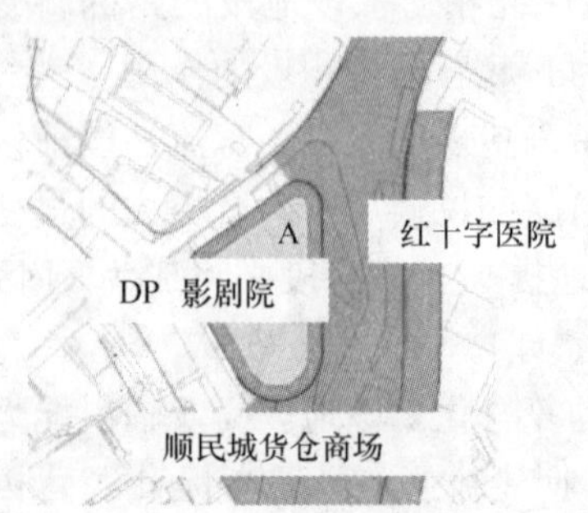

图8-22　节点A示意图

（1）节点A（图8-22）

所处位置：DP大马路北端。

现状描述：节点A实际上为DP大马路与其他两条城市支路所围合形成的区域。

周围有DP影剧院、红十字会、医院、顺民城货仓商场等人流量都比较大的地方。

设计建议：建议节点A改造成一个市民休闲广场，并结合城市道路，适当布置一些商业点。广场以休闲娱乐为主。

示意说明：沿街是商业部分，中间为广场，广场部分可修建地下通道，与马路对面衔接。同时广场地下部分，也可考虑设置地下商铺，增加土地利用价值（见图 8-23、图 8-24）。

图 8-23　沿街商业

图 8-24　广场

（2）节点 B（图 8-25）

所处位置：DP 大马路与 DP 二马路交汇处。

现状描述：节点 B 所处位置现为市化工机械五金矿产进出口公司 DP 仓库，DP 大马路改造后将横穿此仓库。因此节点 B 实为一仓储用地改造。

设计建议：节点 B 的占地面积不大，且直接与改造道路相邻。建议作成一街头绿地，并且适当结合城市家具和城市广告，进一步提高土地的经济效益。

示意说明：不管是勒・柯布西耶，还是赖特，他们都认为城市不能缺乏敞地和绿化。我们在改造与整治的过程中，非常强调城市绿地空间的布置（见图 8-26、图 8-27）。

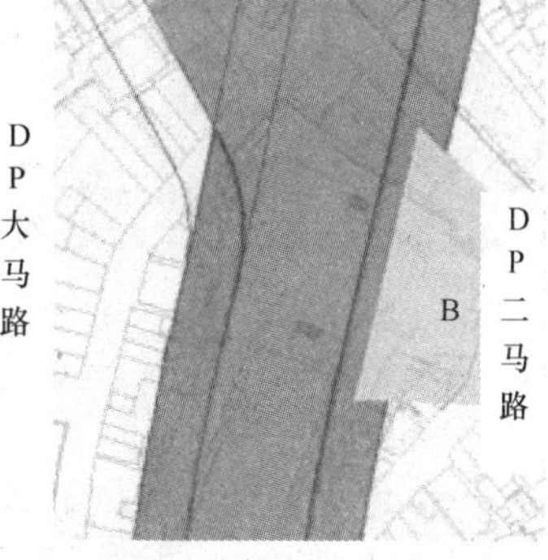

图 8-25　节点 B 示意图

（3）节点 C（图 8-28）

所处位置：现东围邮局旁。

现状描述：节点 C 所处位置现为东围邮局。改造后将位于 DP 二马路与另一城市支路交叉口处西南角。节点 C 附近主要以居民点为主。

图 8-26　景观结合绿化

图 8-27　植被绿化

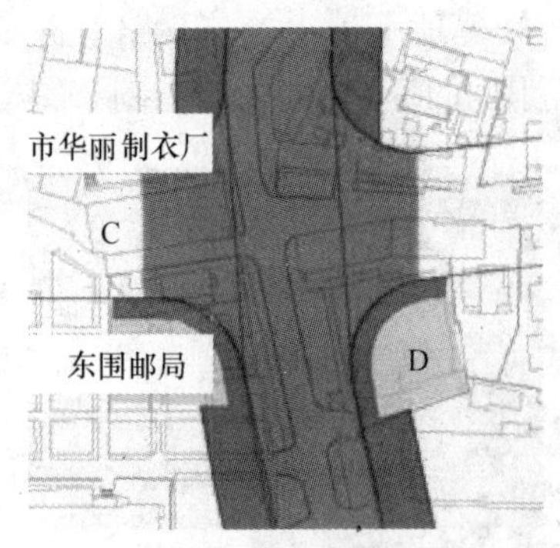

图 8-28　节点 C 示意图

设计建议：建议节点 C 改造为市民游乐场所，设置一些体育休闲娱乐设备，供市民游乐与使用。

示意说明：《雅典宪章》中指出城市四大功能是居住、工作、交通与休憩。我们将 C 节点改造为游乐场所，为的就是满足居民游憩的要求（见图 8-29、图 8-30）。

（4）节点 D（图 8-31）

所处位置：现丽城健康中心。

现状描述：节点 D 所处位置现为丽城健康中心。改造后将位于 DP 二马路与另一城市支路交叉口处东南角。节点 D 附近主要以居民点为主。

设计建议：节点 D 附近存在大量居住人群，且缺乏停车场，建议节点 D 改造为一社会停车场。

图 8-29　儿童游乐设施

图 8-30　全民健身

示意说明：交通也是《雅典宪章》中指出城市四大功能之一的要素。现代社会对停车要求也越来越高。根据现状我们将 D 节点改造为停车场，为的就是满足居民停车的要求（见图 8-32、图 8-33）。

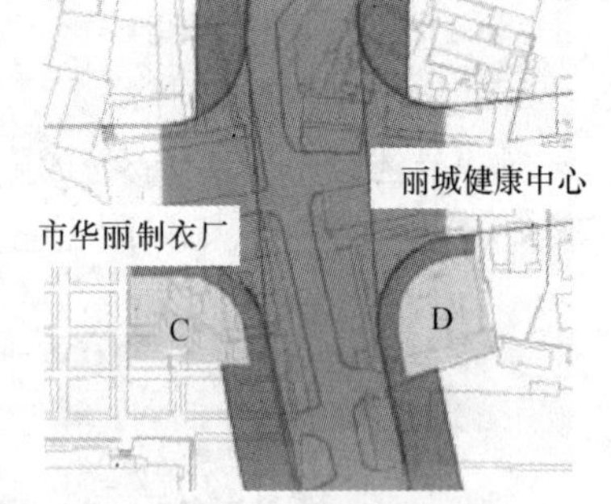

图 8-31　节点 D 示意图

（5）节点 E（图 8-34）

所处位置：DP 二马路与湖过街交汇处。

现状描述：节点 E 靠近 DP 东湖工业区，同时周围存在大量的居民点，是一个人口密集区。

设计建议：节点 E 附近居住人口密度大，缺乏一定的开敞空间。建议将节点 E 改造为一城市广场。

示意说明：广场我们不强调大，而是精致与舒适。我们需要的是一个人性化的广场，让更多的市民可以参与进来，而不是纯粹的景观广场，更不是一个形象工程（见图 8-35、图 8-36）。

（6）节点 F（图 8-37）

所处位置：DP 二马路与右路街处。

图 8-32　社会停车场

图 8-33　小区停车场

现状描述：节点 F 现为 DP 二马路部分段及沿道路两侧部分区域，靠近右路街，周围主要为一些小商铺及居民点。

设计建议：节点 F 在规划中，实际是由三条道路所围合，与 G 节点仅一路之隔，建议作成有鲜明经营主题的特色商业区。

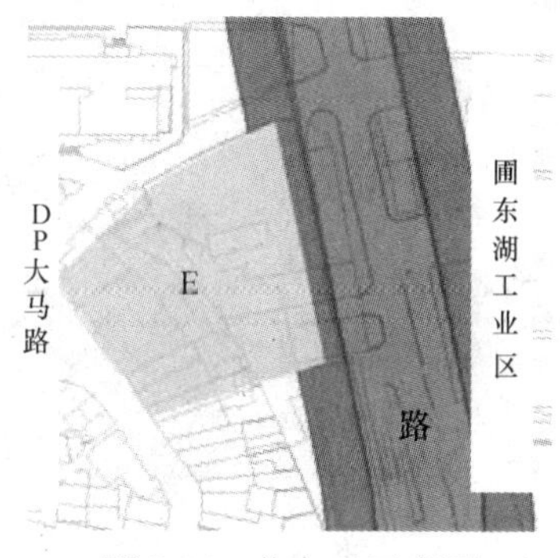

图 8-34　节点 E 示意图

示意说明：前期的调研发现，商业是大马路的重头戏，特别是特色商业。对特色街的打造，可以进一步提升大马路的人气，为后期的进一步的发展打好良好的商业基础。对商业街道的风格，我们可以结合地域文化，打造骑楼商业街道等（见图 8-38、图 8-39）。

图 8-35　广场园路

图 8-36　广场水体及构筑物

（7）节点 G（图 8-40）

所处位置：黄埔大道与改造路段交汇处（市天宝食品厂旁边）。

现状描述：节点 G 临近黄埔大道，周围主要以厂区为主，同时存在一定数量的居民点，但缺少商业配套。

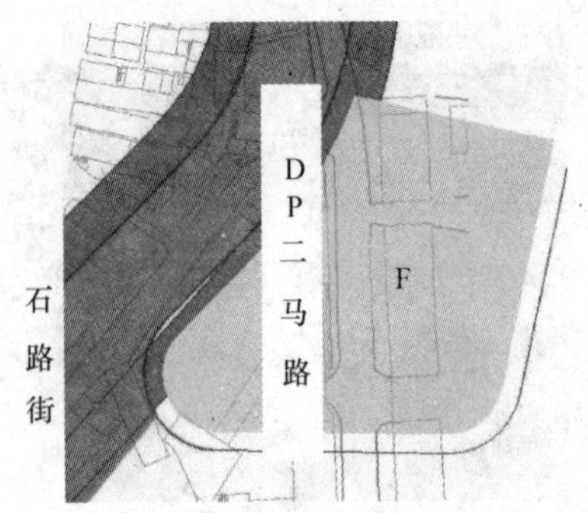

图 8-37　节点 F 示意图

设计建议：地铁五号线 DP 站出口靠近 G 节点，同时具备临近黄埔大道的交通优势，G 节点必然是一个人流的汇聚点。建议在此建造一座大型商业城，既能满足人们的购物需求，又能进一步促进整条大马路的商业氛围。

示意说明：对应 G 节点的区位的特殊性，我们设计将其设计为一个商业城。进一步增强大马路的购物氛围，为大马路聚集更多的人气。商业城可以为纯粹的购物中心，也可以结合商住高层来设计（图 8-41、图 8-42）。

图 8-38　骑楼商业街

图 8-39　特色民居风格商业街

7 个节点示意的平面图如图 8-43 所示。

3. 通过政府牵头，运用市场的手段，尽可能整合零散土地资源，以供后续开发可考虑开发成住宅或大型商业项目。也可针对该区的产业结构特点，开发成专业针对性较强的物流中心等，从而更大程度地实现土地的价值。

4. 由于该地段交通便利，且与的地下轨道交通相连，人流情况将会发生极大的改变，一方面是量的提升，通达的人次将会大大增加。人流即预示着商机，人流量的增大，暗示着可发掘的商业价值的大大提升。另一方面是通达人群组成由以往的相对单一的人流组成转变成复合型的人流构成。以往由于受到交通条件的种种限制，通过人群主要为附近的居民，商业大都以满足附近居民最基本的生活需要为主，辐射面相对狭窄。又由于该路段周边为老城区和城中村聚集区，其居住人群中存在大量外来务工人员。这些大都是中低收入人群。因此注定该路段周边商业的档次以中、低档为主。

图 8-40　节点 G 示意图

图 8-41　商住形式

图 8-42　独立的商业购物中心

当大马路拉通后，再借助地下轨道交通的网络辐射优势，有望引入大量复合型人流，从而扩大该路段周边地区的商业辐射面，并增强该区的商品购买力，使得该区的商业向着集约型，复合型的方向发展，从而形成 H 区的新商圈。

七、对项目开发和拆迁的相关建议

(一) 开发中面临的难题分析

由于大马路的情况，此时对其进行改造是必要和紧迫的。但改造仍然面临许多现实的问题。

1. 开发资金的筹集

当地街道曾在 1999 年计算过改造的拆迁费用大概需要一个亿的资金，他们当时觉得无法承担这笔费用，于是放弃改造。过了 6 年后，各种补偿标准都有了提高，所需要的费用肯定会增加，如何保证改造的资金是当前改造的关键。

2. 改造区段房屋的拆迁和居民的安置

此次改造主要涉及到旧城区和工厂仓库。以化工仓库周围为例，这里涉及的居民大约有 70 户。这些居民大都是老城镇的居民，他们大都是租公房住，本身的收入不多。如果在改造中漠视他们的利益，将会造成很大的阻力，他们也会因为失去住所而陷入困境，对他们的妥善安排是此次改造的一

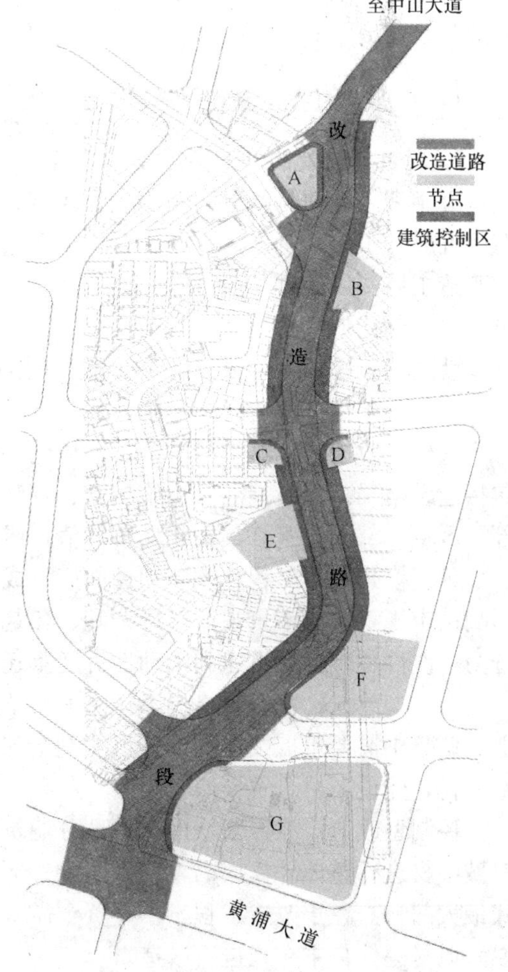

图 8-43　节点示意平面图

个难题。

3. 如何调动基层的积极性、 获得基层和居民的支持

在广州的一些改造得比较成功的城中村案例中，村集体发挥了很重要的作用。由于村集体熟悉当地的历史环境和村民的需求，能够提出比较切合当地的改造方案，从而获得更大的经济和社会效益，因此DP大马路的改造需要调动基层的支持，政府适当做出一些让利以调动他们的积极性。另外，获得需拆迁居民的支持也是很重要的。在以前的改造中，村民的阻力很大，一些地方甚至造成村和政府的对立。在大马路的调查中我们没有遇到这样的情况，但临近河涌改造需要拆迁的居民则对补偿标准不满，认为补贴的钱无法买回新的住房。

4. 如何吸引周围的高收入人群在当地消费

DP大马路附近不乏高收入人群，但许多中高收入人士除了在这里购买蔬菜等日常生活用品外，其他高档和文娱方面的消费都不在当地，而是在天河城、上下九等知名的商业中心。这种现象与当地的治安环境和交通条件较差、而且人员构成复杂、外来人员收入和素质偏低、周围与之竞争的商业场所多等因素有关。大马路北已改造区段的一些高档商场受到冷落，惨淡经营就说明了这一点。因此如何改善当地环境、吸引当地和附近高收入人群成为改造成败的关键。

（二）项目的开发模式与建议

1. 项目可借鉴的开发改造模式分析

近年来，城中村改造问题已成为政府和学术界关注的热点，很多学者先后对城中村改造问题展开了研究，提出了许多有积极意义的观点，研究城中村改造模式主要从改造形式和改造主体两方面进行。

（1）改造形式

就全国范围而言，虽然各城市城中村对城市的影响有大有小，各地改造思路有所差别，然而若单纯从改造形式着眼，大体可以归纳为重建、调整、控制三种形式。

重建型改造：从城中村的整体格局到单位建筑的全面改造。从旧村向新城的整体转变包括建设格局、建设标准、设施配套、景观建设等全方位的变革，但也可能或有必要保留部分区域、部分建筑（具文化保留价值，或质量好且对格局无妨碍者）。

重建模式改造工程量大、动迁面广、成本高昂，一般适用于处于城市重要地段，严重影响城市规划和城市景观、布局杂乱、建筑密度大的城中村。就具体的改造方式而言，可分为一次性整体拆迁重建和滚动性拆迁重建。

调整型改造：在整体格局不作重大调整的情况下，对局部区域、关键要素进行重点改造，调整中需要重点改造的部分可能是全部重新建设的。其原则可总结为：控制旧村，改造旧村，建设新村，置换旧村。

控制型改造：在保留城中村大部分建筑的基础上对违章建筑进行改造，控制新建筑，对城中村进行整体外立面的整饰（改善外部景观）和内部的适当梳理。控制型改造是其形式最大的特点在于改造工程量小，资金需求不大。因而只要政府给予适当支持，基本上可以采取村集体自主方式进行改造。

（2）改造主体的分析

城中村改造虽然需要多方参与，但必须有一个牵头者和协调者，即改造主体。在城中村改造中发挥作用最大的政府、村集体（包括村民）、开发商都可以成为改造主体。

政府主导型：改造方式中的改造主体为政府有关部门，如“城中村改造领导小组”或其他主要负责城中村改造的部门等，是一种自上而下型的改造思路。

开发商主导型：改造方式是指在城中村改造过程中将开发商定为改造主体，将城中村土地招标拍卖后由开发商进行改造。

村集体主导型：开发方式是指以村集体为改造主体进行筹资改造，村民共同对改造行为决策、负责。与政府主导型相对，是一种自下而上的改造思路。该模式在广州、珠海等市有一定的应用推广，如珠海市丹鹿村、广州市海珠区石溪村等。

（3）成功和创新的改造模式

不论位于哪个城市，处于什么样的具体状况，每个城中村普遍呈现的与城市发展不和谐的音符都需要由这样或那样的改造方式来解决。只要涉及改造，就必须需要确定改造主体，而对于任何一个改造主导者，都必须根据各村的具体情况最终确定一种改造形式。也即说，改造工作无论如何都必须选择一种形式与改造主体的组合。

理论上说，上述三种改造主体和三种改造形式可以任意两两搭配，出现9种不同的“改造主体＋改造形式”组合。但实际工作中，改造难度最大的就是重建型城中村，因而这种改造的解决办法是最受各城市关注的重点。下面是一些先进的改造模式和理论：

1）村股份公司与土地开发公司共同组建城中村改造开发公司，可通过相互控股、共同经营的形式完成改造前期工程。城中村改造完毕，该公司自行解散；拆迁安置、土地平整、回迁返建等改造前期工程均由城中村改造开发公司完成；在前期工程完成后按熟地通过对外招标的形式出让，由发展商完成后期的商品房建设。整个过程发展商仅需直接面对政府。深圳特区城中村改造就有采用这种模式。

2）政府引导型：城中村改造是一项艰巨而复杂的系统工程。需要政府的重视，正确的决策推动和合理的政策引导。但政府有必须明确自身的职能定位。如果政府过多的插手干预、涉足具体的市场操作，不仅容易导致不公平竞争，市场的活力与效率被压制，而且容易造成巨大的财政风险。政府主要通过制定政策等方式来积极参与城中村改造，不仅可以指明改造的方向，还可以增强改造的动力与营造良好的市场运作环境。此模式的核心是在政府兼顾村民利益和开发商效率基础上，村民、开发商参与协调并制定城中村改造规划，有政府职能部门监督执行，并规范和监督村民和开发商的行为。

3）PPP模式：PPP（Public-Private Partnerships）即公共部门与私人企业的合作模式，是以参与方“双赢”或“多赢”为理念的新型的融资模式。PPP模式在西方国家大受欢迎。这是由于社会环境发生了深刻的变化，使得政府必须相应改革以适应这种变化，如转换职能、变换角色、地位和组织结构等。近几年来，PPP融资模式越来越受到各国的关注，随着PPP模式的不断发展，人们对PPP模式的理解已经不局限于一种单纯的融资模式，而且将它视为一种公共管理乃至经济管理的一般性范式，将其用于解释各种经济现象的理论研究模式中。以政府作为主导方，可以积极的制定激励政策引导私人机构的进入，一方面可以缓和政府的财政压力，另一方面从公共管理的角度看，私人机构的高效率带入到公共部门，有利于提高政府公共部门的绩效水平。政府部门应积极投入事前质量和事后运营的监管。同时政府必须有良好的资质管理和投标体系。其次，政府部门在转交建设项目于私人后，不能万事大吉，撒手不管了，其实项目的运营成功很大程度上有赖于政府的监管，防止在运营中出现不符合规定的操作。所以，政府的事后监管显得尤为重要。

4）政府赎买模式：一般指基于城市建设的需要，政府按市场估价或双方协商一致的价格将村民所属集体土地及物业全部或部分赎买，村民在拿到足额补偿后，自行或由政府协助统一进行异地安置。其后，由政府或政府委托的开发商对腾空的旧村进行拆除，并按照城市建设的标准和项目用地的要求进行开发建设。这是一种典型的异地改造模式，这种模式通常难于获得村民的认同，政府大多是在万不得已的情况下才采用这一模式。

2）集体经济主导的企业化模式：企业化模式主要是将村集体经济的股份制完善工作与城中村改造结合起来。其基本要点是：在完善股权设置和股份分配的基础上，由村集体统一改造，村民以其“宅基地”及其住房（合法补偿面积部分）作价入股，在集体经济股本中增加相应股份，享有相应的股份分配权，其出租收益逐年集体分红；然后，在自行妥善安置村民的基础上，由集体经济组织牵头逐步对城中村进行重新的统一规划建设，从而实现村民居住环境的改善和集体经济的可持续发展。这是一种具有创新意味的就地改造模式。这种模式主要适用于村改制较为超前、集体经济股份制较为完善、村的经济实力较为雄厚、对经济手段和商业运作较为娴熟的城中村。

6）市场化的房地产开发模式：利用城中村剩余空地较多的优势，以土地资本为杠杆，将空地转为商住性质用地并与宅基地一起进行联片统一开发，在对旧村物业逐步拆迁补偿的基础上建设公寓式新村。在开发建设完成后，将一部分住宅物业按一定比例分配给村民（按成本价购买），而另一部分物业则全部对外销售，以回收投资。回笼的资金一部分用于支付旧村拆迁补偿，一部分用于支付新村建设成本，剩余部分则作为投资者的必要利润。考虑到启动资金的规模和村民在改造中需要另行安置的问题，整个操作过程也可以采取分期滚动开发的方式。也是一种就地改造的模式，不过是建立在充分运用土地资本和市场手段的基础上。这种模式的实施主体既可以是村集体，但更有可能是富有经验的开发商，但一般是村集体和开发商之间的联合。

7）半市场化的社区型改造模式：这是广州市政府目前所提倡的改造的基本精神和主导模式。其主要是以村集体企业为改造单位自行组织改造，一般利用村的空地作为周转启动地块，建设公寓式新村，迁入一部分村民（主要以建安成本价分配）。然后，对迁出后腾空的部分旧村实施拆迁、补偿，并依据修建性详规进行公寓式住宅复建，建好后再用于安置旧村内其他区域的村民。如此循环，逐步对整个旧村进行滚动式开发，迁出一片，建设一片，安置一片，直到旧村置换改造完毕，并将村民全部回迁至新建设的公寓式住宅当中。从以上描述可以看出：这是一种典型的就地改造的模式。从经验看，这种模式主要适于有一定复建用地、村的规模较大、村的生活居住用地与经济发展用地相混杂、村的商业资源禀赋较好、村及所在区街财力较雄厚的城中村。此外，村民的观念意识须以改善居住环境为导向，而非过于强烈的谋利动机。目前，广州首批参与改造的 7 个试点村以及 H 区主要采取这种模式。

（4）改造模式总结

在改造的时候政府、村民、集体经济组织要加强沟通，尽量做到改造过程公开透明。改造应遵循以下的基本原则：

1）村民的利益一定要保障好

2）政府要给予政策支持和优惠

3）改造主体一定要明确

4）土地的产权要弄清楚

5）资金的筹措可以多方面的。"谁收益，谁投资"。

总之，不管采用什么改造的模式，都要以人为本，实现城市、社会和村民的和谐发展。追求各相关利益主体的均衡利益最大化。

2. 对本项目开发模式的建议

（1）由DP大马路的实际情况分析应该由政府担任开发主体

由于改造区段主要涉及房管局的公房和原来企业自建住房、还有一些街道和村的物业，居民的物业所占的比例不大。改造主要牵涉到不同部门的利益，需要有一个强有力的协调者来协调各个方面的利益。改造区段的房屋居民大多是原老城镇的居民和外来人员，他们属于中低收入人群，其所租公房的租金在较低水平，在改造时应该对这部分人的切身利益给予关注。项目的改造要能够充分考虑全社会的综合效益，能够保护弱势群体的利益。由于开发商很难协调各个部门的利益，也不能充分考虑到社会的综合利益，而且广州城中村改造将坚持"绝不允许房地产开发商插手"的原则，在这个项目中开发商并不合适充当开发主体；另外，由于车陂村在2001年实现了"村改居"，改造将涉及两个社区和房管站的公房，村集体也无法承担改造的重任。

（2）选择滚动式拆迁重建开发模式

大马路开通的主要目的是使当地形成新的商业中心，使H区"一轴两圈"的产业分布格局更加明朗。在开发中首先要考虑的是如何吸引当地以及周围的中高层消费人群，这是巨大的消费潜力，挖掘这些潜力，使他们的日常消费和文化、休闲、娱乐消费都在当地进行，这样就能保证改造是成功的。接下来利用已经产生的集聚效应，吸引更多的消费人群，扩大辐射面，进而形成广州东部的一个商业中心。若要吸引当地高收入消费人群，首先要改善当地自然、交通、治安、人文环境，提高消费品位。但也不能忽视当地农民和大量的外来人员，这是当前DP大马路的主要消费群体，他们对改造后聚集人气也有很大的作用。

根据以上分析的特点，课题组建议采取滚动式拆迁重建方式，在前期改造时应该以政府为主体，投资开通道路并完善相应的基础设施，在改造启动后，引进民间资本，两侧地块由民间资本开发。这样一方面可以保证改造获得的经济和社会效益达到最大，另外可利用道路两旁土地的升值，使城市的土地收益和税收增加，从而获得更为充足的改造资金，从而解决资金困难的问题。

（3）项目开发的具体实施过程

在操作中，首先把大马路和二马路开通，把道路50米范围内所有的房子拆迁完毕，同时完善相应的管道网线和配套设施。做好道路两旁的绿化和人行道，使环境得到巨大的改观。其次，在改造后的区段增加公交路线，进一步沟通中山大道和黄埔大道之间的联系，把人气带旺。在改造区段周围建立公共停车场，改变现在汽车胡乱停放、人车争道的现象。待人流量迅速增多，环境得到改善，将初步实现集聚效应。再次，引进大型商业设施，提高当地的商业品位和商业气氛，形成聚集优势，尽可能吸引附近的客流。最后，待道路两旁的土地大幅度升值后，政府再引入民间资本对道路50米范围外的地块进行改造。这样，区域土地收益和税收将得到大幅度的增加，土地得到充分利用，带动了当地经济的发展，政府也达到了改造的目的。

（二）项目的拆迁情况分析及建议

1. DP项目拆迁情况的具体分析

DP大马路的开通，有一定数量的房屋需要拆迁，房屋被拆迁的居民需要被安置。需要被拆迁的房屋产权的权属多样，既有属于国土房管局的，也有车陂街的，还有部分是企业或者是私人所有的。

产权属于国土房管局的房屋，大多是不高于2层的瓦房，当地的老居民大多向相关部门租用这些公房。还有少量的私人房屋，除了私人企业建起铺位出租外，大多是用于居住或者用于出租。针对不同的情况，在拆迁补偿和安置方面，《城市房屋拆迁管理条例》都做了相关的规定。

（1）对房屋产权人的拆迁补偿

对于产权属于国土房管局的房屋，除了产权问题要与相关部门协商外，另外还需要注意拆迁方面以及对公房租用人的安置。应该符合《城市房屋拆迁管理条例》的第4条：拆迁人应当依照本条例的规定，对被拆迁人给予补偿、安置；被拆迁人应当在搬迁期限内完成搬迁。

因此，属于国土房管局的房屋，国土房管局是被拆迁人，是拆迁的补偿对象。但如果单位的自建房已房改给职工，职工作为房屋的所有权人，可以得到拆迁补偿。例如DP中学教师宿舍，就是直接补偿给房屋的所有者——DP中学的教师。

根据《城市房屋拆迁管理条例》第22条规定："拆迁人应当依照本条例规定，对被拆迁人给予补偿。拆除违章建筑和超过批准期限的临时建筑，不予补偿；拆除未超过批准期限的临时建筑，应当给予适当补偿"。

聚集在大马路周围的，仍有大部分临时建筑，对于临时建筑，在拆迁前，应先了解临时建筑的是否属于违章建筑与其批准期限，再根据此确定是否给予补偿。

（2）对房屋承租人的拆迁补偿

同时根据第27条的规定：拆迁租赁房屋，被拆迁人与房屋承租人解除租赁关系的，或者被拆迁人对房屋承租人进行安置的，拆迁人对被拆迁人给予补偿。

被拆迁人与房屋承租人对解除租赁关系达不成协议的，拆迁人应当对被拆迁人实行房屋产权调换。产权调换的房屋由原房屋承租人承租，被拆迁人应当与原房屋承租人重新订立房屋租赁合同。

在这样的情况下，政府一旦开始拆迁，只要是被拆迁人与房屋承租人对解除租赁关系达不成协议的，就要安置好房屋的（无论是公房还是私房）承租人。如果租住公房而面临拆迁的，承租人享有按房改政策购房的权利，如果购房，购房后以被拆迁人身份补偿安置；若不购房，也未与被拆迁人解除租赁关系，拆迁人应当实行产权调换，产权调换的房屋由承租人承租。

（3）过渡期间的安置

根据条例的第31条规定，拆迁人应当对被拆迁人或者房屋承租人支付搬迁补助费。

具体分为两种情况，一是在过渡期限内，被拆迁人或者房屋承租人自行安排住处的，拆迁人应当支付临时安置补助费；二是被拆迁人或者房屋承租人使用拆迁人提供的周转房的，拆迁人不支付临时安置补助费。因此，拆迁人可以根据实际情况，安置被拆迁人或者房屋承租人使用周转房，或者是支付临时安置补助费。

在拆迁安置方面，还应该注意的是周转房的要求，如第 28 条的规定：拆迁人应当提供符合国家质量安全标准的房屋，用于拆迁安置。

（4）拆迁期间造成停产、停业的补偿

根据《条例》第 33 条的规定，因拆迁非住宅房屋造成停产、停业的，拆迁人应当给予适当补偿。

以上说的都是产权明确的房屋，一旦房屋的产权不能确定，那么应该根据第 29 条实施：拆迁产权不明确的房屋，拆迁人应当提出补偿安置方案，报房屋拆迁管理部门审核同意后实施拆迁。拆迁前，拆迁人应当就被拆迁房屋的有关事项向公证机关办理证据保全。

2. 对项目拆迁过程中的相关建议

（1）按照实事求是的原则实行产权确认

产权确认是城中村改造的一项重要内容，改造区段涉及一些村民和集体建房，对于这些产权确认，广州市曾提出了村内房产确认的基本原则："尊重历史、实事求是，从权利主体、使用功能、建房时间上对村民建房和非村民建房、经批准建房和超标准建房、自用住宅和经营用房、历史建房和其他建房区别对待"。因此在改造前政府应该做详细的调查了解，摸清拆迁房屋的产权情况，根据相关规定做好拆迁补偿。

（2）做好拆迁过程中的沟通、协调工作，制定合理的补偿方案

由于拆迁会涉及房管所和一些居民、企业、村委的利益。因此拆迁过程的沟通、协调就显得尤为重要。在以前的一些恶性拆迁中，就是由于政府没有和村民沟通好，以致一些人为了个人的私利不惜损害被拆迁户的利益。这样容易造成群体性事件，已经引起了社会的广泛关注。因此政府在拆迁时要和被拆迁户进行交流、沟通，解释政府改造的意愿和改造的必要性。同时，了解他们的现实生活状况和补偿、安置意愿。根据现行法律法规和拆迁户的实际制定合理的补偿方案，然后再和他们协调后，在可容许的范围内进行修改，并保证补偿款能及时全额发放给被拆迁户，切实消除他们的疑虑。对一些不合理的要求进行解释和说服，让他们服从大局，不应该进行打压。

（3）做好拆迁户的安置

1）改造区段居民的安置愿望和安置方法概述

当前的安置方式主要有货币补偿、原地安置、按照房屋面积相应补给相同或超过原有面积住房。由于此次拆迁涉及的公房很多，人口密度比较大，而住在这里的居民大都是收入比较低的旧城镇居民和居住得比较久的外来人员。他们没有足够的收入去购买商品房，也没有足够的资金承租住宅小区的住房。此外，由于这里居民对当地熟悉，交际圈子都在当地，当地购买生活用品比较方便等，他们绝大多数人都希望能回到原地住，都希望能补回相应面积的住房。根据 DP 社区居委会的介绍，金庭轩小区就有一部分住房是用来出租给被拆迁公房的承租人，租金上浮不大，各种分摊费用不需要租户缴纳。建议政府改造大马路后在周围建一些专门针对这部分居民的廉租房，租金的上浮不应过大，要在居民能接受的范围内。在改造期间，政府要考虑这部分人的居住问题，按照一定比例补贴居民在这

段时间的房租。安置房屋的质量和安全性能的好坏，直接关系到被拆迁房屋使用人的切身利益，因此安置房屋必须符合国家质量安全标准。

2）法律对补偿和安置相关规定概述

对于拆迁的货币补偿，根据《城市房屋拆迁管理条例》第24条货币补偿标准确定的基本原则是等价有偿，采取的办法是根据被拆迁房屋的区位、用途、建筑面积等因素，以房地产市场评估的办法确定。拆迁安置的对象是房屋的使用者，使用人可能是房屋的所有权人，也可能是承租人等其他实际使用人。根据《城市房屋拆迁管理条例》第4、27条规定：拆迁安置一般通过拆迁人与被拆迁人以协议的方式进行，就安置的方式、地点、标准等达成协议，规定于拆迁协议中。安置有一次性安置和过渡性安置。

根据《城市房屋拆迁管理条例》第3条，被拆迁房屋使用人的安置地点，应当根据城市规划对建设地区的要求和建设工程的性质，按照有利于实施城市规划和城市旧区改建的原则确定。在DP大马路改造项目中，应该尽量保证原有居民的原地安置，以减少开发阻力、获得好的社会效益。

3）租用公房居民的拆迁安置方法

改造区段涉及许多租公房住的老城镇居民，按规定，如果房屋是出租的，承租人是得不到补偿的。因为使用人即承租人相对房屋出租人而言，是以支付租金而得到一定期限的房屋使用权。承租人取得的只是房屋的占有、使用权，而房屋的收益、处分权利仍然属于房屋使用权人。由于房屋拆迁也给承租人带来一定的损失和不便，根据《城市房屋拆迁管理条例》第4条规定，除了要给房屋的所有权人补偿外，还要兼顾对使用人的安置。房屋承租人的拆迁补偿，按上文提到的《城市房屋拆迁管理条例》第27条规定实行，即政府一旦开始拆迁，只要是被拆迁人与房屋承租人对解除租赁关系达不成协议的，就要安置好无论是公房还是私房的承租人。根据《中华人民共和国合同法》相关规定，如果租住公房而面临拆迁的，承租人享有按房改政策购房的权利，如果购房，购房后以被拆迁人身份补偿安置；若不购房，也未与被拆迁人解除租赁关系，拆迁人应当实行产权调换，产权调换的房屋由承租人承租。考虑到DP大马路区段居民的收入水平不高，应该根据产权的不同分别给予安置；同时，安置房的租金不应该上浮过大。

根据《城市房屋拆迁管理条例》第31条规定，拆迁人应当对被拆迁人或者房屋承租人支付搬迁补助费。具体分为两种情况，一是在过渡期限内，被拆迁人或者房屋承租人自行安排住处的，拆迁人应当支付临时安置补助费；二是被拆迁人或者房屋承租人使用拆迁人提供的周转房的，拆迁人不支付临时安置补助费。

因此，拆迁人可以根据实际情况，安置被拆迁人或者房屋承租人使用周转房，或者是支付临时安置补助费。

4）私人住房拆迁安置方法

在私房方面，除了解决产权问题外，其关于被拆迁人以及承租人方面的问题的解决思路与公房的相似。而对于非住宅的情况，也有其应当要注意的地方。根据《城市房屋拆迁管理条例》第33条的规定，因拆迁非住宅房屋造成停产、停业的，拆迁人应当给予适当补偿。二马路靠近中山大道这一区域的房屋产权属于白云一建，如今改成店铺出租，店铺主要经营电器维修、家具。若在大马路开通的过程中，因拆迁而影响其停产、停业，拆迁人应给予相应的补偿。

上面说的都是产权明确的房屋，一旦房屋的产权不能确定，那么应该根据《城市房屋拆迁管理条例》第 29 条实施：拆迁产权不明确的房屋，拆迁人应当提出补偿安置方案，报房屋拆迁管理部门审核同意后实施拆迁。拆迁前，拆迁人应当就被拆迁房屋的有关事项向公证机关办理证据保全。

拆迁中也会涉及城中村居民的房产，而这些房产会给他们带来许多收入，拆迁后会对他们的生活来源造成很大的影响。对这部分住房，可以把他们的住房按照面积和区位折价，然后作为股份交由一间物业公司集中管理，他们每年从公司收取一定的分红，也可以一次性按价值赔偿给业主，这些需要和业主协商解决。

（4）充分考虑拆迁居民的就业和社会保障

拆迁居民的就业和社会保障问题是当前征地拆迁面临的一大问题，DP 大马路拆迁主要涉及一些老城镇居民，他们的年龄偏大，收入水平偏低。对这部分居民的安置要考虑方便孩子上学，同时把一些低收入者纳入城镇社会保障体系，享受社会救助。对于年龄达到退休年龄的被拆迁户，应该让他们享有养老保险。项目开发涉及当地农民，政府应该积极为他们拓宽就业渠道，要使他们的生活水平不会因房屋拆迁而降低。

第九章

城中村改造项目的社会评价——以广州市城中村改造项目为例[1]

一、研究背景

"城中村"是我国快速城市化进程中所产生的一种特殊的现象，其形成是深刻的体制根源和现实的利益驱动所致。随着城市的发展，"城中村"日益成为城市化进程的瓶颈，城中村的改造势在必行。从根本上说，城中村改造是一项复杂的利益调整和重新分配的过程，在这个过程中，包括政府、村民、开发商、低收入租房者以及其他受改造影响的人群在内的各利益相关群体之间将发生诸多利益摩擦和矛盾冲突。如何构建起一个多方共赢的改造模式，从拆迁安置、文化传承与延续、改造后村民的生计与出路、改造资金的筹措以及低收入人群（尤其是外来低收入人群）的住房去向等角度，提出一个系统、综合的、具有指导与借鉴意义并具操作性的改造方法，使城中村改造的成果真正为最广大的人民群众所分享，是一个摆在我们面前的极具研究价值的课题，它对于更好地体现政府"以人为本"的执政理念与实现构建和谐社会的发展目标，具有重要的理论与现实意义。在此背景下，课题组开展了针对广州市城中村问题的专项调研。课题组历时近 5 个月，在前期相关研究的基础上，进行了大量的文献研究，同时选取了广州市内有代表性的 27 条城中村并以其中的 6 条村为重点进行了深入的实地调查，对村所在的区政府、街道、村委和村民及其他有关的政府职能部门管理者进行了 47 人次的深度访谈，另发放问卷 200 份，对村民进行了相应的问卷调查。在此基础上，课题组针对发现的问题，提出了一系列的解决思路，并就如何加快广州市的城中村改造，提出了相关的政策建议。

二、研究流程和研究方法

（一）研究流程概述

本次课题的研究流程如图 9-1 所示。

1　本项目评价参与人员还有：吴开泽、章勇、郑志辉、王桂秋、黄锦成、廖建珍、罗锦维、赖清华、肖莞璋、梁健如、阳婷、练春霞、杨志萍、黎树彬、黄宝茹、黄文忠、彭杰

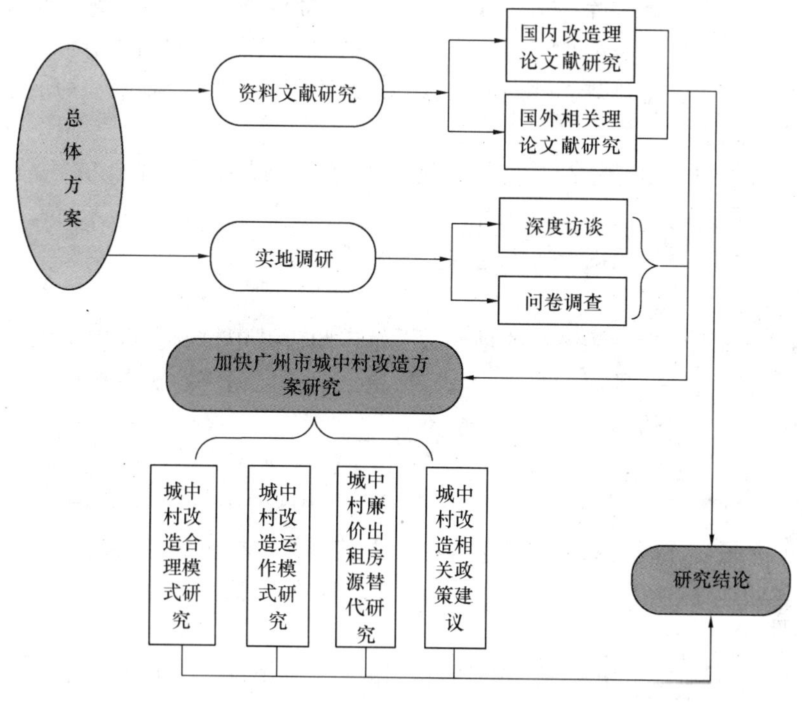

图 9-1　调研流程图

(二) 课题研究方法

1. 文献资料研究　(二手资料的收集)

自 2007 年 5 月起，课题组查阅了大量的国内外相关文献资料，在深入了解研究背景、明确研究目的以后，制定了本课题的研究大纲。二手资料不仅有助于了解国内外最新的相关研究成果，快速识别和界定研究目的和研究问题，也为以后的工作提供一定的参考依据；同时，通过对二手资料的分析，我们可以对一手资料的收集进行更加科学，更加有针对性的设计（主要用于确定深度访谈和调查问卷的调研对象、大纲和问题等）。在研究报告的撰写过程中，我们也利用了二手资料进行分析，并且利用分析结果与一手资料的研究结果进行对比，以回答部分研究问题，寻找解决问题的方法。

2. 实地调研　(一手资料的收集)

经过二手资料的初步收集与分析，课题组对研究大纲进行了一定的完善。同时，根据前期的研究分析，课题组决定结合定性研究中的深度访谈法和定量研究中的调查问卷法进行一手资料的收集，运用 EXCEL 和 SPSS 统计软件对调查问卷进行科学的统计分析，并且与深度访谈分析结果进行一定的交叉分析和对比分析。

(1) 深度访谈（定性分析）

1) 方法介绍

深度访谈是一种无结构的、直接的、个人的访问。在访问过程中，由掌握高级访谈技巧的调查员对调查对象进行面对面、一对一的深入访谈，用以揭示被访者对某一问题的潜在动机、信念、态度和感情，充分挖掘被访者的内心思绪。

深度访谈可分为三种方式：结构性访谈、非结构性访谈和半结构式访谈。其中“半结构式访谈”方式是依照研究者事先准备的访谈大纲，但可以不按照问题的顺序进行访问，而是根据受访者的回答，随时调整、延伸问题。这种方法兼具结构性访问和非结构性访问的特点，调查人员可以控制访谈过程，既能节省访谈时间，又可确保访谈质量，以获得详尽、深入的信息。

比较深度访谈的三种方式的特点，课题组认为“半结构式访谈”方式最适合本次调研。因此，本课题组的深度访谈均采用“半结构式访谈”，即先按照访谈大纲进行访谈，然后根据被访者的回答情况进行适当的调整、补充或者追问。

2）访谈目的

根据前期的调研分析，访谈目的是深入了解广州市城中村的现状和存在的问题，着重了解村民的改造愿望，并且探讨其中的深层次原因，研究相应的解决办法，为政府制定相关的住房政策提供一定的参考依据。

3）研究对象

本次调研共进行了47次的深度访谈，包括与城中村改造有关的政府机关人员，城中村所在的街道、村委和居委的工作人员，村民以及居住在村里的外来人员（具体情况详见表）。其目的是为了深入了解不同人群、组织对城中村改造的看法和愿望。

4）研究对象的分布情况

本次针对27条城中村进行实地调研，对市建委、规划局、村所在的3个区政府、4个街道办事处等有关政府职能部门的管理者、6个村的村委和村民等进行了47人次的深度访谈。另对4条村的村民发放问卷200份。

本次调研村落汇总（共27个村）　　**表 9-1**

村	调研次数	村	调研次数	村	调研次数
天河区猎德村	6	天河区龙洞村	2	天河区长湴村	3
天河区元岗村	3	天河区车陂村	3	天河区棠下村	2
番禺区北亭村	8	番禺区南亭村	2	越秀区西坑村	2
越秀区登峰村	3	越秀区杨箕村	2	越秀区寺右村	2
荔湾区花地村	1	白云区永泰村	4	黄埔区琶洲村	1
花都机场旁3个村	1	新机场旁迁至新华镇1个村	1	海珠区康乐村	1
花都区新华镇2个村		1次	从化市街口镇5个村		1次

本次重点调研的6个村落　　**表 9-2**

区	村	村民小组访谈	村民个人访谈	村委访谈	进村调研次数	是否进行问卷调查
天河区	猎德村	2	13		6	
	长湴村		6		3	
番禺区	北亭村	2	10	1	8	是
白云区	永泰村	1	1	1	4	是
越秀区	登峰村			1	3	是
	西坑村			1	2	是

注：本次访谈汇总表格中的数据表示有访谈记录的数量

（2）问卷调查（定量分析）

1）方法介绍

调查问卷，又称调查表，是调查者根据一定的调查目的和要求，按照一定的理论假设设计出来的，由一系列问题、调查项目、备选答案及说明所组成的，向被调查者收集资料的一种工具。其中，问卷设计和抽样方法是决定问卷调查法质量高低的一个重要问题。

根据本次调查问卷的实际情况，我们采用了代填式的调查问卷，即人员访问式问卷。该方法是由调查者按照事先设计好的调查问卷向被访者提问，同时对部分问题进行适当的解释，然后再由调查者根据被访者的口头回答如实填写问卷。人员访问式问卷能够使调查者和被访者进行交流，可以对部分不明白的问题和选项进行解释，便于设计一些便于深入讨论的问题，可以提高问卷的回收率、真实性和可信度。

2）作用与特点

问卷调查法主要是通过图表、数理模型、统计方法等将分析资料量化处理，从中进行描述性和因果性的分析，一般适用于有限的探测性研究，并且往往结合定性分析一起使用。调查问卷法需要的样本量比较大，花费的时间、资金、人员都比较多，但其分析结果往往比较真实、理性、客观和科学。

3）研究目的

通过二手资料和深度访谈的整理分析，我们发现在广州不同的城中村，其发展的阶段、村民对改造的意愿等存在很大的差别，为了系统、客观、真实、全面地了解广州市城中村的情况，探讨其产生这些差异的原因，寻找加快广州市城中村改造的办法，课题组对广州市城中村原住居民进行了问卷调查，以期为政府出台相关政策提供一定的参考依据。

4）研究对象

各城中村的原住居民（村民）。

5）问卷设计

为了更深入、更全面的了解广州市城中村的现实状况，我们针对深度访谈所了解到的情况设计了一份调查问卷，并分别与 2007 年 7 月 16 日、7 月 17 日对部分目标研究对象进行了试调。针对试调过程中遇到的实际情况和收集回来的统计信息，我们对问卷进行了修改和完善，最后形成本次调查问卷的定稿。

6）抽样方法

首先，我们采用分层抽样与判断抽样相结合的抽样方法进行初步的抽样。通过前期的资料收集与分析，我们初步选定广州市四个城中村作为我们的调查对象。通过区政府有关工作人员的引导与介绍，我们采用配额抽样和判断抽样的方法对其居民进行抽样调查。

7）问卷调查的实施和分析过程

2007 年 7 月 17 日～7 月 18 日课题组对番禺区北亭村村民进行了抽样调查。7 月 19 日～7 月 24 日，课题组在越秀区登峰村、西坑村有关工作人员的带领下，对当地居民进行了抽样调查；7 月 18 日～7 月 28 日，课题组还在白云区永泰村进行了抽样调查。

2007 年 8 月 9 日至 10 月，课题组对收集回来的问卷进行整理分析，主要包括问卷的编号、问卷的审核、无效问卷的筛选、缺失值的处理、问题的编码、运用 EXCEL 和 SPSS 统计分析软件进行统计分析、结合深度访谈分析结果进行对比分析和交叉分析等。本次调查一共发放调查问卷 200 份，回收 161 份，回收率为 80.5%，其中有效问卷 147 份，有效率达 91.3%。

8）局限性

由于时间、经费、人力等方面的限制，加上一般难以进入城中村进行深入的相关调研，较难获取大容量的有效样本，因此我们的样本容量有限，调查结果不一定能够完全代表广州市全体城中村村民的情况。另外，由于村民对自己的收入和住房面积等数据的填写可能偏低，不可避免地造成了一定的误差。但是，由于我们采用访问式的调查问卷，尽量与被访者进行面对面的沟通，访问过程得到了严格的控制。因此调研结果仍然具有可以接受的可靠性与有效性，完全可以作为相关决策的重要参考依据。

9）问卷调查的实施过程（见图 9-2）

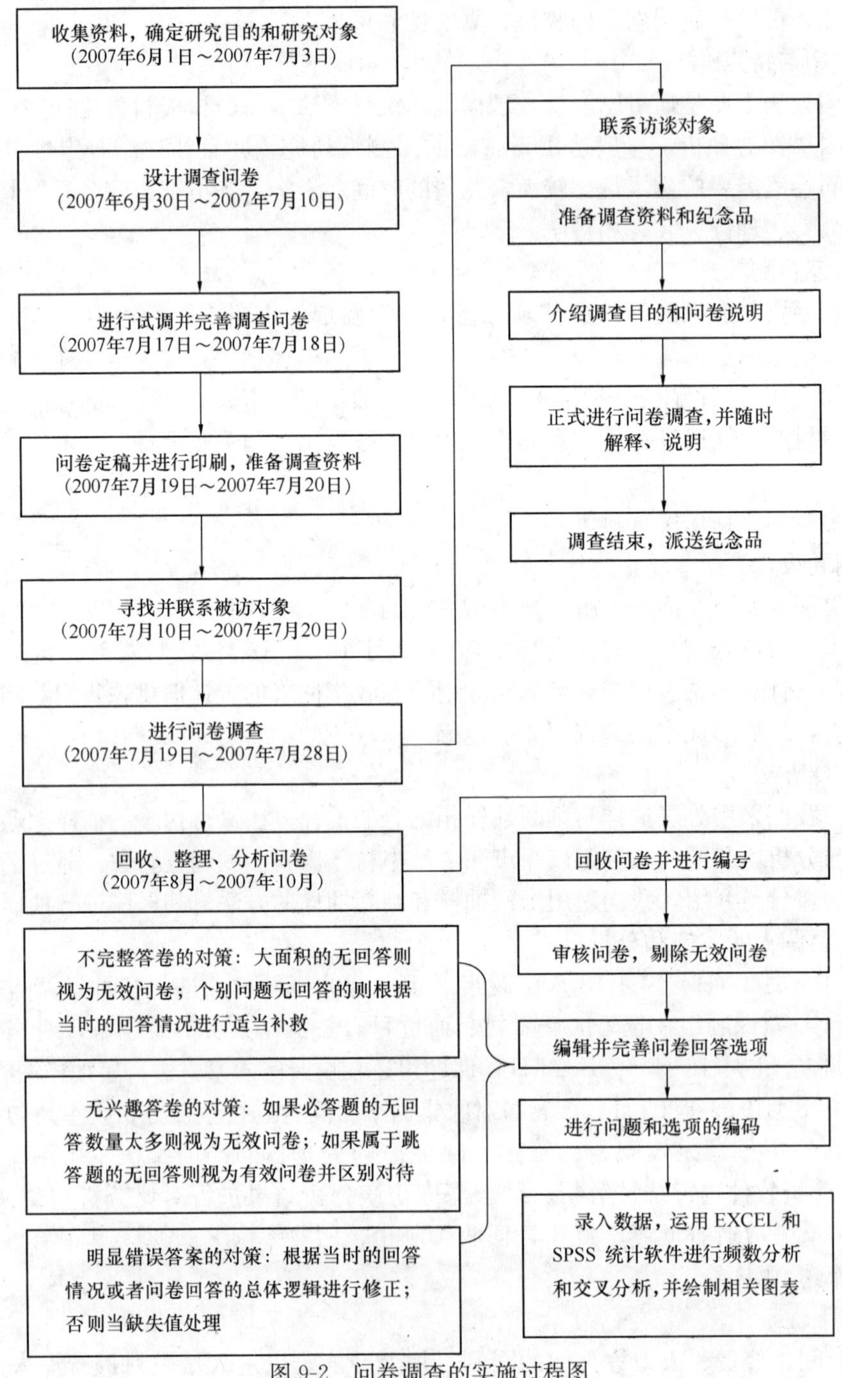

图 9-2　问卷调查的实施过程图

三、本次调研的主要发现

（一）深度访谈的主要发现

本次课题深度访谈的主要发现包括以下几个方面：

1. 不同类型的城中村，其改造意愿差别较大

村民的改造意愿与城中村的成熟度、村民对未来的预期、对政府以及对村委的信任度有关。一般说来，成熟度高、村民对村委的信任度高的城中村，村民改造的积极性也较高。一些处在繁华市区，已完全被城市包围的成熟的城中村，且居民搬迁到新的小区居住的，其改造愿望很强烈，希望政府把旧村改造，使得他们原有房屋的价值得到增值。一些处于成长型的城中村，包括村委和村民都对课题组的访谈抵触较大。这一方面是由于不想改造，另一方面也是担心讲错话被村委追究。通过访谈了解这类城中村村民大多拥有6层以上的住房，可获得丰厚的租金收益，担心改造损害他们的利益。一些快速城市化的城中村，出于对未来不确定性的担忧，害怕改造使他们失去最后一个生活的来源，因此对改造也很抵制，对村委和政府的信任度较低。

2. 猎德村的改造方案对成熟型城中村村民的影响很大

许多有改造意愿的城中村村民都表示如果自己村的补偿方案和猎德村一样，那就会支持改造。这也从一个侧面说明了树立一个成功的城中村改造典型的重要性。

3. 村委领导班子对一个村的发展起着重要的作用

调查中发现，如果村委有领导能力，又能为村民做实事，这个村的发展状况就比较好，也能得到村民的拥护。如果村委腐败或者内耗大，村集体的发展就乏力，也会造成村民和村委关系的紧张。同时村民普遍表示村委（或股份公司）的决策不够透明。

4. 城中村村民的文化生活普遍较贫乏

除了一些传统文化保留得比较好的村落（如天河长湴村）的文化活动开展得比较好外，大部分城中村村民的文化生活比较落后。

5. 城中村传统的村落文化面临断层

在城市文化和大量外来人员的冲击下，城中村传统的村落文化面临衰落，同时村民的角色又没有转变成现代城市市民，村民面临角色转变的阵痛。

6. 城中村村民的就业率普遍较低

由于有稳定的租金和分红收入，村民一般不愿意出去工作。同时，由于村民的劳动技能和文化水平不高，在职场竞争上处于劣势，城中村村民的就业率普遍较低。

7. 城中村的出租屋解决了大量低收入外来人员和年轻白领的居住问题

据不完全统计，广州市近340万外来人口中，有70%以上居住在城中村，课题组的本次调查也证实了大量外来人口居住在城中村的事实。若没有可替代的廉价出租房源，一旦市中心的城中村改造完毕，外来人员和年轻白领的居住问题可能成为一个严重的社会问题。

8. 村改居后，城市管理体制仍然没有渗透到城中村

村改居政策实施后，城中村的治安及社会管理事务多由村集体自行负责，城市管理体制仍然没有渗透进来。

9. 如果没有好的规划和控制，城市新发展区的城中村将不断产生

随着广州城市建设的发展，特别是新火车站、大学城、新机场等大建设项目的建设和番禺、南沙等区域的快速发展，广州市的城中村数量已经不是传统意义上的138条。如果没有很好的规划和控制，广州的城中村的数量仍可能继续增加。

（二）问卷调查的主要发现

1. 问卷调查情况概述

本次调查一共发放调查问卷200份，回收161份，回收率为80.5％，其中有效问卷147份，有效率达91.3％，见表9-3。

本次问卷调查情况 **表9-3**

各村问卷数量情况一览表

村　名	有效问卷份数	无效问卷份数	合　计
登峰村	73	4	77
北亭村	28	9	37
西坑村	30	1	31
永泰村	16	0	16
合　计	147	14	161

本次调查问卷设置了甄别题、必答题、跳答题、单选题、多选题等多种问题，其中正式问题共29道，基本上涵盖了城中村村民个人特征及感受、生活现状、改造意愿等多方面的内容。从下面的回答情况统计表可以看出，147位的被访者基本上能够完整回答我们设置的必答题（个人特征及感受、改造意愿），缺失较少，具有较大的代表性和较高的可信度。

2. 被调查者基本情况

从问卷反映的情况来看，本次受访者的年龄在41～50岁和51～60岁的人员比例较大，分别为32.7％和28.6％，其他年龄段的分布比较均匀。出现这种现象的原因，是由于问卷调查是随机的，这两个年龄段的村民在村里活动的几率多，而年轻村民在上班时间大都出去工作或者活动场所不在村里。家庭规模：被调查者的家庭规模多为4人和5人及以上，比例为40.4％和34.9％，占调查总数的75.3％，可见城中村的家庭人数较多，基本保留了“两夫妇＋两个子女”或者“三代同堂”的传统家庭格局。受教育程度：被调查者为小学和初中文化水平的分别是29.0％和36.6％，共占总数的65.6％，可见城中村村民的教育程度比较低。村民的就业情况：城中村村民的就业情况不容乐观，34％的人选择待岗、37％的人选择其他就业途径，而其他情况多是退休或者自谋职业；再就业单位中，选择村集体经济社的最多，达到11.6％。城中村村民就业不足的情况是本次调研中感受最深的现象之一，如何实现村民身份转变的充分就业，应该作为城中村改造成功与否的一个重要指标。

3. 被调查者居住环境满意度情况

（1）各村居民居住满意度情况

在各村的居住满意度状况调查中，登峰和西坑的满意度最低，满意度都低于25%；北亭村的满意度稍高，但仍低于40%；永泰村的满意度是唯一一个超过了50%的村落；这说明和成熟型的城中村相比，快速城市化的城中村和成长型的城中村在居住环境上还是有差别的（见图9-3）。

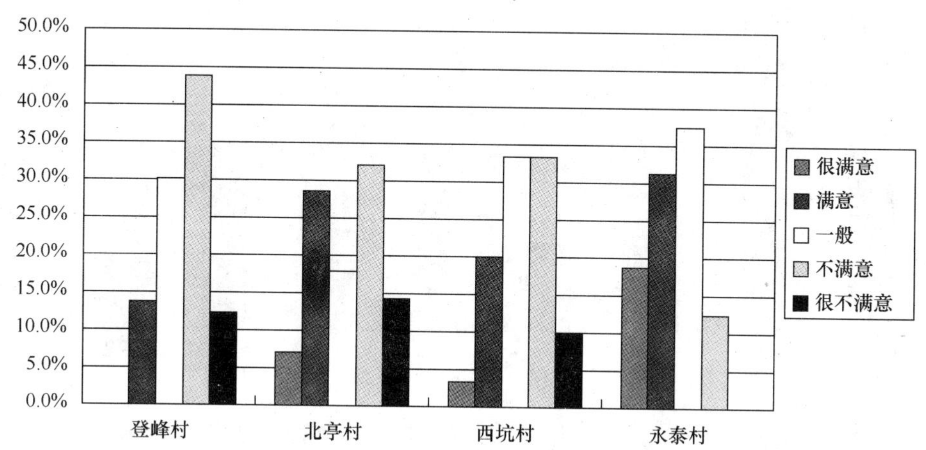

图9-3　各村居民居住满意度情况情况表

（2）对环境满意的村民对居住环境的评价

在选择对现住房及周边环境满意的村民中，认为交通方便、邻里和谐、居住条件好、环境卫生好、购物方便是让他们满意的原因。这和该村所在的地区有关，一般来说，城中村都处于交通比较便利的地方，购物比较方便，另外，也说明了村民对邻里和谐以及居住环境、环境卫生条件的重视（见图9-4）。

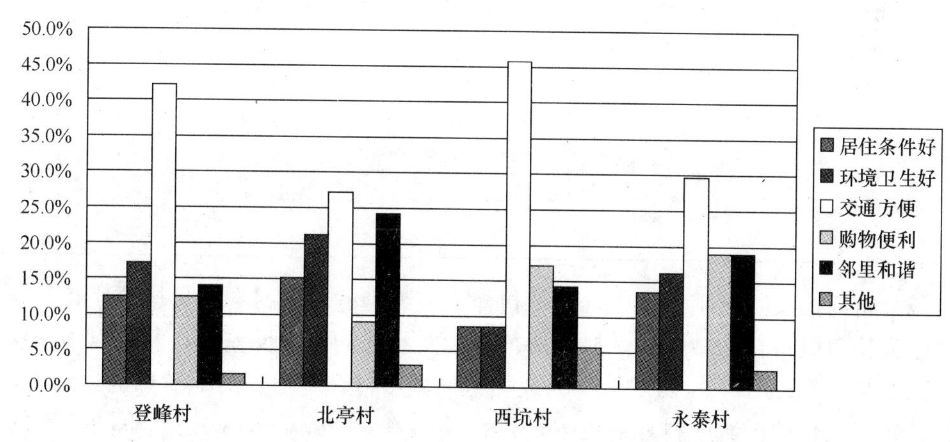

图9-4　对环境满意的村民对居住环境评价交叉分析图

（3）对环境不满意的村民不满的原因

从对现住房及周边环境不满意的理由来看，选择比例居于前5位的依次是环境卫生差63.0%、治安条件差46.5%、居住条件差22.8%、房屋的建筑密度高22.8%、缺乏文化娱乐设施18.9%（本题是多项任选题，答案可以同时为一项两项或三项）。可见，环境卫生差、治安条件差、居住条件差是城中村村民不满的最主要原因（见图9-5）。

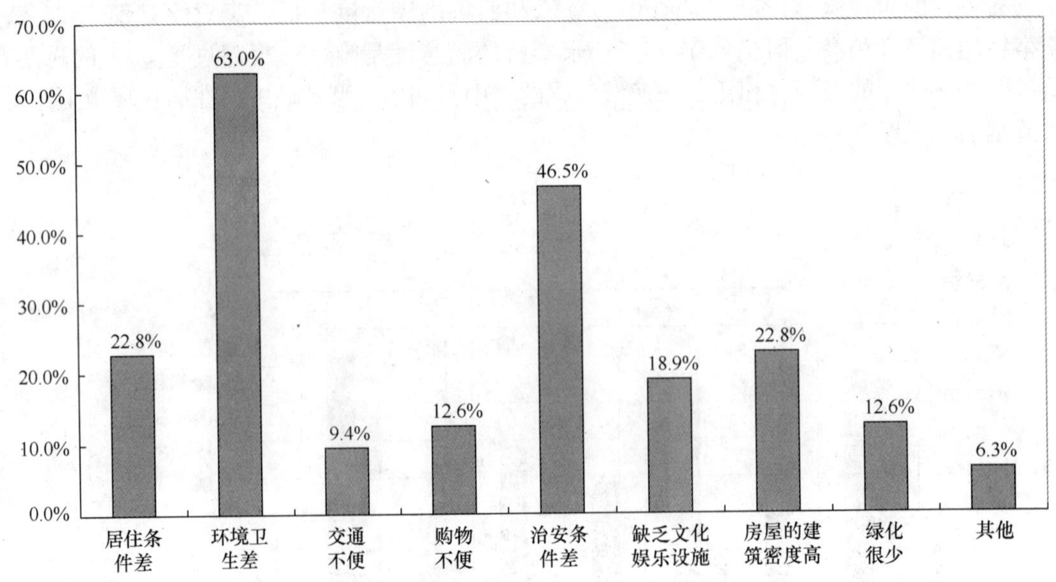

图 9-5　村民对环境不满意的原因图

4. 被调查者对治安状况的满意度

从村民对治安的满意度来看，村民对治安的满意度很低，其中不满意和非常不满意的比例高达 53.7%，非常满意和满意的比例不到 11%，基本满意 35.4%。可见广州城中村的治安状况已经到了十分堪忧的地步。解决城中村的治安问题，是城中村改造的一个重要目标，如何出台既治标又治本的根治措施是城中村改造的一个需要着重考虑的问题（见表 9-4）。

治安满意度表　　**表 9-4**

Q8. 治安是否满意		频　率	百分比	有效百分比	累积百分比
有效	非常满意	2	1.4	1.4	1.4
	满意	14	9.5	9.5	10.9
	基本满意	52	35.4	35.4	46.3
	不满意	69	46.9	46.9	93.2
	非常不满意	10	6.8	6.8	100.0
	合计	147	100.0	100.0	

在各个村的治安状况满意度中，登峰村作为成熟型的城中村、人员构成比较复杂，而北亭村作为快速城市化的城中村，村民对征地治安状况的前后反差大，两者对治安状况的表示不满的都在 50%以上；西坑村作为成熟型的城中村，对治安的不满意也达到了 45%；而永泰村属于成长型的城中村，对治安的不满意仅在 20%以下。这说明不同类型的城中村，其治安状况是有差别的（见图 9-6）。

5. 村民认为村里最需要改善的方面

从村里最需要改善那些方面的数据来看，环境卫生和治安整治的比例为 48.6%和 37.1%，两者之和高达 85.7%。可见对村民来说，城中村治安和环境的整治是最主要的。但村民也忽视了出租屋管理的重要性，这主要与出租屋给他们带来大量收入有关，他们不认为整治出租屋对他们的切身利益有利（见图 9-7）。

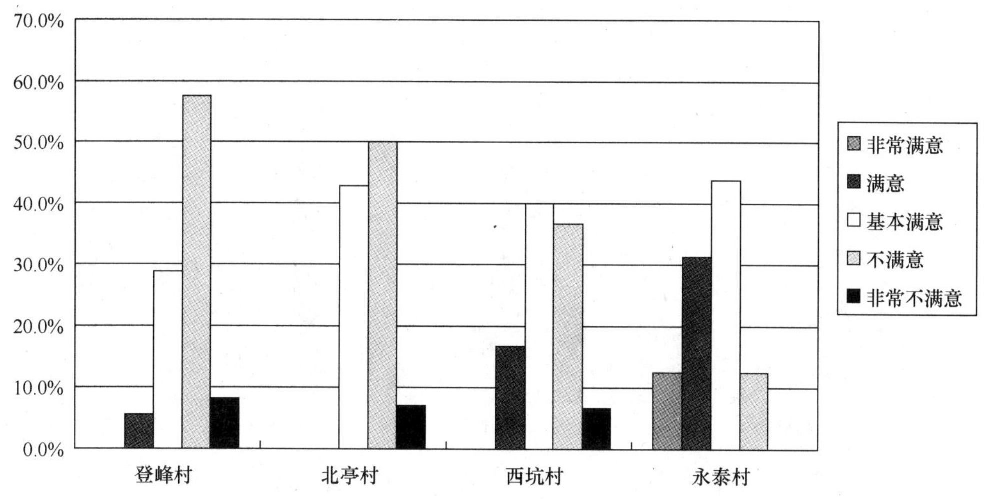

图 9-6　各村对治安环境满意度交叉分析图

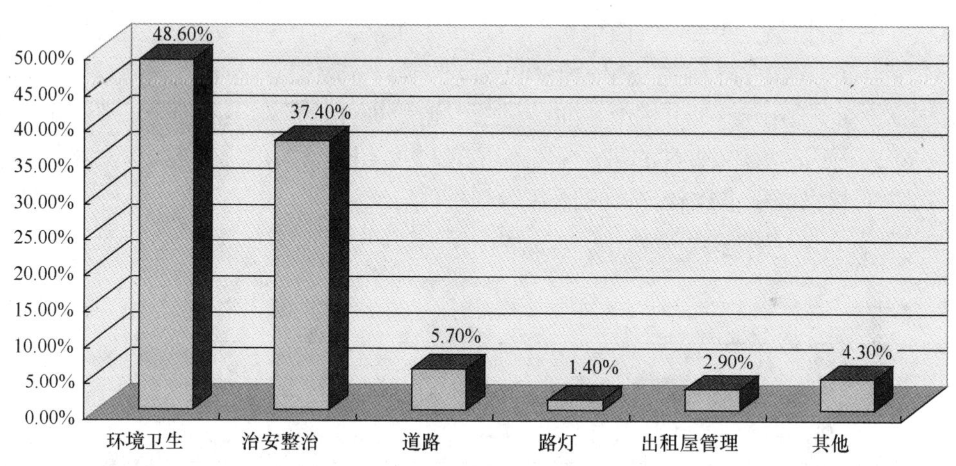

图 9-7　村民认为村里需要改善的方面示意图

6. 如果条件变后，村民是否会搬出现居住的村落

从如果条件允许时，村民是否会搬出现居住村落的统计数据看，一定会、可能会、不确定的比例依次为 32.4%、20.7%、9.7%，三者之和即总的潜在搬迁比例高达 62.8%。这个数据提出了一个隐忧，就是村民条件变好后会搬出现在居住的村落，若不对这种现象加以控制和引导，任这个态势发展下去，那么居住在村里的只剩下外来人口，城中村有可能成为“贫民窟”（见图 9-8）。

从开放式问卷的整理中了解到，村民选择搬迁出城中村的原因主要有：村里的环境卫生差、治安条件差、建筑密度高等。可见，对城中村的环境和治安进行清理整顿，改变目前建筑密度高、建筑布局紊乱的建筑形态，是防止城中村村民往外面迁徙的重要途径。而村民选择不搬出村子的理由大体有：城中村有他们世世代代的祖屋，他们在村里成长、生活，根还在村里，不舍得搬迁。此外，城中村交通便利也是他们愿意留在城中村的一个重要原因。

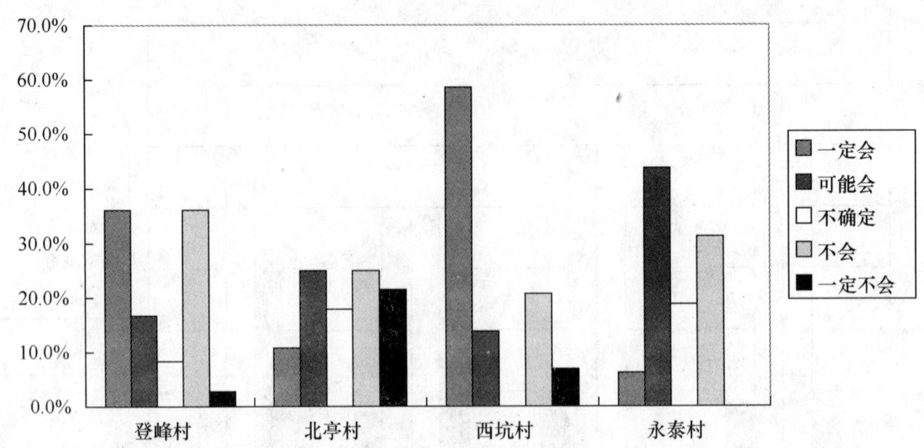

图 9-8　村民在条件允许时搬出城中村意愿示意图

7. 城中村村民改造意愿及影响因素

（1）各村村民改造意愿

从各个村的改造意愿来看，西坑村和登峰村“非常愿意改造”和“愿意改造”村民的比例都超过了 60%，登峰村更是超过了 90%；永泰村的改造意愿也比较高，但不确定的人还是占了一定的比例。四个村中，北亭村的改造积极性最低，表示愿意改造的村民只占了 27%左右，而表示不愿意和非常不愿意的村民超过了 36%，表示不确定的占了 36.4%，说明村民的疑虑比较多（见图 9-9）。

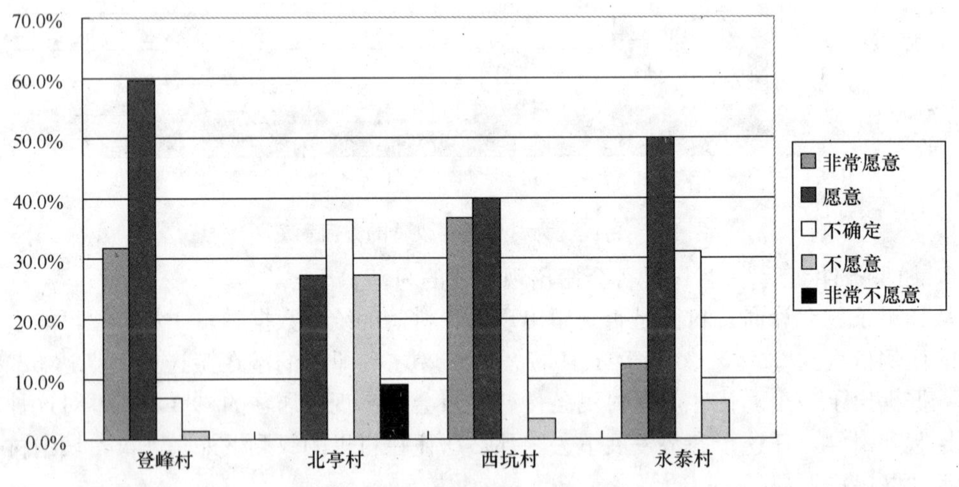

图 9-9　各村村民改造意愿对比图

（2）住房及周边环境满意度与改造意愿的交叉分析

从现住房及周边环境满意度与改造意愿的交叉分析表可以看出，随着对现住房及周边环境满意度的下降，愿意改造村民的比例在提高。当对现住房及周边环境感到很满意时，不愿意和非常不愿意改造的比例为 33.3%；当对现住房及周边环境感到不满意时，不愿意和非常不愿意改造的比例仅为 2.0%（见表 9-5）。

环境满意度与改造意愿交叉分析表　　表 9-5

			Q13. 是否愿意改造					Total
			非常愿意	愿意	不确定	不愿意	非常不愿意	
Q5. 现住房及周边环境满意度	很满意	Q5. 现住房及周边环境满意度		50.0%	16.7%	33.3%		100.0%
		Q13. 是否愿意改造		4.3%	4.2%	22.2%		4.3%
	满意	Q5. 现住房及周边环境满意度	7.1%	60.7%	21.4%	10.7%		100.0%
		Q13. 是否愿意改造	5.6%	24.6%	25.0%	33.3%		20.0%
	一般	Q5. 现住房及周边环境满意度	31.0%	40.5%	23.8%	4.8%		100.0%
		Q13. 是否愿意改造	36.1%	24.6%	41.7%	22.2%		30.0%
	不满意	Q5. 现住房及周边环境满意度	26.5%	57.1%	14.3%		2.0%	100.0%
		Q13. 是否愿意改造	36.1%	40.6%	29.2%		50.0%	35.0%
	很不满意	Q5. 现住房及周边环境满意度	53.3%	26.7%		13.3%	6.7%	100.0%
		Q13. 是否愿意改造	22.2%	5.8%		22.2%	50.0%	10.7%
合　计		Q5. 现住房及周边环境满意度	25.7%	49.3%	17.1%	6.4%	1.4%	100.0%
		Q13. 是否愿意改造	100.0%	100.0%	100.0%	100.0%	100.0%	100.0%

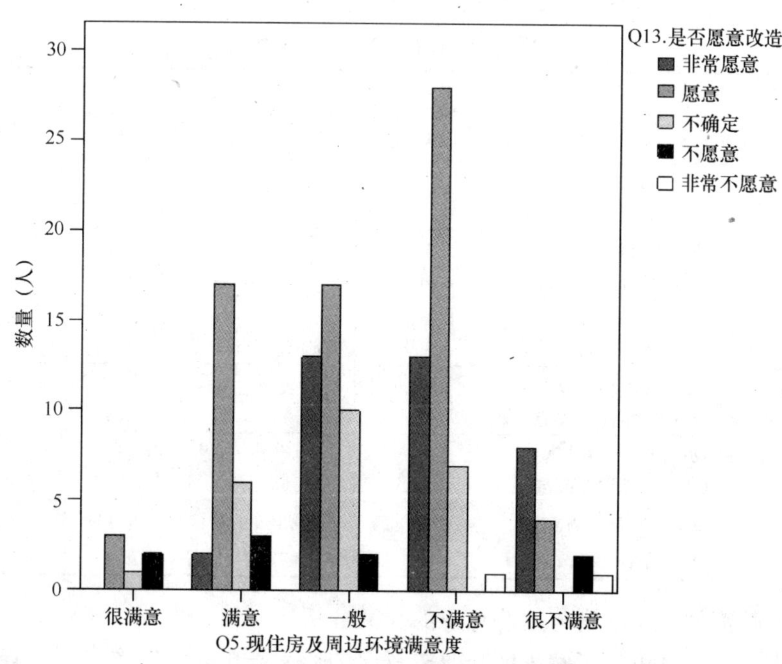

图 9-10　环境满意度与改造意愿交叉分析表

（3）治安的满意度与改造意愿的交叉分析

从治安的满意度与改造意愿的交叉分析表可以看出，随着对治安满意度的下降，想改造的意愿程度也在提高。如当对治安感到非常满意时，非常愿意改造的比例为 0%；当对治安感到非常不满意时，非常愿意改造的比例提高为 60%。

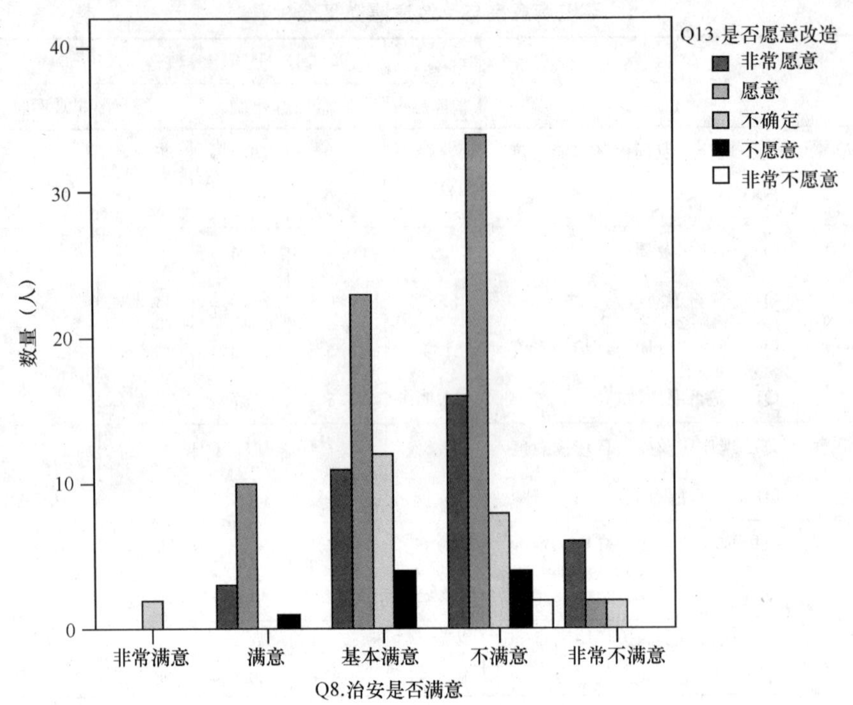

图 9-11　治安满意度与改造意愿交叉分析图

治安满意度与改造意愿交叉分析表　　**表 9-6**

			Q13. 是否愿意改造					Total
			非常愿意	愿　意	不确定	不愿意	非常不愿意	
Q8. 治安是否满意	非常满意	Q8. 治安是否满意			100.0%			100.0%
		Q13. 是否愿意改造			8.3%			1.4%
	满意	Q8. 治安是否满意	21.4%	71.4%		7.1%		100.0%
		Q13. 是否愿意改造	8.3%	14.5%		11.1%		10.0%
	基本满意	Q8. 治安是否满意	22.0%	46.0%	24.0%	8.0%		100.0%
		Q13. 是否愿意改造	30.6%	33.3%	50.0%	44.4%		35.7%
	不满意	Q8. 治安是否满意	25.0%	53.1%	12.5%	6.3%	3.1%	100.0%
		Q13. 是否愿意改造	44.4%	49.3%	33.3%	44.4%	100.0%	45.7%
	非常不满意	Q8. 治安是否满意	60.0%	20.0%	20.0%			100.0%
		Q13. 是否愿意改造	16.7%	2.9%	8.3%			7.1%
合　计		Q8. 治安是否满意	25.7%	49.3%	17.1%	6.4%	1.4%	100.0%
		Q13. 是否愿意改造	100.0%	100.0%	100.0%	100.0%	100.0%	100.0%

(4) 改造政策的了解程度与改造意愿的交叉分析

从对城中村改造政策的了解程度与改造意愿的交叉分析表可以看出，随着对城中村改造政策的了解程度的上升，愿意改造的意愿程度在上升。如当对城中村改造政策非常了解时，不愿意、非常不愿意改造及不确定的比例为 0%；当对城中村改造政策的完全不了解时，不愿意和非常不愿意改造的比例为 15.4%，不确定的比例为 23.1%。因此，在城中村改造过程中，政府对改造政策的宣传是非常重要的，深入细致的做好对村民的政策讲解和教育，是获得村民对改造工作支持的关键。

改造政策了解程度与改造意愿交叉分析表　　表 9-7

			Q13. 是否愿意改造					Total
			非常愿意	愿　意	不确定	不愿意	非常不愿意	
Q1. 对城中村改造政策了解程度	非常了解	Q11. 对城中村改造政策的了解程度	50.0%	50.0%				100.0%
		Q13. 是否愿意改造	2.9%	1.5%				1.4%
	了解	Q11. 对城中村改造政策的了解程度	33.3%	50.0%	16.7%			100.0%
		Q13. 是否愿意改造	11.4%	8.8%	8.3%			8.7%
	基本了解	Q11. 对城中村改造政策的了解程度	22.5%	45.0%	17.5%	12.5%	2.5%	100.0%
		Q13. 是否愿意改造	25.7%	26.5%	29.2%	55.6%	50.0%	29.0%
	不了解	Q11. 对城中村改造政策的了解程度	21.1%	57.7%	16.9%	2.8%	1.4%	100.0%
		Q13. 是否愿意改造	42.9%	60.3%	50.0%	22.2%	50.0%	51.4%
	完全不了解	Q11. 对城中村改造政策的了解程度	46.2%	15.4%	23.1%	15.4%		100.0%
		Q13. 是否愿意改造	17.1%	2.9%	12.5%	22.2%		9.4%
合　计		Q11. 对城中村改造政策的了解程度	25.4%	49.3%	17.4%	6.5%	1.4%	100.0%
		Q13. 是否愿意改造	100.0%	100.0%	100.0%	100.0%	100.0%	100.0%

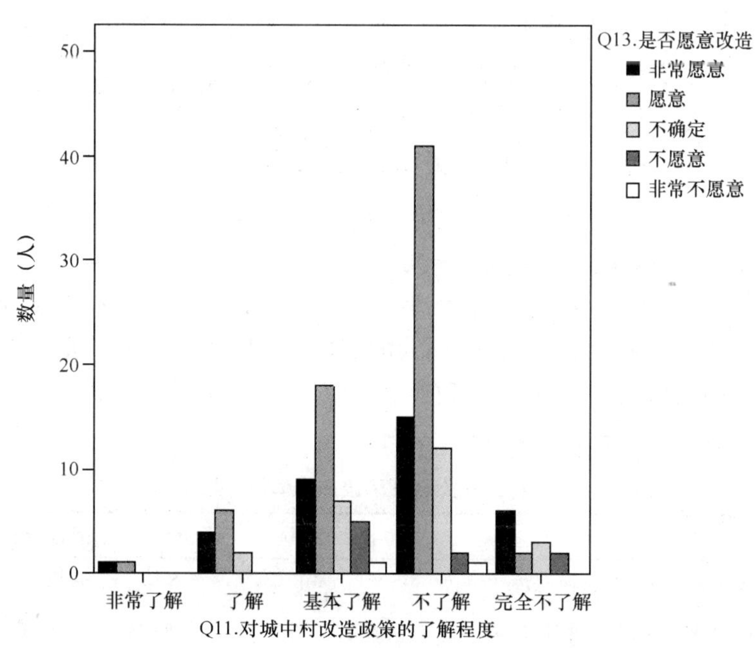

图 9-12　改造政策了解程度与改造意愿交叉分析图

8. 城中村村民改造意愿及原因分析

（1）村民不愿意改造的主要原因

从不愿意改造的主要原因来看，选择“补偿标准太低，不能保证以后的生活”占31.1%，“村委会不能保障村民的利益”占 20%，“村里已经很好，不需要改造”占17.8%，“改造后没有房子出租，失去生活来源”占 15.6%，其他占 8.9%，“担心改造后集体分红减少”占 6.7%。可见，大部分不愿意改造的村民是基于其对于自身利益和处境的考虑，政府一方面要看到其合理担忧的部分，用政策和承诺加以消除；另一方面要加强宣传教育和引导，并加大政策的落实力度和进度，保证改造的透明化、民主化和全员参与性，发挥参与各方的主观能动性，力争达到各方共赢的理想境界。

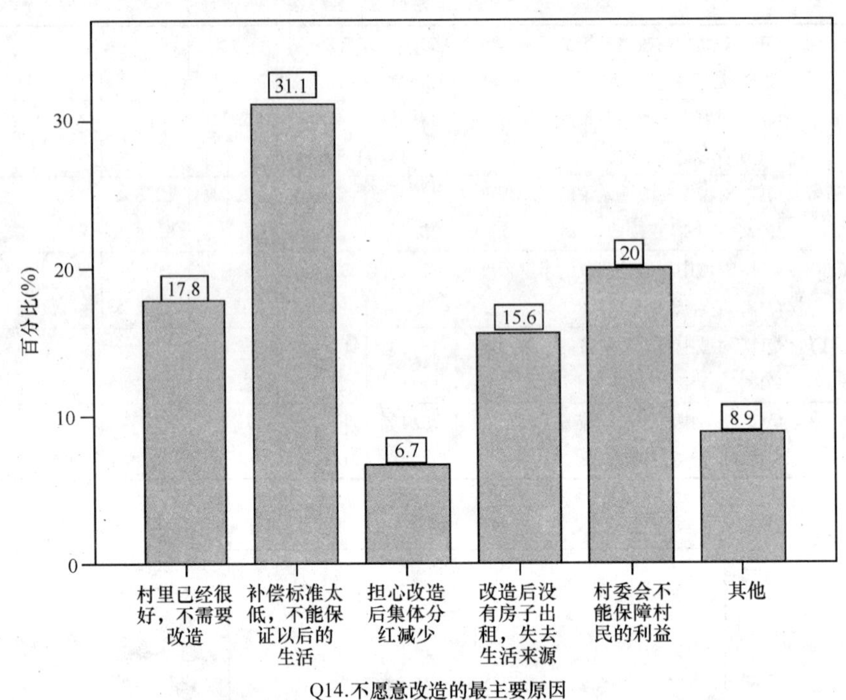

图 9-13 村民不愿意改造原因示意图

(2) 村民认为合理的城中村的改造主体

从城中村的改造主体的选择来看，选择政府负责的占 47.9%，原村民和集体股份制公司（或村委）负责的占 22.9%，居委会和集体股份制公司（或村委）共同负责的占 9.0%。可见，政府依然是村民最为信任的改造主体，其次是集体股份制公司（或村委），这两个主体在改造中起着重要的作用。

村民认为合理的改造主体表 **表 9-8**

		频率	百分比	有效百分比	累积百分比
有效	集体股份制公司（或村委）全权负责	10	6.8	6.9	6.9
	原村民和集体股份制公司（或村委）负责	33	22.4	22.9	29.9
	居委会和集体股份制公司（或村委）共同负责	13	8.8	9.0	38.9
	政府负责	69	46.9	47.9	86.8
	村民、居委会和集体股份制公司（或村委）负责	7	4.8	4.9	91.7
	其 他	12	8.2	8.3	100.0
	合 计	144	98.0	100.0	
无效		3	2.0		
合计		147	100.0		

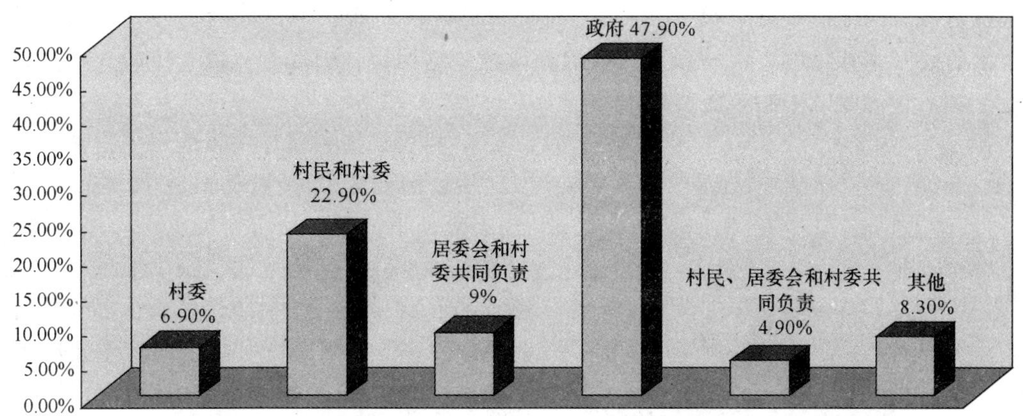

图 9-14　村民认为合理的改造主体示意图

（3）村民认为城中村改造最重要的因素

从下图来看，村民认为改造中最重要的因素有三个：其中选择“政府监督改造，保证合法公平”的比例为 30.7%，“政府加大投入，改善基础设施”的比例为 26.4%，“村委坚强领导，保障村民利益”的比例为 26.4%；剩下的两个因素为：“引进有实力的投资者，使改造效益最大”占 8.6%，其他占 7.9%。可见，城中村村民对政府的依赖和信任度是比较高的，在城中村的改造中，政府既不能缺位，也不能越位。对政府而言，不论其在改造中充当何种角色，创造一个“公正、公平、公开”的改造环境是其工作的首要职责。

（4）村民认为最能保障村民利益的主体

从“村民认为哪个改造主体最能保障村民利益”的统计结果来看，选择政府的占了 57.9%，选择其他的 17.1%，“村委会或集体股份制公司”占 15.7%，而选择“开发商或

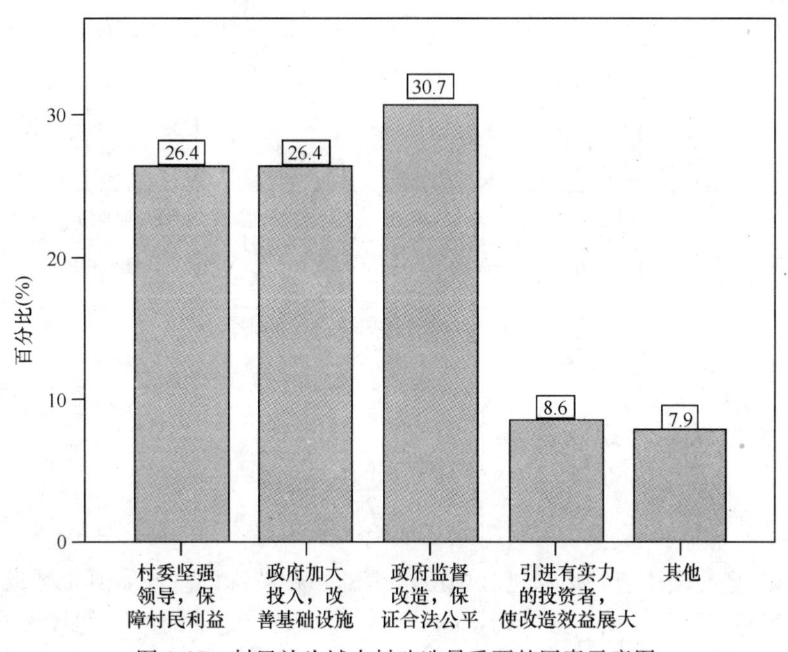

图 9-15　村民认为城中村改造最重要的因素示意图

其他投资者"的比例最低，只有9.3%。由此可见，在目前城中村改造的各个主体中，村民对政府还是最相信的，应积极发挥政府在改造中的指导、引导、监督和协调等相关管理职能，切实保障改造中相关各方的利益。

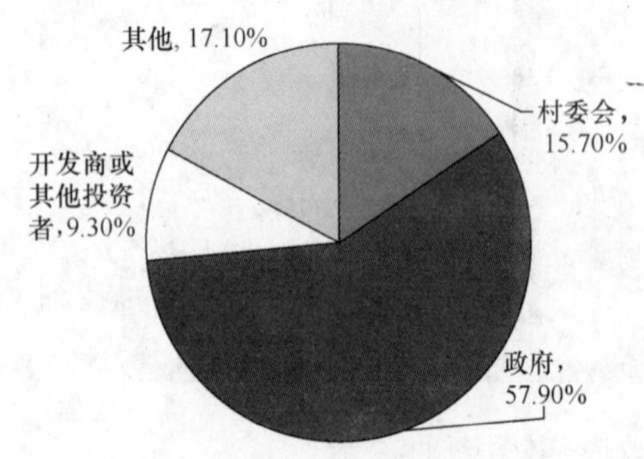

图 9-16　村民认为能保障村民利益的改造主体

9. 村民认为村集体决策的民主程度

从目前村集体决策的民主程度看，选择"村委任何事情都不征求村民意见，很不民主"的占35.42%；"村委的决策很少征求村民的意见"占了27.78%；"村委许多事情都征求村民意见很民主"19.44%；"村委只有重要决策才征求村民的意见"17.36%。由统计分析可见，村民对目前村集体的决策还是很有意见的，如何使决策民主化、法制化、科学化是亟待解决的问题。基于目前村民对村集体的看法，政府的监督、指导、协调功能是至关重要的，只有发挥好政府的作用，才能顺利推进城中村各项工作的开展，减少改造阻力，达到预期的目的。

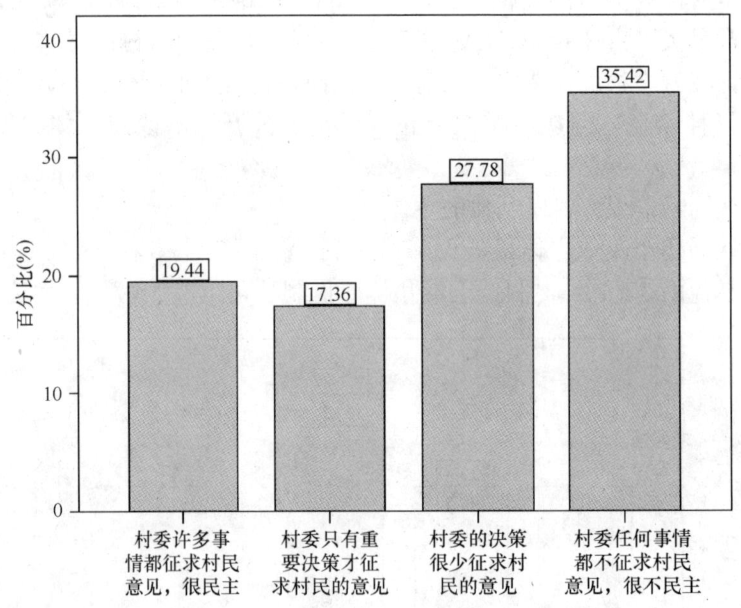

图 9-17　村民对村集体决策的评价

四、广州市城中村现状分析

（一）广州市城中村现状描述

"城中村"是我国快速城市化进程中所产生的一种特殊的现象，其形成既有深刻的体制根源又有现实的利益驱动。在广州，除了原东山、越秀、荔湾区三个旧城区之外，城中村遍布广州市其他大部分地区。根据广州市国土资源和房屋管理局2000年的数据，广州市老八区有 138 条城中村，占地面积 80.6km²，随着广州城市建设的发展，特别是新火车站、大学城、新机场等大建设项目的建设和番禺、南沙等区域的快速发展，城中村的数量仍然在增加。

广州市城中村主要分布在天河、白云、海珠、番禺等区，荔湾和越秀由于行政区域的调整，也分布了城中村。番禺、南沙由于处在南拓轴线上，是目前新城中村产生的区域(见图 9-18)。

图 9-18　城中村的社会形态

1. 城市管理尚未渗入、村规民约仍对村民具有较大约束力的管理形态

城中村是在城市规划区内仍实行农村集体所有制，农村管理体制的“都市村庄”。村集体仍然负有保障村民生活、养老等方面的义务，村规民约仍然对村民具有很大的约束作用，村内的宗族势力依然强大。在城市公共设施方面，除了越秀、天河区负责了一些村的公共设施建设和环境卫生外，其他地区的城市管理很少渗透到城中村。

2. 人口构成复杂，治安隐患严重的社会形态

人口成分的复杂是城中村的一大现象。据 2003 年的统计数据，广州市登记在册的外来人口超过 330 万人，加上未统计在内的，数量会更为庞大，大量的外来人员聚居在城中村。以越秀区西坑村为例，这个只有村民 2000 人（其中享受村集体分红的只有不到 500 人）的村落，却居住着 2 万多个外来人员。与大量外来人口相对应的，是城中村内大量的违章出租屋。由于村民在自己宅基地建设住房的成本低于城市相同地段的房地产开发成本，加上城中村多处于城市的新开发地区，地段优势明显，人口管理松懈，受到外来人员的青睐。数量庞大的出租屋加上管理的缺位，造成了治安的重要隐患，城中村也成为城市治安案件的多发区。

3. 以物业出租为主的经济形态

城中村的发展过程也是一个非农化的过程，各城中村利用自身的土地和区位条件发展集体和私人经济。有的直接出租土地，有的建设厂房物业出租，也有的利用征地所得款项或从社会上筹集部分资金，在村庄土地上兴办一些非农产业，如仓储、商业、酒店、出租屋等。从目前来看，物业出租是城中村的主要经济形态，许多城中村村民仅仅依靠房租收入和分红就能过上不错的生活。

由图 9-19 可以看出：在家庭主要收入来源的多项选择中，村民选择“集体分红”的占 46%，选择“房屋出租”的占 56%，“工资收入”的为 50%，这些是城中村村民最重要的三种收入来源。

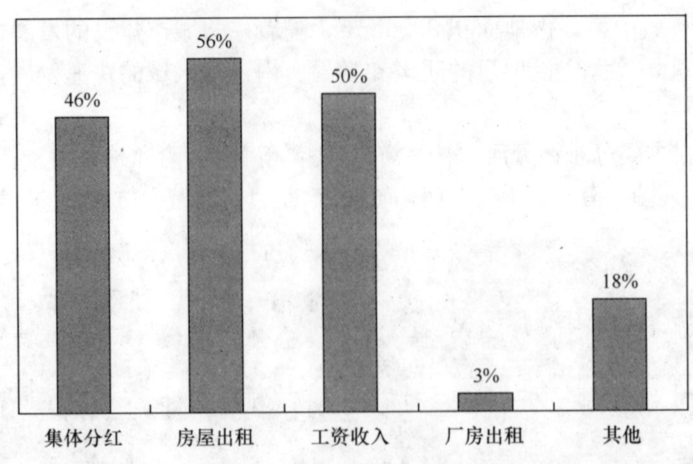

图 9-19　村民的主要收入图

在村民的财产中，房产是最主要的部分。在村民拥有的房产中，以宅基地住宅为主，所占比例达到 97.9%，其次为厂房 2.8%、铺面 2.1%、仓库 1.4%，其他 2.8%（见图 9-20）。

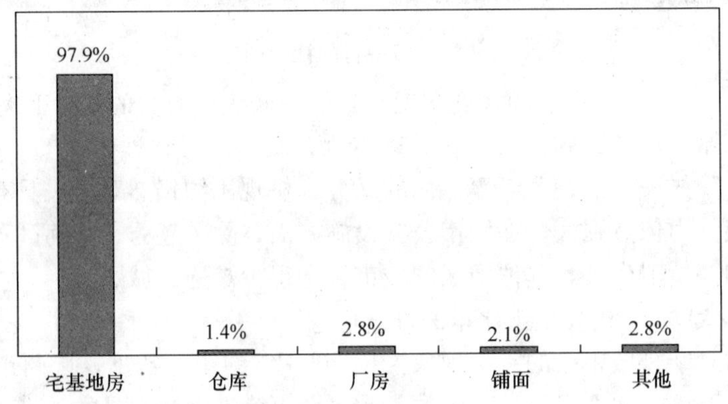

图 9-20　村民的房产类型

由于村民拥有宅基地，绝大部分村民都拥有自己的房产。调研中发现近 50% 的村民拥有超过 100 平方米的住房，还有超过 300 平方米的住房的村民，而我们在实地调研中还发现拥有四栋楼房，总建筑面积超过 2000 平方米的村民（见表 9-9）。

村民的房屋面积表　　**表 9-9**

Q27 拥有住房的建筑面积		频率	百分比	有效百分比	累积百分比
有效	0 平方米	2	1.4	1.4	1.4
	1～50 平方米	34	23.1	23.9	25.4
	51～100 平方米	37	25.2	26.1	51.4
	101～150 平方米	33	22.4	23.2	74.6
	151～200 平方米	14	9.5	9.9	84.5
	201～250 平方米	6	4.1	4.2	88.7
	251～300 平方米	7	4.8	4.9	93.7
	301～350 平方米	4	2.7	2.8	96.5
	401～500 平方米	2	1.4	1.4	97.9
	501～600 平方米	3	2.0	2.1	100.0
	合　计	142	96.6	100.0	
无效		5	3.4		
合计		147	100.0		

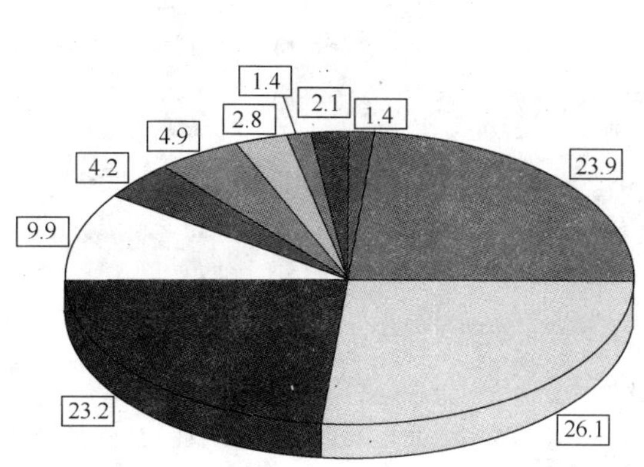

图 9-21　村民的房屋面积

4. 布局混乱、间距狭小的建筑形态

城中村由于缺乏统一的规划，加上监督、管理不力，乱搭乱建的现象非常普遍，导致村内建筑物间距过小，通风采光不足，"一线天"、"握手楼"、"接吻楼"大量存在，缺乏绿地和公共活动空间。从外面看，现代化的城市景观与密密麻麻的城中村显得极不协调。发展成熟的城中村里面街巷极为狭小，断头巷很多，许多小巷由于常年照不到阳光，显得潮湿阴暗，即使是夏天走在走道里也会觉得清凉。一些房子由于挨得太近，即使白天也必须开灯照明。此外，由于污水管道建设落后，生活污水直接排放到屋外，加上生活垃圾胡乱堆放，许多城中村弥漫着难闻的怪味（见图 9-22）。

图 9-22　城中村的建筑形态

5. 用地功能混乱、配套设施严重不足的建设形态

许多城中村用地功能紊乱，住宅用地、工业用地、商业用地混杂在一起。在城中村往往可以看到这样的景象，在巷的转角处或者开阔处就有一间小士多店或者发廊，而旁边相隔不远也许就是一个小型工厂。有的村内住宅、厂房甚至与仓库联在一起，居住安全得不到保障。村内道路等级很低且不成系统，村内主干道、内街小巷狭窄弯曲，无消防通道，消防车和救护车根本无法进入，安全隐患极大（见图 9-23）。

图 9-23　城中村的建设

6. 精神文化相对落后的精神形态

城中村村民普遍文化程度不高，专业技能缺乏，在城市的就业竞争中处于不利地位，难以找到合适的工作。此外，由于许多城中村租金收益和村集体分红丰厚，村民仅依靠这些就能过上不错的生活，确实有一部分村民养成了游手好闲、无所事事的陋习，精神文化生活落后，在一些村里也确实出现了"二世祖"现象。李培林（2004）指出："如果认为城中村的人都是'二世祖'，未免有些以偏概全，多少有城里人的偏见或者媒体的渲染。实际上，村里的大多数人，都从事着一些可以归入'第三产业'的工作，村里的各种事务也都是村民自己管理。"此外，村里也有少数比较贫困或者不富裕的村民。我们也了解到，许多村民对自身没有文化还是有不少忧虑，他们一般很重视后代的教育，即使考不上高中、大学，也会让青年儿女去读职校。年青一代没有上大学的，有一部分去参军，之后回来村里当个保安；有一部分去学车或学一些手艺然后出去外面打工。

7. 如不加以正确引导，许多成熟型城中村有可能形成"贫民窟"

访谈和问卷调查中都了解到，由于许多城中村的环境卫生差、治安条件差、建筑密度高等，许多村民在自身条件变好后都会选择搬离现在住的城中村。现在也有不少富裕的村民已经搬出城中村，住进了住宅小区，例如天河区石牌村有超过一半的村民已经搬进珠江新城的现代化小区。课题组在城中村调研时，除了祠堂或城中村新村能见到村民外，其他多是操着不同口音的外来人口。如果任由城中村无序发展，许多成熟型城中村有可能形成外来低收入人口集中的"贫民窟"。

选择留在城中村不搬迁的村民，其理由大体有：城中村有他们世世代代的祖屋，他们在村里成长、生活，根还在村里，不舍得搬迁，此外，城中村交通便利也是一个重要的原因。可见，对城中村的环境和治安进行清理整顿，改变目前建筑密度高的建筑形态，引导城中村的有序发展，是防止城中村村民往外面迁徙的重要途径。

（二）城中村形成的原因剖析

城中村的形成有着深刻的体制根源，也是现实利益驱动的结果。城市的快速发展与扩张是城中村形成的主要外推力，近年来快速的城市化进程里，各个城市均在非常短的时间内扩展新城区，前来征地的开发商都绕过村民的住宅地，争取在最短的时间内得到最容易处理的地块，于是农地被迅速征用，而村落则被保留下来。

城乡二元的管理制度是城中村形成的制度根源，20 世纪 50 年代开始实行的城乡二元管理体制，人为地从政治、经济、文化等方面把城市与农村截然分开，形成经济、社会的“城乡二元结构”。在此结构下，城乡经济相互独立，劳动力、自然资源和知识无法实现最优配置。城乡之间明显的“剪刀差”，使我国的农村经济发展严重受阻，也给农村与城市的协调发展设置了种种障碍。

户籍制度方面，由于长期实行农村和城镇不同的户籍管理制度，决定了人们不同的生活方式、待遇和身份认同，给城市管理带来了许多困难。在行政管理制度方面，城市居委会是街道办的派出机构，行使行政管辖职能。城中村虽然纳入城市规划区范畴，但是在行政上还属于农村的管理机制。与城市居民委员会不同，村民委员会是村民自我管理、自我教育、自我服务的基层群众性自治组织，对村委会而言，管理本村属于农民集体所有的土地和其他财产是其重要的职能，村委会不仅是一个行政管理上的概念，而且是一个经济实体。

在城乡二元的规划制度下，城中村长期未纳入城市规划的统筹范围，城中村的建设缺乏控制和管理。同时，城中村的建设未纳入城市建设的统一规划中，城中村的基础设施很不完善。由于缺乏管理和规划，使得城中村建设布局零乱、建筑密集、容积率较高。此外，城乡的社会保障、教育、环卫、计划生育等的差异也阻碍了城中村与城市的融合。

城中村管理上的缺位，加重了城中村遗留的问题。城中村存在多头管理、政出多门的现象。由于各级管理部门的权限与职责不明确且缺乏协调，使得许多违章建筑得以建设，并通过不正当方式使之合法化，这是城中村大量违章建筑得以存在的一大原因。此外，由于对城中村在管理、规划建设及其演变与发展趋势等一系列问题认识不足，也使得城中村相关的政策法规滞后于形势的发展。

在外部原因方面，由于外来人口的大量涌入，在城市无法为他们提供廉价住房的情况下，城中村低廉、管理松散的出租屋就成为他们的首选。巨大的住房需求容量和城中村管理的滞后，使得城中村的违章房屋大量产生。从个体理性选择的角度看，城中村这种特殊的建筑群体和村落体制的形成，是农民在土地和房屋租金快速增值的情况下，追求土地和房屋租金收益最大化的结果。

（三）城中村在广州城市发展过程中的正面作用分析

尽管城中村存在许多问题，但在城市发展的过程中，城中村却发挥了不可替代的作用。城中村由于其相对廉价的出租屋，往往是大量外来工和大学毕业生到广州的第一个落脚点。也因为其低廉的住房价格，使广大的外来工得以留在广州，维持了城市的低成本运营。同时也使得一大批有才华的大学毕业生得以留在广州，开始他们的梦想。可以说，广州这些年来的租金水平保持在一个合理价位，没有出现像房价这样的高位上涨，城中村功不可没。此外，近年来广州的房价一路上扬，但对外来工的影响并不十分大，其中一个重要的原因就是城中村出租屋解决了他们的住房问题。但如果广州失去了廉价出租房源，广大的外来工就会被“居住过滤”，他们或者往城市外围迁移，或者离开这个城市，这都会使城市的劳动力成本变得高昂。一旦失去了廉价的劳动力，广州餐饮、物业管理、环卫、园林绿化等第三产业的成本将会大大提高，将直接影响到城市第三产业的发展和城市竞争力。

五、城中村改造中存在的问题及剖析

(一) 改造中存在的主要问题概述

城中村改造牵涉面非常广、容易引发社会冲突。城中村改造牵涉到许多利益问题，需要对利益进行重新调整和分配，如果处理不当，受益方会利用各种关系使自身利益最大化，利益受损一方可能采取非法的手段维护自身利益，由此可能产生大量的社会冲突。改造不仅涉及村民的利益调整和补偿问题，还涉及村范围内政府、企事业机关物业的拆迁补偿。更重要的是，改造将形成新一轮居住人群的置换，原来居住在这里的中低收入人群，有可能被改造后的高租金物业所排斥，被高收入人群所代替，形成“居住过滤”的现象，导致中低收入人群没有合适的居所。改造也可能形成另外一种情况，就是简单地把城中村变成现代化小区，但城中村村民的精神、文化生活以及与城市的融合度仍然没有得到较大程度的改善与提高，改造只是物质的置换而已。

(二) 城中村改造中主要利益关系分析

城中村改造，必须处理好政府、开发商（或投资者)、村集体（包括村民和村委会）三个主要改造主体的利益问题。在以上三个主体中，村民由于在信息、专业等方面的劣势，在博弈中往往处于不利的地位。

政府作为公共利益的代表，在城中村改造中的利益主要表现在：实现了政府的目标，包括改善城市景观和城市环境，促进城市土地的集约和高效利用，改善治安环境，促进公共利益和城市经济的发展。另外，地方政府为了促进经济的发展、增加当地税收收入、提高居民消费力。政府为了发展经济，往往采取各种优惠措施吸引实力雄厚的开发商到本地区投资，有可能自觉不自觉地采取短期行为，并可能受到开发商的影响，不自觉地牺牲公共利益和城中村村民的利益。

而开发商在博弈中，正是利用它们雄厚的资本实力，通过投资或不投资来和地方政府博弈，以获取政策优惠，达到追求企业利润最大化的目的。开发商和城中村村民之间，由于存在着很大的信息和专业能力的不对称，往往也使开发商处于谈判的有利地位。

村民由于城中村改造的实施，将使村集体失去最后一块土地，使村民失去最后一个讨价还价的筹码。因此他们会以几百年来祖祖辈辈居住在这里为由，对他们的既得利益寸金必争。加之长期以来，城市建设中的灰色地带——巨大的设租和寻租市场的存在，决策行为的不民主、不透明，更增加了城中村村民的猜疑、不满和抱怨情绪，成为他们追求无限度经济补偿的理由。

此外，居住在城中村的外来人口和本地非村民低收入者也是城中村改造的利益相关者，这些居住者可能会因为改造而迁徙、改变工作或者失去目前的就业岗位，形成新一轮的“居住过滤”现象，从而引起整个城市的深刻变化。

在城中村改造中，为有效化解各种利益冲突，政府应该树立以为广大人民谋福利，改善人民生活、维护人民利益为重的政绩观，在改造中树立政府的公信力；在充分保证村民利益的基础上，有效化解开发商和村集体的利益冲突，使改造各方都能在改造中获益。同时，政府应该从城市的长远发展和维护社会稳定的角度，充分考虑各利益相关者的利益，使改造产生的负面影响降到最低。

（三）城中村农民角色转变的问题

我国长期以来是一个农业经济占统治地位的国家，长期积存下来的思想仍然影响着现在的城中村村民。他们勤劳、朴实，但由于长期束缚在土地上，他们也有着自身的劣势，如安于现状，不思变革、缺乏竞争力、不愿意冒风险等，这些特征在城中村农民的身上表现得更为明显。我们在广州市多个城中村走访，了解到由于城市的快速扩展，城郊土地被征收，他们成为居住在城里的“乡下人”。他们一方面和城里人居住在同一个地方，但另一方面，他们无论在生活习性、文化思想观念上都存在较大的差别。他们往往比较关注传统文化的延续，对城市文化感到新鲜但较难融入。同时，传统的宗族势力仍然很大，村规民约仍对他们有着巨大的约束作用。

由于长期的生活习惯和对土地的依赖，他们对快速城市化带来的冲击感到不安和抗拒。由于城中村村民之前居住在一个相对宁静的村庄，面对着熟悉的农作物和熟悉的面孔，养成了一种安稳感。城市蔓延到他们周围后，由于他们失去了土地这种赖以生存的资源，他们会从内心感到不安。同时，城市化带来的大量外来人口以及生活环境的改变，偷盗、抢劫等社会治安状况的恶化，都让他们感到反感和排斥。面对着激烈的市场竞争，他们也很难加入进来，或者在竞争中处于劣势。课题组在调查中了解到，城中村的店铺大多为外来人员所经营，属当地村民经营的不到十分之一，村民以在市场做小买卖或在当地打工的居多，一些中年人就直接靠村里的分红为生。在番禺区某地，几年前由于某一大型建设项目的建设，使他们成为“非自愿”的城中村居民，而当地店铺几乎都是外地人经营，村民不愿意承担风险，而且仅能从事简单的工作，他们对生活的改变感到无所适从。

在西方学者眼里，市民社会具有独立的社会风范，如在社会人际结构关系上，礼貌、爱国、诚信、守约，强调职业道德和创新行为等，成为市民社会文化的代表符号。这些文化在我国的城市市民中并没有真正形成，在农民中更是缺乏。农民社会是靠血源、亲源、宗族关系组成的熟人社会，其往往更加关注自己的小圈子，对自己所在的小圈子有着深厚的感情，城中村强大的社会关系网络使得他们自身具有很强的封闭性，使得村民对市场的自由流通性质产生抵制心理。这个特征是农村社会向市民社会转变的一个障碍，往往容易被决策者忽视。

（四）城中村改造中村民的利益保障问题

城中村改造的一个重要目的，就是把农村的管理体制转变为城市的管理体制，把农民转变为市民，融入现代化的城市生活。但根据目前的研究和我们的调查都发现，城中村村民普遍存在文化素质偏低、专业技能缺乏、传统观念比较强烈等问题。此外，城市建设中存在灰色地带——巨大的设租和寻租市场，村集体存在决策行为的不民主、不透明等现象。在信息不对称、没有足够的申诉途径以及外界支持的情况下，城中村村民的利益往往得不到有效的维护。当村民的利益受损，申诉仍然得不到解决的情况下，村民往往容易采取静坐、示威游行、阻碍公共交通、妨碍政府正常办公、甚至破坏政府机关公物等非正常甚至非法手段表达自己的意愿，以引起社会的关注。这种非合法的群体行为产生的原因是因为自身合法利益受到损害。但如果这种情形没有得到有效化解，一旦村民对合法渠道失去信任，就有可能演变为有组织的对抗行为。

我们建议，在城中村改造的可行性研究阶段，要充分考虑利益相关群体，特别是处于劣势的村民的利益诉求，保证他们的利益诉求有合法的表达和传播渠道，保证他们有足够的知情权和参与权，使他们能参与到城中村改造的论证、实施和监督中。同时，为他们提供专业协助，采取措施把改造可能对他们的损害降到最低，避免村民在城市化中形成新的贫困和倒退。对于城中村的其他利益相关群体，如城市中低收入房屋租客、外来打工者以及个体商铺经营者等，在方案的可行性研究和方案制订时，也要充分考虑这些相关群体的利益，把改造的负面影响降低。

(五) 城中村改造后外来人员的居住问题

广州市大量的外来人口大多住在城中村，城中村在解决外来人员和本地低收入人员的住房问题上起了巨大的作用。据广州市统计局 2003 年 1 月 20 日公布的外来人口数量为 4,281,782 人，其中男 2,279,187 人，女 2,002,595 人。由下表可以看出，海珠、天河、白云三区的外来人口最多，而这三个区也是城中村分布最多、最广的区。一旦城中村改造，目前市区低矮密集的城中村廉价房屋，将会被高档商住楼所取代，居住在里面的中低收入人群极有可能被高收入人群取代，低收入人群的居住问题，是一个政府部门急需考虑的问题（见表 9-10）。

广州市分性别的外来人口户口登记地状况（单位：人）　　**表 9-10**

项　目	本省其他县市、市区			省　外			合　计
	男	女	本省合计	男	女	省外合计	
总计	646,634	516,275	1,162,909	1,150,129	999,849	2,149,978	3,312,887
东山区	19,383	18,687	38,070	24,893	21,817	46,710	84,780
荔湾区	18,680	18,191	36,871	17,166	11,637	28,803	65,674
越秀区	12,430	12,945	25,375	12,314	9,721	22,035	47,410
海珠区	106,592	86,467	193,059	113,647	87,330	200,977	394,036
天河区	131,904	96,533	228,437	151,099	108,819	259,918	488,355
芳村区	30,337	23,819	54,156	40,023	27,138	67,161	121,317
白云区	164,246	129,547	293,793	262,446	235,781	498,227	792,020
黄埔区	38,774	26,468	65,242	70,715	55,339	126,054	191,296
番禺区	74,382	64,583	138,965	278,391	298,554	576,945	715,910
花都区	25,960	20,799	46,759	75,526	56,620	132,146	178,905
增城市	17,559	13,055	30,614	83,711	68,215	151,926	182,540
从化市	6,387	5,181	11,568	20,198	18,878	39,076	50,644

资料来源：广州市统计信息网

课题组在调研中了解到，由于天河区猎德村的改造，许多在猎德村居住的外来人口纷纷到附近的冼村租房子住，据当地街道的工作人员介绍，一些外来人员居住的楼房整栋都空了。随着冼村、石牌的改造，将会有更多的外来人口往城市外围居住。以天河区为例，目前外来人员正沿中山大道、黄埔大道、广汕路等向广州市外围的棠下、车陂、东圃、龙洞等地区迁移（见图 9-24）。

图 9-24 广州猎德村改造前夕搬迁的村民和外来人口

如果市区没有规划足够的廉价出租房源，那么大量外来人口将继续往城市外围迁徙，这将造成新一轮城中村的产生，而且也将给城市的交通、市政设施造成极大的压力。这种现象目前已经出现，每天早上上班和下午下班期间，棠下、东圃一带的公交车全是满载，交通堵塞情况严重。这种情况不仅加大了居住者的交通和时间成本，也有违于城市规划中合理规划、疏散人流、合理使用公共设施的要求。而且，这种现象继续发展下去，极有可能形成一种现象：由于广州传统的居住习惯，越秀、荔湾、海珠、天河居住着大量中高收入的人群，而大量外来和本地低收入人口由于租金和房价问题"居住过滤"，被迫迁往城市外围；老城区由于传统形成的商业中心地位，第三产业发达，提供了大量就业岗位，吸引了大量人员就业，他们每天都从城市郊区赶往市中心上班。同时，广州的罗岗、南沙、黄埔等地集中了大量的工业，但居住配套却滞后于老城区，于是大量的人员也赶往老八区居住。另外，城区高收入人员为追求高品质的生活，也可能迁往郊区。以上这种工作、居住异地分离的现象，不仅会造成巨大的时间浪费以及城市公共交通的压力，而且也会影响老城区城市第三产业的发展。

因此，在未来的城中村改造中，应该考虑到城市的产业布局和产业调整，充分考虑到城市外来人员的人数变化情况，配套足够的廉价出租房源，防止对第三产业的正常发展产生不利影响。而廉价房源的重要解决方法是城中村改造，政府可根据城市发展的需要，规划特定的城中村作为外来人员和城市户籍低收入者的廉价房源地，合理城市布局，防止外来人员过度向城市边缘区扩散，形成各种人群和谐相处的社区氛围。

六、城中村改造合理模式研究

（一）广州市城中村改造情况简介

城中村改造问题一直受到广州市政府的重视，2000 年广州市委市政府发布了《加快村镇建设，推进城市化进程的若干意见》，2001 年广州市委办公厅、市政府办公厅又联合发布了《关于城中村改造工作的若干意见》，积极推进城中村改造。但这些年来，城中村的改造进展缓慢，主要问题依然是资金来源问题。由于城中村改造涉及大量的拆迁补偿，需要巨额资金投入，政府没有足够的财力投入改造。另外，政府出于保护村民利益的考虑，不允许开发商的介入，改造的资金来源问题一直难以解决。

2006年以来，广州市加大了对城中村改造的扶持力度，一些处于城市中心，土地价值很高的城中村如猎德、石牌等开始了改造，产生了很大的反响。越秀区也提出要在未来几年内使辖区内的六条城中村的城市管理水平达到与市区同等的水平。越秀区采取市政设施先行的方式，着重于服务城中村，为城中村解决环境卫生、城市照明甚至自来水管的铺设等目前城中村急需解决的问题，另外，加强改造的宣传动员，让村民认识到改造不仅会给予他们合理补偿，还能改善他们的生活。

（二）广州市城中村现有改造模式评述

从目前的情况看，广州的城中村改造主要有三种模式：一种是政府自上而下推动改造的猎德村模式；一种是村集体自下而上自身要求改造，政府提供优惠改造政策的花地村模式；另外一种是村集体自行开发改造的龙洞、长湴村模式。以上各种模式是目前较为看好的，但都各有利弊，需要有针对性的分析。

第一种是政府自上而下主导推动改造的猎德村模式。实行这种模式的村落一般处在城市中心区，发展比较成熟，周围土地价值比较高，政府又有改造愿望的城中村。这种改造往往是以市政设施开发带动城中村改造，猎德村改造就是因为新光快速路的建设带动的。还有部分城中村准备以河涌整治带动改造，如冼村、谭村整体改造等。由政府推动（或者主导）的城中村改造，能够充分考虑包括村民在内的整个社会的整体效益，同时，由于政府的介入，改造的审批、相关部门的协调也更为顺利。但政府主导的改造不一定能让村民接受，他们的积极性不一定高；同时，也给村集体谋求自身利益最大化提供了一个很好的借口，向政府索要更多的政策优惠。

第二种是村集体自下而上自身要求改造，政府提供优惠改造政策的花地村模式。这类城中村一般被城市包围，村集体特别是村委会有改造的愿望，村集体的经济实力也比较强。这类村以即将开展改造的花地村和杨箕村为代表。自下而上的改造模式，一般来说村集体的改造积极性很高，经济实力也较强，也能充分考虑到本村村民的利益。但这种改造容易忽视与改造相关群体的利益，比如居住在村里的外来人口的利益，以及周边交通、供水供电、排污等基础设施的负荷。而且村自身改造的资金如何筹集，改造的公共设施由谁投资，归谁管理，以及如何协调改造中涉及到各个部门等问题，都值得深入探讨。

第三种是村集体自主开发改造的模式。这些村一般出现在城市发展新区，尚未被城市包围，还有部分农用地剩余，村周转土地比较多，而且村委领导比较有力。他们往往利用预留发展用地做商业，或者建设厂房、仓库出租。另外，他们按照乡村规划的要求，规划利用预留地，并将规划好的每一小块土地分给村民建造新房，从而形成新村和旧村的布局。这种模式以天河的龙洞、长湴村，白云区的永泰村等为代表。村集体自行开发改造，能够较好地协调好村民的利益，也能针对市场的需求进行商业开发，但这种改造是不彻底的，新村的环境、景观得到改善，但旧村脏、乱、差的面貌以及相关的社会问题一直没有改变。这种改造对村委的能力和村集体的经济实力要求比较高，而且这种开发能否符合城市整体规划的要求值得商讨。另外，这种城乡二元的规划体系下进行改造的方式，在新的城乡规划法出台后，是否具有推广价值也值得深入探讨。

（三）相关研究者对城中村分类情况介绍

目前，关于城中村的分类，研究者主要以是否有农用地、位于城市的区位以及城中村发展程度等因素为依据，对城中村进行分类。张建明（1998）把城中村分为三类，分别为基础设施优越型、集体经济实力型、土地资源充足型。陈怡和潘蜀健（1999）根据城市与村庄相交接的形态划分为六类，①全包围型、②半包围型、③外切型、④飞地相临型、⑤相切型、⑥内切型；郑静（2000）把城中村的演变过程分为四个阶段，每个阶段对应一个城中村：①农村居住聚落阶段；②半城中村，城乡接触阶段；③城中村、城乡冲突阶段；④城中村瓦解、城市化阶段。

李立勋（2002）从城中村的空间位置、发育程度、与城市用地的关系等因素考虑将城中村分为三类：成熟型、成长型和初生型；李培林的分类（2002）与之相类似，将城中村分为①处于繁华市区、已经完全没有农用地的村落；②处于市区周边，还有少量农用地的村落；③处于远郊、还有较多农用地的村落。

上述学者对城中村的分类方法都从各自的研究角度出发，多以单一的客观条件指标（如剩余农用地的数量、与城市接壤的程度、城中村发育程度等）为标准对城中村进行分类。但从加快城中村改造角度出发，只有单一的客观条件指标分类是不够的，尚需在此基础上，结合村民的主观改造意愿共同进行分析。

（四）广州市城中村的分类

课题组结合上述学者的分类方法，根据城中村与城市交接的形态、农用地剩余情况以及城中村的成熟程度，首先按客观条件对城中村进行了分类，同时结合村民的主观改造意愿，从加快城中村改造的角度出发，得出城中村的综合分类。

1. 城中村的客观条件分类

根据城中村与城市接壤的时间、交接的形态、农用地剩余情况以及城中村的发育程度等客观条件，我们把城中村分为五类，分别表示如下：

（1）Ⅰ类：被繁华市区包围，成熟型的城中村

这类村庄一般在80年代中期以前就与城市接壤，受城市的影响较早，村民的生活习惯与城市居民已无大的差别。村集体现在已经完全没有农用地，住房的楼龄达到15年以上，房屋空间狭小，通风采光不良，建筑设计已远远不适应现代生活的需求。已有大部分村民迁移到新的住宅小区，原村落大都为外来人员居住。在这几年房价快速上涨和猎德村改造方案相继推出的情况下，Ⅰ类城中村村民基于对自身物业未来潜在收益的期望，非常希望政府推动改造。由于这些城中村处在城市中心，既影响了城市景观，也是市中心刑事案件的高发区，政府也希望通过改造这些城中村，以改善整个城区的城市景观。课题组在越秀区了解到，目前已经有不少开发商和这些村商谈，由双方组成股份公司进行改造。这些村以天河区猎德村、石牌村，越秀区登峰村、西坑村等为代表（见图9-25）。

（2）Ⅱ类：已经在城市建成区内的半成熟型城中村

这类城中村大多是80年代后期特别是邓小平南巡讲话后，土地被快速征用而形成的，

图 9-25　成熟型城中村景观

这部分城中村目前已经基本没有或者仅有少许农用地。由于当时政策允许村集体保留15%左右的发展用地，村集体大多有集体物业，集体经济实力强，村民也大都拥有自己的物业，物业使用年限在10年以上，部分住宅仍在拆旧换新。由于这部分村落多处于城市新发展区，外来人员集中，村民在租金收益的驱动下纷纷加盖违章建筑，成为我们在广州看到的众多城中村的典型景象。由于违章建筑众多，村民又从中获益很多，因而对政府的城中村改造存在许多疑虑，成为最难改造的一类城中村。这部分城中村村民的改造疑虑主要存在以下几个方面：一是担心失去稳定的租金来源，二是担心违章建筑得不到补偿，三是担心补偿标准过低，以后的生活得不到保障是这类城中村村民的最大担忧。海珠区、天河区的大部分城中村，如棠下村、沥滘村、龙洞村等，白云区的部分城中村也属于这种类型（见图 9-26）。

图 9-26　半成熟型城中村景观

（3）Ⅲ类：处在市区周边，属于成长型的城中村

这部分城中村大多是上世纪九十年代后期，随着广州城市的发展和城市新区的加快建设，许多城市发展新区的城中村土地被快速征用而形成。由于有市中心城中村的经验借鉴，除少数村外，这部分村落更善于利用手中的土地进行开发，建厂房出租，不少村落有

自己的“工业园区”。加上九十年代初宅基地审批权的下放，有些村在新的地块上按户划分宅基地，并进行统一规划建设新村。

新村的房子一般为3～7层，以5～7层为多，宅基地面积也较大，多为100平方米以上，新住宅的使用年限在10年以内，又以4～6年以内的为多。这些城中村的新住宅在不断产生，现在还可以在这些村落看到不少正在兴建的楼房。由于新村居住环境较好，吸引了众多的外来务工者，房屋出租率非常高，据了解，一般有5～6年就可以回收建筑成本。这类城中村丰厚的收益和较好的居住环境使得村民非常抵制政府的改造，视为对其利益的剥夺。这类城中村多分布在天河、白云、黄埔等区。天河区的长湴村、白云区的永泰村等属于这一类型（见图9-27）。

图9-27　成长型城中村景观

（4）Ⅳ类：快速城市化的城中村

这类城中村是21世纪以来，政府大规模的征地使得一些村落在短时间内失去了耕地，村落周围短时间内被重大建设项目所包围而形成。这类城中村已经没有农用地或者只有少量农用地剩余，村的建筑形态有比较鲜明的对比，部分可能还保留着传统民居样式的砖瓦房，另外一部分就是崭新的框架结构的楼房。对于急速城市化的城中村，如果能在征地过程中就做好规划，着手进行城中村改造，其改造效果和阻力可能会小很多。这些村落多分布在番禺区和南沙区等新发展区，以番禺区的北亭、南亭、穗石、贝冈四个村（因大学城项目而形成）和海珠区琶洲村（因会展中心项目而形成）为代表。

（5）Ⅴ类：处在城市郊区，但很有可能成为新城中村的村落

这些村落多出在城市远郊区，仍有大量的农用地，但随着未来房地产开发、大型项目的建设，这些村落的土地逐步减少，无规划的新建筑逐渐增多；而且由于工业的迁移，外来人员会逐渐增多，这些村落很有可能会重复上面所提到的城中村的发展过程，成为新的、更难改造的城中村。目前这些村落主要分布在城市发展轴线上，如番禺、南沙区、花都区等区域（见表 9-11）。

城中村客观条件分类表 **表 9-11**

主要特征 / 类别	与城市接壤的时间	土地剩余量	主要物业使用年限	与城中区的距离	案例或分布区域	备注
Ⅰ成熟型城中村	20 世纪 80 年代中期以前	无农用土地剩余	10 年以上，15 年以上为多	被繁华市区包围	越秀区登峰、西坑村、天河区猎德村、石牌村	
Ⅱ半成熟型城中村	20 世纪 80 年代后期特别是邓小平南巡讲话后	基本无农用地剩余	10 年以上，有不少住宅仍在拆旧换新	已处在城市建成区内	天河、海珠区的大部分城中村属于此类，如棠下、沥滘、龙洞村等	
Ⅲ成长型城中村	20 世纪 90 年代后期	有少量农用地剩余	10 年以内，以 4～7 年为多	处在市区周边	白云区永泰村、天河区长湴村	
Ⅳ快速城市化的城中村	21 世纪初到现在	没有农用地或者只有有少量农用地剩余	5 年以内	已处在城市建成区内，多与重大项目的建设有关	番禺区北亭村、贝岗村、海珠区琶洲村	
Ⅴ有可能形成新城中村的城郊村	未与城市接壤	有较多农用地		在城市远郊，处在未来城市发展的新区	白云区、番禺区的偏远地区城郊村	

2. 结合城中村村民的主观改造意愿综合分类

城中村的形成，有着深层次的体制原因以及现实利益的驱动，城中村改造是长期的事情，不可能一蹴而就。根据课题组对广州市城中村分类，结合广州目前的城中村改造模式，课题组认为广州市应该实行分类指导的改造策略。城中村的改造，既要根据城中村目前所处的发展状态，又要结合村民的改造意愿，区分改造的轻重缓急，积极推进改造。一般来说，只有在城中村已经处于成熟状态，且村民又有改造意愿的情况下，政府再加以扶持进行改造，这样的效果才是最好的。

图 9-28 是关于城中村改造紧迫程度的对照表，我们认为改造的紧迫程度主要取决于两个变量，一个是城中村的成熟度，另外一个是村民的改造意愿。两个变量都分为三个维度。在城中村的成熟度分类中，把Ⅰ类成熟型城中村和Ⅳ类快速成长型的城中村作为成熟度高的城中村，Ⅱ类半成熟型城中村列为成熟度一般的城中村，Ⅲ类成长型城中村列为成熟度低的城中村，Ⅴ类城郊村不需要改造，只需严格控制和引导，故不列入。在城中村的

成熟度和村民的改造意愿两个变量中，城中村的成熟度是客观的，而村民的改造意愿是主观的个人感受，要推动改造，通过提高城中村村民自身的改造积极性才是根本和可行之道。

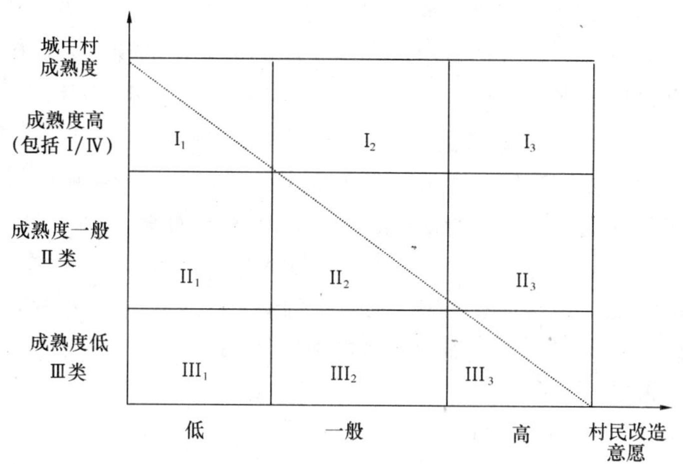

图 9-28　城中村改造紧迫程度对照表

城中村的改造，政府的思想要从包办改造转变为引导、推动改造，使村民的思想由“要我改”转变为“我要改”。转变村民的思想，可以通过示范、宣传、推动的方式。目前猎德的改造，对许多迫切需要改造的城中村有重要的示范作用，课题组在调研中了解到，猎德优惠的补偿方案消除了其他村村民的忧虑。目前，越秀、天河区的一些城中村就参照猎德村的方案而进行相关改造方案的制定。由此可见，在改造中，树立政府的威信、消除城中村村民的疑虑，转变城中村村民观念，提高改造的积极性是很重要的。

（五）针对不同类型城中村的合理改造模式

1. 成熟度高的Ⅰ类和Ⅳ类城中村的改造

这两类城中村由于没有或者只有极少量农用地剩余，是政府比较希望改造的。对这些村的改造，可以结合河涌整治、道路建设及其他大型基础设施项目的建设，由政府提供优惠政策推动改造。考虑到村民改造愿望的差异，改造策略应有所不同。如上图所示，在成熟度高的城中村中（包括成熟型城中村和快速城市化的城中村），结合村民改造积极性由低到高，又分为$Ⅰ_1$、$Ⅰ_2$、$Ⅰ_3$类。$Ⅰ_3$是最适合改造的，可采取村集体主动要求改造，政府提供支持和服务的自下而上的改造方式；$Ⅰ_2$类的改造意愿一般，如果政府希望对这类进行改造，需采取政府推动、村集体主导、政府提供支持和服务的“自下而上的改造”；$Ⅰ_1$类村的改造意愿低，需要提高村民的积极性才能进行改造，政府如需对这部分城中村进行改造，需加强宣传，改变村民改造意愿，推动改造；确有必要时采用“自上而下的主导改造”。

在改造形式上，主要有重建型和调整型的改造。重建型是指对城中村整体布局到单体建筑的全面改造；调整型是在整体格局不作重大调整的情况下，对局部区域、关键要素进行重点改造。对成熟度较高的城中村的改造，如果具有文物保护价值的，应该注重历史文化和民俗文化的传承，保留传统街巷的记忆，采取调整型的改造形式；对于没有文物保护价值，村的主要建筑物多是违章建筑，而且处于市中心，严重影响城市景观的，应采取重建型的改造形式。

2. 政府提供服务，消除村民的疑虑，积极引导成熟度一般的Ⅱ类城中村的改造

这类城中村多在邓小平南巡讲话后，广州新一轮投资热潮时形成。从目前了解到的情况看，这类城中村的村民多有改造意愿，但由于利益分配上的忧虑，村民对改造存在许多疑虑。课题组结合村民改造意愿，由低到高也分为对于Ⅱ$_1$、Ⅱ$_2$、Ⅱ$_3$三类城中村。Ⅱ$_3$城中村需采用村集体主导、政府提供支持和服务的“自下而上的改造”；Ⅱ$_2$需采取政府推动、村集体主导、政府提供支持和服务“自下而上的改造”；Ⅱ$_1$类城中村的改造，政府加强宣传，改变村民改造意愿，推动改造；此外，政府需加强管理，防止城中村进一步恶化。

这类城中村的主要建筑一般比较新，使用功能较好。对这类城中村，除了部分处在繁华市区，村面积较小，且严重影响城市景观的村需要采取重建型的改造形式外，其他大部分宜采取调整型的改造形式。

3. 严控成熟度低的Ⅲ类成长型城中村

这类城中村由于村民有很好的租金收益，房屋的使用年限都在10年以内，村民没有改造的动力，加上许多建筑都是违章的，村民也害怕在改造中失去自身的利益。对这类城中村，政府需加强规划和管理。例如，严格控制违章建筑，加强对外来人口的管理。在改造形式上，调整、抽疏过密的建筑，完善基础设施和相关配套设施，防止这类城中村向Ⅱ类的建筑形态和社会形态发展，形成更难改造的城中村。

4. 制定长远、严格的城市规划，防止处在城市郊区的Ⅴ类村落成为新城中村

对处在城市郊区的Ⅴ类村落，要防止其成为新的城中村。因此，必须加强对这些村的规划、引导和控制。特别是当有大型重点项目在这些村旁建设时，在项目建设前须对村庄各种用地的功能进行规划，防止无序和杂乱建筑的建设，杜绝新城中村的产生。

各类城中村改造策略及形式 　　**表9-12**

<table>
<tr><th colspan="2">城中村类型</th><th>改造策略</th><th>改造的形式</th></tr>
<tr><td rowspan="3">成熟度高的Ⅰ类（成熟型）和Ⅳ类（快速城市化的）城中村的改造</td><td>Ⅰ$_3$改造意愿高</td><td>村集体主导，政府提供支持和服务的自下而上的改造</td><td rowspan="3">1. 有较大文物保护价值的，除非特殊情况需整体重建外，以调整改造为主
2. 无文物保护价值，且建筑形态混乱的，采取一次性整体重建或滚动式重建
3. 无文物保护价值，且建筑形态较好的，以调整改造为主，重建改造为辅</td></tr>
<tr><td>Ⅰ$_2$改造意愿一般</td><td>政府推动、提供支持和服务，提高村民改造意愿，实行自下而上的改造。确有必要时可采用自上而下的改造方式</td></tr>
<tr><td>Ⅰ$_1$改造意愿低</td><td>政府加强宣传，改变村民改造意愿，推动改造；确有必要时采用自上而下的改造方式</td></tr>
<tr><td rowspan="3">成熟度一般的Ⅱ类（尚在自我更新的半成熟型）城中村</td><td>Ⅱ$_3$改造意愿高</td><td>村集体主导、政府提供支持和服务，实行自下而上的调整与改造</td><td rowspan="3">调整改造为主；在有较大文物保护价值时，采取结合保护文物实行调整改造的方式</td></tr>
<tr><td>Ⅱ$_2$改造意愿一般</td><td>政府加强引导、提供支持和服务，村集体根据自身情况进行调整改造</td></tr>
<tr><td>Ⅱ$_1$改造意愿低</td><td>政府加强宣传和管理，防止城中村进一步恶化</td></tr>
</table>

续表

城中村类型		改造策略	改造的形式
成熟度低的Ⅲ类（成长型）城中村	Ⅲ$_3$改造意愿高	政府加强规划，严格控制违章建筑，引导有序发展	控制无序发展与调整改造相结合
	Ⅲ$_2$改造意愿一般		
	Ⅲ$_1$改造意愿低		
处在城市郊区，但很有可能成为新城中村的Ⅴ类村落	Ⅴ	实行城乡统一规划、引导城郊村有序发展，防止新城中村的产生	严格规划、控制无序发展

七、城中村改造的运作方式研究

课题组建议的城中村改造运作模式，首先是明确各个改造主体的地位和作用，然后实行多种渠道的融资，具体如图 9-28 所示。

（一）明确各改造主体在改造中的地位和作用，加快城中村改造

在目前城中村改造模式的研究中，学者多从比较各改造主体优劣势的角度来研究选择由哪一个主体主导改造。课题组认为，在城中村改造中，包括政府、村委会、村民和投资者都有自身的作用，都必须发挥各自的职能，严格根据法律法规办事，各司其职。只有这样才能使改造的过程与结果满足各改造主体的愿望，减少改造可能产生的社会冲突，使改造真正造福于人民。

1. 政府在改造中建立良好的公信力，更好地发挥领导、引导、协调和监督的职能

由于我国的特殊国情，政府部门在城中村改造中发挥着举足轻重的作用。可以说，如果没有政府的领导、引导、协调和监督，大多数城中村改造将无法进行，或者改造后也无法发挥应有的作用。在城中村改造中，政府要避免以前成为“全能政府”的做法，应该把一些不应该参与的工作交由其他有关参与方实施。目前各地政府在改造中的作用，大多是进行改造的决策和引导、制定总体规划和目标，制定和安排优惠措施。课题组也认为，政府可以不直接参与城中村改造，但需要切实加强政府在改造中的领导、引导、协调和监督作用，积极引导城中村改造向有利于城市整体功能的发挥、有利于城市景观的改善和有利于保障村民和投资者利益的方向发展，保证改造在国家法律和城市规划的要求下进行。政府也应该为改造村提供专业指导，不断提高村委会在市场竞争中的竞争水平。

在领导和引导作用方面，政府的重要原则是保证其在处理各项事务上的公信力。要保证政府公信力，其首要的原则是不与民争利，这是现代化国家政府行为的重要原则。与民争利的结果是造成政府公信力的降低，不能得到人们内心的认同，进而造成对政令的抵制。政府在改造中确立不与民争利的原则，就能很好地发挥其引导、协调和监督的作用。在改造中，政府要充分利用城市规划积极引导城中村改造满足建设现代化大都市的要求，使改造向有利于城市的产业调整、提高城市竞争力、改善城市景观的方向发展。其次，在城中村改造中，政府要营造一个公平、公正的市场竞争秩序，通过市场竞争进行资源的合理配置，充分采用“看得见的手”和“看不见的手”相结合的管理方式。例如，可以降低城中村开发的税费，给投资者各种优惠政策，使城中村各种资源的增值性和公益性得以有

效实现。城中村集体经济的发展也需要公平、公正的市场环境，以便有利于资源流通和吸引投资。

协调作用方面，由于城中改造既需要协调规划、国土、市政、建设、甚至文物等相关部门，也需要协调村利益和国家、地区长远利益的矛盾，保证城中村改造的利益和国家、地区的利益一致。政府的积极介入，能很好地促进城中村改造，大大加快改造的进度，提高改造的效果和质量。

监督作用方面，政府不仅要监督开发商是否按照国家法律法规和城市规划的要求对城中村进行改造，保证改造合理合法，保障村集体的利益；还要监督村委会是否按照相关规定兑现了对村民的承诺，保证村民的知情权、参与权和合法利益的实现。

2. 村集体制定合理的改造方案，充分保障村民和集体经济的利益，使改造的经济和社会效益最大化

村集体是城中村改造的直接利益相关者和最主要的实施者，城中村改造的一条重要原则是要保证村集体的合法权益。在村集体中，村委会和村民的作用不尽相同。村委会应该集思广益，广泛听取村民的改造愿望，委托专业机构进行深入的市场研究，制定合理的改造方案，代表村民与改造投资方进行合作，使改造的经济和社会效益最大化；同时，在改造中维护村集体特别是村民的合法权益，积极向上级反映村民的想法和意愿，积极宣传国家的有关政策，组织并向村民讲授改造的相关知识，积极开展有益的文化娱乐活动，提高认识。如果由村集体对城中村进行改造，则必须严格按照经济合作社的有关章程进行运作，保证村民的参与权，积极维护弱势群体的利益。村民在改造中应积极为村委提供建议，已经获得通过的改造方案，村民要积极配合；监督城中村的改造和村委会的运作，维护自身的合法权益。

3. 投资者在城中村改造中的作用

在改造中，包括政府、村委、开发商、本村村民甚至其他机构都可以作为投资者。投资者的作用在于筹集改造资金，设计改造开发方案，在政府和社会严格监督的情况下，对城中村进行改造，使项目的经济和社会效益最大化。如果政府作为投资者，应该成立相应的办公室或者公司专门负责，而且首先应该说明，该办公室或者公司只代表投资方，作为独立的法人承担投资者的责任。如果村集体自身作为投资者，那么村民应该承担起上面提到的村集体的职能，监督村集体的改造，保证自身的合法权益。

政府要鼓励采取多渠道的筹资、融资方式，只要是有实力、有能力的企业和其他机构，都可以作为投资者。可以由村集体自己主导实施，也可以由开发商、村集体股份公司、政府组成联合主体，即新的项目公司实施改造。新成立的公司作为独立的法人，要受政府、村集体的监督，依法行使自身职责。当然，在改造中，投资者的实力、声誉和经验对城中村改造的效果影响巨大，选择有声誉、有实力的投资者是城中村改造的一个重要因素。

4. 其他改造参与方的作用

城中村改造，是利用改造后的物业出售、出租或者经营的预期收入来对现在的城中村进行改造，因此，改造资金的最终来源，是终端消费者。城中村改造的经济利益最大化，也是通过市场中的终端消费者的消费来实现的。

城中村改造是一项复杂的系统工程，涉及政治、经济、文化、历史、环境等各个方面。为了充分发挥政府的协调和引导作用，应该注重发挥社会上各方面专家的作用，为政府提供专业的咨询，政府在参考了各方面专家的意见后，对改造进行领导、引导和监督。当然，包括投资者、村集体都需要大量的专家为他们提供专业服务，以保证自身利益的最大化。从公共利益、保证城中村改造合理、合法和公平、保证村落历史文化的传承等角度讲，为政府提供专业咨询的专家更是发挥着不可替代的作用。政府借助于社会各方面专家的专业协助，有助于得到客观公正的意见和建议，更好地制定相关政策和发挥在改造中的领导、监督等职能。

专家团由与改造其他各方都没有直接利益关系的、中立的第三方组成，以保证专家意见的客观性。专家团的组成要有不同学科的学者组成，要有城市规划学者、经济学者、社会学者、人类学者、历史学者、房地产或其他与改造相关的学者等，还要邀请有丰富经验的基层工作者。专家团虽不参与实际的改造，却可以通过自身的专业技能，研究村集体的改造方案和投资者的补偿方案，通过判断方案的合理、合法和公平、公正性，为政府提供客观的修改意见和建议，保证改造方案能尽可能地体现各方的合法利益（见图 9-29）。

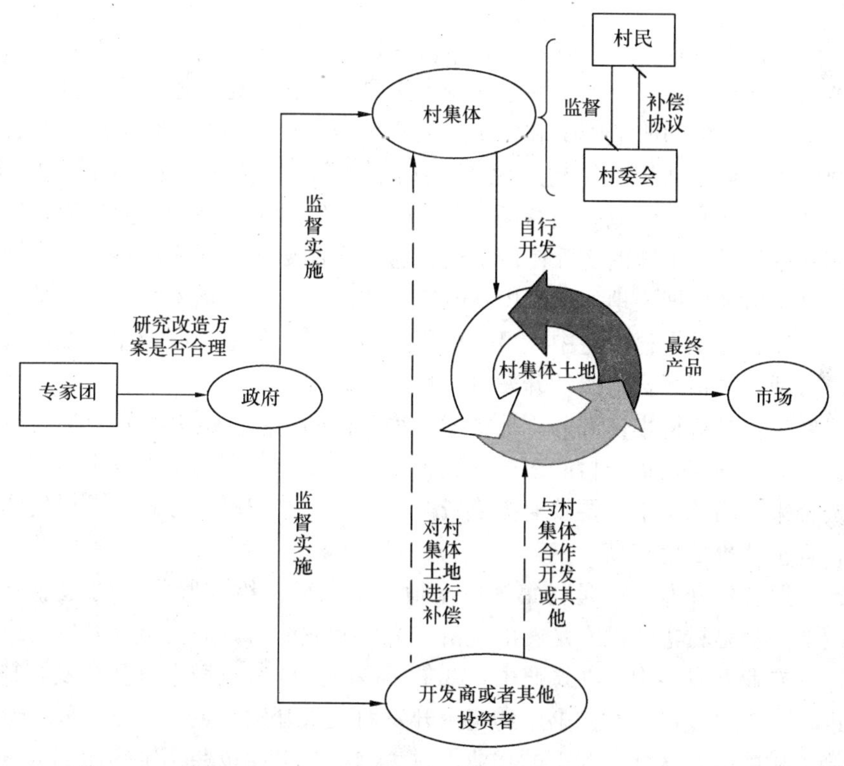

图 9-29　城中村改造运作模式图

（二）政府实行优惠政策，扶持城中村的改造

成熟型城中村多位于城市中心区，土地价值十分可观，但由于城中村改造牵涉面广，利益关系复杂，不可预见的风险很多，所以城中村改造依然面临着许多困难。加快城中村的改造，需要政府实行优惠政策，做出让利行为，同时要注重进行市场的运作。目前国内城中村改造比较成功的城市，都实行让利措施，促进城中村改造。珠海市实施城中村改造

的重要原则是“政府决策，政策推动，市场运作”，提出在改造的三年内，市区不再批出新的房地产开发用地，实现开发商、村集体、政府三个共赢。同时课题组还了解到，目前湛江市为了推进市中区城中村改造，也推出了许多优惠政策，从项目建设期间税费减免到土地出让金的返还等，政府做出了重大的让利。广州市在城中村改造中，实行“一村一策”的优惠政策，给予城中村诸多优惠，政府部门积极促进城中村的改造。在未来的改造过程中可采取地价减免、税收优惠、允许安置房屋进入市场等优惠方式，此外还需提高项目审批的效率，以减少投资方在改造期间的资金压力。

城中村改造扶持政策的核心，就是要实现城中村居民、投资者和政府（社会）的多方共赢。政策制定的出发点是既要有利于城中村改造，也要有利于城市经济社会发展；既要维护而不是牺牲城中村居民的合法权益，也要考虑社会的承受能力；对有开发商及其他投资者参与的项目，还要考虑开发商的合理收益。充分考虑各参与方利益，寻求各方利益的平衡点。最佳的改造策略就是在公平、合理的前提下，实现全社会综合效益最大化。

（三）利用市场运作，实现多渠道融资，加快城中村改造

如前所述，投资者在城中村改造中具有重要作用，特别是改造资金的筹集是城中村改造的一大难题。城中村拥有土地资源这一城市重要的财富，充分挖掘土地价值可以很好的解决城中村改造中遇到的改造资金和村民阻力两大难题。目前城中村土地的粗放经营和低效利用问题较为严重，从用地结构上说，一些区位优越的城中村土地拥有很高的级差地租，本应该做商业开发，建成高档商场、写字楼等，以实现更高的商业价值，但现实中不合理的功能安排降低了土地的实际使用价值。通过土地结构和强度调整，可以把土地本应拥有的价值显化出来。把土地作为城中村改造的切入点，多渠道筹集资金，是未来城中村改造的重要途径。在城中村改造中，可以采用土地置换、土地入股合作开发、自有资金结合以土地为抵押物的银行贷款滚动开发等多种融资方式。

土地置换，就是将村集体部分土地拍卖，将获得的款项作为开发资金进行改造，目前广州采用这种方式的就是猎德村的改造。这种融资方式充分利用了自身土地的价值，能较好地解决资金来源问题，不需要政府提供资金扶持，但这种融资方式要求村集体有足够的剩余土地，且土地价值比较高。

以土地入股合作开发，就是村集体以土地折价入股，组成股份公司对城中村进行改造。这种改造一般是村集体没有足够的经济实力和专业能力，需要借助开发商或者其他投资者的资金和专业开发能力。在调研中，我们了解到越秀区某城中村和开发商签订了意向书，共同进行城中村改造。意向书中约定由开发商提供开发资金，双方组成股份公司，改造后除去给予村民的补偿外，剩下的物业由村集体和开发商按照一定的比例进行分成，物业既可以由开发商经营管理，也可以由村集体自行管理，具体相关事宜另外商订。这种融资方式也涉及两个问题，一个是集体土地转化为国有土地的问题，一个是如何在改造中保护村集体和村民利益的问题，这些都还有待进一步探讨。

自有资金结合以土地为抵押物的银行贷款滚动开发也是可以考虑的模式，其一般要求村集体的经济实力较强，有一定的抗风险能力，同时有较强的经营管理能力。

另外，上市融资、发行债券、房地产投资信托（REITS）以及 PPP（Public-Private Partnership）即公共部门与私人机构的合作模式、BOT（Build-Operation-Transfer）即建

设-经营-转让模式等都是可能的潜在融资模式，不过需结合具体的情况分析与采用。

（四）合理规划，防止新城中村的产生

广州目前的城中村呈现不断发展的态势，政府不仅需要改造急需改造的城中村，更重要的是研究如何防止新城中村的产生。在分析城中村形成原因的时候，城乡二元体制是城中村形成的根本原因，因此，从长远来讲，要打破城乡二元管理体制的壁垒，实现户籍、社会保障、甚至土地等方面的全方位、一体化管理。

防止新城中村的形成，必须考虑外来人口的居住问题。如果政府不考虑为外来人员和城市低收入者提供合法的廉价出租屋，那么就会出现两种情况：一种是由于“居住过滤”，使低收入者继续往郊区寻求类似今天城中村的廉价房屋，在政府监管不力的情况下，新的城中村就会不断产生；第二种是外来工无法在广州找到廉价的出租屋，他们被迫迁往其他城市，从而影响到城市第三产业的发展甚至是城市的整体竞争力。

城中村的形成，城市规划的滞后也是一个重要原因，有学者比较了上海和广州两个经济迅速发展、城市范围急速扩张的城市，但由于上海重视目标长远的一体化规划和管理，城市发展过程中很好地处理了与周边村落的关系，没有出现明显的城中村问题。因此，广州应该实行城乡一体化的城市规划，在宏观层面上，充分考虑城市用地功能、基础设施的发展水平以及城市整体容量的适度控制标准。微观层面上，确定近期发展区、特别是重点项目建设区的用地性质、建筑密度、容积率等规划控制要求。村集体应该考虑集中建设针对外来人员的廉价出租屋，并进行统一规划、统一建设和管理。

（五）完善城中村改造的相关配套制度，促进村民向市民、农村管理体制向城市管理体制的转变

1. 完善村民身份转变后的社会保障制度， 免除村民的后顾之忧

转制后的配套措施不完善也是目前城中村存在的一个重要问题。2002 年 5 月 24 日，广州市发布了《中共广州市委办公厅广州市人民政府办公厅关于“城中村”改制工作的若干意见》，《意见》指出：“改制的‘城中村’，应将村民农业户口全部变更为居民户口，换发新户口簿”，但相关的配套政策并没有完善，村民并未真正转变为城市居民。政府应重视城中村转制相关配套政策的制定，尤其要制定完善的社会保障以及就业保障体系。

城中村纳入城市社区的规划中后，许多农村人口变为城市人口，但这些人口文化素质不高，劳动技能缺乏，在巨大竞争压力的城市中处于不利地位。因此，政府要对其提供社会保障，使其免除后顾之忧。目前，广州市“农转居”居民缴纳基本养老保险，是按照城镇职工平均工资的一定标准来实施的，这对于许多失去土地的城中村村民来说是一个巨大的负担，例如番禺小谷围街道的许多失地农民由于没有稳定的工资收入，就无法承担每个月的基本养老保险金。在就业保障方面，由于农民的文化水平普遍偏低，除了对他们的就业保障实行政策扶持外，还要对其进行文化教育和技能培训，使其成为社会的有用人才。另外，提供优惠政策，鼓励农民自主创业，自主经营，给从事个体私营和民营经济的村民提供一定的资金扶持，在法律法规允许的情况下，减免一定比例的税金，使改造后的村民能最大程度地、并且是发自内心地融入城市生活，而这一点，也应成为我们评价一个城中村改造项目是否成功的标志之一。

2. 完善村集体公司的股份设置，加快集体企业向现代企业的转变

城中村改造，不仅仅是把旧房子变成新房子，改善居住环境，重要的是改变村民对土地和房屋的依赖，由城中村村民转变成城市市民，形成人才的有机流动，使“村集体得发展，农民利益得保障，城市景观得改善”的目标得以实现。通过股份制改制，在股权设置上把村集体股份量化到人，形成权属清晰的产权制度，是一种可行的方法。这样不仅创造了一种新的公有制经济形式，解决了农村集体财产所有权长期不清的归属问题，促进农村的分工分业和劳动力的合理转移，而且有利于政企分开，真正实现所有权和经营权分离，发展生产力，舒缓在向城市转型过程中农村原住民在就业、生活过程中的“不适应期”。

在目前广州市城中村转制过程中，仍然存在许多问题。其一，转制后的集体股份合作制公司仍然承担着大量的经济和社会事务，城中村集体公司仍负担着村里的社会治安、环境卫生、村民福利和保障等社会事务。第二，各区城中村的股权设置比较混乱，城中村村民持有股份离真正意义上的产权还有一段的距离。在未来的改革中，要合理设置股份，明确集体资产的产权，这有助于引进现代企业制度，在集体股份公司中建立、健全公司化的管理模式。同时，实现股权“一刀切”，使留村和出村村民的待遇等同，形成鼓励村民外出发展的机制，从而促进劳动力合理分流，减轻企业的负担，推动城中村城市化进程。

3. 加强对转制村民及其后代的宣传教育，使其尽快实现角色的转变

在当前城市化进程的征地拆迁和补偿安置等问题中，由于补偿过低和征地过程本身的合理性等原因，人们往往只把关注点放在补偿标准是否合理，失地农民应该怎样安置等问题上，认为只要补偿合理，农民转变成城市居民，住上了新房子，农民就会感恩戴德。其实农民也是一个有思想、有感情、有独立人格的人，他们也有自己的文化、自己的依托，他们对故土也有深深的依恋。珠三角许多城中村居民的祖先在中原或其他地方，由于动乱和其他原因几次迁徙而来。他们很注重自己文化和历史的延续，把割断历史的延续看成是对祖宗的背叛。所以在一些有几百年历史的村落，修建祠堂、联系宗亲和修祖谱都被看做是很重要的事情。在城市化进程中对农民的这些文化给予尊重，有助于让他们融入市民社会，减少他们的抵制情绪。

农民的身份转变成市民后，由于固有文化的影响，他们的角色、观念很难在短时间内转变，而且这些转变是需要经过阵痛的，需要进行一些引导，农民也需要一些时间的去适应。如果这个过程太迅速，或者在这个过程中受到巨大的外来压力，则他们的抵制情绪会更加强烈，而且由于宗族势力和其他矛盾的激发，这种方式容易引发新的社会冲突。因此在城市化的建设过程中，应该积极倾听他们的意见，了解他们遇到的困难并设法给予解决，让他们有融入城市的思想准备，同时采取措施让他们转变生活方式，融入城市社区生活。

首先，城中村改造应注意加强对转制村民及其后代的宣传教育，构建村民的社会认同感，摒弃家族观念和小农意识。城中村村民的家族本位和小农意识形成的漠视外界事物的态度，严重影响着社会化进程。城市化倡导社区文化，是一种公共生活领域的文化，其文化基础是社会公德，是社会的整体利益，它与平等、权力、义务和正义等理念联系在一起。而城中村村民表现的是传统的小农意识或渐已形成的小市民意识，与现阶段所倡导的社区文化是不一致的，因此，城中村改造不仅要改造其物质形态，还要改造城中村的精神生活。具体来说，就是要加强城中村村民的文化教育观念，要使他们特别注意对后代子孙的文化教育。加强村民的“居民”意识的宣传和教育，让他们努力配合城市管理与社会治理，促进对社区工作的参与和支持。

其次，提高城中村全体居民的文化素质。文化素质的提高是城中村改造的必要条件，政府应加强城中村社区的文化建设，努力创建新型、文明、先进、和谐的社区。围绕居民群体“求安、求乐、求美、求知、求富了再富和求民主权利”的心理要求，按照各个组织的职责，采用大众喜闻乐见而又生动活泼的有效形式开展各项有益的群众性活动，使城中村村民的生活真正融入到大城市中去。课题组在相关的调研中了解到，一些村由于文化活动开展得好，对村民的市民意识的转变具有很好的促进作用。

八、城中村廉价出租屋替代功能研究

（一）没有综合规划的城中村改造，可能造成通勤成本过大的不合理现象

由前面的分析可以看出，城中村在解决广州市大量外来人员的居住问题上起了巨大的作用。随着经济的发展，在较长的一段时间内，城市人口将持续增长，对房屋的需求也将增长。如不为外来人口提供相应的廉价住房，城中村的违法建筑仍有可能大量出现，而且这种现象会像冲击波一样不断向城市外围推进，市区城中村目前面临的诸多问题就会在现在的城市郊区出现。这种“居住过滤”现象不仅增大了外来人员、城市低收入者甚至年轻白领的交通和时间成本，即通勤成本，同时也造成了城市交通设施超负荷运转的不合理现象。城市中心区是广州的政治、经济、教育中心，但由于房价很高，把大量无房的城市年轻白领和低收入人员排斥在外，他们只能往城市郊区居住，形成了白天在市区上班，晚上回郊区居住。这种不合理的城市布局，不利于整个城市的发展。

（二）城中村改造形成的“居住过滤”现象可能引发的社会问题

如果把城市中心的城中村都改造成现代化的居住小区或者商业设施，“居住过滤”的现象有可能迫使大量外来人口、年轻白领以及刚毕业的大学生进入居民小区进行“群租”。“群租”现象的背后，是因为房屋租金的高企使得大量的城市中低收入者无法承担，不得不以在城市居民小区以群租的方式解决居住问题。

从上海和广州的情况来看，群租的房屋是小区的套房被人为地分割为面积4～7平方米的小房间，往往一个80～90平方米套间就可能住上10个人，而住在同一个套间的人并非相互熟悉，上海就有“25套房内住了231个人”的报道。群租有可能将城中村目前存在的许多社会问题转移到了城市居民区，而引发的不良后果也许更为严重。目前上海市对“群租”房的治理，在社会上引起了强烈的争议。《劳动报》2007年9月8日报道：“（上海市）7日突击整理群租，有关部门带来了近百套租赁房源，但是‘两室一厅3600元’、‘三室两厅4400元’这样的标价吓倒了刚结束群租生活的人，最终仅一套房成交”。这些城市的低收入者或者刚毕业的大学生，很可能被高租金、高房价排斥在城市外，而他们又往往是城市的主要劳动力，长此以往，城市的运营成本将会增大，最终会影响城市的整体竞争力。

（三）合理规划，保留部分城中村作为外来人员的廉价出租房源地

为防止新城中村的大量产生和新的“工作居住异地”现象，无论是从城市规划的角度还是建设宜居城市的角度讲，都应该保留部分城中村作为外来人员的廉价出租房源地。有学者提出政府用行政划拨土地发方式建设低收入者的合法住宅，北京和一些地区也有实施，但由于这些廉价住房都建在郊区，实际上问津者不多。目前广州市城中村承担了为外来人员和本地低收入者、甚至年轻白领提供廉价住房的职能，有力地支持了城市第三产业的发展，城中村居民也从中获得了丰厚的租金收益。如果在未来的城中村改造中，没有将廉价出租房屋的需求考虑进去，那么在利益的驱动下，村民违章自建出租屋的现象就无法遏制，新的城中村就会不断产生。目前这种城市交通超负荷运转、城中心第三产业的凋零以及众多的社会问题就无法避免。与其等违章出租屋出现了再去整治，不如做好规划，在新的违章建筑出现前就杜绝其产生的根源，这样社会成本就会低很多。

因此，对城中村改造的定位，必须在城市规划的范围内综合考虑。对位于市中心、土地商业价值极高的村，可以用来开发商业、住宅和写字楼等。但对于商业价值一般，且原来村的功能就是为外来人员提供廉价住房的村落，就应该保留其原来的功能，把其作为城市的廉价房源地，为城市低收入居民提供合法的廉价出租屋，政府应该提供优惠的政策支持。改造后的出租屋要按照城市规划的要求，进行统一建设，统一管理，完善排水、给水管网和消防等基础设施，一般情况下不允许村民在已有的住房上加建出租屋。同时引进物业管理公司对出租屋进行管理，治安等部门要加强对出租屋的管理力度，杜绝新的社会问题发生。

九、加快城中村改造的相关政策建议

在上述研究基础上，课题组对加快广州市的城中村改造提出以下相关的政策建议：

（一）在城中村改造中实行分类指导与“一村一策”相结合的改造策略

城中村改造改造是一个庞大的系统工程，需要大量的资金，而这些资金是政府难以承担的，此外，改造涉及大量的利益关系，需要处理大量的相关问题，因此，改造不可能一蹴而就，它是一个长期而且艰苦的过程。

城中村改造，既要根据城市未来的发展方向确定改造的具体目标，又要根据城中村的具体特征，采取“在整体改造战略上实行分类指导，在具体改造措施上实行‘一村一策’”相结合的改造策略。实行“成熟一村改造一村，加快成熟城中村的改造与防止新城中村的产生相结合”的指导方针。

我们建议改造应针对不同类型的城中村制定不同的指导原则。对于成熟度高的城中村，如果居民改造愿望高的，政府应该加紧推动改造；如果居民改造意愿一般的，应通过制定明确的政策，确立政府的公信力，加强宣传提高村民积极性以促进改造；对村民改造愿望低的，政府的主要责任是加强综合治理，完善相关市政设施，同时，确立政府的公信力，提高村民的改造积极性，待城中村条件成熟后再着手进行改造。

对于成熟程度一般的城中村，政府的职责是提供服务和政策支持，消除村民的疑虑，

改变村民观念，积极引导成熟度一般的城中村自行调整改造。

对于成长型的城中村，应严格控制新增建筑，加强规划和外来人口的管理，在改造形式上，调整、抽疏过密的建筑，完善基础设施和相关配套设施，防止城中村陷入恶性循环。

为防止新城中村的产生，政府应更多地从城市规划、土地管理的角度，制定高标准的城市规划和土地利用规划并严格执行，积极引导郊区村落向良性方向发展。

（二）充分发挥政府在改造中的领导、引导、协调、监督等作用，加快城中村改造

在城中村改造过程中，包括政府、投资者、村集体在内的各改造主体都发挥着重要的作用，需要明确各自的责任。对于政府来说，需要切实加强政府在改造中的领导、引导、协调和监督作用，积极引导城中村改造向有利于城市整体功能的发挥、有利于城市景观的改善、有利于保障村民和投资者利益的方向发展，保证改造在国家法律和城市规划的要求下进行。

城中村改造中，最大的难题是利益冲突的协调问题，在这个过程中，政府拥有制度安排的最终决定权。在这种情况下，政府的科学民主决策、政治智慧和发展远见就显得非常重要。我们在调研中也了解到，城中村村民对政府的期望是很高的，许多村民认为如果没有政府的介入和监督，他们的利益就很难得到保障。因此，城中村改造过程中，政府的领导、引导、协调、监督等作用非常重要。政府积极的推动与得力的帮助，有助于加快城中村的改造。

（三）加强监督、引导，创造有利条件发挥村集体在改造中的主导作用

我们在调研中了解到，村委会领导集体对一个城中村的发展有着重要的作用。一般来说，如果村委领导团结、有威信，能为村集体着想，又有较强的领导能力和和经济管理能力，这个村的经济就发展得比较好，村委也能得到群众的拥护。如果村委领导不团结、起内讧，又不以发展经济为己任，这样的村一般都发展不好，也会影响村民内部的团结。调查中有许多村民反映本村目前村委的决策不民主，许多事情不征求村民（股东）的意见。

因此，一个以发展村集体经济、维护集体利益为己任，具有大局意识和管理能力、规划能力的村委领导班子对村未来的发展意义重大。政府应该建立健全有利于村委领导班子成长的管理体制，创造有利于村委领导增长才干的环境，同时，也要在法律规定的范围内监督村委的运作，保障村民的利益。

在改造中，村委会应该集思广益，广泛听取村民的改造愿望，委托专业机构进行深入的市场研究，制定合理的改造方案，代表村民与改造投资方进行合作，使改造的经济和社会效益最大化；在改造中维护村集体特别是村民的合法权益，积极向上级反映村民的想法和意愿，积极宣传国家的有关政策，主导或推动改造。

（四）政府提供优惠政策，多渠道筹集改造资金推动城中村改造

城中村的改造资金来源问题是改造的一大难题，政府应该考虑提供相应的优惠政策吸引投资者参与改造。投资者的作用在于筹集改造资金，设计改造开发方案，在政府和社会严格监督的情况下，对城中村进行改造，使改造的经济和社会效益最大化。在未来的改造

过程中，在“一村一策”改造策略的基础上，政府可采取地价减免、税收优惠、考虑允许安置房屋进入市场等优惠方式推动改造；同时，还可以近一步提高项目审批的效率，以减少投资方在改造期间的资金压力。

改造还要鼓励通过市场运作的多渠道融资方式。城中村拥有土地资源这一城市最大的财富，充分挖掘土地价值可以很好的解决城中村改造中遇到的改造资金和村民阻力两大难题。可以采用土地置换、土地入股合作开发、自有资金结合以土地为抵押物的银行贷款滚动开发等多种融资方式。另外，直接融资、上市融资、发行债券、房地产投资信托（REITS）以及 PPP（Public-PrivatePartnership）即公共部门与私人机构的合作模式、BOT-（Build-Operation-Transfer）即建设-经营-转让模式等都是可能的潜在融资模式。

（五）充分保障村民对改造的知情权和参与权，加强宣传引导、树立典型案例、消除村民疑虑，促进城中村改造

典型城中村的改造对广州市中心的成熟城中村影响很大。我们从调研中了解到，许多村民在谈到是否愿意改造时，都表示只要是能像猎德一样进行改造就愿意。事实上，目前大多数村民对城中村的改造政策了解不多。我们相信，随着村民对改造政策了解程度的加深，村民对改造的忧虑也会降低，改造积极性会相应提高。因此我们建议政府加强对城中村改造的宣传和引导工作，通过对政策的宣传使村民加深对改造的认识，通过树立城中村改造的典型来消除村民对改造的疑虑。

同时，城中村村民是城中村改造的主要利益相关者。据课题组的了解，在以往的一些征地拆迁和改造过程中，村民参与度十分有限，村民的知情权和参与权也未能得到较好的保障，由此而引发的社会问题也层出不穷。在未来的城中村改造中，应充分保障村民的知情权和参与权，积极宣传政府改造的优惠政策和设想。改造方案要获得超过三分之二以上有民事行为能力村民的了解和同意，否则就不能通过。在制定拆迁补偿和安置方案时，要本着平等协商、充分保障村民合法权益的原则，公平、公正地对待每一个被拆迁居民。在实际的改造中，要严格按照法律、法规和改造方案的规定实施，避免出现补偿款被层层截留和不按程序规定实施的现象。

（六）城中村改造应注重村落历史文化的传承与延续

城中村改造的另外一个重要目标是不能割断村落的历史。广州市许多城中村都有几百年甚至上千年的历史，留下了众多岭南特色的古建筑和民间文化。千百年来，农民的睿智和生活哲理形成的道德规范和交往规则，仍然是我们现代社会精神和社会财富的一部分。保护好村落民间有特色的建筑和文化，不仅是对原村民的尊重，更是体现了一个具有现代执政理念政府的人文关怀精神。一旦割断历史，一个地区的发展就成了无源之水。以新加坡为例，政府在旧城改造时搞好拆迁有两方面成功的因素：其一是人们搬到新的地方，必须要比他们以前居住的地方好；其二是拆迁的同时，在老地方保留人们的一些记忆在那里，不完全毁坏它。当市民看到自己生活的环境在不断变好、而已有的往日记忆没有消失的时候，即使伤感也会支持政府的动迁行动。

（七）注重对城中村居民的技能培训与精神层面的关怀，使其更好地适应向城市市民角色的转变，真正融入城市生活

就业是民生之本，充分就业有利于社会的稳定和和谐发展。目前不少城中村村民文化素质不高、专业技能不强、竞争意识也不强、缺乏外来人员吃苦耐劳的精神，在就业市场的竞争上处于劣势。村民的主要工作多在村集体工作，或者打理自己的出租物业，不少村民更是无所事事。就业不足的现象会引起村民游手好闲、不思进取，同时也会产生一系列的社会问题。因而在改造中要特别重视对适龄村民的技能培训，改造后在同等条件下优先为村民提供就业岗位。

失去土地的农民由农村融入城市，是一个艰难的转变过程。较低的文化程度、有限的技能以及对原有生活方式的依赖，都会使得这一转变变得困难重重，并且他们精神方面的困难有时甚至会超过物质方面的困难。因此，在这一过程中，耐心的开导，有效的培训，更多的就业机会的提供，社会保障的健全，都是非常重要的；同时还要注重对他们人格的尊重、对其个人愿望和信仰的尊重以及对其文化的尊重。村民们是否较为顺利地适应了这一转变过程，并且真正发自内心地融入了城市生活，这可以成为我们评价一个城中村改造项目是否成功的标准之一。而这一作法，也是我们构建和谐社会与化解社会风险的有效手段。

（八）充分研究城中村廉价出租屋的替代房源，为广大低收入者提供合适住所

如前面所述，在没有合理规划的情况下，城中村改造的“居住过滤”现象，有可能会出现两种情况：第一种是城市中心区住房租金大幅度上涨使大量的外来务工人员和年轻白领往城市外围迁徙，在郊区寻求类似今天城中村的廉价房屋，在政府监管不力的情况下，新的城中村就会不断产生，还会出现交通拥挤、群租等城市病；第二种是外来工无法在广州找到廉价的出租屋，他们被迫迁往其他城市，这会造成劳动力紧张，从而影响到城市第三产业的发展甚至城市的整体竞争力。

因此，我们建议政府在城市整体范围内，合理规划与布局，通过政府引导、市场运作的方式，为外来工和城市低收入居民提供合适的廉价出租屋。这对于减轻低收入者的租金负担、防止新城中村的产生、降低城市运营成本、促进城市的协调健康发展具有重要的作用。

（九）完善相关的社会保障制度和福利政策，促使城中村的管理体制向城市管理体制转变

城中村改造，还需要完善相关的社会保障制度和福利政策，消除村民身份转变后的疑虑，使村民能更快地融入城市社会。考虑到不同城中村村民的收入情况差异较大，如果直接套用城镇职工的社会保障措施，许多村民实际上没有能力负担。社会保障费用的缴纳，可考虑对不同村民的收入情况提出相应的措施。在管理体制上，通过体制的转变，促使村委会管理向现代城市居委会管理的转变，形成有利于实现城中村村民向城市市民、农村管理体制向城市管理体制的转变。通过村集体股份制公司改革，使村集体企业向现代企业制度迈进，形成有利于人员流动和减少居民对村集体经济依赖的机制。

（十）实行城乡一体化的管理体制，制定高标准的城市规划，加快控制性详规的编制，防止新城中村的产生

城乡二元的管理制度是城中村形成的制度根源，要防止新城中村的产生，就要打破这种城乡分隔的管理体制，实行城乡统一的户籍、城市规划管理体制。在城市规划管理上，要根据城市的发展目标，制定长远、严格的城市规划。在宏观层面上，充分考虑城市用地功能、基础设施的发展水平以及城市整体容量的适度控制标准；微观层面上，确定近期发展区、特别是重点项目建设区的用地性质、建筑密度、容积率等规划控制要求。要尽快完成重点发展区域的控制性规划，防止规划跟着开发跑，从根源上防止新城中村的产生。

（十一）在城中村改造中引入社会评价制度，识别可能存在的社会风险，最大限度地减少改造可能造成的负面影响

我们在调研中的一个最大感受，就是深切感受到利益问题是城中村改造一大难题，城中村改造的过程，实际上是一个村集体利益重新调整的过程。众多学者也认识到，如果改造的利益调整得不好，改造将无从说起。现实中城中村改造冲突的焦点，并不在于村落是否需要拆迁改造，因为从整体的效益分析来看，改造通常都是盈利而不是亏损。冲突的焦点，是拆迁过程中的利益安排，即谁获益、谁受损，获益者的收益是否合理适当、受损者的损失是否得到应有补偿的问题。因此，城中村改造应充分保护各利益相关群体的利益，尤其要注重保护弱势群体和利益受损群体的利益，充分保证改造过程与结果的公平与和谐。实践证明，在城中村改造过程中引入社会评价制度不失为一个可行、有效的好办法。

对城中村改造进行社会评价研究，就是指运用社会学、人类学的理论和工具，结合项目评价的基本方法，对项目社会影响、利益相关群体、弱势群体等进行分析，提出减少社会矛盾和社会风险的策略，给出与项目相关的社会政策和项目方案设计。这可以帮助解决长期困扰我们的、项目实施过程中的社会风险评估与防范难题。我们慎重建议在以后的城中村改造的方案评估中，都应该引入社会评价制度，以识别改造方案可能存在的社会风险，减少改造可能造成的负面影响，实现多方共赢，真正让城中村改造与城市发展的成果为最广大的人民群众所分享。

附件

附件 1　文献研究

1.1　各村概况

1）目的村的位置、所属行政区、面积、人口等相关情况。

2）村落的形成和发展过程、土地征用的过程。

3）村落周边城市区域的发展过程，分析其对村落形成的影响。

4）改革开放——20 世纪 80 年代——20 世纪 90 年代初——20 世纪 90 年代末到现在四个时期，村民对环境的适应过程，包括村民收入来源的变化，村办企业（或私企）的种类及其发展、变化情况。

1.2　政府政策对“城中村”形成和发展的影响

城中村所在城市的城市规划、城市发展战略，以及城中村户籍制度、管理制度、城中村改造政策的具体情况及变迁。

1.3　村落与周边环境的情况

1）结合城市规划发展状况，分析村周边主要产业及其发展情况。

2）与其他“城中村”在形成和改造中的区别，相互可借鉴的经验。

附件 2　访谈大纲

2.1　保留村村民访谈大纲

1）你们村的历史和发展状况如何，有多少个姓氏，村经济发展状况如何？

2）你们村的房子是什么时候建的？分几个时期？为什么会出现这种情况？每户的宅基地面积大概为多少？一般来说每户家庭有多少套房子？房子的用途怎么样？

3）村民的主要收入来源有哪些？房屋的租金水平怎么样？多少年能回收成本？

4）你们村周边的工厂和其他企业多不多？你认为自己村的发展和周边工厂的发展的关系如何，是如何相互影响的？

5）村集体的资产多不多？是怎么管理的？你们村的股权是怎么操作的？分红有多少？你觉得有什么优点和不足？

6）村民的日常活动场所在哪里？交往圈子怎么样？，本地人和外来人员的交往多不多？相互之间有没有什么误解和歧视？

7）村民对子女教育的重视程度怎么样？村里考上大学的人多不多？没有读大学的青年做什么工作？

8）村里有哪些日常活动？你是否经常参加？你觉得这样的活动怎么样？

9）你认为村委在村的建设发展过程中发挥了什么作用？村里的决策和村官的选举是否民主？

10）与你了解到的其他村落相比，你们村在城市景观、建筑物形态（例如：楼高、楼距、建筑物的外立面）、历史延续、人员组成（本地和外地）、有什么不同？你认为造成这些差别的原因是什么？

11）如果你们有足够的能力在外面的小区购买住房，你们是否会离开自己所在的村？按照你的观察和了解，你认为以后你们村会发展得怎样（即什么人会留下来？什么人会离开）？

12）从你和你身边亲戚朋友的角度讲，你们觉得自己村目前的状况怎么样？是否需要改造？如果需要改造，该如何改造？

13）您认为你们村目前的改造模式怎样？村委会之前有没有详细咨询过大家的意见？村民的意见怎么样？未来的改造你最担心的事情是什么？

14）你们村这种改造模式能改善你们的收入状况吗？能否保证你们现在的权益？你认为这种改造模式有什么缺点？该如何改进？

2.2 外地人访谈大纲

1）你们在这里居住多久了？当初为什么会选择在这里居住村？你们对这个村的印象怎样？你认为这个村是否需要改造？你了解这个村的改造方案吗？你觉得这个村的改造方案如何？

2）您现在从事什么行业？收入如何？以后有什么打算？如果村改造了对你们的影响大不大？有哪些影响？这个村改造了你们会去哪里居住？

3）你对子女的教育重视程度如何？子女都在哪些地方上学？现在村里的环境对子女的成长有什么影响？

4）与本地人相处怎样？对本地人的看法怎样？

2.3 区政府访谈大纲

1）广州市政府在辖区选定的需改造的试点村，政府在实施中采取了什么措施？采取的改造步骤是怎样的？在改造主体和改造模式的选择上是怎么样的？

2）政府在之前的“城中村”改造中，所要达到的主要目标是什么（包括城市景观、土地利用、居民）？怎么考虑城中村原住居民的生计和外来人口的居住问题？

3）目前试点村的改造效果怎么样？期间遇到的主要问题是什么？政府是怎样调动村集体、街道、村民的改造积极性的？资金的筹集是怎么样的？

4）从政府综合管理的角度讲，“城中村”在治安、环卫、外来人口管理、城市土地利用等方面存在什么大的问题？

5）广州市政府近年来针对本区“城中村”改造发布了什么政策？改政策的实施效果如何？有什么重要的经验和教训？

6）政府在“城中村”改造中是怎样考虑村民的社会适应性问题的？从目前的经验讲，改造过程中村民最担忧的是什么？最抵制的是什么？

7）改造中，政府和村民之间是怎么协调的？信息的交流是否通畅？村委会在其中发挥了什么作用？

8）本区在“城中村”改造过程中，有什么重要的经验和教训？

2.4 街道办访谈大纲及需提供的资料

1）本区概况，包括人口组成情况（户籍和常住人口）、三大产业比例、主要产业分布。

2）本辖区内有哪些城中村？各村的概况如何（包括村地理位置、历史、人员组成、种姓、历史上土地被征用过程，包括时间和数量）。各村村志；

3）本辖区针对“城中村改造”出台的相关政策，目前对“城中村改造”的措施。

4）本辖区的发展规划，特别是城中村周边的未来发展规划。

5）辖区内关于村集体股份经济社股权分配的相关规章制度，股权分配的经验和存在的问题。

2.5 各村访谈大纲及需提供的相关资料

1）本村概况介绍，包括本村村志，本村的历史及其发展过程，本村的主要宗族，本村人口组成情况。

2）本村村民的主要收入来源、主要从事的行业、收入情况。

3）本村外来常住人口的数量、年龄、性别、来源地、主要从事的行业、收入情况。

4）本村土地被征用过程，即在哪个时期征收了多少土地，当时的补偿标准如何。

5）本村村集体的主要产业，村集体的主要收入来源。

6）本村的股权分配情况的相关规定，在实践中存在的问题。

7）本村村委对“城中村改造”有什么设想和部署？村民的“城中村改造”意愿如何，村委是如何与村民协商，如何获得村民的改造意愿的？

8）本村重大事情如何决策？村两委、村民、村中的长老等人员在决策中起的作用如何？

附件3 “城中村”居民改造意愿调查问卷

村________ 问卷编号：________

尊敬的受访者：

您好，我们本次调查的目的是了解广州市“城中村”居民的改造意愿，为政府制定相关政策提供依据。现在需要占用您一点时间，请您协助填写下面的问卷，您的意见对我们研究的很重要，我们承诺对您的个人信息保密，谢谢您的合作！

甄别问题：

1. 您是这个村的村民吗？（　　）

A. 是　B. 不是________（停止访问）

2. 在最近一个月有没有接受过我们的问卷调查？（　　）

A. 没有　B. 有________（停止访问）

正式问题

1. 您的职业：（　　）

A. 私营企业职工　B. 国有企事业单位职工　C. 个体私营企业主

D. 公务员　E. 村经济社职工　F. 园林绿化

G. 待岗　H. 其他：（请填写）________

2. 您的受教育程度：（　　）

A. 小学　B. 初中　C. （高中）中专

D. 大专、本科　E. 研究生及以上

3. 您的年龄：（　　）

A. 20岁以下　B. 21～25岁　C. 26～30岁

D. 31～35 岁　　E. 36～40 岁　　F. 41～50 岁

G. 51～60 岁　　H. 61 岁以上

4. 请问您的家庭规模为：(　　)

A. 1 人　　B. 2 人　　C. 3 人

D. 4 人　　E. 5 人及以上

5. 您对现在住房及其周围环境的满意度：(　　)（选 D、E 跳答 7）

A. 很满意　　B. 满意　　C. 一般

D. 不满意　　E. 很不满意

6. 您对于现住房及其周围环境的评价：(　　)（多选）

A. 居住条件好　　B. 环境卫生好　　C. 交通方便

D. 购物便利　　E. 邻里和谐　　F. 其他______（请填写）

7. 您对于现住房及其周围环境不满意的理由：(　　)（多选，限三项）

A. 居住条件差　　B. 环境卫生差　　C. 交通不方便

D. 购物不便　　E. 治安条件差　　F. 缺乏文化娱乐设施

G. 房屋的建筑密度高　　H. 绿化很少　　I. 其他______（请填写）

8. 您对本地的治安环境是否满意：(　　)

A. 非常满意　　B. 满意　　C. 基本满意

D. 不满意　　E. 非常不满意

9. 您认为村里最需要改善的有哪些方面？(　　)

A. 环境卫生　　B. 治安整治　　C. 道路

D. 路灯　　E. 出租屋管理　　F. 其他：______

10. 如果条件允许，你是否会为选择更好的居住环境而搬出现居住的村子呢？(　　)

A. 一定会　　B. 可能会　　C. 不确定

D. 不会　　E. 一定不会

原因是：________

11. 您对“城中村”改造的政策：(　　)

A. 非常了解　　B. 了解　　C. 基本了解

D. 不了解　　E. 完全不了解

12. 您对政府的“村改居”改造政策满意吗？(　　)

A. 很满意　　B. 满意　　C. 基本满意

D. 不满意　　E. 很不满意

（选 D、E 的答）不满意的原因是：____________________

13. 如果您所在的村要进行改造，您愿意吗？(　　)（选 A、B 直接答 15）

A. 非常愿意　　B. 愿意　　C. 不确定

D. 不愿意　　E. 非常不愿意

14. 您不愿意改造最主要的原因是什么？(　　)

A. 村里已经很好，不需要改造　　B. 补偿标准太低，不能保证以后的生活

C. 违章建筑较多，担心得不到补偿　　D. 担心改造后集体分红减少

E. 改造后没有房子出租，失去生活来源　　F. 村委会不能保障村民的利益

G. 其他________（请填写）

15. 您认为“城中村”改造最重要的是什么？（　　）

A. 村委坚强领导，保障村民利益　　B. 政府加大投入，改善基础设施

C. 政府监督改造，保证合法公平　　D. 引进有实力的投资者，使改造效益最大

E. 其他：________（请填写）

16. “城中村”改造之后，您最担心的是什么？（　　）（多选，限三项）

A. 集体分红的减少　　B. 规范出租屋市场之后而造成的房租收益减少

C. 养老的担忧　　D. 难以找到合适自己的工作

E. 房屋超标赔偿　　F. 担心在房屋拆迁过程中的，得不到应有的赔偿

G. 失去原有的医疗福利　　H. 担心改造后房屋质量问题

I. 要缴纳大量的税费而影响房租的收益

J. 改造期间失去房屋的租赁收入

K. 担心房屋上市后，要缴纳大量的土地使用权出让金和税费

L. 其他：________（请填写）

17. 您认为“城中村”改造应由：（　　）

A. 集体股份制公司（或村委）全权负责

B. 原村民和集体股份制公司（或村委）负责

C. 居委会和集体股份制公司（或村委）共同负责

D. 政府负责

E. 村民、居委会和集体股份制公司（或村委）负责

F. 其他：________（请填写）

18. 在以下几个“城中村”改造主体中，你认为哪个最能保障村民的权益（　　）

A. 村委会（或集体股份制公司）B. 政府

C. 开发商或者其他投资者　　D. 其他________（请填写）

19. 目前村集体的决策您认为怎样？（　　）

A. 村委许多事情都征求村民意见，很民主

B. 村委只有重要决策才征求村民的意见

C. 村委的决策很少征求村民的意见

D. 村委任何事情都不征求村民意见，很不民主

20. 如果改造成本要村集体公司承担，您作为股东会同意吗？（　　）

A. 同意　　B. 基本同意　　C. 不确定

D. 不同意　　E. 绝不同意

21. 如果改造需要您出资，您会出资吗？（　　）

A. 会的，但是是有限额的出资（不超过________元）　B. 不确定　　C. 不会

22. 如果您的房屋在改造的过程中面临拆迁，您会选择何种补偿方式？（　　）

A. 实物补偿、原地安置　B. 实物补偿，其他地方安置

C. 按________元/m^2 的货币补偿（请填写您认为合理的补偿标准）

23. 您希望“城中村”改造成怎样才能使你满意：

____

24. 您的家庭月收入（　　），您个人的收入（　　）

A. 750 元以下　B. 751～1500 元　C. 1501～2500 元
D. 2501～4500 元　E. 4501～6500 元　F. 6501～8500 元
G. 8501～10500 元　H. 10501～12500 元　I. 12501～14500 元
J. 14501 元以上

25. 请问您家里最主要的收入来源有哪些？（1. 2. 3. 4. 5. ）（多选，排序）

A. 集体分红　B. 房屋出租　C. 工资收入
D. 厂房出租　E. 其他（请填写）________

26. 请问您拥有哪些房产？（　　）（多选）

A. 宅基地房　B. 仓库　C. 厂房
D. 铺面　E. 其他（请填写）________

27. 您拥有住房的建筑面积为：（　　）

A. $0M^2$　B. $1～50M^2$　C. $51～100M^2$
D. $101～150M^2$　E. $151～200M^2$　F. $201～250M^2$
G. $251～300M^2$　H. $301～350M^2$　I. $351～400M^2$
J. $401～500M^2$　K. $501～600M^2$　L. $601M^2$ 以上

28. 您所住房屋的楼龄为：（　　）

A. 5 年以下　B. 6～10 年　C. 11～20 年
D. 21～30 年　E. 31～40 年　F. 41 年以上

29. 家庭主要支出有哪些方面？（　　）

A. 子女教育　B. 日常生活支出　C. 买医保、社保费用
D. 其他（请填写）________

请写出主要支出及数额（元）（1. ________ 2. ________ 3. ________ 4. ________）

谢谢您的合作！

访问员记录部分

1. 被访者：________性别：________联系方式：________
2. 被访者家庭地址：________调查地点：________
3. 被访者对问题的理解程度：理解　/　一般　/　不理解
4. 被访者的合作程度：合作　/　一般　/　不合作

调查日期：________　调查人员：________

第十章

城市基础设施建设项目社会评价——以DG市环城路项目为例[1]

一、DG市环城路项目情况简介

DG市作为珠江三角洲经济最发达地区之一，城市化水平不断提高，城市建设不断获得新的成就，尤其在城市的道路、文化等设施的建设上，投入了巨额资金，城市的软硬件不断得到完善。目前，DG市公路网已形成了相当规模，公路密度和等级较高，促进了DG市的经济发展。但是，公路网南北向主干公路多，环绕市区的主干公路较少，结构不够合理，导致过境车辆需要穿越市中心，使得市中心交通拥挤不堪。城市交通压力日趋严重，成为制约城市发展的关键因素。DG市认为要实现建设在国内外有影响的现代制造业名城的战略目标，必须首先建立一个高效的、现代化的城市交通体系。DG市政府于2002年初完成了环城路的规划，环城路工程属于市财政投资的公益性新建道路工程。2002年6月，环城路一期（东南西环）正式动工兴建，2005年9月28日竣工通车。环城路北环（西段）2005年12月28日开工，2008年12月29日竣工通车。

环城路首期全长约28.607公里，包括西环、南环、东环三段。沿途经由万江、南城、东城等三个街道办，西起国道G107线万江谷涌市场路口，东至莞龙路口交警支队旁。其中：西环段全长12.0公里，起于国道G107线谷涌市场路口，经谷涌立交，在赤滘口河与大汾北交界处跨大汾北河，跨老万道，新万道、DG水道（深水河），沿官桥窖村西侧村边经过，跨坝新路、莞太路、科技路、DG大道，于绿色大道绿色世界牌坊附近接南环。南环段全长8.627公里，起于绿色大道牌坊附近（接西环），经绿色大道、雅园，跨莞长路，经同沙水库左侧至同沙村，跨八一路止于马石山隧道口接东环。东环段全长7.9公里，起于马石山接南环，上跨东城南路，莞樟路，经温塘、温园至莞龙路交警支队旁止。

环城路北环段全长18.6公里，西起环城路谷涌立交，终点接环城路温园立交，途径万江、中堂、高埗、石碣、东城等镇区。北环分东西两段，东段从沙腰立交至环城路温园立交，长4.7km，由路桥总代建；DG市城建局代建的西段从起点谷涌立交至沙腰立交，长12.4公里。环城路首期工程完工后总投资约28.9352亿元，比工程总预算（30.8627亿元）节约1.9275亿元。截止2008年6月30日，财政已拨款26.71429亿元，占工程预算的86.56%。其中，征地拆迁、管线迁移费用10.43亿元，占工程总投资36.05%。

---

1 本项目评价的参与人员还有：张伟、孙俊、吴开泽、王玲、贾璐、杜亚男、韩清雪、朱丽影

环城路的全线贯通将担负DG市过境公路兼城市快速干道的重要功能。根据DG市新时期的发展战略，加强道路交通设施的建设是经济持续发展的重要举措，亟需兴建完善。修建DG市环城路，不仅可以加强疏导过境交通量，解决城市市区因过境交通量所引起的各种问题；而且能够进一步完善DG中心城区路网结构，沟通DG中心城区各个方向的道路网络，连接DG市周边城镇；发挥促进DG市社会经济持续发展的重要作用。

二、项目社会评价过程介绍

（一）环城路项目进行社会评价的必要性分析

政府的任何建设项目，其最终目标都是为了实现社会的发展。迈克尔.M.塞尼教授指出："任何工程都只能以造福于民为目标。工程应当对它所侵害的那一部分人的利益有所补偿，以使工程所涉及的所有人都能从中获利。"社会评价为进一步提高项目投资的经济效益，实现项目的其他目标提供社会保障基础。通常认为，建设项目的经济效益和社会效益有很多抵触之处，两者很难兼顾。但是，任何建设项目都是在特定社会环境、社会背景条件下投资建设的，因此项目能否成功，与项目所处的社会环境密切相关，社会环境对项目建设的费用和效益，以及企业未来的生存与发展必将产生或多或少的影响。

对环城路项目进行社会评价，就是要在特定的社会环境下，追求公平、公正、消除贫困、持续发展等社会发展目标，使项目不仅能推动DG市城市经济的发展，促进珠三角经济一体化的实现，而且能使利益受损群体的利益损失得到补偿，从而实现项目经济社会效益的最大化。

（二）社会评价过程介绍

环城路项目的社会评价，是在借鉴国内外城市建设项目社会评价经验的基础上，参照《中国投资社会评价指南》和世界银行、亚洲开发银行关于社会评价的原则和准则进行评价的。环城路项目社会评价分三个阶段：

第一阶段是通过文献研究，了解学术界对城建项目尤其是城市道路设施建设社会评价的研究前沿和关注热点，结合DG市环城路的实际情况，确定社会评价的评价重点。在这个基础上，制定了较为详细的调研计划，有步骤地收集资料。

第二阶段是根据计划进行实地调研，从2008年7月到2008年8月，课题组对项目的利益相关者进行了大量的深度访谈和问卷调查。访谈对象主要包括DG市城市建设管理局相关领导、环城路项目总工程师、DG城市管理局、高埗镇城建办、拆迁居民等，对他们进行了大量的深度访谈（表10-1）。

环城路项目社会评价调研情况 **表10-1**

时　间	调研单位、地点	调研对象	调研方式
2008年7月23日	DG市城建局工程科	环城路项目总工程师	深度访谈
2008年7月29日	DG市城建局拆迁办	环城北路局拆迁办工作人员	深度访谈
2008年7月30日	DG市城市管理局市政科	市政科工作人员	深度访谈

续表

时　　间	调研单位、地点	调研对象	调研方式
2008 年 7 月 31 日	高埗镇城建办	高埗镇拆迁办工作人员	小组座谈
2008 年 7 月 31 日	高埗镇城建办	拆迁户	深度访谈
2008 年 8 月 6 日	高埗镇护安围村委会	村委会书记、主任	小组座谈
2008 年 8 月 6 日	高埗镇护安围村委会二楼	拆迁户代表共五人	小组座谈和深度访谈
2008 年 8 月 11 日	环城东路、环城南路	沿路的产业分布形态	实地走访
2008 年 8 月 12 日	环城路西路、环城南路	沿路土地开发利用情况	实地走访
2008 年 8 月 14 日	环城路西路、环城南路、环城东路、环城北路	沿路产业分工和其他情况调研	实地走访

第三阶段是资料整理和报告撰写。2008 年 8 月到 2009 年 3 月，在收集、整理相关资料的基础上，撰写并修改社会评价报告。

三、项目目标

（一）DG 市交通规划目标

目前，DG 市公路网已形成了相当规模，公路密度和等级较高，DG 市交通事业的发展，在很大程度上促进了 DG 市的经济发展。为进一步促进 DG 市城市经济的发展，DG 市对城市交通的发展进行了规划，提出了以下规划目标：

1. DG 市交通规划目标

DG 市城市交通发展战略目标：构筑与土地利用相结合、各种交通方式协调运作的一体化交通系统，以优质、高效、安全的交通服务适应不断增长的交通需求，全面提升城市综合竞争力。

DG 市干线道路网规划目标：1）建立适应 DG 市社会经济和交通发展的城市道路网络体系，促进全市最终形成具有高速公路、城市快速路、城市主干道（包括干线性主干道和普通主干道）、城市次干道以及城市支路（包括集散性支路和出入性支路）的完善的道路网络。2）明确各类道路的功能，整合公路与城市道路的关系，使过境交通、对外交通以及市域内部交通各行其道，减少相互干扰。同时，适当分离城市客运和货运交通，改善城市交通环境。3）合理配置全市干线路网的等级结构，形成层次分明、结构完善、级配合理、规模适当的市域干线网络。4）完善路网布局，提高全市各区域的通达性。

2. 规划原则

DG 市交通规划的规划原则如下：

1）注重与国家及区域（珠三角）道路网总体规划相协调，加强与区域中心城市的联系，发挥 DG 在区域干线路网中的重要功能。2）与城市社会经济的快速发展相协调，充分考虑 DG 作为一个制造业中心城市，以过境和对外交通为主的交通流分布特征，以及铁路、港口等重大基础设施的发展需求。3）合理引导未来城市的发展，促进 DG 市城市化进程。强化城市内部各组团间的联系，突出组团中心城市的辐射作用。通过加强各个组团之间的快速交通联系，通过交通系统的建设促进和引导城市形成一中心多支点的组团空间格局。4）高等级道路的布设考虑远期城市发展的需要，尽量从城市边缘通过，避免对未来的城区产生分割。

3. 规划目标

（1）通达性服务水平

DG市中心城、次中心及主要策略发展区平均约10分钟可上高（快）速路；

DG市中心30分钟内可到达主要策略发展区，45分钟可到达一般镇中心；

形成全市1小时生活圈，即任意两个镇（区）之间可在1个小时内到达。

（2）交通服务水平

高速公路平均承担的交通量为每车道860标准车/高峰小时，总体饱和度约为0.5，车辆运行速度为75公里/小时；

快速路平均承担的交通量为每车道830标准车/高峰小时，总体饱和度约为0.6，车辆运行速度为48公里/小时。

主干道平均承担的交通量为每车道980标准车/高峰小时，总体饱和度约为0.8，车辆运行速度为30公里/小时。

（二）环城路项目目标

根据《DG市城市发展政策纲要及市域干线路网规划》以及广东省建设委员会编制的《广东省建设项目意见书（二期）》，环城路项目建设目标表现为：

（1）截流过境交通，缓解中心城区交通压力；

（2）连接DG市周边城镇，带动周边城镇经济发展；

（3）完善DG市道路网络；

（4）带动DG市区域经济发展。

四、环城路项目社会效益与影响评价

（一）项目对所在地居民的影响

1. 对居民出行的影响

环城路项目的建设，改善了沿线地区的交通状况，减少了居民的出行时间。特别是对北部片区的中堂、高埗、石碣等镇的影响更为显著。以高埗镇护安围村为例，在环城路建成前，从护安围村到莞城需要一个多小时，环城路建成后，只需要不到半个小时就能到达南城、东城、莞城。

2. 对居民收入和生活质量的影响

环城路建成后，道路沿线的居民能更加方便地接受政府、医疗卫生和教育系统提供的服务，也使得沿线居民能更好地使用这些公共服务设施，这也被认为是城市交通运输设施和服务对社会的主要贡献之一。环城路建成后，沿线居民到莞城、东城和南城等中心城区变得更为便利，他们能更好地使用中心城区的文化、娱乐等公共设施，这也有利于沿线居民的生活方式由农村向城市转变。

环城路建设另一个不容忽视的影响就是噪声的影响，由于环城路的车流量非常大，对道路两旁的噪声不可避免。课题组成员在调查中听到环城路沿线的居民反映除了凌晨两点到五点车流量比较少，车流声音较小外，其他时间的车流量都很大。

3. 对居民就业的影响

环城路项目建设期间为当地提供了大量的就业岗位，解决了大量民工的就业问题，由于施工单位多为外地过来的企业，加上DG市本地的居民一般不愿意从事建筑等累的活，所以施工期间对本地居民就业问题的解决不明显。环城路的环卫、绿化等工作也吸收了居民的就业，如环城路的绿化就解决了100多人的就业问题。但环城的征地拆迁也产生了失地农民，这些长期以来以务农为主的农民，由于年龄和专业技能的限制，在失去土地后容易面临失业的危险。

（二）项目对地区不同性别和弱势群体的社会影响

1. 项目享受对象的公平性情况

环城路项目是过境车辆和大型货运车辆的通道，并且实行不收费的政策，这使得在DG从事货物运输、客运等企业和全体市民能平等地享有该公共设施。根据设计标准，本项目的最高车流量为50000辆/天，而随着DG市经济的发展和繁荣，现在的车流量已经超过了当初的设计。根据现场的实际调研了解到，道路上除了通行DG本地的汽车外，还有很大部分为省内其他城市和外省牌照的汽车，由于享受对象的公平性，环城路项目在更大的范围和更广的程度上让更多的人群受益。所以说环城路项目的建设，使本区域更多的人群平等地享受到了该项目带来的效益。

2. 对妇女和老人的影响

根据调研了解的情况，环城路的建设对妇女和老人并没有显著的负面影响。主要的影响是道路的通行增加了车流量，这对于老人的出行安全会产生一些影响，由于道路在通过居民区的地方多设置了人行天桥和涵洞，对老人和妇女的安全影响不大。此外因道路的征地拆迁，一些以妇女和老人为主的家庭，其家庭房屋的重建和搬迁会比一般的家庭面临更多的困难。

3. 对儿童群体的影响

环城路的建设为沿线儿童的上学提供了便利，但对环城路穿过的镇街，当地儿童的出行安全会有影响。由于道路经过的学校都采取了一些措施，包括用校车接送学生、用人行天桥指引、在学生上学和放学的时候管制交通等，这也在一定程度上确保了儿童的安全。

4. 对外来人口的影响

环城路项目建设期间解决了大量外来民工的就业问题，道路的维护也能解决100多人的就业。此外，由于道路的开通促进了经济的发展，就业的机会也得以增加。

（三）项目对地区科学、教育、交通等事业的社会影响

1. 项目对DG市科技发展的影响

环城路的建设，促进了松山湖科技产业园区的发展，在一定程度上促进了DG市高新产业的发展。松山湖科技产业园区位于DG的几何中心，规划控制面积72平方公里，其中湖面面积8平方公里，2001年11月，经广东省人民政府批准成为省级高新技术产业开发区，是实现DG市新的发展目标的重要举措。2002年5月，在科技部中国科技促进发

展研究中心组织的一项全国典型高新区核心能力测评课题研究中，松山湖被评为“中国最具发展潜力高新技术产业开发区”。环城路从松山湖科技产业园区的北侧和边缘通过，并与广深高速和莞深高速交连，加上其他路网的联系，使松山湖科技产业园区可便利快捷地到达市内各区和邻近地区以及重要港口、机场、铁路等交通枢纽。

2. 有效改善了市区交通环境，使中心城区半小时经济圈得以实现

环城路通车后过境车辆剧增，重车（货车）通过环城路进行疏导，缓解了市区交通压力，市区内基本上解决了堵车、塞车等现象，市区交通环境和生活环境得到改善。

环城路的建成通车使半小时经济圈得以实现。在环城路项目建成前，从DG市交警支队到谷涌路口驾车约60分钟，项目建成后仅需20～30分钟。项目建成后还使各镇区道路得以连通，改善了中心城区周边各镇的道路交通状况，促进了地区经济一体化进程。环城路的开通，使得区域的物流、资金流、信息流得以集中，从而加强了中心城区的辐射力和影响力。

3. 对区域教育的影响

环城路的建设，为区域内各所学校提供了便捷的通道，方便了学生上学，同时也扩大了学校的辐射区域。在环城路沿线，分布了大量的中小学，在环城路建设前，这些学校与城区的交通很不便利，而且由于没有人行天桥的设置，学生的出行安全也受到影响。环城路建成后，这些学校与中心城区其他区域的联系加强，运送学生的校巴也提高了运行的速度，使更远区域的学生就读该学校成为可能，从而使中心城区教育设施的利用更为充分。此外由于环城路人行天桥的设置，各种交通标志的完善，也在一个程度上保证了学生的安全。

由于环城路的建设，吸引了许多私立和公立学校在环城路附近进行选址，图10-1中的DG翰林学校就是其中一个。

环城南路北师大DG翰林学校

环城东路重点中学

图10-1　环城路上的学校

4. 对地区交通设施的影响

环城路的建设，突出的影响是对城市交通设施的影响，它使得DG市建立了由高速公路、快速路、主干道等组成的完善的高速路网体系，使得区域的交通设施得以完善，城市道路的通达性和便利性得到巨大的提高。

5. 对文物保护的影响

在课题组的调研中，没有获知环城路项目的建设涉及文物保护问题。

（四）对DG市区域发展的影响评价

1. 城市道路对城市发展影响概述

世界各国的经济发展史证明：交通是城市形成和发展的重要动力。20世纪，正是在快捷的交通运输的推动下，资本、技术、劳动力等生产要素在全球范围内自由流动和优化配置，带动了世界经济结构和产业布局的重组分工，促进经济的全球化和城市化。交通使城市有了活力，城市给了交通舒展自己的天地[4]。不同的历史时期，不同的地理区位，具有不同的交通模式，交通模式决定了城市发展空间形态模式，具体如图10-2所示。

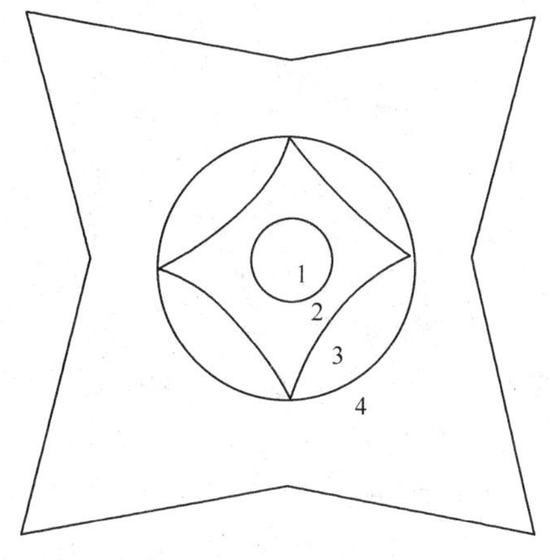

图10-2　交通模式对城市发展空间形态的影响

1—步行和马车时代（紧凑同心圆形态）；2—通勤电车火车时代（定向指状扩展形态）；3—游憩型汽车时代（郊区化蔓延形态）；4—高速公路时代（更松散的城市化区域形态）

交通模式对城市空间的影响如图10-3[5]所示，良好的交通改变了区域的可达性，通过改变交通的空间和时间尺度，缩小两地的空间距离，从而相对延长人们的劳动时间，给国民经济和社会发展带来一系列深刻的影响和变革。

首先是引起土地价格的变化，沿线的土地在道路设施等追加投资的影响下，价格普遍上涨；同时，土地价格的变化又引起了土地利用结构的转变，即由原来产出较低的农用地转变为土地效益较高的商业和住宅用地；土地利用结构转变又表现为整个区域的业态的改变，即由农业或粗放型工业向商业、高科技产业等高附加值产业转变，从而引起了地域功能结构和地域空间结构的一系列变化，最终引起城市空间形态的变化。

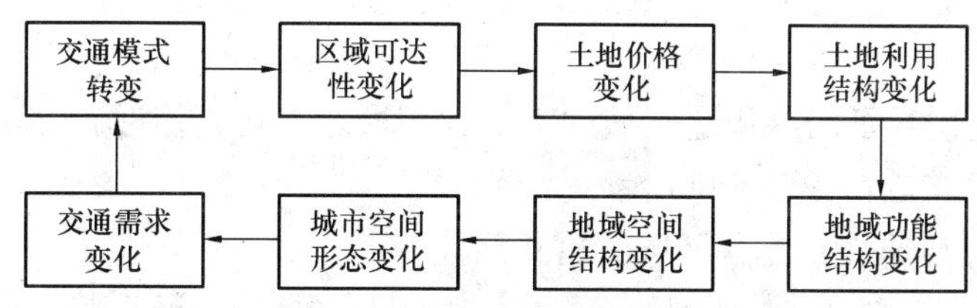

图10-3　交通模式对城市空间形态影响路径

2. 促进DG市城市空间目标布局的实现

高效能的道路系统是引导未来城市发展的重要手段，DG市环城路的建设，有利于DG市城市空间布局目标的实现。《DG市城市总体规划（2000～2010）》确定DG城市布局原则为："维护和创造高质量的自然生态环境，防止市区的连绵发展；规划高效能的道路系统，满足未来城市交通发展的需要；突出利用DG市区自然山水条件，规划建设规模合理的现代化城市中心区；规划形成和完善五大公共中心，即商务中心、文化中心、体育中心、行政中心、教育科研中心；开辟临江、临水公共活动空间，加强城市特色的营造；规划各种档次、不同特色的现代化居住区；规划不同标准的工业区。轻工业靠近对外交通出入口，一般工业相对集中，高科技工业以环境优美为原则；促进产业结构调整，增进城市发展后劲，合理安排高科技产业”。

《DG 市城市总体规划（2000～2010）》同时规定城镇空间布局结构为：增强中心城区的综合服务功能，发挥其集聚、辐射作用。形成“以中心城区为核心，以虎门、常平为副中心，石龙、塘厦、长安、樟木头、麻涌为中心镇的一中心多支点”的城镇空间布局结构和“一个中心连接东西两翼”的城镇发展形态。全市分为四大经济片区：以市区为中心，包括石龙、茶山、寮步、麻涌等镇的西北经济片区，是全市政治、经济、文化中心，公路枢纽，珠三角高新技术产业基地之一，外向型加工贸易、三高农业基地；以虎门为中心，包括长安、厚街等镇的西南经济片区，是外向型港口工业和出口贸易区，旅游中心和爱国主义教育基地；以常平为中心，包括大朗、黄江等镇的中北经济片区，是全市铁路交通枢纽、加工贸易区和外贸仓储基地；以塘厦为中心，包括樟木头、清溪、凤岗等镇的东南经济片区，是综合性加工工业基地和旅游度假区。

环城路项目建成后，将有效连接东城、寮步、南城、万江、中堂、高埗、石碣等镇街，不仅将中心城区有效地连接到一起，形成一个有机整体，而且有效地加强了西北经济片区与西南、东南、东北等经济片区的交通联系。加深了各经济区之间的分工协作，促进了东西两翼城镇的发展，也大大提高了中心城区的对外辐射功能和聚集功能，促进了“一中心多支点”城镇空间布局结构的形成。

3. 促进城市中心区的规划建设，提升 DG 市城市形象

《DG 市城市总体规划（2000～2010）》确定 DG 市城市空间发展策略为：“完善现状初步成型的城市基本结构，控制土地拓展；通过用地发展的引导，最大限度地利用城市自然条件，突出建成区的景观特色；限制城市单纯沿对外交通干道漫延的发展模式；严格保护郊野公园、城市绿地和楔形绿带，创造良好的城市生态环境。”

根据 DG 市城市空间发展战略，环城路在 DG 市城市空间发展中的作用首先在于完善城市的基本结构。环城路作为中心城区的天际轮廓线，勾勒出了中心城区的整体形象，防止了城区无序蔓延的发展态势。环城路的建设，也改变了城市单纯沿对外交通干道蔓延的发展模式，使城市的发展由线性发展向“内核式向外拓展”的方式转变。此外，环城路项目的建设，有效地引导了沿线周边区域的土地利用形态和建筑物形态，这不仅提升了土地的利用价值，也形成了有特色的城市景观。

4. 促进 DG 市与珠三角地区区域交通联系

根据《DG 市市域交通规划整体研究》提出，DG 市区未来的城市对外交通将形成由十七条对外道路、两条东西向快速路、两条南北向高速公路组成的完整的对外公路运输网络。届时，DG 市市域干线路网规划重点构造高速公路体系、快速路体系及干线性主干道体系。

1）高速公路体系：高速公路主要承担过境交通、疏港交通和城市对外交通，强化区域主要城市间的快速联系，并且服务于港口、铁路枢纽等重大基础设施及疏运交通需求。高速公路具有大流量、连续、高速、完全分离的交通特征。

2）快速路体系：快速路体系主要承担城市组团间（或主要人口中心之间）的快速客、货运交通，以长距离交通为主。快速路具有大流量、连续、快速、完全分离的交通特征，并能通过两侧辅道与沿线片区有良好的衔接。在满足交通需求分布特征的基础上，连通全市各大组团和策略性发展区。快速路自成体系，并与上层次的高速公路和下层次的干线性主干道有良好的连通性。

3）干线性主干道体系：干线性主干道主要承担城市组团间特别是相邻组团间的较长距离交通，并对高（快）速路交通进行集散。干线性主干道具有中流量、不连续、中速的交通特征。在现有国、省道的基础上，增加道路数量，调整道路布局。在布局上首先是连通相邻各镇，同时适应交通需求的分布特征。

在以上的干线路网体系中，快速路主要服务于城市组团间（或主要人口中心之间）的快速客、货运交通，连接DG市城市内部的主要客、货源，同时配合高速公路完善对区域主要客、货源的服务。城市内部的主要客、货源包括DG市区、沙田港区、城市主要工业园区（松山湖科技园区和东部工业园区）以及各功能组团的中心城镇（麻涌、长安、虎门、常平、塘厦）。

环城路在DG未来对外交通网络中将扮演重要作用。规划中的DG市快速路将形成以环城快速路为核心，近期呈放射状态，远期呈环状的总体布局形态。其中，北环高速公路西起望牛墩立交，穿过高埗镇，向北与规划中的从深高速公路相交，联系DG市区北部公路干道；南环高速公路（为莞沙高速公路和莞桥高速公路的市区部分）西起沙田镇北部，经石鼓立交附近，从水濂山水库、西平水库和同沙水库的北侧边缘通过，与广深高速、规划中的从深高速公路、博深高速公路相交并互通。南环路为DG市区南部的交通干道。也就是说，环城路在DG未来的对外交通路网中将发挥核心的作用，并且作为城市交通的辐射点起着交通枢纽的作用。

DG市快速路网各条通道的功能及其连接的区域及城市内部主要客、货源情况见表10-2。

DG市快速路功能及其主要服务区域分析　　表10-2

线路名称	里程（km）	服务区域主要客、货源	功能分析
107国道（中堂段）—西五环—莞长快速路	52	广州、莞城、长安、深圳以远	分离旧107国道的过境交通，形成莞城与长安等镇的快速联系通道
广园东快速路（DG段）—东五环—松山湖大道	27	广州、莞城、松山湖科技园区	分离莞樟路过境交通，形成莞城与松山湖科技园区的快速联系通道
西部快速路—北五环—莞城到石排快速路	48	广州番禺、麻涌、洪梅、望牛墩、莞城、石龙、石排	莞城与北部各镇麻涌、洪梅、望牛墩、石龙、石排以及未来对外联系广州番禺的重要快速通道
南沙至莞城快速路—南五环—东部快速路	80	广州南沙、虎门港区、厚街、莞城、寮步、企石、桥头	加强东西两翼组团间的快速连通，形成莞城与港区、工业园及沿线各镇的快速联系通道，也是未来对外联系广州南沙新城的重要快速通道
企岭快速路	35	东部工业园区、常平铁路枢纽、松山湖科技园区、港区	连接东西两翼之间的快速通道，服务于DG内部的快速客、货运交通
港口大道	26	莞城、道窖、厚街、沙田港	莞城中心到虎门港区的快速通道
西环快速路	32	莞城、厚街、虎门、长安	承担西翼部分过境交通、大组团间长距离交通和对外交通，形成莞城市区至西翼各镇的快速通道
渡轮公路	10	虎门港、虎门	虎门港区与广深、常虎高速公路的联络道

5. 促进沿线产业的专业化分工

众所周知，高效率的现代经济是建立在高度专业化分工基础上的，运输是把位于各地众多的专业化厂商连接起来从而形成相互依赖的生产体系的纽带。因此，没有运输，便无法实施高度的专业化生产；当运输成本过高时，地区之间的贸易会受到阻碍，分工的深度和广度受到抑制，经济的发展将会受到局限。

按照经济学中的比较利益学说，任何地区应当依据自身的资源禀赋条件和竞争优势专门生产那些自己最具优势的商品来提高生产水平和实际收入。如果各地区通过专门生产它们有竞争优势的产品来互通有无，则地区间的贸易将给所有地区带来利益。由于地区之间的实物贸易需要通过运输来实现，那么运输费用就成为发挥地域比较优势和竞争优势的重要条件。

运输是影响经济活动的组织方式是采取封闭的自给自足形式，还是与外界分工协作的开放贸易方式的一个十分重要的因素。在运输条件落后、成本过高时，两地之间的交流，因为专业化分工的效益补偿不了运输费用增加的交易成本，而只能在封闭环境中以有限分工进行低效率生产。而先进的高速公路运输系统能够大幅度降低运输时间和运营成本，使贸易费用成倍下降，进而通过有效益的市场的作用达到提高效率和利益共享的目的。

环城路及国道、城市快速路网形成的先进的公路运输系统是克服低效率的自给自足经营的生产方式，推进专业化发展和大规模提高经济效益的推动机和感应器。环城路的建设，为DG城区和周边城镇工业经济的发展提供了一条快速的交通通道，也促进了工业企业集群的形成。目前环城路沿线已经形成了物流型产业、仓储业、房地产业和专业市场的形成。随着专业化分工的深入，先进的制造业，高新技术的产业都会流向城市，占地型的产业随着城市格局的变化、交通格局的发展而会远离城市中心向城市拓展区发展，这种变化对DG市城市空间的布局也会产生深远的影响（图10-4）。

图10-4　环城南路的杜邦电子和诺基亚公司

6. 促进DG市城市基础设施完善

世界银行发展报告指出："经济基础设施的完备与否决定一国的成功与失败，无论是在生产多样化、扩大贸易、解决人口增长问题方面，还是在减轻贫困及改善环境条件方面，都是如此。基础设施即便不能称为牵动经济活动的火车头，也是促进其发展的'车轮'，良好的基础设施能提高生产率并降低生产成本。"城市基础设施状况是城市发展水平和文明程度的重要支撑，是城市经济和社会协调发展的物质条件。

城市道路设施是基础设施的重要组成部分，环城路的建设使得城市的快速路系统得以完善，改善了城市的交通设施，解决了市区道路拥挤的问题（图10-5）。

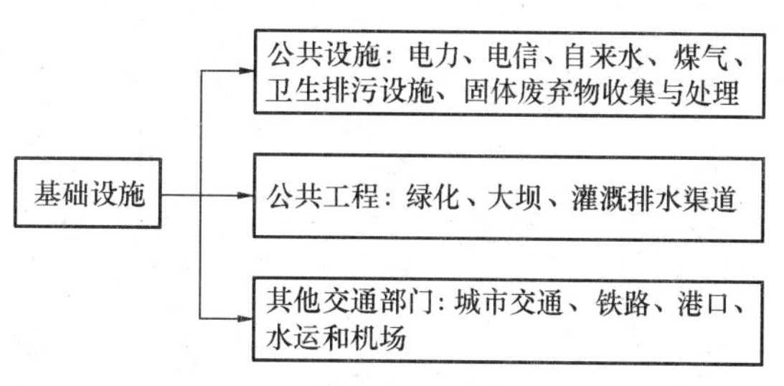

图10-5　基础设施的组成

7. 促进沿线农村与城市中心区之间的联系

环城路的开通，使得高埗、石碣等镇的农村与城市中心区的交流变得更为便捷，农村物产运往城市中心区的时间和运输成本大大节省，也有利于村民到城区就业。以高埗镇为例，环城路建成前，从高埗镇到中心城区需要一个多小时，环城路建成后只需要不到半个小时，从而加强了西北片区的农村与城市中心区之间的联系。

8. 加快DG市城市化进程，促进DG市经济一体化

DG作为珠江三角洲地区性中心城市是全国重要的信息技术研发和产业化基地以及环境优美的现代化城市。《DG市城市总体规划（2000—2015）》指出DG未来的发展方向：加速发展DG市区（中心城）和虎门、常平两个副中心城，以及石龙、塘厦、长安、厚街、樟木头等重点城镇，实现城乡协调发展；合理控制建设用地规模，强化生态环境的保护；建设协调、高效的市域基础设施和服务设施。环城路的建设，有力地促进了城市的建设，加快了高埗、中堂、石碣等经济发展水平较低城镇的发展，从而加快了城市化进程，促进了DG市经济的一体化。

（五）对区域资源开发利用的影响

1. 促进道路沿线土地价值的提升

许多实证研究表明，交通干线的建成对其周边土地利用的最明显的影响就是土地增值。城市快速路使用者的效益能够通过用户向各个出入口附近的土地使用者转移，结果导致这些土地的升值，出让该土地的人或机构的收入相应地增加。城市快速路对土地地价的影响，往往在项目实施前即已产生，在通车前后，出入口附近的土地会大幅度升值。城市快速路对土地价值的提升表现在以下几个方面：

（1）城市快速路的建设改变了土地的区位，促进土地增值

城市土地用途变为交通用地，改变了土地在空间上的布局，使距离感发生了变化，其区位也发生了变化。因此，城市市政道路建设的直接影响是改善了交通状况，减少通行时间，降低了运输成本，提高了物流、人流、资金流的密度。具体体现在土地的生产力方面，直接影响级差地租，使土地收益提高，土地增值，地价上涨。

（2）城市快速路的建设影响土地供求变化，促使土地增值

土地作为生产资料的重要组成部分，稀缺性大。由于土地位置的固定性、不可移动性等特性，土地供给缺乏弹性，随着道路沿线的投资开发增加，对土地需求日益增加，形成了相对无限的需求与相对有限的土地的争夺，造成供不应求的局面。从地租的角度来解释，对道路周边土地需求的增加，而供给有限，供求拉动使土地等级提高，从而使地价不断上涨。

（3）城市快速路的建设驱动土地投资，使周边土地用途发生转换，提升土地价值

道路的建设除了自身的投资外，可以提高其他部门的效率和盈利能力，驱动人们对其

周边土地的投资，引起土地增值。在利益的驱动下，土地的用途自然会向高经济效益的方式转变，土地收益提高引起土地价格上涨。

2005年4月28日，环城路（东、南、西环）竣工通车，环城路周边土地在环城路开通后得到充分的开发利用，土地的价值也得到大幅度的提升。2005年，DG市工矿仓储用地生地平均出让价格每平方米105元，比2004年上升26.5%。普通商品房住宅用地平均出让楼面地价每平方米1968元；商服设施用地平均出让价格每平方米1063元。经营性用地“招拍挂”平均出让价格每平方米1889元。DG市政府在规划发展环城路的时候，也有意识地进行土地储备，土地出让收入大幅度提升。

2. 促进了沿线房地产业的发展，加快城市建设的步伐

环城路的建设，完善了城市的基础设施，使得城市半小时经济圈得以实现，极大地带动了周边房地产业的发展。

房地产业是一种与区位紧密联系的特殊产业。这是因为房地产商品是一种不动产，具有空间位置的固定性，它的价值和使用价值不仅取决于建筑本身，而且取决于其所在的位置及与之相邻地块的关系，即该地的交通状况，或称为通达性。对于投资者来说，区内的交通系统十分重要。环城路的开通使得周围交通系统完善，道路通达性非常好，居民出行方便，生活配套完善，开发商在营造小区内外环境方面就不必花大量金钱和时间，也可以减缓甚至减少一些前期生活配套如道路、学校、医院、商场、公园、休闲娱乐、体育场地等的开发，而先把主要精力放在楼盘建筑和周边小环境的设计以及营销策略的谋定。此外，由于环城路的建设，城市市政配套设施如给水排水、供电、供暖等系统也紧随道路建成，超市、商场、医院等也会进驻这些新的开发区域，房地产开发商也可以为“三通一平”和建设小区内部的生活配套设施节约大量成本。

由于环城路的开通为DG市中心城区的房地产开发提供了很多利好因素，促进了沿线商品住房的开发，以环城东路为例，集中了万科城市高尔夫花园、比利华山庄花园、东安花园、翠云轩等楼盘。这些楼盘在DG市属于中高档的楼盘，其开发档次和素质较高（图10-6～图10-8）。

在道路等设施投入持续增加的影响下，由于交通便利等因素的影响，DG市的房地产开发得到迅速发展，由图10-9可以看出，从2003年到2007年，DG市房地产施工面积都在1000万平方米以上，其中2007年达到1521.61万平方米。

在商品住房的开发方面也获得了很大的发展，由图10-10、图10-11可以看出，2003年到2007年，商品房的开发面积、开发套数都保持较大的数量。

2003～2007年DG市房地产开发情况汇总表 **表10-3**

年份	施工面积（万 m^2）	住宅		新开工面积（万 m^2）	住宅		竣工面积（万 m^2）	住宅	
		面积（万 m^2）	套数		面积（万 m^2）	套数		面积（万 m^2）	套数
2003年	650.96	545.31	55643	346.76	318.15	32530	256.54	219.78	22541
2004年	834.45	622.91	51025	256.08	181.66	14682	136.55	126.43	10193
2005年	1124.73	843.9	78119	239.91	186.22	16953	101.78	75.13	6928
2006年	1431.27	1223.69	104982	334.73	296.24	28091	166.34	114.12	10386
2007年	1521.61	1371.01		281.11	236.45		137.31	111.86	

资料来源：DG市统计局、DG市房地产信息网

图 10-6　环城东路的房地产开发

图 10-7　环城西路的房地产开发

图 10-8　环城南路的房地产开发

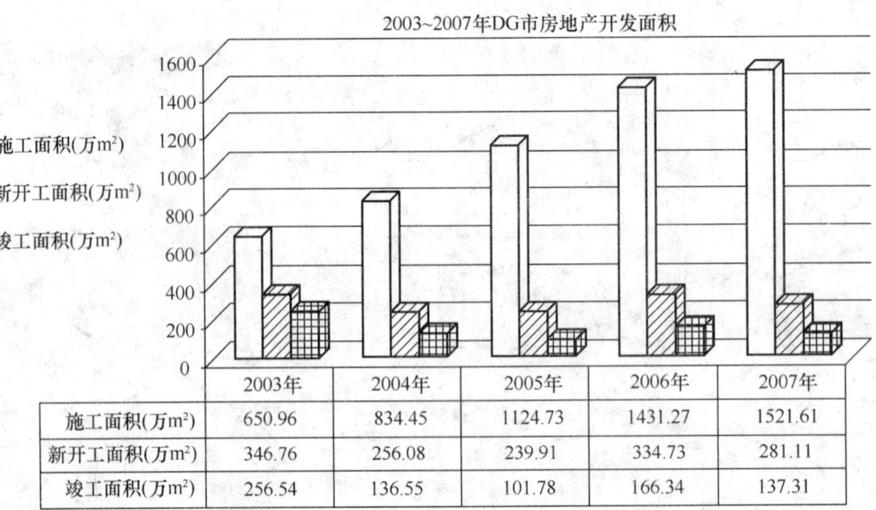

	2003年	2004年	2005年	2006年	2007年
施工面积(万m²)	650.96	834.45	1124.73	1431.27	1521.61
新开工面积(万m²)	346.76	256.08	239.91	334.73	281.11
竣工面积(万m²)	256.54	136.55	101.78	166.34	137.31

图 10-9　2003～2007 年 DG 市房地产开发面积

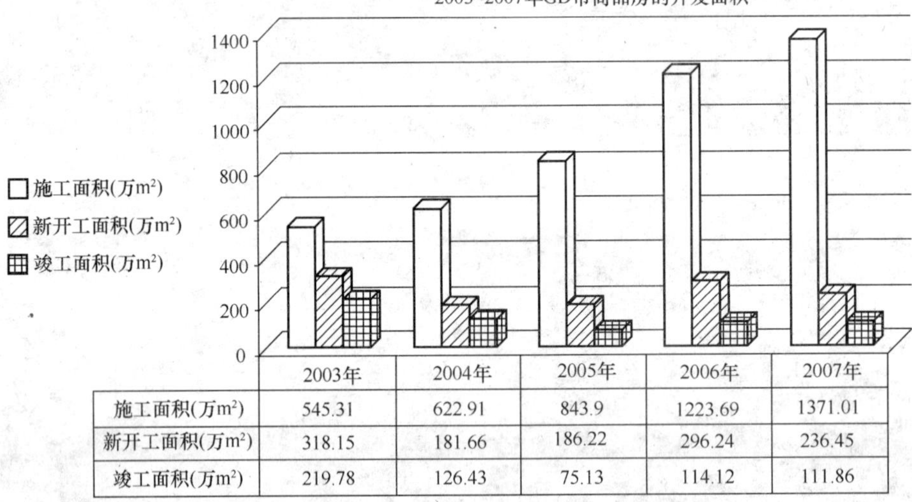

	2003年	2004年	2005年	2006年	2007年
施工面积(万m²)	545.31	622.91	843.9	1223.69	1371.01
新开工面积(万m²)	318.15	181.66	186.22	296.24	236.45
竣工面积(万m²)	219.78	126.43	75.13	114.12	111.86

图 10-10　2003～2007 年 DG 市商品房的开发面积

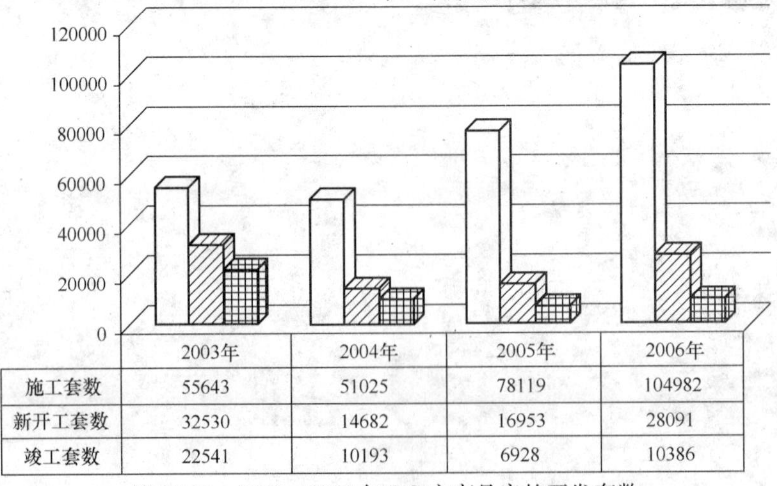

	2003年	2004年	2005年	2006年
施工套数	55643	51025	78119	104982
新开工套数	32530	14682	16953	28091
竣工套数	22541	10193	6928	10386

图 10-11　2003～2006 年 DG 市商品房的开发套数

环城路的开通在很大程度上也促进了 DG 市商品住宅的销售。以环城路首期开通的 2005 年为例，2005 年前三季度，DG 市商品房销售面积 274.83 万平方米，销售额 94.9 亿，商品房均价为 3453 元/平方米；商品住宅销售均价为 3395 元/平方米。2006 年前三季度，DG 市商品房销售面积 206.13 万平方米，销售额 80.47 亿元，比去年同期分别下降了 25.00%和 15.21%，其中现房销售 111.75 万平方米，销售额 41.94 亿元；期房销售面积 94.38 万平方米，销售额 38.53 亿元。2007 年，DG 市房地产的发展更为迅速，全年商品房销售额达到 294.99 亿元，商品房销售面积达到 572.99 万平方米，其中住宅的开发占了商品房总量的很大比例，这除了受宏观经济和地理区位的影响外，DG 市基础设施和配套设施的完善、城市的发展前景被看好都是利好的因素（见表 10-3）。

商品房交易数据表　　**表 10-4**

时间	商品房销售额（亿元）	商品房销售面积（万 m^2）	商品房销售均价（元/m^2）	住宅销售额（亿元）	住宅销售面积（万 m^2）	住宅销售均价（元/m^2）
2005 年前三季度	94.9	274.83	3453	82.68	243.55	3395
2006 年前三季度	80.47	206.13	3904	69.92	188.29	3713
2007 年全年	294.99	572.99	5148	273.67	541.07	5058

资料来源：DG 市房地产信息网

2005～2007 年 DG 市商品房的销售面积和销售额度虽有波动，但商品房和商品住宅的销售均价却得到稳步上升，2006 年前三季度的商品房均价为 3904 元/平方米，商品住宅均价为元 3713/平方米，分别比 2005 年增长 13.06%和 9.37%。2007 年商品房和商品住宅的价格得到进一步的上升，其价格分别达到 5148 元和 5058 元。这也从另一个角度说明了环城路等基础设施的投入对房地产的影响是很明显的（表 10-4 和图 10-12）。

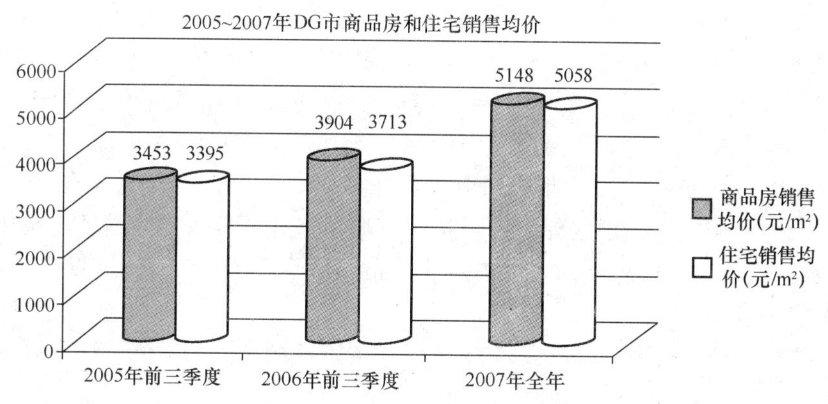

图 10-12　2005～2007 年 DG 市商品房及商品住宅销售价格情况

3. 促进 DG 市旅游休闲产业的发展

环城路的开通，使得原来处于郊区的旅游资源得到迅速开发，促进了周边旅游休闲产业的发展。以环城东路为例，环城路开通后就开发了峰景高尔夫球场、水玎珰温泉乐园、虎英郊野公园等旅游产业以及休闲娱乐中心等其他休闲产业（图 10-13）。

休闲中心

峰景高尔夫球场

图 10-13　环城东路休闲旅游业开发

五、环城路项目社会适应性分析

城建项目与当地的适应性对项目实施效果影响是很大的，世界银行对其提供资金的57个项目曾进行过一项人类学研究，研究结果表明30个被认为设计与传统文化及当地的社会条件相一致的项目，其平均收益率达到18.13%，是那些与当地社会经济条件不一致的27个项目平均收益率（8.16%）的两倍以上。

（一）项目对DG地区发展的适应性分析

为了实现DG市经济社会又好又快发展，DG市提出了如下的社会经济发展目标：

（1）经济发展战略：建设以高新技术产业为动力，电子通信、机械制造和轻纺工业为支柱产业，第三产业发达的现代产业结构体系；实现经济增长方式的根本性转变；进一步推动外向型加工制造业基地和外贸出口基地的高层次发展。

（2）社会发展战略：控制人口自然增长率，提高人口素质，优化人口结构；建设全国基础教育强市，进一步提高居民文化水平；培育和塑造融优良传统和现代文化于一体的都市社区环境；逐步形成与产业国际化相适应的法制环境和高效的政府调控和社会服务体系。

（3）环境发展战略：严格控制全市各类污染源，整治环境污染；加强全市自然保护区、水源保护地和历史古迹地的保护；严格控制城镇土地开发，提高城镇建设用地的土地利用率，按照城乡一体化空间发展战略调整和布局城乡建设用地；实现环境、资源与经济、社会的协调发展。

DG市规划2015年市域内形成以DG市区为主体，城乡协调发展、生态环境良好的现代化城市格局。

环城路项目与DG市的经济社会发展目标和战略是一致的。在经济发展战略上，环城路的建设有助于进一步推动外向型加工制造业基地和外贸出口基地的高层次发展。在环境发展战略上，环城路的开通有助于“严格控制城镇土地开发，提高城镇建设用地的土地利用率，按照城乡一体化空间发展战略调整和布局城乡建设用地”。

（二）项目对当地居民需求的适应性分析

环城路项目为 DG 市居民提供了一条便捷的交通要道，而且由于道路实行不收费的政策，使得更多的群体可以平等地享用环城路带来的服务，适应了现代城市居民紧张的生活节奏；同时，环城路的建设也使得附近居民能更好地使用学校、医院、体育场所等公共设施。环城路促进了 DG 市城市发展和经济发展，满足了居民希望 DG 市经济又好又快发展的愿望。

（三）项目的可持续性分析

1. 项目社会经济效益的持续性分析

建设环城路的其中一个目标是“截流过境交通，缓解中心城区交通压力”，为了有效地达到这个目标，DG 市实行了免收过路费的政策。随着 DG 市经济的发展，过境车流会越来越多，环城路将有效分流过境车流，缓解市区交通压力，项目免收的过路费将转为全社会的效益。

2. 项目目标的可持续性分析

新世纪的 DG 市面临新的发展机遇和挑战，为了获得经济的持续发展，目前 DG 市正在进行产业结构调整，大力发展区域经济和周边城镇经济。随着 DG 市城市经济的发展，城市的车辆会越来越多，交通流量会越来越大，区域交通设施的建设和完善依然是 DG 市未来的重要任务。DG 市环城路项目建设目标有以下四个：1）截流过境交通，缓解中心城区交通压力；2）连接 DG 市周边城镇，带动周边城镇经济发展；3）完善 DG 市道路网络；4）带动 DG 市区域经济发展。可以说这些目标都是和 DG 市的未来发展紧密相关的，环城路项目的目标是可持续的。

六、环城路项目公众参与机制分析

（一）项目不同利益相关群体参与项目活动的重要性分析

项目不同利益相关群体参与项目活动的重要性分析表现在以下几个方面：

首先是有利于减轻决策失误，提高决策效率。项目各个阶段的公众参与对项目的影响是巨大的。道路建设涉及的区域和利益相关人群都很多，尤其涉及居民区的拆迁，遇到的社会问题会更多。在项目的前期可研和设计阶段，有效的公众参与不仅有利于项目的决策，也有利于降低项目成本和减少项目的社会风险。有学者专门做过研究，认为项目前期将影响项目成本的 70%～90%，而施工阶段只能影响到 5%。项目前期的决策不仅影响到成本，也会对项目后期和运营阶段的社会和环境造成影响，如果项目的决策没有得到当地人的支持，或者没有很好地协调好相关利益各方的利益，就不能得到项目所在地居民和社区的支持，后续的施工、运营等工作都会受到影响，因此项目前期决策阶段是非常重要的。

其次，有利于兼顾相关利益群体的利益，达到各方利益共赢。环城路项目通过许多镇区，同时也涉及许多征地拆迁问题，需要处理许多利益关系，项目不同利益群体的参与有助于项目决策方兼顾相关利益群体的利益，从而达到利益相关方的利益均衡。

再次，有利于减少项目实施过程中的各种利益冲突，提高项目实施效率。项目不同利益群体的参与，使得利益各方的利益诉求得以表达，项目的决策方得以采取措施避免可能的利益冲突，从而避免和减少了项目实施中的各种利益冲突。

最后，有利于利益相关群体达到目标一致性，促进项目目标的实现。项目各个利益群体的参与，有助于利益各方在得到利益的均衡后，对项目目标有共同的认识，从而达到目标的一致性。

（二）环城路项目公众参与方面存在问题分析

1. 项目设计前期没有进行详细的现场调查和勘探，不恰当的路线选择增加施工和拆迁成本

环城路路线方案是严格按照DG市道路规划进行布设，但道路规划有可能未能根据实际的情况适时做出调整。因此，在项目设计的前期阶段应该对道路途经的地区进行详细的现场调查，以减少拆迁量，将现实可能的损失降到最低，并达到有效节约成本的目的。根据课题组的调查走访，在初步方案的设计阶段，由于没有详细的调查，造成了许多不必要的拆迁，不仅增大了拆迁成本，而且造成了工期的延误，更重要的是大量的拆迁还带来许多社会问题。

例如环城路北环段设计是三车道，没有辅道，经过沿线村级公路时的连接比较困难。在北环段护安围村的某一标段，设计方案采用了辅道方式与村级公路连通。该辅道长约200米（沿道路两边建设，各长约100米），宽约6米。辅道的建设使得道路两边的红线往外拓展了近10米，辅道所经过的地区是一居住密集的村庄护安围村，这使得房屋拆迁量大为增大。该村落在环城北路的建设中被拆迁了110户，根据实施拆迁的工作人员介绍，如果不采用辅道的形式，拆迁量可以减少约30%。

由于采用辅道的形式给当地村民带来了不便，后来在当地村民的要求下，还是在原来道路的连接处增加了涵洞的连接形式，这使得辅道实际上成了没有必要的重复建设。

拆迁量的增加也增加了拆迁的难度。辅道经过村落的拆迁工作从2005年开始，到2008年8月1日基本结束，历时两年多，不仅影响了施工进度，而且消耗了市属各局和项目所在镇政府的大量精力，当地工作人员表示“不怕镇长，就怕拆迁户”。拆迁量的增加，也为村集体经济的增长造成了很不利的影响，也加大了村镇之间、村民和村委之间的矛盾。

2. 项目参与各方协调机制顺畅度不够

有效的协调机制是减少失误、提高工作效率的重要保证。从总体上说，环城路项目建设过程中的沟通和协调机制是顺畅的，但在设计阶段中仍存在一些问题。在前文提到的环城北路护安围村的案例中，在初步设计阶段就有城建局、镇两级拆迁办和当地居民提出了意见，希望能做出相应的修改，但由于设计单位对规划局负责等原因，修改意见没有被采纳。在环城北路另一标段的拆迁中也遇到类似的问题，当时的拆迁涉及临街商铺的拆迁，如果当初能对设计做简单的调整，房屋的拆迁就有可能避免。

另外在环城北路高架路口的设置上，设计方案为节省拆迁成本，缩短了道路长度，对路口交通疏导造成了影响，可能导致交通堵塞。有人对方案提出了修改意见，但经权衡，

最终选择了压缩成本，未调整设计方案。

3. 没有建立有效的参与机制，利益受损群体的诉求表达不顺畅

知情权和参与权是项目利益相关者宝贵而重要的权利，也是缓解项目社会矛盾，减少项目社会冲突的重要保证。有效的参与机制能使各利益相关群体充分表达自身的愿望，促使各利益相关群体利益均衡的实现，避免弱势群体的利益受到损害。

从调查中了解到，利益相关群体中被拆迁居民的参与度是比较低的，被拆迁居民大多是被动地接受。有效参与机制的缺失，也使得利益受损群体的利益诉求得不到有效表达，这种现象也同样体现在施工阶段。施工阶段因为道路施工的噪声影响了部分村民的生活，还影响了部分村民的房屋，造成房屋开裂。村民与施工队交涉未果后，只能向村委会反映，村委会通过镇向城建局反映，期间要通过许多程序，花费很多时间。村民由于没有得到及时的回复，又去找施工队交涉，遭到施工队的恐吓。在村民眼里，施工单位就代表城建局，施工队恐吓村民，村民又把抱怨指向基层政府和城建局，造成了村民与政府部门、村委、施工单位的关系紧张。

七、环城路项目社会风险分析

（一）项日主要社会风险分析流程介绍

城市大型基础设施项目不仅投资巨大，而且涉及大量的利益关系。过去由于不重视弱势群体利益的保护，造成了大量的社会问题，严重影响了项目的经济和社会效益。现在我国已经进入了快速城市化阶段，这是一个社会问题突显、社会矛盾集中爆发的阶段，如果社会问题处理得不好，将会影响社会的和谐稳定。因此，对建设项目进行社会风险分析是非常必要和紧迫的。一般城市道路建设项目中，社会风险因素包括贫困、征地拆迁、社会性别、非自愿移民、少数民族等等。此外，因项目施工建设引起的社会冲突也要防范。在环城路项目中，环城路首期工程完工后总投资约28.9352亿元，其中，征地拆迁、管线迁移费用10.43亿元，占工程总投资36.05%。而且征地拆迁对整个工程工期的影响很大，课题组认为征地拆迁引起的社会风险最大，故对此进行重点分析。

环城路项目社会风险评价的程序如图10-14所示。

（二）征地拆迁社会风险分析过程介绍

征地拆迁容易引发群体事件，其主要原因是由于赔偿标准太低、补偿不到位，拆迁后农民（居民）的生活和就业保障没有做好以致拆迁户的生活水平下降等。在实践中表现为：拆迁补偿款在层层下传中截留，征地过程不规范、透明度低；没有和拆迁户很好地协商、沟通、做好思想工作；没有确实考虑拆迁户的利益，补偿的方式不切合实际。这些都损害了拆迁户的利益。

按中国国际工程咨询公司编著的《中国投资项目社会评价指南》指出：在随机抽样中，必须首先界定抽样调查的总体，并对界定总体的标准和范围进行详细说明，使选定的总体与社会评价的目的相适应，而且一定要确保对总体描述的准确性。由于环城路缺少前期社会评价中对非自愿移民问题调查的相关资料，在项目前期没有很好地对征地拆迁进行

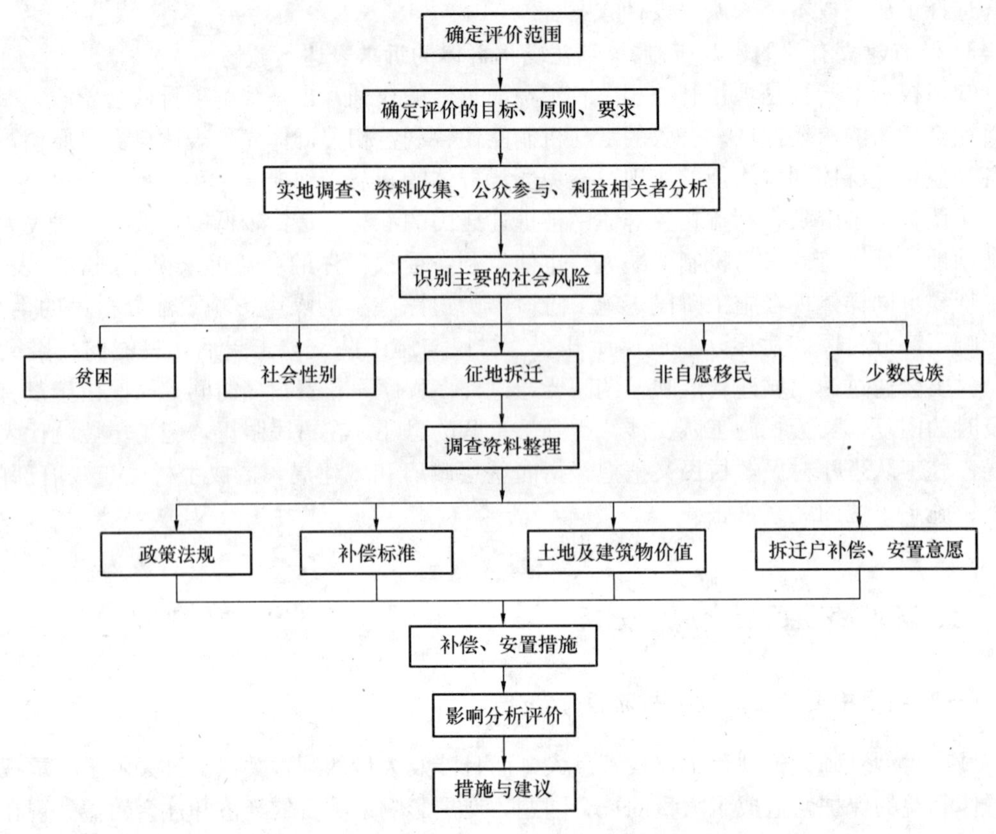

图 10-14　城市建设项目社会风险评价流程图

评估。课题组在调查中了解到，环城路项目全线征地拆迁中最困难的是北环路第四标段的高埗镇护安围村，护安围村征用土地面积和房屋拆迁量都较大，遇到的问题也多，这与我们进行整体沿线社会风险评价的目的相一致，故我们选取了高埗镇护安围村。通过对该段进行社会调查，对整体沿线由于征地拆迁过程带来的社会风险进行评价（表 10-5）。

环城路北环段某镇拆迁补偿情况　　**表 10-5**

填表：DG 市某镇城建办　　填报日期 2008 年 5 月 2 日

序　号	村委会	用地面积（m^2）	建筑面积（m^2）
1	芦村	13800.42	9800.39
2	三联	4524.77	4524.77
3	保安围	60288.56	11271.33
4	横滘头	6704.48	6863.04
5	护安围	32323.57	23944.37
6	草墩	161.71	148.34
7	宝莲	6059.73	2018.92
8	塘厦	1979.66	2002.72
	合　计	125842.9	60573.88

资料来源：DG 市城市建设工程管理局

（三）环城路项目征地拆迁情况

1. 环城路项目征地拆迁流程

根据中华人民共和国国务院令第305号《城市房屋拆迁管理条例》的有关规定，DG市环城路项目征地拆迁工作的流程图如图10-15所示。

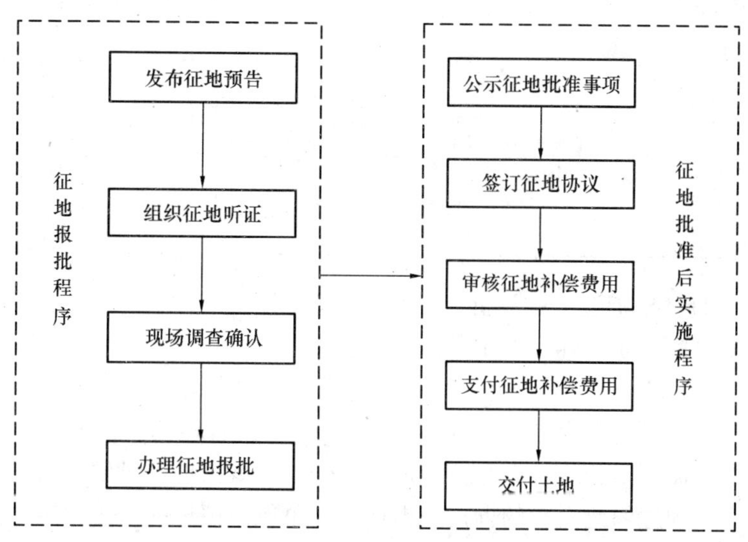

图10-15　DG市环城路项目征地拆迁工作的流程图

2. 环城路项目征地补偿标准

根据DG市城建工程管理局提供的资料，环城路征地拆迁的补偿标准如表10-6所示。

DG市环城路项目征地拆迁补偿标准　　表10-6

序号	项　目	单　位	东城工函［2005］年310号标准	备　注
1	征　地	万元/亩		非城建局负责
2	鱼塘	元/亩		
3	精养鱼池	元/亩		
4	常年菜地	元/亩		
5	旱地及水生作物	元/亩		
6	树木（小、中、大）	元/株		
7	果树及名贵树种	元/株		
8	一般木本花卉	元/株		
9				
10	房屋拆迁	元/m^2	一类：1200	
			二类：1150	
			三类：1100	
			四类：1050	
			五类：600	
		元/m^2	600	三层以上房屋拆迁补偿

续表

序号	项　目	单　位	东城工函〔2005〕年310号标准	备　注
11	搬迁费	元/户	1000～2000	
12	安置费	元/户	3000～8000	
13	搬迁补助费	元/户	1000	
14	迁水泥、红砖、灰沙坟墓	元/座	2000～10000	
15	迁土泥坟墓	元/座	500～1000	
16	商铺	元/m²	3600	合法证件首层商铺
			1800～2400	房产证未注明商铺但做商业用途

3. 环城路项目征地拆迁工作评价

(1) 环城路项目的征地拆迁工作做得比较到位

征地拆迁工作是工程建设能否顺利实施的关键。针对征地拆迁过程中极易出现的惯性问题及管理难点，为保证工程继续推进，DG市城建工程管理局拆迁办和各镇街城建办的领导及工作人员狠抓主要矛盾，做好征地拆迁工作。以本次拆迁量较大的高埗镇为例，由于此前从来没有遇到过如此大量的拆迁，拆迁工作也成了镇里的头等大事。高埗镇两年前成立了以书记、镇长为组长的拆迁工作领导小组，镇委委员任拆迁办公室主任，拆迁办共有20多名工作人员。镇拆迁办在市城建局、财政局的指导和协助下，一方面进行丈量，另一方面开始做思想工作，进行拆迁补偿。由于拆迁的标准是2005年制定的，2005年以来物价上涨，当时制定的标准显得过低，加上拆迁村民没有了新宅基地的分配，安置难度大，村民对拆迁比较抗拒，拆迁工作进展较慢。为了做好拆迁工作，镇和镇城镇办领导做了大量工作，把办公室设到村委会，每周开一个例会，一步步做工作。因为工作量很大，又不能激怒拆迁户，拆迁办工作人员面临很大的压力，2007年忙到腊月二十八日。工作人员只能靠感动他们，最后发挥亲戚朋友和党员的作用，分梯队来做工作。当时工作组有一句话，叫“不怕镇长，就怕拆迁户”。

(2) 拆迁工作基本体现了以人为本，拆迁过程中没有出现暴力冲突

环城路的拆迁工作尽管由于拆迁标准低、安置难等问题，值得欣慰的是拆迁过程都是合法有序，各拆迁单位都没有出现暴力拆迁的现象，拆迁办人员都是采用认真说服加感动的办法。例如高埗镇拆迁用了两年多的时间做说服和解释的工作，拆迁办采用“人海战术”，不断地做思想工作，但绝不恐吓。在做拆迁户工作期间，工作人员被赶出来、被骂出来的也有，但他们还是努力做好解释工作。可以说，在环城路项目工期如此之紧，拆迁压力这么大的情况下，能使拆迁工作平缓有序实在不容易。

(3) 征地、拆迁安置的补偿标准仍然偏低，居民的后续发展仍存在隐忧

在调研中了解到，环城路的征地补偿标准是以土地年产值的一定倍数发放的（一般不超过12倍），费用是6万元/亩。土地的农业产值是很难体现土地价值的，在调研中村民反映这些土地要是用来建厂房出租或者其他方式，几年就有6万元了，所以他们不支持征地。此外，拆迁村民后续生活仍有许多问题，例如子女上学、养老、医疗等问题需要解

决，但由于政府拆迁的补偿款是一次性的，对征地拆迁的后续问题关注不够，给村民和村委留下了许多问题。据村委会反映，在征地拆迁后他们在处理相关问题时像夹心饼，工作很难开展。

（四）被拆迁居民社会风险分析

1. 非自愿移民社会风险分析的必要性

国内外经验表明，非自愿移民是发展项目中易受伤害的主要利益相关者之一，应该给予特别的关注；如果发展项目中的非自愿移民问题处理不当，可能产生迁移人口的次生贫困、社会不公平和其他社会风险；相反，如果处理得好，被迁移的人口可能得到改善生活环境、增加经济收入和提高生活质量的发展机遇。

成功的移民安置不仅仅需要细致的社会经济调查、科学的移民计划、合理的经济补偿和移民政策，也需要充分了解移民过程中可能存在的各种社会影响及其风险，并且采用妥善的战略和措施。

2. 被拆迁居民边缘化的社会风险分析

城市化的发展客观上加剧了农民的失地，同时也加快了农民的市民化。当下学者们对此问题的研究，主要达成四点共识：其一，由于长期实行的城乡隔离政策和二元社会结构导致农民的素质较为低下，在离开土地后，他们缺乏一项谋生的技能。其二，对城市的陌生感、恐惧感，使失地农民很难在短时间内融入城市生活。其三，部分失地农民只顾眼前利益，拿到征地补偿费后，坐享其成、不思进取，"懒散"现象严重。土地的开发和征用所带来的畸形富裕，急剧改变了农民的生活方式，造成农民奢侈畸形消费，再加上市场经济的冲击，传统的思想意识逐渐分化，新的观念渐渐滋生。其四，城市社会对失地农民存有排斥态度，城市政府对农民市民化实行排斥和抑制政策的多，鼓励和支持的少。

从学者的研究可以发现，失地农民在融入城市生活中面临着许多困难，尤其是中老年的农民在离开他们熟悉的土地后，长期养成的生活习惯也很难转变，所以他们都面临着身份转变的阵痛。由于他们离开了熟悉的田园，又没有融入城市生活，没有实现向市民身份的转变，所以他们既不是城市人，也不是农村人，尤其是贫困家庭，他们在征地拆迁后面临的困难更大。

3. 被拆迁居民失业的风险分析

失地农民尤其是中老年人由于长期以来形成的农业生产技能，对现代的许多专业技能并不熟悉。课题组在调研中了解到许多失地农民都不愿意去打工，一方面由于工资低，另一方面也由于他们缺乏专业技能，不能受工厂的约束有关。以收房屋租金为生，一些仍有少量土地的就以农业为生。从长远来看，失地农民不能充分就业所造成的社会负面影响是很大的，已经有许多地方失地农民和政府的关系很紧张，成为当地政府头痛的一个问题。虽然课题组在环城路的研究没有遇到这样的问题，但对失地农民的就业问题仍要引起重视。

4. 被拆迁居民子女受教育的风险分析

失地农民失去土地以后，子女的未来出路就成为他们关心和担心的问题。农民失去土地后，精神状态可能从以前的忙碌转变为松散，许多地方征地以后赌博之风就非常盛行，这对子女的影响是很大的。此外，由于失去土地以后，附在土地上的收益也消失，失地农民的收入缺乏保证，其子女的教育资金就没有了着落，课题组在其他类似项目上就发现失地农民几年以后没有钱供子女读书的现象。对失地农民子女的教育问题也应该引起重视。

（五）项目公共安全的社会风险分析

1. 工地施工安全风险分析

工程建设的安全问题是大型建设项目最需要重视的问题，在课题组的调研中，没有了解到环城路项目有安全事故。

2. 施工期间民工权益保护和群体事件风险分析

民工工资被拖欠是目前社会关注的一个问题，这容易引起群体性事件，影响社会稳定，在课题组的调研中没有发现类似的情况。

（六）被拆迁村集体后续经济发展的风险

环城路的建设涉及许多征地拆迁量，尤其是一些以农业为主的村落，征地后对村集体的影响很大。以本次北环路征地拆迁的护安围村为例，这个村由于环城路征用了土地，使村集体后续的发展缺少了物质资源支撑。此外由于经济基础的薄弱、征地以及安置居民的巨大困难都阻碍了集体经济新的发展。

案例

护安围村位于DG市某镇的北面，是距离镇中心区较为偏远的自然村，是DG市的革命老区之一。护安围村辖区共有1.4平方公里，耕地面积430亩，户籍294户，人口1064人，全村有五个村民小组。由于该村的土地资源稀缺，交通条件差等原因，村集体的经济十分薄弱，村集体虽然积极发展集体经济，但目前村集体的收入主要依靠小量土地及物业出租，大部分村民也靠种田为主。2007年，护安围村的集体总资产有4140万元，总负债1343元，总收入342万元，总支出152万元，负担公益福利费177万元，干部报酬35万元，超支22万元。

由于经济发展水平较低，基础差、底子薄，加上环城路征地拆迁的问题，给护安围村经济的发展带来了很大的压力。存在的主要问题有：第一，环城路建设征用了护安围村240多亩土地，使得目前全村可利用的土地不足200亩，其中工业用地不足50亩，经济的后续发展缺乏物质资源支撑。第二，该村大部分村民以种田为生，征用土地使大部分村民失业，村民的生计受到重大的影响。第三，本次拆迁有110多间房屋被拆，村民没有新的宅基地，村集体为了解决好这批因拆迁而失去住房的家庭，计划建设农民公寓，村集体还需约2000万元启动，这对于经济基础薄弱的村集体来说是难以承受的。第四，拆迁了一间小学，使村集体每年减少学校房屋租金20多万元。

（七）其他社会风险分析

1. 外来人口与原住居民的社会风险分析

大型项目的建设一般会吸引许多外来人口的进入，外来人口和本地原著居民的关系问题值得关注。课题组在调研中了解到护安围村的居民在施工期间因为房屋被震裂而与施工队产生纠纷，其他风险在调研中没有发现。

2. 少数民族问题

DG 市环城路项目没有涉及少数民族问题。

八、环城路项目社会评价结论与启示

（一）环城路项目减少了居民出行时间，使中心城区半小时经济圈得以实现，提高了居民的生活质量

环城路项目的建设，改善了沿线地区的交通状况，减少了居民的出行时间，使 DG 市半小时经济圈得以实现。特别是对北部片区的中堂、高埗、石碣等镇的影响更为显著。环城路建成后，沿线居民到莞城、东城和南城等中心城区变得更为便利，他们能更好地使用中心城区的文化、娱乐等公共设施，这也有利于沿线居民的生活方式由农村向城市转变。由于环城路实行不收费的政策，这使得在 DG 从事货物运输、客运等企业和全体市民能平等地享有该公共设施。

（二）环城路项目有效改善了市区交通环境

环城路项目是过境车辆和大型货运车辆的通道，重车（货车）将通过环城路进行疏导，缓解了市区交通压力，市区内基本上解决了堵车、塞车等现象，市区交通环境和生活环境都得到改善。它使得 DG 市建立了由高速公路、快速路、主干道等组成的完善的高速路网体系，使得区域的交通设施得以完善，城市道路的通达性和便利性得到巨大的提高。

（三）环城路项目的建设促进了 DG 市的有序发展和城市空间目标布局的实现

根据 DG 市城市空间发展战略，环城路在 DG 市城市空间发展中的作用首先在于完善城市的基本结构。环城路作为中心城区的天际轮廓线，勾勒出了中心城区的整体形象，防止了城区无序蔓延的发展态势。环城路的建设，也改变了城市单纯沿对外交通干道蔓延的发展模式，使城市的发展由线性发展向“内核式向外拓展”的方式转变。此外，环城路项目的建设，引导了沿线周边区域的土地利用形态和建筑物形态，这不仅提升了土地的利用价值，也形成了有特色的城市景观。

环城路项目建成后，将有效连接东城、寮步、南城、万江、中堂、高埗、石碣等镇街，不仅将中心城区有效地连接到一起，形成一个有机整体，而且有效地加强了西北经济片区与西南、东南、东北等经济片区的交通联系。加深了各经济区之间的分工协作，促进了东西两翼城镇的发展，也大大提高了中心城区的对外的辐射功能和聚集功能，促进了“一中心多支点”城镇空间布局结构的形成。

（四）环城路项目促进 DG 市各镇区及珠三角地区的联系，促进了珠三角经济圈的发展

环城路的开通使得高埗、石碣等镇的农村与城市中心区的交流变得更为便捷。在对外交通方面，环城路在 DG 未来对外交通网络中将扮演重要角色。规划中的 DG 市快速路将形成以环城快速路为核心，近期呈放射状态，远期呈环的总体布局形态。这个格局形成

后，不仅加强了市内各个镇区的联系，还将加强DG与深圳、广州等珠三角其他城市的经贸往来与联系，促进了珠三角经济圈的发展。

（五）环城路项目促进区域资源的开发利用和区域的产业调整

环城路项目的建成，完善了城市的基础设施，改变了土地在空间上的布局，其区位也发生了变化。这些变化促使土地的用途自然会向高经济效益的方式转变，使得沿线的土地迅速增值，土地资源也得到很好的开发利用。

环城路的开通，也为DG市中心城区的房地产开发提供了很多利好因素，促进了沿线商品住房的开发。近年来环城路沿线有许多楼盘得到开发，促进了DG市房地产业的整体发展。

环城路为DG城区和周边城镇工业经济的发展提供了一条快速的交通通道，也促进了工业企业集群的形成。目前环城路沿线已经形成了物流、仓储、房地产和专业市场的形成。环城路的建设，使得城市半小时经济圈得以实现，这极大地带动了周边房地产业的发展。

（六）环城路项目的启示与建议

1. 大型公共项目实施前需对项目直接影响地区进行社会经济调查，识别项目的社会风险，并制定减缓措施

项目的目标可持续性与项目所在地的适应性关系很大，项目的成功与否跟项目与当地的适应性关系很大。因此在项目的实施前要进行详细的社会经济调查，了解当地的具体情况。同时，在项目可研阶段根据调查情况预测项目可能对当地造成的影响，对项目的社会风险进行评估，识别主要的社会风险。在项目的建设和运营阶段，针对主要的社会风险，采取相关措施将项目对当地居民的负面影响降到最低。

2. 建立有效的公众参与机制，使各利益相关群体的利益得到表达

利益相关群体的有效参与是项目成功的重要保证，尤其是弱势群体的利益，在项目的实施中更应该得到重视。在许多大型项目中，尤其是在信息不对称、没有足够的申诉途径以及外界支持的情况下，失地农民的利益往往得不到有效的维护。当村民的利益受损，申诉仍然得不到解决的情况下，村民往往容易采取静坐、示威游行、阻碍公共交通、妨碍政府正常办公，甚至破坏政府机关公物等非正常甚至非法手段表达自己的意愿，以引起社会的关注。这种非合法的群体行为产生的原因是由于自身合法利益受到损害，但如果这种情形没有得到有效化解，一旦村民对合法渠道失去信任，就有可能演变为有组织的对抗行为。

我们建议，在项目建设的可行性研究阶段，要充分考虑利益相关群体，特别是处于劣势的村民的利益诉求，保证他们的利益诉求有合法的表达和传播渠道，保证他们有足够的知情权和参与权，使他们能参与到项目的论证、实施和监督中。同时，为他们提供专业协助，采取措施把项目可能对他们的损害降到最低，避免村民在城市化中形成新的贫困和倒退。对于项目的其他利益相关群体，如城市中低收入房屋租客、外来打工者以及个体商铺经营者等，在方案的可行性研究和方案制订时，也要充分考虑这些相关群体的利益，把项目的负面影响降到最低。

3. 加强失地农民的就业和培训工作，加快其向市民化的转变

为促进失地农民快速、平稳的市民化，除失地农民努力提高自身素质外，政府必须为这个特殊群体的转变创造良好的环境。要突破失地农民市民化的制度障碍，实现城乡户籍制度、就业制度、社会保障制度的统一；对失地农民进行文化知识和业务技能的培训，以提高其素质和在城市就业竞争中的能力；加快村集体资产管理体制改革和社区管理制度改革以及社区文化建设；各级政府积极发挥政府职能，从战略高度出发来做好失地农民市民化过程中的服务工作。

最后，我们用成功度评价表（表10-7）、社会风险分析表（表10-8）以及经验及教训分析表（表10-9）对本项目的社会评价进行总结。项目的成功度评价通常包括：项目社会效益与影响分析评价和项目社会适应性与公众参与机制分析评价。评价分四个等级，分别是优秀级：A级，表示项目（或项目某项指标）成功度高，获得了很好的社会效益，得到了社会的普遍认可；良好级：B级，表示项目（或项目某项指标）成功度较高，获得了较好的社会效益，但仍需改善；合格级：C级，表示项目（或项目某项指标）的成功度勉强可以接受，仍需要不断整改或补救；不合格级；D级，表示项目（或项目某项指标）社会效益低下，社会负面影响大，阻碍了社会的正常发展。一般来说，若项目的成功度评价为D级，这说明项目在社会评价上是不可行的，应该予以撤销立项或停止建设，并采取相应的补救措施。从本项目的总体评价来看，项目社会影响综合评价等级为"A"，说明项目就社会评价而言是成功的，但在具体的细节上还有待完善的地方。

社会评价成功度评价表　　　　**表10-7**

	指标	基本情况	评价等级
（一）项目社会效益与影响分析评价			
1. 对所在地居民的影响	（1）项目对所在地居民的出行就业影响	减少了居民的出行时间，对本地居民就业的解决问题不明显	A
	（2）对居民收入和生活质量的影响	沿线居民到莞城、东城和南城等中心城区变得更为便利，能更好地使用中心城区的文化、娱乐等公共设施	B
2. 对弱势群体的影响	对不同性别和弱势群体的影响	各类人群能平等地享受到该项目带来的效益，为沿线儿童的上学提供了便利；解决了大量外来民工的就业问题	A
3. 对地区科学、教育、交通等事业的社会影响	（1）对科学和科技产业发展的影响	促进了松山湖科技产业园区的发展	A
	（2）对教育的影响	为区域内各所高校提供了便捷的通道，方便了学生上学，同时也扩大了学校的辐射区域	A
	（3）交通等事业的影响	有效改善了市区交通环境，使中心城区半小时经济圈得以实现；使得DG市建高速路网体系得以完善	A

续表

	指标	基本情况	评价等级
（一）项目社会效益与影响分析评价			
4. 对区域发展的影响评价	(1) 促进 DG 市城市空间目标布局的实现	加深了各经济区之间的分工协作，提高了中心城区的对外的辐射功能和聚集功能，促进了“一中心多支点”城镇空间布局结构的形成	A
	(2) 促进城市中心区的规划建设，提升 DG 市城市形象	环城路作为中心城区的天际轮廓线，勾勒出了中心城区的整体形象，防止了城区无序蔓延的发展态势	A
	(3) 促进 DG 市与珠三角地区区域交通联系	DG 市快速路将形成以环城快速路为核心，近期呈放射状，远期呈环状的总体布局形态	A
	(4) 促进沿线产业的专业化分工	为 DG 提供了一条快速的交通通道，也促进了工业企业集群的形成。目前环城路沿线已经形成了物流产业、仓储业、房地产业和专业市场的形成	A
	(5) 促进沿线农村与城市中心区之间的联系	环城路的开通，使得高埗、石碣等镇的农村与城市中心区的交流变得更为便捷	A
	(6) 加快 DG 市城市化进程，促进 DG 市经济一体化	有力地促进了城市的建设，加快了高埗、中堂、石碣等经济发展水平较低城镇的发展，从而加快了城市化进程	A
5. 对区域资源开发利用的影响	(1) 促进道路沿线土地价值的提升	环城路的建设改变了土地的区位，影响土地供求变化，驱动土地投资，使周边土地用途发生转换，提升土地价值	A
	(2) 促进了沿线房地产业的发展，加快城市建设的步伐	环城路建设极大促进了沿线房地产的开发，集中了万科城市高尔夫花园、比利华山庄花园、东安花园、翠云轩等楼盘	A
	(3) 促进 DG 市旅游休闲产业的发展	环城路的开通，使得原来处于郊区的旅游资源得到迅速开发，促进了周边旅游休闲产业的发展	A

续表

	指标	基本情况	评价等级
（二）项目社会适应性与公众参与机制分析			
6. 环城路项目社会适应性分析	（1）适应DG市经济社会发展目标	环城路项目与DG市的经济社会发展目标和战略是一致的	A
	（2）对当地居民需求的适应性分析	项目对当地居民需求是适应的	A
	（3）项目的可持续性分析	项目的社会经济效益的和项目目标都是可持续的	A
7. 环城路项目公众参与机制分析	（1）项目前期公众参与机制分析	在项目设计前期没有进行详细的现场调查和勘探，不恰当的路线选择增加施工成本和拆迁成本；项目参与各方缺乏有效的协调机制，不能及时改正设计的失误	C
	（2）项目实施期间公众参与机制分析	没有建立有效的参与机制，利益受损群体的诉求表达不顺畅	C
社会影响综合评价			A

社会风险分析表 **表10-8**

指　标	风险因素	影响范围或严重程度	建　议
1. 项目征地、拆迁引起的非自愿移民社会风险	被拆迁居民边缘化的社会风险	较为严重	加强培训以解决就业；合理引导，使其向市民转化
	被拆迁居民失业的风险	较为严重	
	被拆迁居民子女受教育的风险	一般	
2. 项目公共安全的社会风险	包括施工安全风险及民工权益保护	不严重	
3. 被拆迁村集体后续经济发展的风险	失去土地后，村集体后续经济发展缺乏资源和资金	影响较大	加强扶持和支持力度
4. 其他社会风险分析	没有涉及少数民族问题		

经验及教训分析表 **表10-9**

项目环节	经　验	教　训	建　议
1. 征地拆迁	工作细致到位，有效地维持了当地的社会稳定	拆迁补偿标准过低，对被拆迁户和村集体后续发展的措施没有跟上	加强征地拆迁的前期准备工作，方案设计尽量减少拆迁量；同时，提高补偿标准
2. 项目各阶段的公众参与	项目的实施严格按照城市规划进行。	没有形成很好的公众参与机制	建立良好的公众参与机制，使各个利益相关群体能充分地表达各自利益，达到目标的一致性

第十一章

城市公共建设项目社会评价——以DG市YL大剧院项目为例[1]

一、DG市YL大剧院项目基本情况介绍

（一）YL大剧院项目基本情况介绍

YL大剧院，位于DG市城市新区中心轴线西侧，北临鸿福路，与行政办事中心、大会堂、展示中心隔路相望，东临广阔的景观广场与图书馆遥相呼应。YL大剧院是DG标志性的文化建筑，由拿大籍世界著名剧院设计师加卡洛斯奥特设计，主要功能配置包括一个1600座的大剧场、一个400座的多功能实验剧场、4000平方米的前厅回廊和休息厅。大剧院配备有全机械化舞台，有供250名演员同时使用的化妆间，有供120人四管制规模乐队演奏人员使用的乐池和乐队休息室，有芭蕾舞、歌剧、合唱排演厅及室外景区休闲区，能满足大型歌剧、芭蕾舞剧、交响乐、大型综合文艺演出以及其他现代剧目演出的需要。

大剧院占地36010平方米，总建筑面积43977.12平方米，建筑占地面积9628平方米。地下一层、局部二层，建筑面积12594.33平方米；地上八层，建筑面积31382.79平方米。设计总高度60.60米，容积率为0.78，建筑密度26.7%；绿地面积13324平方米，绿地率37%，广场面积4860平方米，道路面积1880平方米。室外地面设计绝对标高7.5米，室内地面设计绝对标高8.5米（±0.00）。机动车停车位199辆。

YL大剧院外观新颖，主体建筑宛如一袭弗拉门戈舞蹈旋转的裙摆，与其他环境融为一体，与周围建筑和谐并存。每当夜幕降临，华灯初上，大剧院成为城市新区一颗流光溢彩的明珠。

DG市YL大剧院是一座多功能的文化建筑，是按国际先进水平进行设计、建设，具备接待世界优秀表演艺术团体演出的条件和能力的大剧院。大剧院具有相宜的尺度、优美的造型、简洁的风格和独特的个性，反映了时代精神和地方特色，体现了DG人民开拓创新、务实进取的胸怀和气魄，是DG市的一颗明珠（见图11-1～图11-3）。

（二）YL大剧院在DG新城市中心区的作用

《DG市城市总体规划（2000～2015）》对DG市新城市中心定位为：市行政办公中

1　本项目评价的参与人员还有：张伟、孙俊、吴开泽、杜亚男、贾璐、黄锦成、王玲、朱丽影

图11-1　YL大剧院景观效果图

心、商务会展中心、金融服务和文化娱乐中心。市级城市公共中心以新城市中心为主。新城市中心的开发，重点在于完善市级行政办公、金融服务、商贸会展、文化娱乐等设施，加强中心城区在全市经济发展中的辐射和带动作用，以建设“国际制造业名城”为目标，架构现代化、都市型、综合性服务配套平台。已确定的规划建设项目有：会展中心、行政办事中心、展示中心、人民会堂、DG大剧院、图书馆、青少年活动中心、科学技术博物馆、群众艺术馆等一大批建设项目。还有几大银行会集的金融区和商务区也在深化规划中。

图11-2　夜幕下的YL大剧院

图11-3　夜幕下的YL大剧院

从《DG市城市总体规划（2000～2015)》可以看出，YL大剧院是作为DG架构现代化、都市型、综合性服务配套平台的一个重要设施。YL大剧院的建设可以发挥DG的地理优势，充分利用周边城市特别是穗、深、港的演出资源，依托其降低演出成本，直接引进诸如交响乐、芭蕾舞、歌剧等高雅艺术，既搞活DG的演出市场，繁荣DG的文化舞台，同时也有利于提高DG观众的欣赏水平及文化素质，加快DG创“文化新城”的进程。DG市政府也是在这种背景下决定新建YL大剧院的。

二、项目社会评价研究概述

YL大剧院项目的社会评价，是在借鉴国内外城市建设项目社会评价经验的基础上，结合在社会评价方面的相关经验，参照《中国投资项目社会评价指南》和世界银行、亚洲开发银行关于社会评价的原则和准则进行评价的。YL大剧院项目社会评价分为三个阶段：

第一个阶段是通过文献研究，了解学术界对建设项目社会评价研究前沿和关注热点，结合DG市YL大剧院的实际情况，确定YL大剧院社会评价的重点。在这个基础上，制定了较为详细的调研计划，有步骤地收集资料。

第二阶段是根据计划进行实地调研，从2008年7月到2008年8月，课题组对与项目有关的利益相关者进行了大量的深度访谈和问卷调查。访谈对象主要包括DG市城市建设管理局相关领导、DG市文化广播电视新闻局、YL大剧院的运营方和物业管理方。问卷调查主要针对YL大剧院的观众和中心广场的游客进行，本次问卷调查分两个阶段进行，问卷采用代填式的问卷调查，由课题组成员对调查对象进行访谈式的问卷调查。其中2008年7月26日～2008年8月3号在大剧院发放问卷120份，回收115分，回收的问卷全部有效。

2008年8月10日～2008年8月13日在DG市中心广场的不同地点发放调查问卷，以了解居民对广场和YL大剧院的总体评价，共发放115份调查问卷，回收111份，回收问卷全部有效（见表11-1和图11-4）。

YL大剧院观众调查问卷情况表 **表11-1**

	YL大剧院调查问卷	广场调查问卷
问卷数量	120份	115
有效问卷	115份	111
调查对象	看过演出的观众	广场游玩、锻炼的居民
调查地点	YL大剧院一楼大厅、售票处、大剧院周围、剧院内	市政府前广场、喷泉湖边、人民会堂前广场、图书馆前广场、YL大剧院前广场、露天剧场
调查形式	访谈式问卷调查	访谈式问卷调查
抽样方式	随机抽样	随机抽样
调查时间	2008年7月26日～2008年8月3日	2008年8月10日～2008年8月13日
调查时点	18：30～20：00	6：30～8：30 17：30～19：30
采取的措施	为了保证调查的有效性，此次调查是分别在不同剧目开演前进行的	—

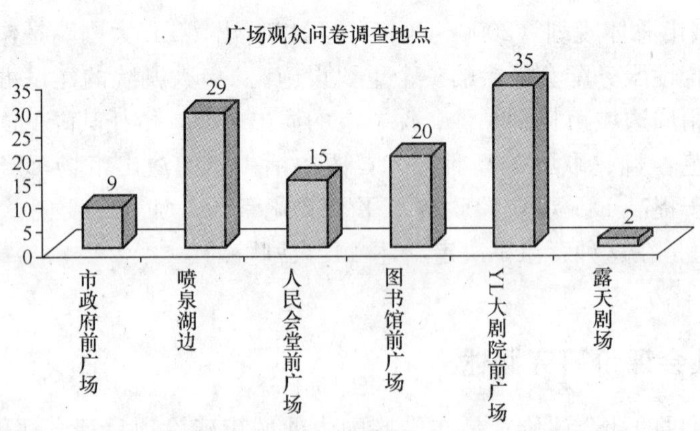

图11-4 广场群众问卷调查地点

第三阶段是资料整理和报告撰写，2008年8月到2009年3月，课题组在收集、整理相关资料的基础上，对论文进行了撰写，并经多次修改后得以完成。

三、项目目标和影响范围

（一）项目目标

YL 大剧院的目标是建成 DG 市“文化新城的标志、高雅艺术的殿堂、市民教育的园地、文化产业的龙头和社交旅游的首选”。由该目标定位可以看出，YL 大剧院不仅要作为新城市建筑标志，而且要以此为载体，使高雅艺术在 DG 这座美丽的城市扎根；YL 大剧院不仅仅是一个观看演出的场所，而且是对市民进行艺术教育，提升市民素质的殿堂；YL 大剧院也不仅仅是一个社交旅游的场所，还是 DG 市文化产业的龙头，将代表 DG 市在国内文化产业中的地位和作用。

（二）项目目标享受对象情况

1. 项目服务半径

YL 大剧院项目的服务半径主要以中心城区为主，辐射整个 DG 市和珠三角周边城市。从课题组调查得到的信息来看，YL 大剧院的观众以南城区和东城区为多。

2. 项日演出节日类别

YL 大剧院的演出节目类别中，以高层次的演出为主，其中 A 类演出（国际性知名团体的演出）的比例最高，B 类和 C 类演出了占了一定的比例。

3. 项目享受对象的层次性

从调查了解的情况看，YL 大剧院的享受对象主要以中高以上收入，文化层次以大专以上的人群为主。

（三）项目影响范围

YL 大剧院的直接影响区域包括 DG 市区，特别是新城市中心区和周边地区，间接影响区域包括 DG 市和周边城市。

根据课题组的调查，YL 大剧院的观众中，除了大剧院所在的南城区外，道滘、厚街、虎门、石排等地的居民也到大剧院观看表演。由此可以看出，YL 大剧院已经成为 DG 市全市居民观看艺术表演，感受高雅艺术的重要场所（见图 11-5）。

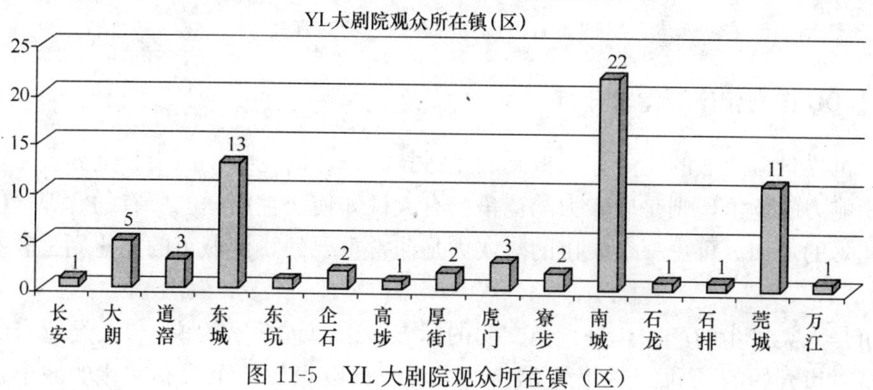

图 11-5　YL 大剧院观众所在镇（区）

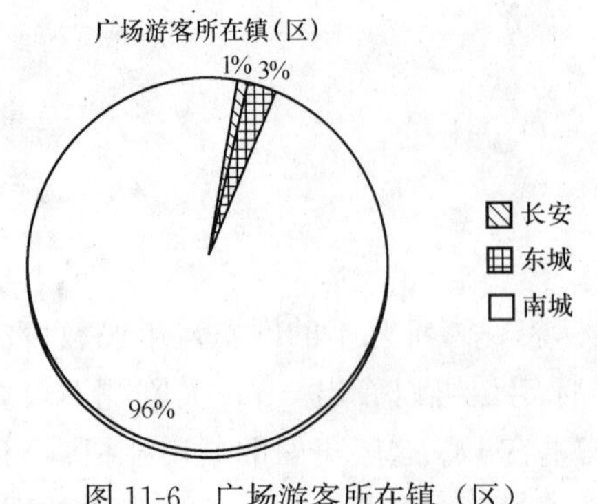

图 11-6　广场游客所在镇（区）

如果说 YL 大剧院为全市文化程度较高的居民提供了一个欣赏高雅艺术的殿堂，那么中心广场为不同文化层次、不同收入水平、不同年龄阶段的居民提供一个集休憩、锻炼、接受文化熏陶的场所。

从图 11-6 可以看出，在广场游玩的 DG 居民中，南城区的居民占了 96%，东城和其他镇区的居民所占比例较少。而从居民到达中心广场的距离和方式来看，许多游客都是因为住在附近，在傍晚或者清晨出来散步或者锻炼（见图 11-7）。

四、项目社会效益与影响评价

对 YL 大剧院的社会影响评价，主要根据相关研究和世界银行、亚洲开发银行的社会评价方法，结合 DG 市的实际，选用了几个关键的因素，分别是项目对所在地居民的影响、项目对地区不同性别群体和弱势群体的社会影响、项目对地区科学、教育、文化、卫生等事业的社会影响，对社会经济与区域发展的影响评价等。

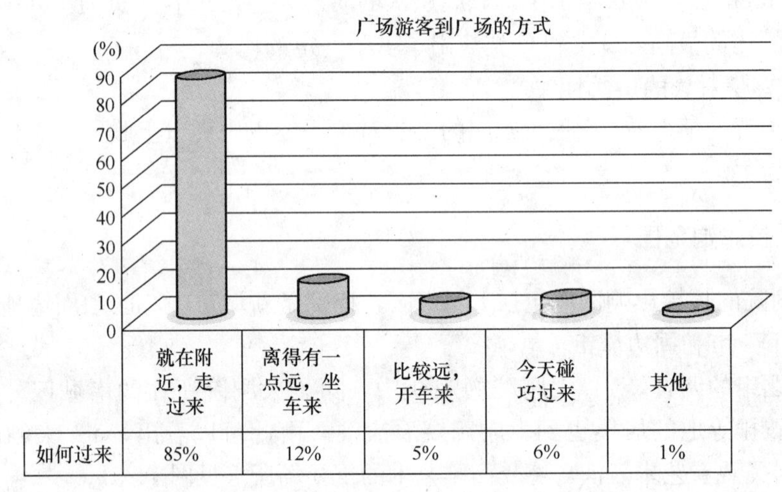

图 11-7　广场游客到广场的方式

（一）DG 市文化产业需求分析

当今世界日益激烈的竞争，归根到底是科技和人才的竞争，而当今世界各个城市的竞争力和影响力的竞争，则是软实力的竞争。有人说即使法兰西褪去所有的辉煌，巴黎仍是全世界艺术的麦加。可见一个城市的软实力是非常重要的，而城市的文化则是软实力的重要内容。

城市是人类进步的产物，是人类文明的标志，正如哲学家所说："人类所有的伟大文化都是从城市开始的"。城市文化是城市的灵魂，难以想像一个没有文化的城市是什么样子。城市文化有多种体现：城市的历史、城市的人口素质、市民的文化生活质量以及城市的各种文化设施。

19 世纪是美国工业化与城市化迅速发展的时期，由于美国城市的速成性和高度的异质性特点，城市在改造乡村人口和同化外来移民的过程中步履维艰。然而，在城市生活动荡与混乱的阵痛中，美国城市社会逐步走向成熟，走向现代化。在这种现代化的转变过程中，以新兴城市经济和文化机构为代表的新型城市文化发挥了重大作用。

1. DG 市社会经济发展迅猛，市民对文化艺术的需求与日俱增

2007 年，DG 市人均 GDP 为 45357 元，在全国城市中排在第 19 位，广东省第 6 位。在经济实力上，DG 市已经是广东省第四大城市，国际制造业名城。DG 市在经济迅速发展的同时，城镇居民的人均可支配收入也大幅增长。2006 年，DG 市城镇居民人均可支配收入为 25320? 元，居全国第一位。2007 年，DG 市城镇居民人均可支配收入再次名列全国第一位，为 27025 元。一般来说，当居民的收入水平达到一定层次，对旅游、文化等的消费需求就会增加。例如北京等城市，居民的文化消费已经成为日常消费的重要组成部分，文化产业已经成为重要的产业（见表 11-2）。

2006～2007 年城镇居民人均可支配收入情况（单位：元）　　**表 11-2**

年份 排名	2006 年		2007 年	
001	DG 市	25320	DG 市	27025
002	深圳市	22567	深圳市	24870
003	温州市	21716	温州市	24002
004	上海市	20668	上海市	23623
005	北京市	19978	广州市	22469
006	台州市	19953	宁波市	22307
007	广州市	19850	台州市	22245
008	宁波市	19674	北京市	21989
009	绍兴市	19178	佛山市	21754
010	杭州市	19027	绍兴市	21717

资料来源：中国经济网

DG 市是从一个农业城市发展而来的，城市文化的沉淀仍不深厚，城市的文化品位仍待提升。然而一个城市文化的发展，是需要有物质载体的。与其他城市相比，DG 市的文化设施偏少，这不但严重削弱了 DG 承接高层次演出的竞争力，使 DG 的乐迷和艺术爱好者们屡次与国内外优秀表演艺术团体失之交臂，而且与 DG 作为崛起中的现代化中心城市的形象地位是极不相称的。

可以说，与 DG 市城市经济实力和居民的收入水平相比，DG 市民的文化消费潜力并没有得到很好的发挥。由于高档文化设施的缺乏，高档的文化消费则没有形成规模，但低层次的文化发展迅速，在一定程度上还损害了 DG 市的城市形象。这说明了市民业余的消费层次较低，高层次的文化消遣有待引导。

2. 此前 DG 市文化事业发展滞后，设施匮乏

在 DGYL 大剧院建成前，尽管 DG 市各个镇区已经有大大小小的娱乐设施，但却始终缺乏一个高质量、高品位的艺术表演场所。其中比较大的艺术表演场所主要有DG影剧院和市体育中心。1989年建成的DG影剧院是当时市区内少数正式演出场地之一，占地面积4000多平方米，建筑面积12000多平方米，共有1131个座位。近年来影剧院接待了中央民族乐团、中央芭蕾舞团、东方歌舞团等一批著名团体来访演出。由于该设施设备比较陈旧、简陋，舞台场地狭小，视听条件欠佳，加上隔声较差，演出效果大打折扣，而且地处旧城中心，停车困难，为市民观演带来不便。DG另一个主要场所市体育中心也只能承办流行音乐会等通俗文艺演出。这是与DG市的经济发展水平不相应的，DG市作为新兴的城市，应该有与其经济地位相称的文化设施，这样才能提升城市品位，促进城市整体实力的提升。富裕起来的DG人热切地期望在自己的家乡也有一座值得为之骄傲的高雅文化殿堂。兴建高品位的大剧院不但是弘扬高雅艺术、推动对外文化交流的需要，更是城市形象系统工程的重要组成部分，还有利于打造DG旅游的新品牌，带动DG旅游业的发展（见表11-3）。

DG市剧院设施情况一览表 **表11-3**

DG市剧院设施情况一览表						
名　称	建成年份	区域分布	占地面积	建筑面积	座位数	投资额
DG剧院	1989	莞城区	$4000m^2$	$12000m^2$	1131个	
YL大剧院	2005	南城区	$36010m^2$	$43977.12m^2$	1600个	6.18亿元

与省内其他城市如广州、深圳、珠海等相比，DG市的剧院设施在档次、规模和数量上都是滞后的，YL大剧院的建设填补了这项空白。在大剧院的运营情况上，各地都采取了政府财政补贴的形式，YL大剧院的补贴额在国内同类剧院中都是比较低的，而演出的档次和水平则较高（见表11-4）。

我国各大城市大剧院情况比较 **表11-4**

所在城市及名称	建成年代	具体位置	建筑面积	平均票价	座位总数	运营情况	建设投资	每年维护费用
北京国家大剧院	2007年9月	位于北京市心脏地带，西长安街沿线，与人民大会堂和天安门广场相邻	占地面积11.89万平方米，总建筑面积21.75万平方米（包括地下车库近4.66万平方米）。	—	4452	政府补贴	26亿	7000多万人民币
上海大剧院	1998年8月27日	上海大剧院坐落于上海市人民广场	占地面积2.1公顷，总建筑面积70000平方米	—	2700	政府补贴	12亿人民币	—
杭州大剧院		杭州市江干区之江东路66号	总占地面积约为10万平方米，建筑面积为5.5万平方米	—	3300	—	9亿	—
辽宁大剧院	2001年10月	中国辽宁省沈阳市沈河区市府大路363号	总建筑面积3万平方米	—	1889	—	4.59亿元	—
嘉兴大剧院	2003年10月	浙江省嘉兴市中环南路南湖大道口	占地面积近73亩，总建筑面积28000平方米	223	2475	政府补贴	1.6亿元	—

续表

所在城市及名称	建成年代	具体位置	建筑面积	平均票价	座位总数	运营情况	建设投资	每年维护费用
DGYL 大剧院	2005 年 12 月 31 日	DG 市南城区鸿福路中心广场内	占地 36010 平方米	—	1600	政府补贴	6.18 亿元	—
宁波大剧院	2004 年 5 月	姚江湾头"三江文化长廊"顶端，临江面建	占地面积 13.6 万平方米（204 亩），建筑面积约 5.2 万平方米	—	2300	—	6.19 亿元	—
深圳大剧院	1989 年政府投资兴建	深南东路 5018 号	占地面积 36514 平方米，总建筑面积 43577 平方米	—	1811	—	近 9000 万元	—
绍兴大剧院	2004 年 9 月	绍兴市解放北路 375 号	总占地面积 21000 平方米，建筑面积 26500 平方米	—	1349	—	3.8 亿元	—
武汉琴台大剧院	2007 年 8 月	汉阳区月湖北岸	总建筑面积 65650 平方米	—	1802	政府补贴	15.7 亿元	—
北京梅兰芳大剧院	2006 年建成	落在北京西城官园桥东南角的黄金地段	面积 13000 余平米	—	1068	政府补贴	1.1 亿元	—
扬州大剧院	2000 年 9 月	扬州兴城路 1 号	建筑面积 12000 平方米	—	1038	政府补贴	—	—
杭州萧山大剧院	2002 年	杭州市萧山区市心中路 918 号	总建筑面积 12000 平方米	—	1361	—	—	—
北京民族文化宫大剧院	1998 年全面装修改造，2000 年 5 月 1 日完成	位于中国北京长安街西城区复兴门内大街 49 号	—	—	1038	—	1.6 亿元	—
天津塘沽大剧院	2005 年 12 月 15 日	近郊塘沽区中心路 7 号	建筑面积 19212 平米	—	1113	政府补贴	1 亿元	—
青岛大剧院	计划于 2009 年 9 月投入使用	位于崂山区	占地面积 6 公顷，建筑面积约 8.7 万平方米	—	1600	—	总投资 7.5 亿元	—

3. DG 市文化产业的发展需要有坚实的物质设施支撑

近年来，DG 市委市政府加大了 DG 市文化产业的扶持力度，在新世纪之初，DG 市把文化新城与现代制造业名城、生态绿城一起，确立为 DG 市新的城市定位。并从"文化的内容是知识、文化的本质是精神、文化的手段是艺术"的认识出发，着手建设"三城一都”，即：图书馆之城、博物馆之城、广场文化之城、音乐剧之都。为了实现这个目标，DG 市委市政府相继出台了相关的政策，2005 年，出台《DG 市建设图书馆之城实施方案》、《DG 市建设广场文化之城实施方案》；2007 年，DG 市又力争以 YL 大剧院为依托，将 DG 打造为音乐剧之都，把音乐剧锻造成为 DG 市的文化标志，丰富城市品格。

(二) 项目对所在地居民的影响

1. 对居民生活质量的影响

YL 大剧院和周围广场的建设，为附近居民提供了一个休憩和交流的场所。每当夜幕降临，就有许多居民到广场跳舞、散步、游玩、运动等。到周末，DG 中心城区、周边各镇甚至周边其他城市的许多居民到来，使 YL 大剧院和周围广场更加热闹，居民们从中获得乐趣、感受到了快乐、还学到了知识。

从本次的问卷调查可以发现，来广场的观众中，散步、到图书馆看书以及晨练所占的人数最多。其中散步所占的比例为 43.45%、晨练所占的比例为 20%，到图书馆看书所占比例为 23.45%（见图 11-8）。

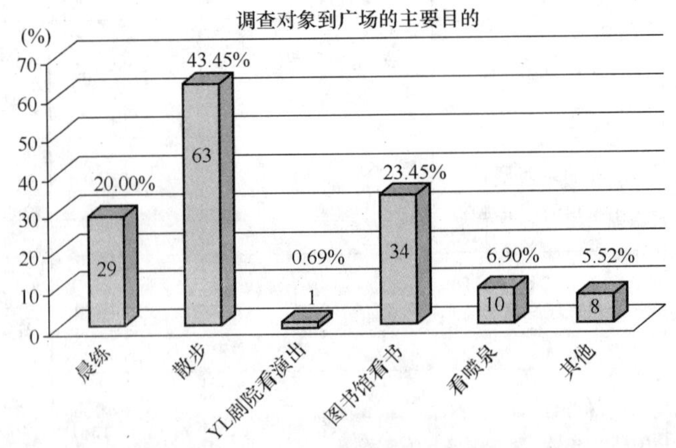

图 11-8 调查对象到广场的主要目的

在这些调查对象中，大部分人是在家人和朋友的陪同下来到广场的，由此可见，广场为许多 DG 市新老居民提供了一个很好的休憩、交流的场所（见图 11-9）。

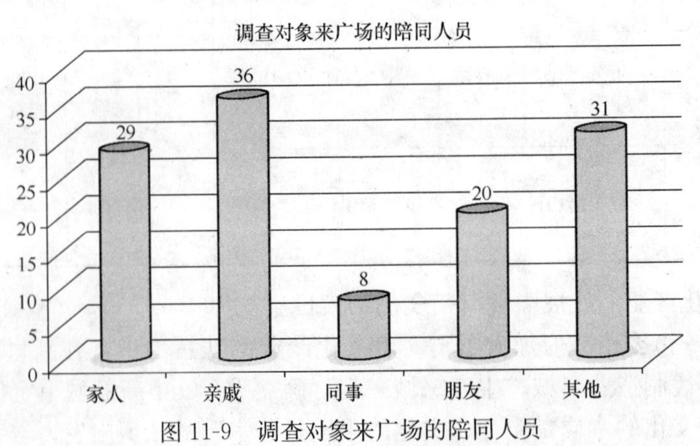

图 11-9 调查对象来广场的陪同人员

2. 对居民休闲娱乐的影响

图 11-10 在广场散步的居民

居民的休闲娱乐方式是市民文化的一大组成部分，一个健康向上的市民文化是城市形象和城市影响力的重要影响因素。中心文化广场和 YL 大剧院在塑造市民文化方面可以起到很好的引领作用。调查发现 YL 大剧院对 DG 市特别是中心城区居民的业余生活影响是很大的，从下图可以看出，57％的受调查居民到广场的频率是每天一次，13％的居民到广场的频率是两天一次（见图 11-10、图 11-11）。

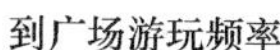

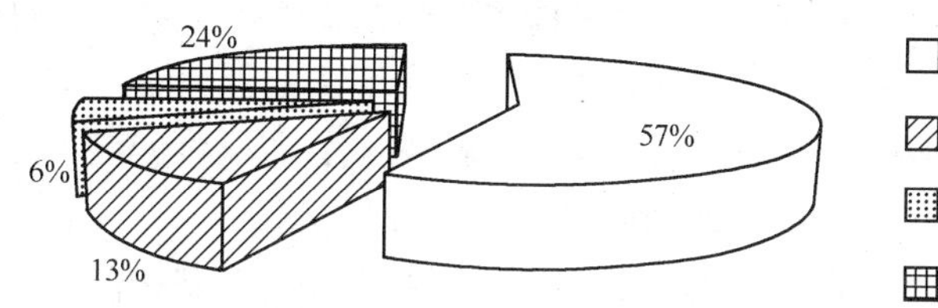

图 11-11 居民到广场的游玩频率

此外，从居民到广场的时间段来看，早晨 8 点前和下午 6 点以后是最集中的时段，这是一天中的闲暇时光，附近居民业余生活的一大部分都是在广场度过的。可以说，广场已经成为了这部分居民日常生活的一部分（见图 11-12～图 11-14）。

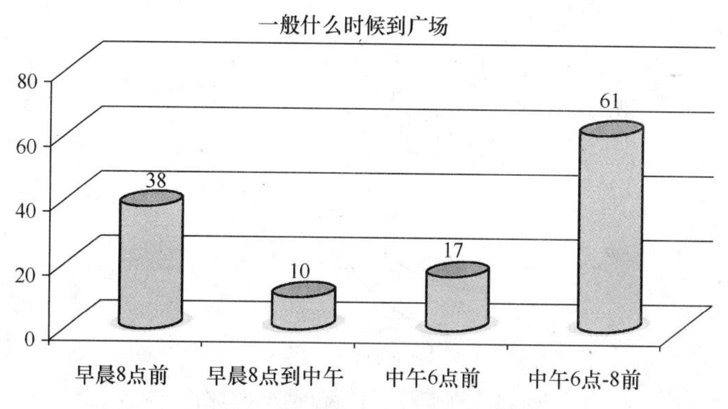

图 11-12 居民到广场的时间

图 11-13 早晨广场上晨练的人群

图 11-14 夜晚广场上跳舞的人群

3. 对居民就业的影响

YL 大剧院的建设和运营为 DG 市提供了大量的就业机会。YL 大剧院建筑面积 $43977m^2$，项目的施工聘请了大量的建筑工人。项目建成运营后，项目为 100 多人解决了就业问题，其中保利 YL 大剧院管理有限公司提供了近 70 个工作岗位，负责 YL 大剧院物业管理的深圳 LC 物业管理有限公司 DG 分公司提供了 65 个工作岗位。这些工人大多是外来务工人员，对解决本地户籍居民的就业问题帮助不大。

(三) 项目对地区不同性别群体和弱势群体的社会影响

1. 项目享受对象公平性情况

为了保证 DG 市民能买得起票，让更多的居民能够欣赏到高雅艺术，充分享受 YL 大剧院的演出。DG 市政府实行政府补贴的方式，市政府每年财政补贴 1600 万元给经营公司，DG 的老百姓只要支付上海、北京、广州等市同类演出三分之一的票价，就可以在 YL 大剧院欣赏到同样的剧目。这是一个全国都没办法解决的低票价难题，国内同类剧院中政府财政每年的财政补贴额是 2000 万，而且还解决不了高票价问题。这是 DG 文化建设中取得成功的一项制度创新，即"政府管文化，企业做文化"。

课题组在调查中也了解到，观众普遍认为 YL 大剧院除了一些国际和国内顶尖级的演出外，一般票价都在可以承受的范围内。从下图可以看出，在接受调查的剧院观众中，68%的居民认为票价一般，可以承受。认为"票价太高，很难承受"的只占了不到 3%的比例，认为"票价比较高，承受有困难"的比例为 18%（见图 11-15）。

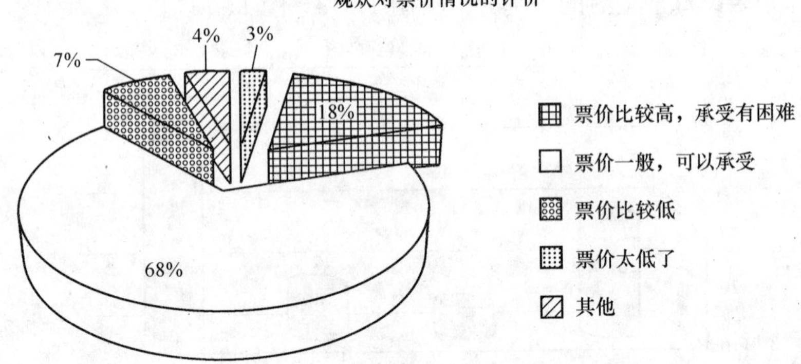

图 11-15　观众对票价情况的评价

此外，调查中也显示，观众中各种文化程度的人群都有分布，其中以大学本科以上的学历为主。如图 11-16 所示，大学专科以上文化程度的观众占到了 79.82%，这也说明了高中以下学历的市民虽然有经济实力观赏大剧院的演出，但由于鉴赏水平和其他原因，没有到剧院欣赏表演。

与剧院的观众的文化程度相比，到广场游玩的居民文化程度分布较为均匀，受益群体的面更广，更多的人能享受广场带来的乐趣。本次调查中显示，广场游玩的居民中，高中以下文化程度的居民占了 43.73%，大专文化程度的居民占了 34.55%（见图 11-17）。

2. 对妇女和老人的影响

YL 大剧院的观众以 21～40 岁的居民为主，其中，21～30 岁的居民最多，所占比例

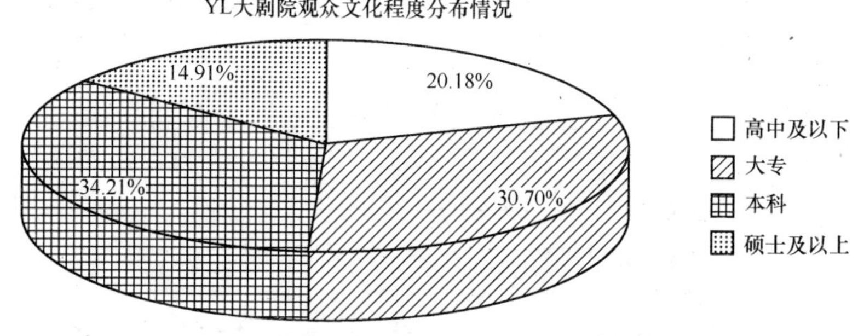

图 11-16　YL 大剧院观众文化程度分布情况

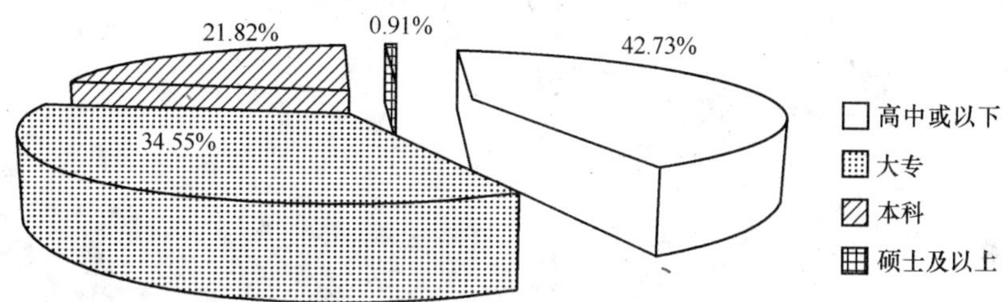

图 11-17　广场调查对象文化程度分布情况

为 40.57%；其次为 31～40 岁的居民，所占比例为 37.74%。51 岁以上的居民占了 8.49%，许多还是家长带着孩子一起观看演出（见图 11-18）。

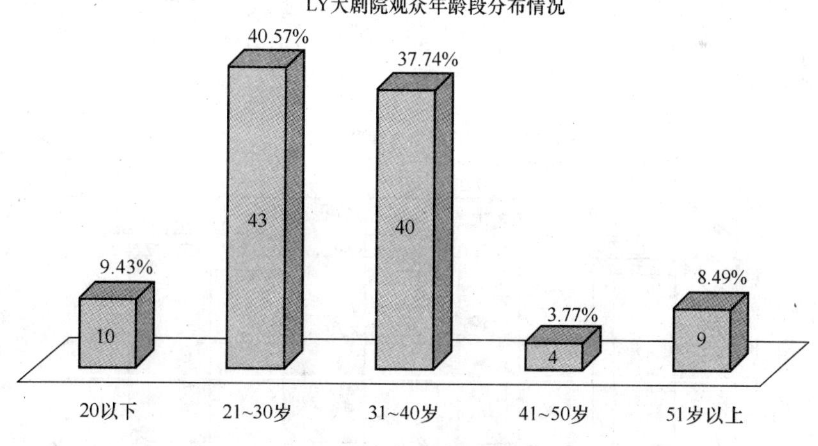

图 11-18　YL 大剧院观众年龄段分布情况

为了向广大音乐爱好者特别是青少年推广传统和古典音乐，YL 大剧院还在 2008 年 7 月～8 月推出“打开艺术之门”暑期系列音乐会，面向青少年和广大音乐爱好者普及、推广中国传统文化、民族文化和古典音乐。从课题组现场获得的信息看，许多青年观众对这个活动的评价还是比较高的，唯一觉得遗憾的就是宣传的力度仍不够大，许多经常来中心广场玩的市民都不知道有这个活动。

中心广场受益人群的面则更广，从图 11-19 和图 11-20 可以看出，各个年龄段居民的分布更为均匀，不管是二三十岁的年轻人还是60岁以上的老年人，都可以平等地享用广场带来的欢乐。

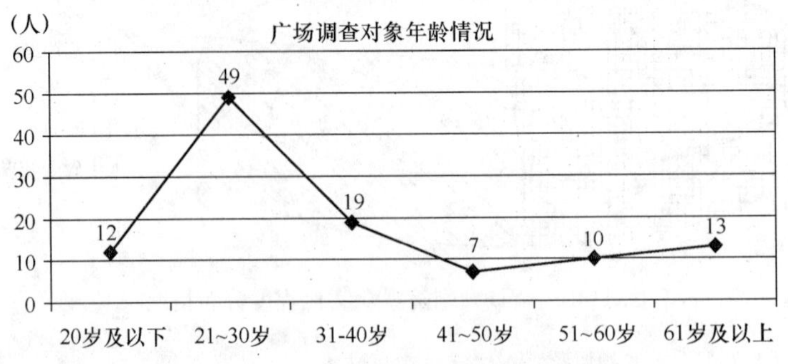

图 11-19　广场调查对象的年龄情况

图 11-20　在 YL 大剧院游玩的老人们

大剧院也为不同性别的观众提供了一个平等的观赏机会，从课题组的问卷调查和实地走访中发现，男女观众的比例一般呈平均分布。剧院为男女老少提供了一个公平的观赏机会（见图 11-21）。

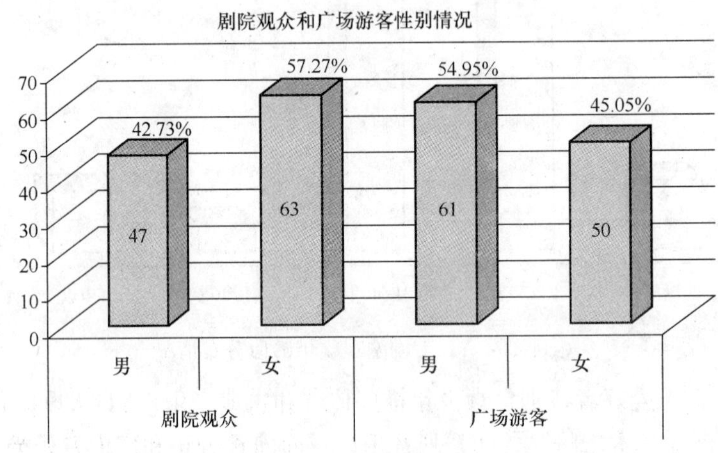

图 11-21　剧院观众和广场游客性别情况

3. 对儿童群体的影响

DG 是由一个完全的农业城发展起来的，城市化发展很快，但不是很成熟，文化艺术的沉淀不深。为了培育市场，同时也为培养儿童的艺术素养，YL 大剧院在节目策划上，没有选用纯粹高雅的项目，而是专门针对小孩选用儿童剧，从小孩抓起，培育他们欣赏高雅文化和传统文化的能力，从而提高了儿童的艺术和传统文化的素养。YL大剧院还在2008年7月～8月推出“打开艺术之门”暑期系列音乐会，旨在以“高水平、低价位”面向青少年和广大音乐爱好者普及、推广中国传统文化、民族文化和古典音乐，为观众提供一个能够系统欣赏音乐、聆听艺术家精彩讲座的机会。课题组在该系列的其中一场演唱会——“柴亮小提琴独奏名曲讲解音乐会”现场上也看到，许多观众都是家长带着孩子一起的。YL大剧院在提升DG市儿童的传统文化和高雅文化艺术上，起了巨大的推动作用（见图11-22）。

图11-22　在YL大剧院游玩的儿童们

4. 对外来人口的影响

DG市是一个以移民为主的城市，外来人口占了DG市常住人口的大部分。2007年DG市常住人口674.88万人。其中户籍人口总数为168.31万人，外来劳动者506.57万，香港、台湾以及国外的管理技术人员15万人。另有海外华侨20多万人、港澳同胞70多万人。YL大剧院和外围中心广场的建设，不仅为外来人口提供了一个休憩、旅游的场所，也为外来人口提供了一个高雅艺术殿堂。在票价上，外来人口和DG本地的居民没有任何区别，大部分外来人口也有机会以比周边城市低的价格观看高水平的演出，感受艺术的氛围。

(四) 项目对地区科学、教育、文化等事业的影响

1. 项目对DG市科技发展的影响

YL大剧院工程实施了建设部推广的“建筑业10项新技术（2005）”全部十项，并创新应用了4项新技术。同时通过工程实践，强化总包管理，集成、开发了“DGYL大剧院工程建设成套技术”，其中包括声学模拟试验及声学设计与施工技术、大型全自动升降旋转舞台设计与安装技术、螺旋体结构空间坐标精确定位控制技术、绿色建筑技术、超长曲面纤维混凝土墙体裂缝控制综合技术、螺旋体钢桁架—混凝土主体结构综合施工技术、斜曲大面积幕墙施工技术等7项创新技术，经科技鉴定整体水平达到国际先进水平，其中超长曲面墙体裂缝控制综合技术达到国际领先水平。“DGYL大剧院工程建设成套技术”的成功开发为优质高效地完成YL大剧院工程建设提供了有力的保证，同时也为DG市建设工程推广应用新技术提供了宝贵的经验，为提高DG市建设水平作出了贡献。

YL大剧院采用了多项世界领先的舞台器械技术（钢丝绳传动升降舞台、舞台专用低

噪声卷扬机、12个outlet接口的双网络控制系统等）以及国际先进的舞台灯光、音响技术，设计、施工难度大。大剧院对声学控制的要求非常高，声学设计上同时应用了计算机声学模拟技术、声学缩尺模型测试技术、计算机分布式控制可调混响调节技术、空调通风系统消声技术等四种新技术，并采用了复杂的综合隔声砌体技术、隔音屋面系统、大型设备减振基础和复合减震柔性地面等声学措施，构成了独具特色的YL大剧院声学设计与施工技术体系。

2. 对DG市城市文化的影响

作为一个历史悠久的城市来说，其长期沉淀起来的文化底蕴就是其城市文化的精髓。但作为一个新兴的城市，既要继承传统的文化，又要体现时代的精神。DG是一个高度开放的城市，人口组成中大都属于新移民，不同地域的文化和习俗在这里交融、碰撞。改革开放以来，DG以其打工文化（且这种打工文化是比较低层次的）引人注意，当然打工文化有其存在的土壤和必要，但不应该成为一个城市文化的全部。DG仍然没有形成一个占主导性的、体现新时代特色和进取精神、具有包容性和国际影响力的城市文化。YL大剧院和中心广场其他设施的建设，有利于培养积极向上的市民文化，是向世人展现了DG人的精神。大剧院致力于高雅艺术的推广，就说明了DG将以高雅艺术和优秀传统文化作为自己的文化标杆，将以宽广的心胸接受各种文化。

YL大剧院经过两年时间的运营，目前已经表演了超过一百八十场，其中政府补贴的演出达到150场，在政府补贴的演出中，A类演出达到108场，可以预见在未来DG大剧院将对城市文化的创建产生巨大的影响（见图11-23、图11-24）。

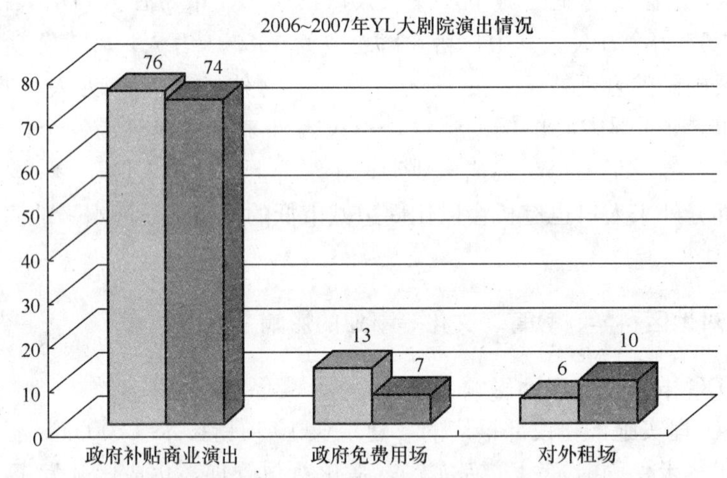

图11-23 2006～2007年YL大剧院演出情况

如果说YL大剧院提供了高雅艺术的殿堂，那广场则为广大的居民提供了一个雅俗共乐的场所。由于中心广场除了YL大剧院外，还有图书馆、会展中心、人民会堂、科技馆、露天剧场等设施。从课题组的调研可以发现，图书馆、青少年宫前喷泉是居民最喜欢去的地方，此外露天剧场、人民会堂等场所都是居民喜欢去的地方（见图11-25）。

3. 对DG市文化艺术教育的影响

由于DG是一个农业城发展起来的，文化艺术教育相对滞后。针对这样的特点，YL大剧院在节目策划上专门针对儿童制作了儿童剧，小孩要看父母就会陪着看，上一代人看

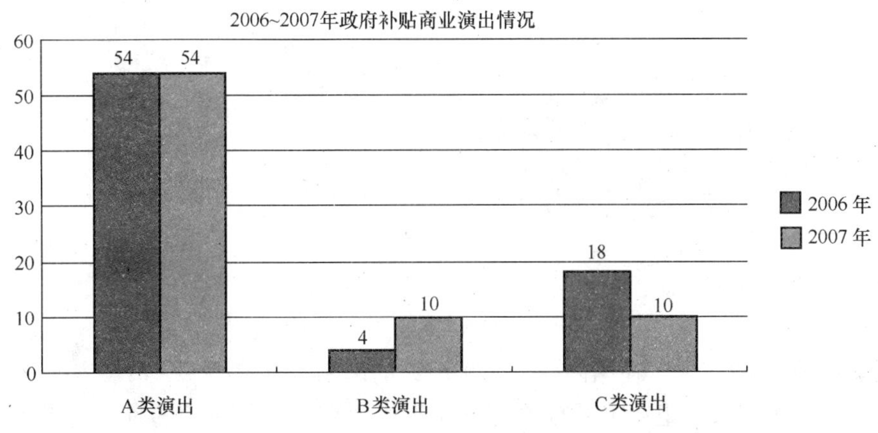

图 11-24　2006～2007 年政府补贴商业演出情况

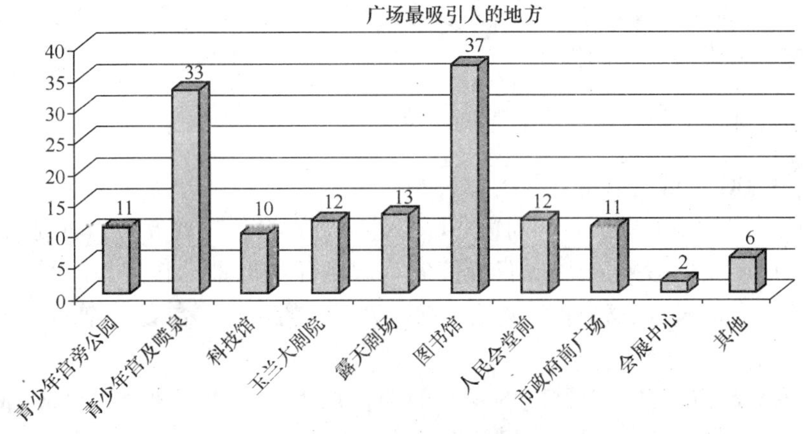

图 11-25　广场最吸引人的地方

不懂这些剧目，希望下一代人能看懂，让他们养成进剧场的习惯。为了达到这个目的，2008 年暑假，YL 大剧院举办了首届“打开艺术之门”暑期系列演出，内容涉及开幕式音乐会——中国交响乐团中外名曲童声合唱演唱会、柴亮小提琴独奏名曲讲解演唱会、钢琴独奏、吴玉霞琵琶名曲欣赏音乐会等十二场音乐会。

课题组在调查中了解到，许多家长都趁暑假着着孩子一起过来欣赏音乐会，还有不少是连续几次都带孩子过来。从下图可以看出，有 51.3%的调查对象是第一次冲着这些演出来的，还有 26.9%的调查对象来大剧院看演出的次数超过了 4 次。这些演唱会对培养青少年和广大音乐爱好者对传统文化和国内外古典音乐的兴趣，提高鉴赏能力具有无可替代的作用，将带动 DG 市文化艺术教育的发展（见图 11-26）。

4. 对 DG 文化产业发展的影响

DG 市以 YL 大剧院为基地，大力发展音乐剧产业，获得了突出的成就。音乐剧是工业时代的一种产物，既高雅、又时尚，并且在国内的发展方兴未艾。DG 市的文化产业起步较晚，根据权衡，他们选择了音乐剧作为突破口。DG 拟用 10 年至 20 年的时间，力争把 DG 锻造成为“音乐剧之都”。DG 市以 YL 大剧院为基地，举办了首届 DG 国际音乐剧节，YL 大剧院还是 DG 市音乐剧的排练和合成最重要的基地，国内投资最大的音乐剧《蝶》正是在这里排练合成的。

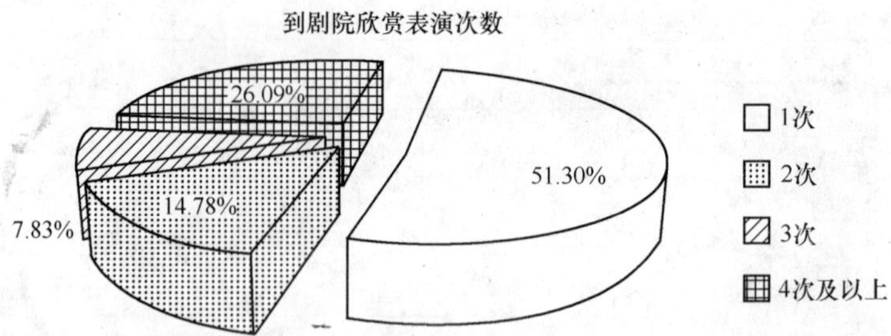

图 11-26　调查对象到剧院欣赏表演的次数

音乐剧《蝶》的产生，在国内外产生了巨大的影响，显示了 DG 市发展文化产业的决心和潜力。DG 市市委书记在审阅有关音乐剧节和《蝶》首映活动的资料后批示："首届 DG 国际音乐剧节是我国第一个举办的音乐剧节，《蝶》是我国第一次推出的国际性大型音乐剧作品，它的成功举办和演出，标志着我市文化艺术水平有了质的跃升，也意味着 DG 城市影响力及城市品位的提高"。

（五）对社会经济与区域发展的影响评价

1. 提升了 DG 市城市形象

DG 大剧院造型新颖别致，和周边环境巧妙融合，而且功能齐全，对提高 DG 市的文化品位，促进 DG 创"文化新城"目标的实现起到巨大的推动作用。同时，这也弥补了 DG 缺乏一个现代化的标志性建筑物的缺憾，为 DG 的城市形象设计增添一个新的亮点，提高了 DG 市的城市形象。

课题组对 DG 市市民和大剧院的观众的随机调查中发现，观众（包括 DG 本地和外地）认为大剧院对城市形象有较大提升作用的比例达到有 56 人，占 48.7%，其中认为作用很大的有 42 人，占 36.52%，两者合计共占 85.22%。

中心广场的游客也认为 YL 大剧院对 DG 城市形象的提升有很大的促进作用，其中认为有较大提升作用的有 48 人，所占比例为 43.6%，认为作用很大的有 32 人，所占比例为 29.1%，两者合计共占 72.7%（见图 11-27）。

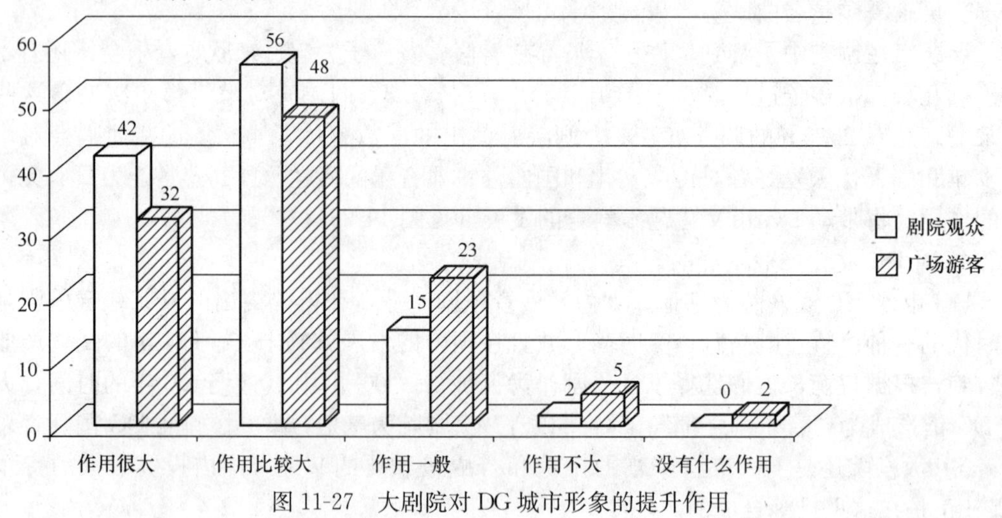

图 11-27　大剧院对 DG 城市形象的提升作用

2. 成为 DG 市新的城市景观和标志性建筑

YL 大剧院是 DG 市启动新城市中心区建设首批确定的重点项目之一，是作为 DG 市城市标志性建筑来建设的。建成后的 YL 大剧院，确实也发挥了作为高雅艺术殿堂和城市标志性建筑的作用。

课题组在对 DG 市居民和大剧院观众的问卷调查中发现，大多数市民对剧院的总体印象是很好的，其中有 37%的人对剧院的总体印象很好，54%的人对剧院的总体印象较好。这也说明了居民对大剧院从整体上还是认可的（见图 11-28）。

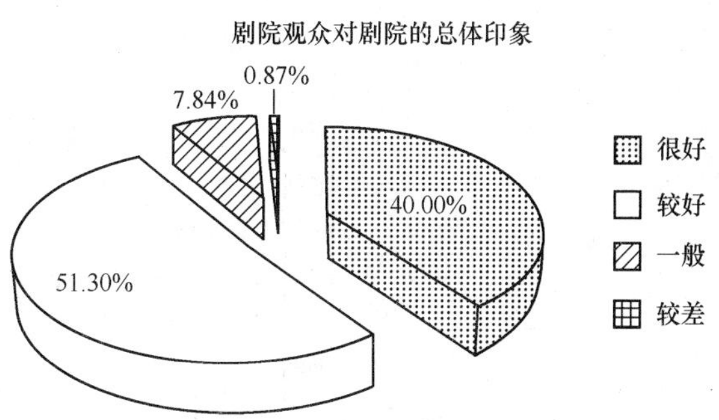

图 11-28 剧院观众对剧院的总体印象

3. 促进 DG 市商业、贸易的发展和 CBD 的形成

国内外城市的发展经验表明，当城市发展到一定规模和阶段的时候，会形成一个特定的中央商务区（CBD）。中央商务区（Central Business District，CBD）指一个国家或大城市里主要商业活动进行的地区。商业中心区大多是设于国家或地区的主要核心地带，区内有各种完善的设施，例如甲级商业大厦、大型购物中心、政府及公共机构、康乐文娱设施等。此外，区内的可达度极高，公路干线、铁路等均设于区内的便利位置，方便市民由各区往来。

YL 大剧院的建设，不仅为城市提供了一个标志性的建筑，为市民提供了一个休憩的场所，而且也为周边的写字楼、商场、企业等提供了一个免费的停车场所，这也成为周边写字楼促销的一个有利因素。YL 大剧院带动了周边高档写字楼和楼盘的开发，目前，周边的高档写字楼有华凯广场、中国电信大楼等，这是目前 DG 城区知名的写字楼；高档楼盘有天鸿豪苑、钻石花园等，还有许多新的楼盘正在开发。YL 大剧院和新城市中心区其他标志性建筑的建设，使得新城市中心区的功能趋于完善，人口聚集能力增强，已经形成了 CBD 的雏形（见图 11-29）。

图 11-29 YL 大剧院旁的写字楼和高档楼盘

4. 促进 DG 市旅游业发展

YL 大剧院的发展，也带动了 DG 市旅游业的发展。DG 毗邻广州、深圳等中心城市，由于YL大剧院的演出档次很高，票价只有这两个城市的1/3～1/4，许多其他地区的居民专门赶到大剧院观看演出。此外，来DG工作、出差的外地人员，由于YL大剧院高档的演出，留在DG的时间会增多，从而也带动了餐饮、住宿和其他第三产业的发展。课题组在调查中发现，DG以外的观众占了12%，外地的观众中就有深圳、北京、广州、台湾、韶关等地居民（见图11-30）。

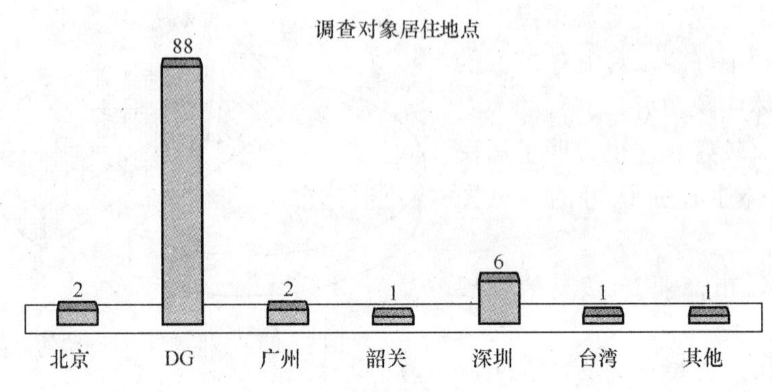

图11-30 调查对象的居住地点

5. 完善城市基础设施，促进周边土地增值

YL大剧院和中心广场的建设，使新城市中心区的相关配套得以完善。也促进了周边土地的升值，提高了城市土地的价值。目前，大剧院周边的政府及公共机构、商业贸易、金融机构、康乐文娱设施等已经完善，道路的通达性非常强，区域的人流、物流的聚集能力和区域的辐射能力也得到了加强。课题组的调研发现，调查对象认为交通方便和很方便的比例达到74.34%，调查对象认为YL大剧院周边停车方便和很方便的比例也达到了88%，这说明中心广场的基础配套设施已经相当完善（见图11-31、图11-32）。

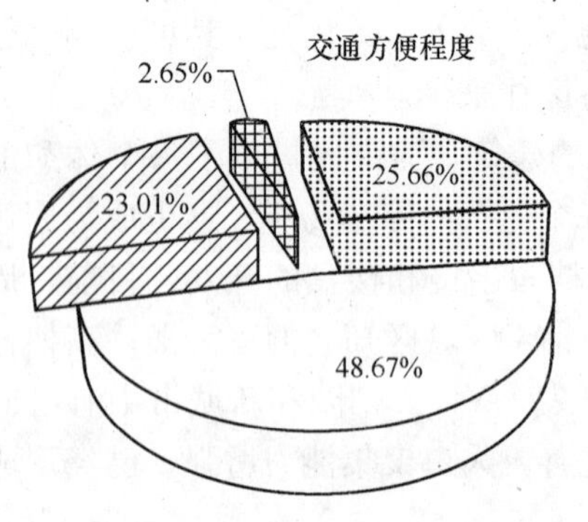

图11-31 交通方便程度

6. 对城市化进程和服务设施水平的影响

YL大剧院位于DG市新城市中心区，新城市中心作为DG市未来的CBD，作为市级行政办公、金融服务、商贸会展、文化娱乐中心，将成为现代化、都市型、综合性服务配套平台。YL大剧院作为城市文化设施的重要组成部分，填补了中心城区高雅文化艺术设施的空白，使新城市中心的综合功能得到充分发挥。目前，新城市中心已经汇集了市人民政府、人民会堂、YL大剧院、图书馆、

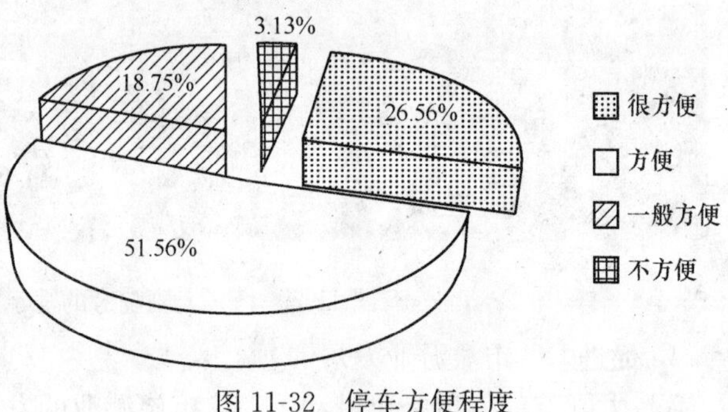

图11-32 停车方便程度

青少年科技馆、会展中心等设施，新城市中心已经成为了DG市名副其实的CBD，对发挥中心城区的辐射力和影响力提供了重要的物质保证。

五、项目社会适应性分析

（一）项目与DG市社会经济发展目标适应性分析

YL大剧院与DG市经济社会发展的目标是一致的。《DG市城市总体规划（2000—2015）》指出DG市社会经济发展目标如下：

1. 经济发展战略：建设以高新技术产业为动力，电子通信、机械制造和轻纺工业为支柱产业，第三产业发达的现代产业结构体系；实现经济增长方式的根本性转变；进一步推动外向型加工制造业基地和外贸出口基地的高层次发展。

2. 社会发展战略：控制人口自然增长率，提高人口素质，优化人口结构；建设全国基础教育强市，进一步提高居民文化水平；培育和塑造融优良传统和现代文化于一体的都市社区环境；逐步形成与产业国际化相适应的法制环境和高效的政府调控和社会服务体系。

由DG市社会经济发展目标可以看出，DG市在经济上要实现经济增长方式的根本性转变，建立发达的第三产业体系；在社会发展方面，逐步形成与产业国际化相适应的法制环境和高效的政府调控和社会服务体系。在这样的背景下，大力发展文化产业，形成与DG市城市地位相匹配的城市文化和城市软实力，显得尤为必要。YL大剧院的目标是成为“文化新城的标志、高雅艺术的殿堂、市民教育的园地、文化产业的龙头和社交旅游的首选”。由此可见，YL大剧院是与DG市社会经济发展目标相一致的。

（二）项目对DG市区发展目标的适应性分析

《DG市城市总体规划（2000-2015）》对DG市区性质的性质和城市职能做了如下规定：1）DG市区城市性质为：珠江三角洲地区性中心城市，DG市的政治、经济、科技和文化中心，全国重要的信息技术研发和产业化基地，环境优美的现代化城市。2）DG市区城市职能：DG市政治、经济、科技、文化及商贸服务中心；珠江三角洲地区性中心城市和轻工产品制造业中心；全国重要的信息技术研发和产品制造基地。

为使DG市市区要成为DG市的文化中心，DG市正寻求一条特色的文化发展之路。DG市以YL大剧院为创作基地，成功举办了首届DG国际音乐剧节，也成功地创作了国内投资最大的音乐剧《蝶》，这些都在国内外引起了较大的反响，提高了DG市的文化影响力。目前，DG市力争把DG锻造成为“音乐剧之都”，这些都说明了YL大剧院不仅与市区的职能和城市的性质相适应，而且对市区职能的发挥产生了巨大的促进作用。

（三）项目与DG市经济发展水平的适应性分析

2007年，DG市的GDP总值达到3151.01亿元，在广东省排在第三位，以常住人口694.72万人算，DG市人均GDP为45357元，在全国城市中排在第19位，广东省第6位；DG市城镇居民人均可支配收入为25320元，居全国第一位。一般说来，当城市的经济发展到一定的水平，就会带来文化的繁荣，而一个城市的持久影响力，也需要通过文化来实现。可以说，DG 市应该有与其经济发展水平相适应的文化设施，也应该有与其经济发展水平相适应的文化品位和文化的影响力。YL 大剧院是与 DG 市经济文化水平相适应的（表 11-5）。

全国各省各城市 2007 年人均 GDP 排名（常住人口） **表 11-5**

人均 GDP 排名	城市	2007 年人均 GDP	2007 年 GDP 总量	常住人口
11	北京市	55151 元	9006.23 亿	1633.00 万
3	苏州市	71878 元	5700.85 亿	793.00 万
4	广州市	70186 元	7050.78 亿	1004.58 万
6	上海市	64592 元	12001.16 亿	1858.00 万
7	无锡市	64385 元	3858.00 亿	599.21 万
9	珠海市	60976 元	886.84 亿	145.44 万
10	宁波市	60806 元	3433.08 亿	564.60 万
12	厦门市	56595 元	1375.26 亿	243.00 万
15	杭州市	52199 元	4103.89 亿	786.20 万
16	大连市	51497 元	3131.00 亿	608.00 万
17	青岛市	49955 元	3786.52 亿	757.99 万
19	DG 市	45357 元	3151.01 亿	694.72 万
22	天津市	45007 元	5018.28 亿	1115.00 万
24	南京市	44179 元	3275.00 亿	741.30 万
32	武汉市	37904 元	3141.50 亿	828.80 万
37	长沙市	33545 元	2190.25 亿	652.92 万

（四）项目对当地居民需求的适应性分析

马斯洛需求层次理论告诉我们，人的需求有五个层次，生理需求、安全需求、社交需求、尊重需求和自我实现需求。1954 年，马斯洛在《激励与个性》一书中探讨了他早期著作中提及的另外两种需要：求知需要和审美需要。这两种需要未被列入到他的需求层次排列中，他认为这二者应居于尊敬需要与自我实现需要之间。五种需要像阶梯一样从低到高，按层次逐级递升。DG 市是我国东部沿海的发达地区，已经实现了小康社会，正在向富裕阶段迈进，此时对文化的需求会越来越多（图 11-33）。

从世界各国的发展趋势看，一个国家人均国内生产总值在向中等收入过渡的过程中，居民消费会发生很大变化。突出的特征是食物消费所占比重（恩格尔系数）不断降低，用于满足精神需求的文化消费所占比重不断提高，居民消费呈现出从数量型向质量型转变、从物质型向精神型转变的趋势。从国际经验看，人均 GDP 达到 3000 美元后，文化消费弹性很大，文化消费有一个较长的持续快速发展阶段。

图 11-33　马斯洛需求层次

DG 市位于珠三角经济圈，经济发展迅速。DG 市人均 GDP（以常住人口算）为 45357 元，以

2007年美元对人民币的平均汇率7.5215计算，为6060.31美元，已远超过3000美元。由于DG市城市经济的发展，吸引了外地大量的高素质人才，也形成了日益庞大的中产阶层。由于此前DG市观赏高雅艺术的场所比较少，城市主导文化发展滞后，居民欣赏高雅艺术的欲望得不到满足。YL大剧院建起来后，不仅满足了居民的需求，培养了少年儿童的艺术欣赏能力，还扩大了DG市的影响力。项目是与居民的需求是相适应的。

（五）项目公众参与机制分析

1. 项目不同利益相关群体参与项目活动的重要性分析

在城市基础设施项目的建设和运行中，让贫困人口和其他利益相关群体参与项目，可以使项目管理方和计划方充分了解不同利益群体对项目的要求和态度，从而制定出好的决策和详细的计划，做好对项目持反对意见的利益群体的工作，最大限度地降低城建项目的社会风险。有效的参与机制也使当地人民将自身的发展和项目的发展维系在一起，以取得当地人民对项目的支持和合作，自觉维护各项设施，促进项目的顺利进行和效果的持续发挥。此外，妇女、贫困人口以及其他弱势群体更大程度的参与，可以增强项目的公平性，使项目获得更为广泛的支持。

2. 影响公众参与的因素分析

一般来说，影响公众参与的因素主要有机制上的因素和政策上的因素，利益相关者的自觉性和积极性也会影响到公众参与的程度。YL大剧院项目的公众参与在机制和政策上都没有限制，为了使项目能广泛听取市民的意见，项目的规划方案在市文化广场公示近1个月，广泛听取市民的意见，市政府还组织了专家评审，从而保证了不同利益相关群体的有效参与。

3. 项目公众参与方式分析和保障措施分析

YL大剧院的设计，采取了全球招标的方式，由加拿大著名设计师卡斯洛．奥特设计，体现了DG开放的心态和公平公开的办事程序。2001年4月中旬，DG市邀请了国内知名的4家规划设计院——中国城市规划设计研究院、北京清华城市规划设计研究院、同济大学建筑设计研究院和深圳规划设计研究院，参加城市新区规划的招投标。4个方案完成后，在市文化广场公示近1个月，广泛听取市民的意见。2001年8月15日，由市政府组织召开了城市新区规划设计方案专家评审会，由来自全国各地的9位知名专家组成的专家评审组，对四个方案进行了评议，最后投票选出同济大学建筑设计研究院和深圳城市规划设计研究院的方案作为推荐方案。2001年8月20日，DG市市委、市政府联席会议对其进行了专题讨论，最终以同济大学的方案作为实施的主体方案，并据此进行下一步的修改、完善、深化，从而最终确定了项目的实施方案。

在项目的施工阶段，业主方DG市文化广播电视新闻局与代建方DG市城建工程管理局及其他相关单位也制定了有效的参与机制。文化广播电视新闻局广泛听取了专家的意见，对施工方案提出了近2000处的修改意见，城建局也按照业主的要求，认真进行了修改从而避免了许多失误。鲁班奖的评审专家认为："YL大剧院是国内剧院中遗憾最少的一个"，这是对YL大剧院很好的褒奖。

（六）YL大剧院项目的可持续性分析

本节将从项目的社会效益、经济效益和目标的可持续性三个方面对YL大剧院项目的可持续性进行分析。

1. 项目社会经济效益的持续性分析

YL 大剧院作为 DG 市重要的文化设施，是以社会效益为出发点，其目的不是为了从项目本身的运营之中获得多少经济上的收益，更多的是为了达到一定的社会效果。随着经济的发展和中产阶层的发展壮大，高层次的物质文化需求会越来越多，会有越来越多的居民去了解、欣赏高雅艺术，YL 大剧院在满足居民对高雅文化的需求、给居民提供了解高雅艺术的机遇、提高整个城市的文化等方面将发挥越来越大的作用。为了达到项目的社会目标，DG 市政府财政每年只需补贴 1600 万元，同时要求票价保持在较低水平，据了解，国内同类剧院中，政府每年的财政补贴高于 DG 市的数额，但还解决不了高票价问题。YL 大剧院的低票价策略，使得普通的市民能欣赏到高雅的艺术，也使得越来越多的青少年能感受到高雅艺术的熏陶，其社会效益将会是巨大的，也是具有可持续性的。

2. 项目目标的可持续性分析

“文化新城的标志、高雅艺术的殿堂、市民教育的园地、文化产业的龙头和社交旅游的首选”是 YL 大剧院的目标。目前，YL 大剧院通过低票价和“高雅艺术从小孩抓起”的策略，已经在逐步实现“高雅艺术的殿堂、市民教育的园地”的目标。此外，DG 正在以 YL 大剧院为基地，以音乐剧为龙头大力发展文化产业，努力使 DG 成为“音乐剧之都”。在这些方面，YL 大剧院发挥的作用将越来越大，大型音乐剧《蝶》的成功就说明了这一点。

六、项目社会风险分析

（一）项目施工建设中的社会风险分析

建设项目的建设施工过程，也是一个容易产生社会风险的时期。YL 大剧院工程除具备建筑、结构、装饰装修、给水排水、电气、通风空调、消防、智能化、电梯等常规专业外，与其演出功能相适应，还涉及建筑声学、舞台器械、灯光、音响，噪声控制等特殊专业，专业的多样性和技术的复杂性给设计和施工带来了比一般建筑工程难以比拟的难度。多工种的交接和协同作业容易产生纠纷，也容易产生安全事故。此外，建筑业长期存在的施工队拖欠民工工资导致的民工闹事，导致社会群体事件的事情也屡见不鲜。DGYL 大剧院在施工中，得到市委市政府的高度重视，城建局也派出了各方面技术骨干，加强了设计、监理、施工等单位之间的协调管理，在工程建设中严格安全和质量管理，确保工程安全生产无事故。此外，根据相关规定保证工程款的及时支付。YL 大剧院施工过程中没有出现过明显的社会风险。

（二）项目公共安全的社会风险分析

DG 市作为珠三角地区外来人口集中的地区，人口组成复杂，治安压力增大，而大剧院等标志性建筑是恐怖袭击的首选目标和群体事件的高发区，因此，大剧院应该切实做好安防范工作。

（三）其他风险情况分析

YL大剧院是在政府的储备用地上建设的，项目的建设没有直接涉及征地拆迁，也没有直接涉及非自愿移民，因此项目前期没有突出的社会风险因素。课题组在调查中也了解到，YL大剧院及中心广场的土地是十多年前由政府统一征用的，使得当时征地所在村的村民成为失地农民。当时的土地征用价格比较低，也没有对失地农民进行就业安置，对老年人也没有统一购买保险。与后来征地的村落相比，这个村落的经济发展面临困难。这也提示政府在以后的项目建设中要注意征地拆迁和失地农民的安置工作。

七、项目社会评价结论与建议

（一）基本结论

1. YL大剧院的建设是DG市实现文化发展目标的重要物质支撑

新世纪之初，DG市把文化新城与现代制造业名城、生态绿城一起，确立为DG市新的城市定位。把文化新城作为一个城市的定位，彰显了一个城市发展文化的魄力和决心。DG市在建设文化新城的思路上，决定建设“三城一都”，即：图书馆之城、博物馆之城、广场文化之城、音乐剧之都，其中建设“音乐剧之都”是DG市发展文化产业的战略选择。DG市以YL大剧院为基地，选择以音乐剧为突破口发展文化产业，创作了大型的音乐剧《碟》，在国内外引起了强烈的反响，现在又积极争取将全国音乐剧奖落户DG，争取将国家音乐剧奖命名为“YL奖”，奠定DG市在全国音乐剧的地位。可以说，YL大剧院以及中心广场其他文化设施的建设，是DG市实现文化长期发展目标的重要物质支撑。

2. YL大剧院是满足市民文化需求，展示城市精神、提升城市文化影响力的重要举措

改革开放以来，DG市作为中国经济发展最快的地区之一，经济以平均每年20%左右的增长率蓬勃发展，城市经济实力获得巨大的提升。但在YL大剧院和图书馆等文化设施建设之前，DG市的文化设施相对滞后，高档次的演出场所匮乏，居民的文化需求得不到满足。DG市城市影响力和城市品位的进一步提高，需要有一座文化和艺术的殿堂，而且提升市民的文化艺术品味，也需要有文化启蒙和教育的基地。因此，在DG这样一个开放和发达的城市，建设一座与DG城市地位相衬的大剧院，是必要也是及时的。

YL大剧院的设计，采取了全球招标的方式，由加拿大著名设计师卡斯洛·奥特设计，体现了DG开放的心态和公平公开的办事程序。大剧院采用了别致的造型，主体建筑宛如飞扬在DG中心广场的一袭弗拉门戈舞蹈的群摆，交织出玉兰花一样芬芳的旋律，体现了DG人奋发向上的DG精神。可以说，大剧院的向世人展现了一个飞扬向上，优雅、美丽、自信、奋发图强的DG。

3. YL大剧院和中心文化广场为DG居民提供了一个休憩、学习、运动、娱乐的场所，提升了市民的生活质量

居民的休闲娱乐方式是市民文化的一大组成部分，一个健康向上的市民文化是城市形象和城市影响力的重要影响因素。中心文化广场和YL大剧院在塑造市民文化方面可以起到很好的引领作用。YL大剧院和中心文化广场的建设，为附近居民提供了一个休憩和交流的场所。每当夜幕降临，就有许多居民到广场休憩、散步；到周末，中心城区和周边各镇甚至周边其他城市的更多的居民也会来到这里跳舞、散步、游玩、运动。广场已经成为了DG市居民日常生活的一部分，市民们从中获得乐趣、感受到了快乐、还学习到了知识。

4. YL大剧院促进了DG市文化艺术教育和文化产业的发展

YL大剧院在促进DG市高雅艺术发展的同时，也在积极进行高雅艺术的普及和教育，在2008年暑假，YL大剧院举办了首届“打开艺术之门”暑期系列演出，内容涉及开幕式音乐会—中国交响乐团中外名曲童声合唱演唱会、柴亮小提琴独奏名曲讲解演唱会、吴玉霞琵琶名曲欣赏音乐会等十二场音乐会。这些演唱会对培养青少年和广大音乐爱好者对传统文化和国内外古典音乐的兴趣，提高鉴赏能力具有无可替代的作用，将带动DG市文化艺术教育的发展。此外，YL大剧院在引导DG市文化产业发展的作用上也很明显，大型的音乐剧《碟》的成功就说明了这一点。

5. YL大剧院提升了DG市的城市形象，促进了DG市旅游业和商业的发展

YL大剧院作为DG市的标志性建筑，在一定程度上改变了DG缺乏文化设施的形象，使世人看到了DG不仅要在经济上获得了巨大的成功，也要在文化上获得发展的决心。YL大剧院作为城市文化设施的重要组成部分，填补了中心城区高雅文化艺术设施的空白，使新城市中心的综合功能得到充分发挥。

此外，DG毗邻广州、深圳等中心城市，由于YL大剧院实行低票价的策略，尽管演出档次很高，票价只有这两个城市的1/3～1/4，这使得许多其他地区的居民专门赶到大剧院观看演出。在一定程度上促进了DG市旅游业的发展。

6. YL大剧院项目是与DG市的经济发展水平和社会发展目标相适应的

与DG市同等实力的城市，大都拥有了高水平的演出场所。DG市作为中国综合实力30强和中国经济发展最快的地区，应该有与其经济发展水平相适应的文化设施，有与其经济发展水平相适应的文化品位和文化影响力。DG市城市的经济发展到现在的水平，应该有文化的繁荣，而一个城市的持久影响力，也需要通过文化来实现。《DG市城市总体规划（2000-2015）》的社会发展战略指出：要“培育和塑造融优良传统和现代文化于一体的都市社区环境”，这充分说明了YL大剧院不仅与经济发展水平相适应，也与社会发展目标相适应。

（二）提高YL大剧院和中心广场社会效益的相关建议

1. YL大剧院应加强对普通市民的宣传推广工作

大剧院对培养青少年的高雅艺术素养方面起了很大的作用，但我们在访谈和问卷调查中发现，中心文化广场的许多游客都没有去过YL大剧院观看演出，从下表可以看出，在接受调查的111个广场游客中，有65.8%的游客没有去过YL大剧院观看演出（表11-6）。

通过对这部分居民的调查发现，没有去YL大剧院看演出的主要原因是对剧院的演出计划不了解。如图11-34所示，50%的调查对象没有观看演出的原因是因为对剧院和剧院的演出计划不了解，选择票价太高承受不起的占了32.14%。

调查对象去 YL 大剧院观看演出的情况　　　　表 11-6

	频率	百分比	有效百分比	累积百分比
有效　没有去过	73	65.8	65.8	65.8
1 次	20	18.0	18.0	83.8
2 次	10	9.0	9.0	92.8
3 次	2	1.8	1.8	94.6
4 次以上	6	5.4	5.4	100.0
合计	111	100.0	100.0	

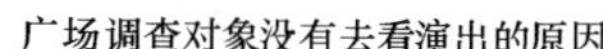

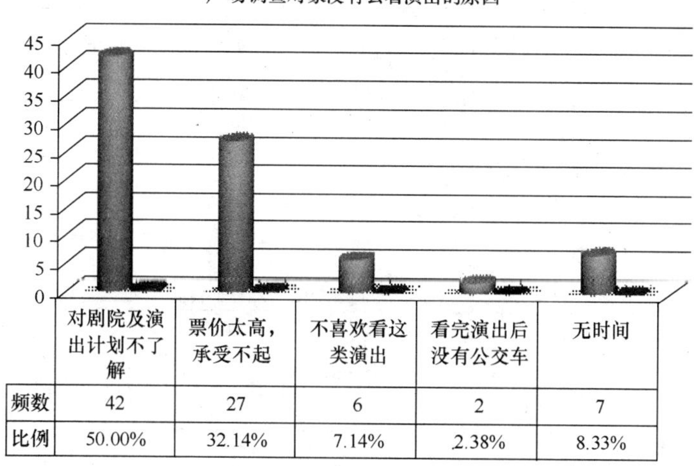

图 11-34　广场调查对象没有去看演出的原因

而认为 YL 大剧院的票价太高的居民中并非真正了解 YL 大剧院票价的具体情况，如下图所示，45.74％的广场调查对象认为对票价是不了解的，也就是说许多居民理所当然地认为 YL 大剧院的票价高。通过访谈发现这部分调查对象因为只知道《猫》剧的票价，并不知道其他的票价了（见图 11-35）。

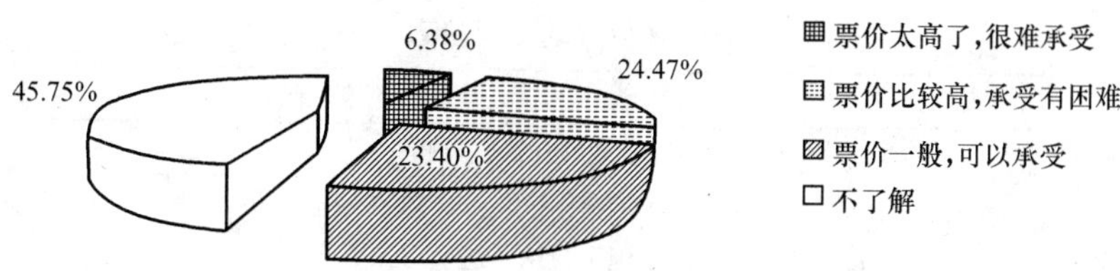

图 11-35　广场调查对象对大剧院票价的评价

YL 大剧院的目标中，其中有一个是要建成“市民教育的园地”，课题组的调查对象中，中青年人占了很大的比例，他们也是 DG 市民的主体，如果这部分居民都不了解大剧院的基本情况，那么“市民教育的园地”的目标很难实现了。

因此建议 YL 大剧院加强对普通市民的宣传推广工作，通过海报、车身广告等花费较少，但见效快的宣传方式，让更多的市民了解 YL 大剧院。

2. 中心文化广场仍需采取多种措施以吸引更多的市民，使项目的社会效益最大化

中心文化广场在改善居民的生活质量方面所起的作用的明显的，但同时也应该看到，中心文化广场的游客仍然以广场所在南城区的居民为主。作为DG市的文化新城，中心文化广场的目标受益群体仍没有充分挖掘。课题组成员在周末和平时的不同时段十多次赶往YL大剧院和中心文化广场调研，发现除了周末晚上中心文化广场较为热闹外，其他时段的游客很少。

课题组从调查对象中获得了相关的建议，调查对象认为需要定期组织民间跳舞、武术晨练、增加体育运动设施以及定期组织露天文艺表演等，这些都是很好的建议，有利于促进公共设施的有效利用，扩大公共设施的受益面（见图11-36）。

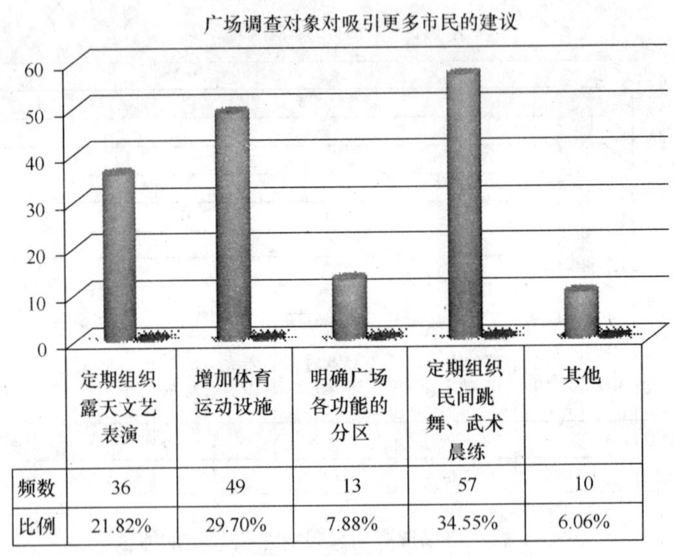

	定期组织露天文艺表演	增加体育运动设施	明确广场各功能的分区	定期组织民间跳舞、武术晨练	其他
频数	36	49	13	57	10
比例	21.82%	29.70%	7.88%	34.55%	6.06%

图11-36 广场调查对象对吸引更多市民的建议

（三）成功度评价

最后，我们用成功度评价表（见表11-7）、社会风险分析表（见表11-8）以及经验及教训分析表（见表11-9）对本项目的社会评价进行总结。从本项目的总体评价来看，项目社会影响综合评价等级为“A”，说明本项目就社会评价而言是成功的。

社会评价成功度评价表 **表11-7**

指标		基本情况	评价等级
一、社会效益与影响分析			
1. 对居民生活娱乐的影响	（1）项目对所在地居民生活质量的影响	为附近居民提供了一个休憩和交流的场所。居民们从中获得乐趣、感受到了快乐、还学习到了知识	A
	（2）对居民休闲娱乐的影响	在塑造市民文化方面可以起到很好的引领作用	B
2. 对不同性别和弱势群体的影响	（1）项目享受对象公平性情况	由于票价较低，各类人群能平等地享受到了该项目带来的效益。观众中各种文化程度、年龄段的人群都有分布	A
	（2）对妇女和老人的影响	剧院为男女老少提供了一个公平的观赏机会	A

续表

	指　　标	基　本　情　况	评价等级
2. 对不同性别和弱势群体的影响	（3）对儿童群体的影响	培育了他们欣赏高雅文化和传统文化的能力，从而提高了儿童的艺术和传统文化的素养	A
	（4）对外来人口的影响	YL大剧院和外围中心广场的建设，不仅为外来人口提供了一个休憩、旅游的场所，也为外来人口提供了一个高雅艺术殿堂	A
3. 对地区科学、教育、交通等事业的社会影响	（1）对科学和科技产业发展的影响	大剧院采用了多项世界领先的舞台器械技术；实施了建设部推广的“建筑业10项新技术（2005）”全部十项，并创新应用了4项新技术	A
	（2）对DG市城市文化的影响	YL大剧院和中心广场其他设施的建设，有利于培养积极向上的市民文化，是向世人展现了DG人的精神	A
	（3）对DG市文化艺术教育的影响	这些演唱会对培养青少年和广大音乐爱好者对传统文化和国内外古典音乐的兴趣，提高鉴赏能力具有无可替代的作用	A
	（4）对DG文化产业发展的影响	为DG锻造成为“音乐剧之都”提供了基地，是DG市音乐剧的排练和合成最重要的基地	A
4. 对社会经济与区域发展的影响评价	（1）提升了DG市城市形象	促进DG创“文化新城”目标的实现起到巨大的推动作用，这也弥补了DG缺乏一个现代化的标志性建筑物的缺憾，为DG的城市形象设计增添一个新的亮点，提高了DG市的城市形象	A
	（2）成为DG市新的城市景观和标志性建筑	建成后的YL大剧院，确实也发挥了作为高雅艺术殿堂和城市标志性建筑的作用	A
	（3）促进DG市商业、贸易的发展和CBD的形成	YL大剧院和新城市中心区其他标志性建筑的建设，使得新城市中心区的功能趋于完善，人口聚集能力增强，已经形成了CBD的雏形	B
	（4）促进DG市旅游业发展	大剧院带动了旅游业的发展，也带动了餐饮、住宿和其他第三产业的发展	A
	（5）完善城市基础设施，促进周边土地增值	YL大剧院和中心广场的建设，使新城市中心区的相关配套得以完善。也促进了周边土地的升值，提高了城市土地的价值	A
	（6）对城市化进程和服务设施水平的影响	YL大剧院作为城市文化设施的重要组成部分，填补了中心城区高雅文化艺术设施的空白，使新城市中心的综合功能得到充分发挥	A
二、项目社会适应性与公众参与机制分析			
5. YL大剧院项目社会适应性分析	（1）适应DG市经济社会发展目标	项目与DG市社会经济发展目标适应性的	A
	（2）项目对DG市区发展目标的适应性分析	项目对DG市区发展目标是适应的	A
	（3）项目与DG市经济发展水平的适应性分析	项目与DG市经济发展水平是适应性的	A
	（4）对当地居民需求的适应性分析	项目满足了现代市民对高档文化的需求	A
	（5）项目的可持续性分析	项目的社会经济效益的和项目目标都是可持续的	A

续表

	指　标	基　本　情　况	评价等级
7. YL大剧院项目公众参与机制分析	—	YL大剧院的设计，采取了全球招标的方式，由加拿大著名设计师卡斯洛·奥特设计，体现了DG开放的心态和公平公开的办事程序	A
	社会影响综合后评价		A

社会风险分析表　　**表11-8**

项目社会风险分析			
指标	风险因素	影响范围或严重程度	建议
1. 项目公共安全的社会风险	包括施工安全风险及民工权益保护	不严重	加强安全管理
2. 其他社会风险分析	本项目是在政府的储备用地上建设的，不涉及到征地拆迁，但由于之前的征地的标准很低，被拆迁居民现在的发展也面临困境	一般	对之前的征地农民实行市民待遇

经验及教训分析表　　**表11-9**

项目环节	经验	教训	建议
1. 项目各阶段的公众参与	项目的实施严格按照城市规划进行	形成很好的公众参与机制	建立良好的公众参与机制，使各个利益相关群体能充分地标的各自利益，达到目标的一致性
2. 项目的运营阶段	低票价使广大市民有能力观赏	享受对象群体仍不够大	加强宣传和服务，使更多的人能享用大剧院和广场的服务设施

第十二章

城市公益性建设项目的社会成本效益分析——以 HD 康体公园项目为例[1]

一、项目概况

（一）项目拟建地点

HD 区是我国东部沿海一个大城市的行政区，全区 188 条行政村，农村人口与城市人口比例是 68.4∶31.6。HD 康体公园项目位于 HD 地区飞鹅岭山脉东侧，汽车产业基地首期规划用地 15 平方公里的范围内，目前该地块为山坡地。该项目总占地 960 亩，总建筑面积 36448 平方米，其中体育用地 6 公顷，绿化用地 870 亩。地块东面是汽车产业基地的居住用地，南面是汽车产业基地的工业用地，西面连接生态公园，北面是汽车产业基地内的主干道风神大道（见图 12-1）。

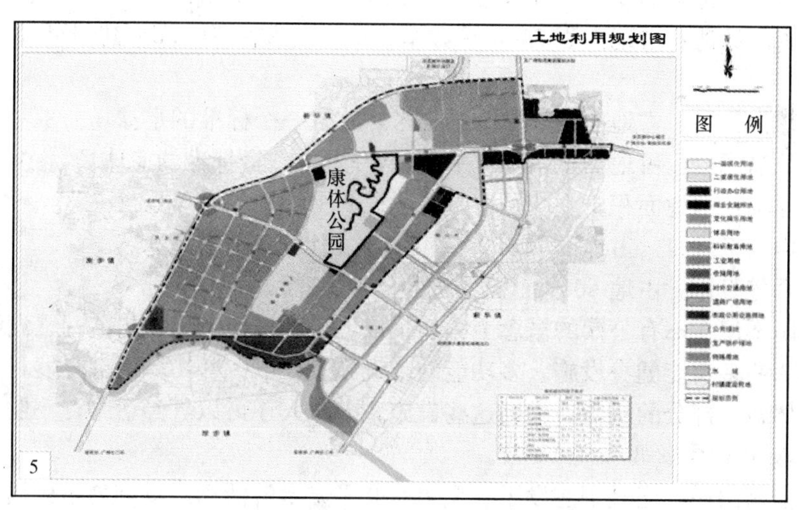

图 12-1　康体公园土地利用规划图

（二）项目设计方案

康体公园规划占地 960 亩，其中体育用地 90 亩，绿化用地 870 亩，总建筑面积

1　本项目评价参与人员还有叶嘉丽、吴开泽、韩清雪。

36448 平方米。康体公园用地由两大部分组成，分别是体育运动场馆的体育用地和体育公园绿化用地。康体公园的设计理念是以运动为主题，配合休闲和生态平衡的概念，以展现康体公园体现活力与和谐（见图 12-2）。

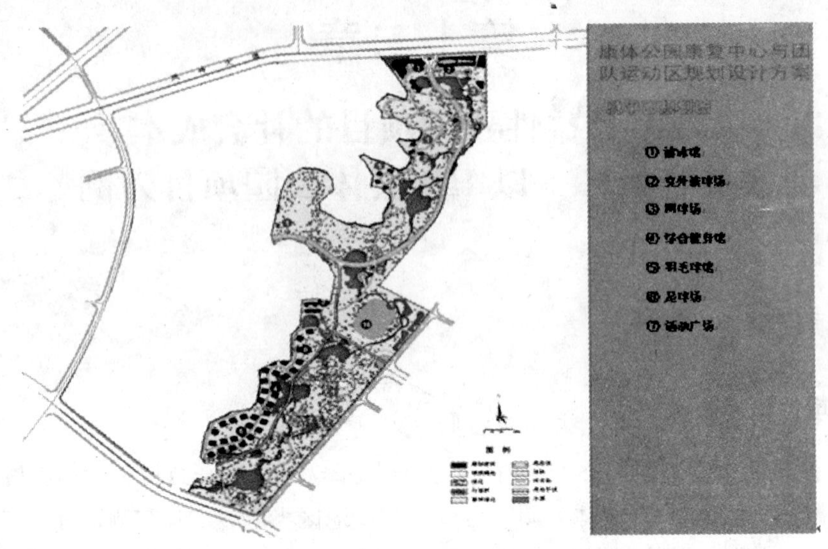

图 12-2　康体公园总平面规划图

在项目的建设上，HD 政府通过招投标的形式出让体育用地，择优选择出中标单位，由中标单位自行建设，并在建成后自行经营运动场馆。HD 政府在招标时对体育用地的规划给出一些技术指标，运动场馆和技术指标要求具体如下所示：

（1）室内游泳池：占地面积 8000 平方米，最大容积率为 1.5，建设两个 8 道 100 米的游泳池。

（2）足球田径场：占地面积 16000 平方米，建设一个标准的足球场。

（3）室外篮球场：占地面积 12000 平方米，建设 12 个标准的篮球场。

（4）网球场：占地面积 10000 平方米，建设 8 个标准的网球场。

（5）室内羽毛球馆：占地面积 8000 平方米，建设 20 个羽毛球场。

（6）综合健身馆：占地 6000 面积平方米，最大容积率为 1.2。

康体公园不但在旧有公园的概念上添加了以上运动场馆，还在树丛间、湖泊旁修建卵石健身径和一些多功能健身设施。多功能健身设施主要以一些简单的健身器材为主，协助人们锻炼身体各个部分的机能。借助这些设施，老年人还可以舒经活络，小朋友也可以培养运动的兴趣（见图 12-3 和图 12-4）。

在康体公园的中心还规划建设了一个 10000 平方米的活动广场，为市民提供了一个举

图 12-3　康体公园里的体育场馆

图 12-4　康体公园的公共建设设施

行团体文娱活动的地方。

二、HD 地区体育配套现状和需求情况分析

（一）HD 地区居民健身观念的变化

每一天的清晨和黄昏，无论是在 HD 区体育馆等体育场馆，还是在花果山公园和人民公园等公共场所，都有大量的当地市民在跑步、打羽毛球及其他体育锻炼和休闲活动。长期以来，由于重经济建设，轻体育发展的社会观念非常突出。很多市民由于长期工作劳累、生活习惯没有规律、缺乏健身锻炼，影响了身体健康。

随着经济建设的快速发展，现在除了经济问题以外，健康问题越来越受到人们的重视。如果说以前是被动参与锻炼，那么现在自愿花钱锻炼买健康的观念已经深入人心，良好的生活习惯已经成了大量市民的一个基本追求。

（二）HD 地区体育运动和体育设施现状

1. HD 地区体育运动发展状况

2006 年，HD 区成功举办了第五届区运会、元旦万米跑、区文体游园活动、区全民健身活动等一系列大型的体育活动。积极组织开展体育进入社区活动，走遍全区各镇、街，吸引了广大市民的积极参与，形成了人人参与体育活动，人人讲究健康的良好社会氛围。为更好地满足群众健身需要，区体育局积极建设群众体育场地，2006 年在体育中心兴建了 8 个半场的篮球场，全天免费对市民开放。此外，通过向上一级体育局争取建设指标和建设资金等办法，帮助社区、农村新建水泥篮球场 16 个，兴建健身路径 32 条，使群众能更好地就近参与体育活动。

2. HD 地区体育设施现状

HD 区现有大型公共体育设施主要都位于 HD 区旧城区内，有 HD 区体育馆和 HD 区体育中心，而且部分行政村也建设有水泥篮球场和健身路径。

（1）HD 区体育馆

位于 HD 区中心，毗邻新世纪酒店，建于 1987 年，总建筑面积 66000 平方米，固定位置 2100 个，比赛场地 91608 平方米，静空高度 14 米，高度 19 米。先后承办过六运会部分篮球比赛及体操表演、国际少年乒乓球邀请赛，全国技巧锦标赛等。经过 20 年的风雨，设施略显残旧。

（2）HD区体育中心

位于HD区新华镇东部的花果山东南侧，占地210亩，总投资1.6亿元，拥有一座2万个座位的体育场（含足球场、田径场），一个小型足球训练场，一座占地4000平方米的室内游泳馆及室外游泳池和儿童池，一座运动员宿舍、一座室内训练馆以及网球场、篮球场、广场等设施。体育中心是一个一流的运动场馆，布局合理、设施集中，可为国际、国内和省市各种比赛提供比赛场地。

近年来，HD区体育局还争取上级体育部门资金464万元，共扶持建设了近100个水泥灯光篮球场和88条健身路径。

（三）HD区体育设施需求分析

HD区现有大型公共体育设施主要有HD区体育馆和HD区体育中心，但都位于HD旧城区，分布不均匀，不能满足全区人民的使用要求。并且室内篮球馆、田径场、网球场都较为稀缺，此外，馆内的设施项目都实行收费，并非每一个普通的市民都有经济能力接受这种体育消费。

虽然HD区政府大力推进了农村体育设施建设，但目前HD区仍有65条行政村没有村级篮球场，100条行政村没有建设健康路径，有65%以上的行政村的体育设施不完备，体育设施无法满足广大农村居民的需求。

在新发展的汽车产业基地，近两年正大力发展工业，汽车整车行业发展迅速，但工业发展的同时却忽略了生活配套设施的建设。汽车产业基地现有就业人口2万人，但目前汽车产业基地内没有康体配套设施。

综合分析，HD区现在大部分农村都欠缺康体设施，汽车产业基地更是如此，该基地规划占地50平方公里，至2010年将达到5万劳动就业人口，20万居住人口。按照HD区新居住区体育设施按配置标准——每5万人配置一个运动场，用地面积10000平方米、1个游泳池，用地面积2000－3000平方米。汽车产业基地对康体设施的需求十分强烈，按照规划应配置6－7万平方米的体育用地。

所以，经以上分析，在HD区内兴建体育场馆是非常有必要的，并且根据规划要求，此体育用地的占地面积要达到6万平方米以上。

（四）HD区居民到康体公园消费的调查研究

由于康体公园为政府投资的公益项目，属于社会福利性项目，收益不能只用直接的收益来计算，更应该结合消费者剩余来度量收益。所以，针对消费者剩余的分析，我们对康体公园建成后最直接的受益人群——居住或工作在汽车产业基地的市民和HD区其他地方的市民进行了问卷调查，通过对数据的整理分析，为计算出消费者剩余价值提供依据。

在本次调查中，一共发放了250份调查问卷，得到200份有效问卷。在有效问卷中，其中100份是来自居住或工作在汽车产业基地附近的市民的，有100份是来自居住在HD区其他地方的市民。根据问卷数据可得：

（1）在访问居住或工作在汽车产业基地附近的市民中，有65%的市民表示：假若生活周边有成熟的康体设施，而且交通方便，都愿意进行体育锻炼。其中，有5%的人坚持每天锻炼，有23%的人每周进行3次锻炼，有46%的人每周1次锻炼，26%的人每月1

次锻炼。

（2）在访问 HD 区及其他地区的市民中，由于位置相对较远，有 39%的市民会到康体公园锻炼，但时间间隔会稍长，而且主要以球类运动为主。其中有 23%的市民愿意每周 1 次锻炼，有 36%的市民愿意每月 1 次锻炼，有 41%的市民愿意每 3 个月一次锻炼。

（3）如果康体公园实行收费，72%的人愿意用 2 元购买康体公园门票，26%的人愿意用 3 元购买康体公园门票，只有 2%的人愿意用 4 元购买康体公园门票，没有人愿意以 4 元以上的价格购买门票。

三、国内同类项目情况比较

（一）广州市中央公园

广州市中央公园又叫人民公园，位于连新路以东、吉祥路以西、中山五路以北、府前路以南，紧挨广州市人民政府。中央公园于 1997 年年底正式免费开放。1999 年，由广州市、越秀区政府共同出资 800 万元对其进行了大改造，拆除了围墙和园内临时建筑，把人民公园和市政府大楼连成一片，一个通透、畅顺的人民公园出现在了市民面前。

由于中央公园实行免费开放，吸引了很多市民到那里进行休闲和锻炼等活动，中央公园从早晨到晚上都很热闹。无论是到中央公园锻炼的公公婆婆，还是参与训练的音乐爱好者，很多附近的居民和广州市其他地区的居民都很喜欢到中央公园里面休息、散步。在公园里有时候还可以看到很多民间的艺术和技艺，可以说，中央公园是广州一道美丽的风景线（见图 12-5）。

图 12-5　广州市中央公园

据不完全统计，目前人民公园一天的人流量达到了 2 万多人，仅次于白云山。早上六点钟开始，就会看到许多在做晨练的老公公、老婆婆和其他不同年龄段的人，他们或做早操、或打太极、或跳舞、或唱歌，每个角落都会看到不同的活动。下午和晚上的活动就更热闹了，很多自发性的民间文娱组织都会在中央公园里举行活动，其中以唱歌跳舞的居多，广州市穗花粤剧团就是其中的一个。

广州市穗花粤剧团已建立四十多年，系越秀区唯一一个街道粤剧表演团体，在中央公园演出已有 12 年之久，团内演员年龄为 60～84 岁不等。在 20 世纪七八十年代，该团参与过多场大型演出。为了推广粤剧，现在在广州多间文化站、老人院、老人之家等场所演出。由于很多音乐爱好者的聚集点比较分散，中央公园的免费开放为广大的音乐爱好者提供了一个能定期排练、演出的地方，有利于他们作广泛交流。

在 1997 年以前，由于中央公园是收取门票的，每日的人流量很少，每年收取的门票都很难维持管理的需要。在公园实行免费开放后，平均每天都吸引了近 2 万人。市民在公园里做运动、散步、唱歌、跳舞、表演，为市民提供了一个免费的活动场所，增强了市民的身体质素、丰富了市民的文娱活动。由于人流的增加，还带动了公园周边商业的发展。

这些都是公园免费开放后，所带来的间接收益。

（二）杭州西湖

杭州西湖，是一处以秀丽清雅的湖光山色与璀璨丰蕴的文物古迹和文化艺术交融一体的国家级风景名胜区。2003年10月1日开始，杭州西湖环湖公园全部实现24小时免费开放，成为全国唯一不设门票的4A级旅游区和国家级风景名胜区。迄今免费开放的公园景点（博物馆、纪念馆）共59处，总面积已超过2000公顷。其中包括中国茶叶博物馆、南宋官窑博物馆、杭州历史博物馆、苏东坡纪念馆等六家杭州市园林文物部门所属的文博资源（见图12-6）。

图12-6 杭州西湖

西湖免费开放会带来大量客流，使公园在安全、保洁等方面的投入比以前增多。以24小时开放迎客的西湖南线公园为例，经杭州市园林部门测算，门票损失和必须再增加的投入，两项相加一年的总金额约为6000万元。但是，西湖免门票开放带来的激增人流又造就了许多商机。西湖风景名胜区管委会先后到日本、香港、上海、成都等地推介景区商业网点，吸引国内乃至世界上具有优良品牌的企业、集团来西湖经商。景区内商铺使用权每年的拍卖收入因此大增。西湖南线改造后，首批推出的商业网点，每平方米10年经营权最高拍卖到8.8万元。据悉，目前西湖景区内的商业网点已有90%以上已"名花有主"，估计每年能产生5000多万元的收益，与维护投入基本持平。

西湖的免费开放，使更多的旅客和市民可以分享到西湖的美景。从经济学的角度分析，零门票创造了最大的消费者剩余价值。而且由于免费开放，西湖景区吸引了大量的参观人流，又带动了当地的餐饮、旅游、宾馆等第三产业的发展。西湖此种经营模式，不但体现了公园作为公益性建设项目最大的社会福利价值，还带动了当地第三产业的发展，无论是从直接收益，还是间接受益上看，这种收益都是巨大的。

四、HD康体公园经营方案

（一）公园实行免费的效益与影响分析

1. 公园实行免费的效益

（1）公园实行免费开放，从经济学的角度上分析，可以产生最大的消费者剩余，体现了作为公益性项目最大的社会福利价值，直接使公园产生了最大的可货币化的社会效益。

（2）公园实行免费开放，会吸引大量的人流，从而带旺公园周边餐饮、宾馆等商业的发展，促进第三产业的发展和周边土地价值的提升，由此间接产生了公园的非货币化效益。

2. 公园实行免费可能带来的问题

（1）公园的免费开放，肯定会加大管理的难度。包括治安的维护、公共物品的保养、绿化的保护、环境卫生的清洁等难度都会加大。为保持公园的正常运营和管理，需要增加保安和环卫工人的数量，支付的费用要比公园收费时高出许多。

（2）公园实行免费开放，会吸引大量的游客，由于游客素质良莠不齐，公共物品损坏的几率会增大，这样，公园的设施设备的折旧相对来说会加快。但这一现象会随着经济发展水平的提高和全民素质的提升而逐渐得到改善。

（二）项目经营方案

康体公园用地划分成为体育用地和绿化用地，体育用地规划用为运动场馆建设，绿化用地用作公园建设。由于政府通过招投标的形式出让体育用地，所以康体公园的建设主要是绿化用地的公园部分。公园的建设资金分为两部分，一部分是由出让体育用地获得，另一部分是由政府财政资金划拨获得。

康体公园分为体育用地和绿化用地两部分，建设经营方式如下：

运动场馆的建设是通过政府出让体育用地，给出技术要求，通过招投标的方式选择中标单位，由中标单位自行建设、经营运动场馆。并且，建设经营单位每年都需向 HD 区政府交纳一定的费用。通过出让体育用地，HD 区政府筹集了公园建设的部分资金。并且，引入这样的建设经营方式：第一，通过经营市场化，提高经营企业的竞争意识，从而使运动场馆的运营时刻保持活力，可通过节省日常开支来降低运营成本。第二，为了避免垄断和保持正常的市场秩序，确保全体市民都享有平等使用场馆的权利，政府将对场馆价格进行一定的限制，防止经营权的垄断，也避免经营企业为获取高利润而收取过高的费用。

除了体育用地，康体公园其余部分为绿化用地，绿化用地将建成体育公园，体育公园将是免费向市民开放的公园。公园的日常管理将通过聘请一定的管理人员、保安、花农、清洁工、水电工来维护。体育公园的运营支出包括设施维护费、绿化保养费、公园管理人员的工资。这些费用是以财政补贴的方式获取。

五、HD 康体公园项目成本效益分析

（一）投资估算与资金筹措

1. 投资估算（见表 12-1）：

康体公园投资估算表　　**表 12-1**

序号	项目	金额（万元）	估算指标		备　注
			工程量 m^2	投资指标（元/m^2）	
(1)	建筑安装工程	209.2	1046	2000	包括休息亭、公园管理处、门卫值班室、厕所
(2)	市政工程设施	1117.00			路长 1.1 公里
(3)	绿化景观工程	4124.90	515613	80	
(4)	前期咨询、勘察设计与监理费	545			按(一)+(二)+(三)的 10% 计算

续表

序号	项目	金额（万元）	估算指标		备　注
			工程量	投资指标	
			m^2	（元/m^2）	
（5）	土地费用	4800	960 亩	5 万/亩	按国家规定补偿征地费用，其中包括土地补偿费、安置补助费、青苗补助费
（6）	建设项目管理费	300			按(一)＋(二)＋(三)＋(四)的5%计算
（7）	不可预见费	180			按(一)＋(二)＋(三)＋(四)的3%计算
	总投资	11276			

2. 资金筹措：

建设资金由两部分组成，一部分是通过出让体育用地获得，本项目规划体育用地 90 亩（6 万平方米），预计以最低价 1000 元/平方米的地价拍卖，预计起码可以为项目筹集 6000 万的建设资金；其余由 HD 区政府财政资金划拨，估计最高为 5276 万元。

（二）可货币化的收入预测

由于康体公园为政府投资的公益项目，属于社会福利性问题，收益不能只用现金收益来直接计算，更应结合用消费者剩余来度量收益。所以，本项目的收入主要有两部分：第一部分是羽毛球场、游泳池、网球场、足球场、综合健身馆等运动场馆的土地出让金；第二部分是建设康体公园对汽车产业基地及当地居民产生的消费者剩余价值进行货币化。

1. 体育用地出让金的收入

康体公园内规划有体育用地 90 亩，合计 6 万平方米，预计以 1000 元/平方米的价格为最低招标价格，向外招标运动场馆的建设经营单位，最低带来 6000 万元的土地出让金收入。

2. 消费者剩余

预计至 2010 年，HD 区常住人口 120 万人，其中汽车产业基地劳动就业人口将达到 5 万，居住人口 20 万，合计 25 万人。按照调查数据推断，当康体公园的门票为 0 时，每年所产生的剩余价值计算如下：

（1）居住或工作在汽车产业基地附近，愿意进行体育锻炼的市民为：

$$25\text{万}\times65\%=16.25\text{万人}$$

居住在 HD 区其他地方，愿意进行体育锻炼的市民为：

$$120\text{万}\times39\%=46.8\text{万人}$$

（2）在一年中，到康体公园进行锻炼的人次有：

$25\text{万}\times65\%\times[5\%\times365+23\%\times(365\div7\times3)+46\%\times(365\div7)+26\%\times12]+120\text{万}\times39\%\times[23\%\times(365\div7)+36\%\times12+41\%\times4]=1321.78+826.49=2148.27$ 万(人次)

(3) 在 2148.27 万人次，康体公园所产生的剩余价值为：

2148.27 万人次×(72%×2 元+26%×3 元+2%×4 元)=2148.27 万人次×2.3 元=4941(万元)

(三) 运营成本测算

由于羽毛球场、游泳池、网球场、足球场、综合健身馆等场馆的建设和经营由私营企业自行经营，所以在计算运营成本时，可以不考虑场馆的维护管理费用。康体公园的运营成本主要是体育公园的设施维护费、绿化保养费、管理员人工资和福利这三部分。

1. 体育公园的设施维护费

主要包括公共建筑的维护保养、多功能健身设施的维修保养。预计每年 30 万。

2. 绿化保养费

主要包括绿化植被的保养和维护，根据公园的绿化面积计算确定。康体公园的绿化用地有 870 亩，按照 1 亩绿化用地每年的保养费用为 2000 元计算，康体公园每年的绿化保养费为 2000 元×870 亩=174 万元。

3. 工作人员工资

主要是公园的花农、水电修理工、保安、清洁工、管理员的工资。公园的工作人员有花农 15 名、水电修理工 4 名、保安 30 名、清洁工 15 名、管理人员 10 名，工资和福利如下：

花农：1500 元/月×15 人×12 个月=27 万元

水电维修工：2000 元/月×4 人×12 个月=9.6 万元

保安：1500 元/月×30 人×12 个月=54 万元

清洁工：1200 元/月×15 人×12 个月=21.6 万元

管理人员：2500 元/月×10 人×12 个月=30 万元

年公园的工作人员的工资合计：27+9.6+54+21.6+30=142.2 万元。

4. 康体公园的营运费用合计

因此，合计每年康体公园的营运费用为：30+174+142.2=346.2 万元。

康体公园的运营成本详见表 12-2。

(四) 项目经济评价

1. 项目经济 *NPV*

康体作为公益性建设项目实行免费，消费者剩余是项目的直接收益，可以运用费用-效益方法计算。由于本项目总投资 11276 万元，第一年投资费用为 4800 万元，第二年投资费用为 6476 万元，并且预计第二年的土地出让可以带来 6000 万元的收益。预计投入使用期为 20 年，每年带来的消费者剩余为 4941 万元，每年的经营费用为 346 万元，则每年的现金流量为 4595。社会折现率为 9%，根据公式净贡献的绝对指标，是用社会折现率将项目计算期内各年的净效益流量折算到建设期初的现值之和。其计算公式为：

$$NPV = \sum_{t=1}^{n} (B - C)_t (1 + i_o)^{-t} \tag{12-1}$$

式中　C——每年的现金流入；

B——每年的现金流出；

i_s——社会折现率；

t——项目有效期。

可以得出：

第1年到第22年的总现金流现值 $NPV=-4404-401+32436=27631$（万元）

由于第1年到第22年的总现金流现值 $NPV=27631$（万元）$\geqslant 0$，意味着项目效益大于费用，项目可行。

2. 项目经济内部收益率 *IRR*

$$\sum_{t=1}^{n}(B-C)_t(1+IRR)^{-t}=0 \tag{12-2}$$

式中 B——经济效益流量；

C——经济费用流量；

$(B-C)_t$净——第 t 年的经济净效益流量；

n——计算期。

经济内部收益率等于或大于社会折现率，表示项目对国民经济的净贡献达到或者超过要求的水平，应认为项目可以接受。

经计算，本项目的内部收益率为57.25%。具体详见表12-3。

3. 效益-费用比分析

计算这个指标时，各年的净现金流量 Y 分解为效益 B_t（正的）和费用 C_t（负的）两部分，分别折现。效益现值 $B_o=\sum B_t(1+i_s)^{-t}$，费用现值 $C_o=\sum C_t(1+i_s)^{-t}$

$$\text{效益 - 费用比}(B/C)=\frac{B_o}{C_o} \tag{12-3}$$

当 $B/C\geqslant 1$，表示效益现值大于费用现值，建设项目可行。

由财务报表计算得：效益费用比(B/C)=项目效益/项目总成本费用=5.43。具体的测算过程详见表12-4。

4. 盈亏平衡分析

康体公园预计每年的收入（实为消费者剩余的货币化）为4941万元，运营成本为346万元。由于影响消费者剩余的主要因素是公园的人流量，通过计算可得，当公园的人流量达到预测中的7%，即平均每天的人流量为4220人时，投资的价值就能实现。盈亏平衡点为7%，可见该公益性项目建设的风险较低，项目的社会效益显著。

盈亏平衡率：346/4941=7%

每天到康体公园的人次：(2148.27万/365)×7%=4200人次/天

根据市场调研与计算，预测每年有2148.27万人次进入康体公园，当达到盈亏平衡点7%时，每天的人流为4220人次。

5. 敏感性分析

影响康体公园正常运营的主要有两个方面，第一是运营成本，第二是康体公园的消费者剩余价值。影响运营费用比较大的有管理人员工资和绿化保养费两个因素。影响消费者剩余价值的是人流量，人流量的减少，消费者的剩余价值就随之而减少。

下面是分别对管理人员工资、绿化保养费、人流量进行的敏感性分析（见表12-6～表12-8）：

效益费用预测表(单位:万元)　　表 12-2

序号	项目	2010年	2011年	2012年	2013年	2014年	2015年	2016年	2017年	2018年	2019年	2020年	2021年	2022年	2023年	2024年	2025年	2026年	2027年	2028年	2029年
1	项目效益	4941	4941	4941	4941	4941	4941	4941	4941	4941	4941	4941	4941	4941	4941	4941	4941	4941	4941	4941	4941
1.1	消费者剩余	4941	4941	4941	4941	4941	4941	4941	4941	4941	4941	4941	4941	4941	4941	4941	4941	4941	4941	4941	4941
2	经营费用	346	346	346	346	346	346	346	346	346	346	346	346	346	346	346	346	346	346	346	346
2.1	公园设施维护费	30	30	30	30	30	30	30	30	30	30	30	30	30	30	30	30	30	30	30	30
2.2	绿化保养费	174	174	174	174	174	174	174	174	174	174	174	174	174	174	174	174	174	174	174	174
2.3	管理人员工资	142	142	142	142	142	142	142	142	142	142	142	142	142	142	142	142	142	142	142	142
2.3.1	花农	27	27	27	27	27	27	27	27	27	27	27	27	27	27	27	27	27	27	27	27
2.3.2	水电维修工	9.6	9.6	9.6	9.6	9.6	9.6	9.6	9.6	9.6	9.6	9.6	9.6	9.6	9.6	9.6	9.6	9.6	9.6	9.6	9.6
2.3.3	保安	54	54	54	54	54	54	54	54	54	54	54	54	54	54	54	54	54	54	54	54
2.3.4	清洁工	22	22	22	22	22	22	22	22	22	22	22	22	22	22	22	22	22	22	22	22
2.3.5	管理人员	30	30	30	30	30	30	30	30	30	30	30	30	30	30	30	30	30	30	30	30

现　金　流　量　表(单位:万元)　　表 12-3

序号	项目	2008年	2009年	2010年	2011年	2012年	2013年	2014年	2015年	2016年	2017年	2018年	2019年	2020年	2021年	2022年	2023年	2024年	2025年	2026年	2027年	2028年	2029年
1	现金流入		6000	4941	4941	4941	4941	4941	4941	4941	4941	4941	4941	4941	4941	4941	4941	4941	4941	4941	4941	4941	4941
1.1	土地出让收入		6000	0	0	0	0	0	0	0	0	0	0	0	0	0	0	0	0	0	0	0	0
1.2	项目效益			4941	4941	4941	4941	4941	4941	4941	4941	4941	4941	4941	4941	4941	4941	4941	4941	4941	4941	4941	4941
2	现金流出	4800	6476	346	346	346	346	346	346	346	346	346	346	346	346	346	346	346	346	346	346	346	346
2.1	建设投资	4800	6476																				
2.2	经营费用			346	346	346	346	346	346	346	346	346	346	346	346	346	346	346	346	346	346	346	346
3	净现金流	−4800	−476	4595	4595	4595	4595	4595	4595	4595	4595	4595	4595	4595	4595	4595	4595	4595	4595	4595	4595	4595	4595
4	累计现金流	−4800	−5276	−681	3914	8508	13103	17698	22293	26888	31482	36077	40672	45267	49862	54456	59051	63646	68241	72836	77430	82025	86620
经济净现值(i=9%)=30499																							
经济内部收益率=57.25%																							

损　益　表

表 12-4

序号	项目	2010年	2011年	2012年	2013年	2014年	2015年	2016年	2017年	2018年	2019年	2020年	2021年	2022年	2023年	2024年	2025年	2026年	2027年	2028年	2029年
1	项目效益	4941	4941	4941	4941	4941	4941	4941	4941	4941	4941	4941	4941	4941	4941	4941	4941	4941	4941	4941	4941
1.1	消费者剩余	4941	4941	4941	4941	4941	4941	4941	4941	4941	4941	4941	4941	4941	4941	4941	4941	4941	4941	4941	4941
2	项目总成本费用	910	910	910	910	910	910	910	910	910	910	910	910	910	910	910	910	910	910	910	910
2.1	经营费用	346	346	346	346	346	346	346	346	346	346	346	346	346	346	346	346	346	346	346	346
2.1.1	公园设施维护费	30	30	30	30	30	30	30	30	30	30	30	30	30	30	30	30	30	30	30	30
2.1.2	绿化保养费	174	174	174	174	174	174	174	174	174	174	174	174	174	174	174	174	174	174	174	174
2.1.3	管理人员工资	142	142	142	142	142	142	142	142	142	142	142	142	142	142	142	142	142	142	142	142
2.2	折旧费	564	564	564	564	564	564	564	564	564	564	564	564	564	564	564	564	564	564	564	564
3	项目净效益	4031	4031	4031	4031	4031	4031	4031	4031	4031	4031	4031	4031	4031	4031	4031	4031	4031	4031	4031	4031

效益费用比(B/C)＝项目效益/项目总成本费用＝5.43

资金来源与运用表(单位:万元)

表 12-5

序号	项目	2008年	2009年	2010年	2011年	2012年	2013年	2014年	2015年	2016年	2017年	2018年	2019年	2020年	2021年	2022年	2023年	2024年	2025年	2026年	2027年	2028年	2029年
1	资金来源	4800	6476	346	346	346	346	346	346	346	346	346	346	346	346	346	346	346	346	346	346	346	346
1.1	财政补贴	4800	476	346	346	346	346	346	346	346	346	346	346	346	346	346	346	346	346	346	346	346	346
1.2	土地出让收入		6000																				
2	资产运用	4800	6476	346	346	346	346	346	346	346	346	346	346	346	346	346	346	346	346	346	346	346	346
2.1	建设投资	4800	6476																				
2.2	经营费用			346	346	346	346	346	346	346	346	346	346	346	346	346	346	346	346	346	346	346	346
3	盈余资金	0	0	0	0	0	0	0	0	0	0	0	0	0	0	0	0	0	0	0	0	0	0
4	累计盈余资金	0	0	0	0	0	0	0	0	0	0	0	0	0	0	0	0	0	0	0	0	0	0

管理人员工资财务敏感性分析表　　　　**表 12-6**

全部投资	基准方案	15%	10%	5%	-5%	-10%	-15%
经济净现值	30499	30335	30390	30444	30554	30608	30663
经济净现值升降幅度		-0.54%	-0.36%	-0.18%	0.18%	0.36%	0.54%
经济内部收益率	57.25%	57.06%	57.12%	57.19%	57.32%	57.39%	57.45%
经济内部收益率升降幅度		-0.33%	-0.23%	-0.10%	0.12%	0.24%	0.35%
效益费用比	5.43	5.30	5.35	5.39	5.47	5.52	5.56
效益费用比升降幅度		-0.92%	-1.47%	-0.74%	0.74%	1.66%	2.39%

绿化保养费财务敏感性分析表　　　　**表 12-7**

全部投资	基准方案	15%	10%	5%	-5%	-10%	-15%
经济净现值	30499	30298	30365	30432	30566	30633	30700
经济净现值升降幅度		-0.66%	-0.44%	-0.22%	0.22%	0.44%	0.66%
经济内部收益率	57.25%	57.01%	57.09%	57.17%	57.34%	57.42%	57.50%
经济内部收益率升降幅度		-0.42%	-0.28%	-0.14%	0.16%	0.30%	0.44%
效益费用比	5.43	5.28	5.33	5.38	5.48	5.54	5.59
效益费用比升降幅度		-2.76%	-1.84%	-0.92%	0.92%	2.03%	2.95%

人流量财务敏感性分析表　　　　**表 12-8**

全部投资	基准方案	15%	10%	5%	-5%	-10%	-15%
经济净现值	30499	36193	34295	32397	28601	26703	24804
经济净现值升降幅度		18.67%	12.45%	6.22%	-6.22%	-12.45%	-18.67%
经济内部收益率	57.25%	63.94%	61.75%	59.53%	54.94%	52.57%	50.14%
经济内部收益率升降幅度		11.69%	7.86%	3.98%	-4.03%	-8.17%	-12.42%
效益费用比	5.43	6.24	5.97	5.70	5.16	4.89	4.62
效益费用比升降幅度		14.92%	9.94%	4.97%	-4.97%	-9.94%	-14.92%

在上述三个敏感性因素中，由于管理人员工资上升15%，经济净现值才下降0.54%、经济内部收益率下降0.33%、效益费用比降低0.92%，由此可以看到管理人员工资对项目不敏感。

由于绿化保养费上升15%，经济净现值下降0.66%，经济内部收益率下降0.42%，效益费用比下降2.76%，由此可以看到绿化保养费对项目不敏感。

由于人流量上升15%，经济净现值上升了18.67%，经济内部收益率上升11.69%，效益费用比上升了14.92%，可见人流量对项目非常敏感。

六、HD康体公园项目社会经济影响分析

（一）改善了地区投资环境，吸引民间投资者

康体公园的建设，完善了HD区汽车产业基地的配套设施，提升了汽车产业基地的投资环境形象，这必定有利于吸引更多的企业投资于HD地区。此外，本项目的开发为当地增添了一个旅游景点，丰富了当地的旅游资源，相信会对当地第三产业的发展起到一定的

促进作用。

（二）促进城市产业和城市经济的发展

本项目的建设，是HD汽车产业基地发展的客观需求，创建了一个最适宜于汽车产业发展的良好的外部环境。这是当地政府在汲取我国沿海某些地方因过于强调工业忽视城市化而付出惨重代价的教训后，探索的一条工业化与城市化互相促进、和谐发展的道路，有利于汽车产业基地健康、持续的发展。

此外，康体公园的建设，完善了HD汽车产业基地的配套设施，改善了汽车产业基地的投资环境。目前，汽车产业基地首期15万平方米的招商工作已完成，正在进行二期招商的筹备工作，相信配套设施的完善必将吸引更多的汽车及配件制造企业落户HD投资，为吸引投资资金、促进HD区经济发展、留住先进的人才、以及为HD区政府的税收作出更多的贡献。

（三）为当地居民尤其是失地农民提供就业机会

康体公园建成后，为了维护康体公园的正常运营，需要聘请一定数量的管理人员、保安、花农、水电维修工和清洁工。政府可以通过对当地失地农民进行培训，安排他们参与公园的日常维护工作。对于被征收耕地的农民来说，本项目的建设也为他们创造了一定的就业就会，为他们解决经济困难提供了一定的帮助。

（四）对项目使用者的影响

虽然现代人都开始注重健康、有做体育锻炼的意识，但由于现时汽车产业基地内没有任何体育配套设施，本地居民和企业员工普遍反映进行体育锻炼非常不便。而本项目位于HD汽车产业基地内，东边紧靠汽车产业基地的居住区，建成后必将为当地居民提供一个方便的体育健身、休闲娱乐的运动场所，有利于居民健康水平的提高。

此外，本项目是政府为了向公众提供更多的公共服务、公共福利和公共产品，以促进社会公平、和谐而建设的公益性建设项目，并且公园实行免费开放。从经济学的角度分析，门票为免费时，消费者剩余价值达到最大，给当地市民创造了更多的社会福利和社会效益。

（五）对城市环境的影响

康体公园的建设，规划了绿化用地870亩，不但装点了城市的美丽，而且作为城市的“绿肺”，提供清新的空气。汽车产业基地属于HD区的一个工业园地，产生的废气主要是汽车进出厂区的汽车尾气、烧焊过程中产生的烧焊废气、喷漆工段产生的油漆废气、食堂废气等。而康体公园的建设，规划了大面积的绿化，每天都可以吸收一定的汽车产业基地排出的废气，通过光合作用呼出新鲜的氧气，对改善汽车产业基地区域环境气候起到一定的作用。

七、HD 康体公园项目社会适应性分析

由 HD 地区体育配套现状和需求情况分析可以发现，HD 地区非常需要一个免费的康体公园。建设这样一个公园对于汽车产业基地的居民来说是有着重要的现实意义的，HD 康体公园不仅满足了当地居民体育锻炼和休闲娱乐的需求，而且使得地区的基础设施得以完善。此外，HD 作为我国东部沿海的发达地区，但是体育康体设施和公园配套不足，康体公园的出现填补了这一空白，可以说项目和当地的经济发展水平和居民的需要是适应的。

项目和 HD 地区的经济发展和社会发展战略也是适应的。目前，HD 地区正在进行产业调整、大力发展文化、体育产业在内的第三产业；此外，当地也非常注重民生，积极参与创建国家卫生城市、国家文明城市、提高城市管理的水平。

八、HD 康体公园项目风险分析

（一）经营管理风险分析

1. 公园的运营完全依靠政府的财政支持， 容易对财政造成负担

运营成本是康体公园日常的开支费用，而财政补贴是康体公园的直接现金收入。由于消费者剩余价值只是衡量项目建设对市民产生的社会福利，体现在社会效益上，对项目没有产生直接的现金收益。所以，运营成本是本项目很大的一个经济影响因素，只有降低运营成本，才能减少对财政补贴的依赖。

2. 免费开放导致维护费用剧增

康体公园是免费开放的，人流量会大量增多，加大了卫生、绿化、公共物品维护的负担。由于部分城市居民和农村居民的素质不高，对公共产品的保护意识不强，很多市民都不能做到自觉地维护公共环境卫生。目前很多免费开放的公园里，很多树干和桌椅、厕所门板上都被刻上了形形色色的字，草地上乱扔的纸屑、水果皮等杂物。虽然公园实行了免费开放，但却引发了公园卫生、绿化、公共物品维护难的问题。

并且，康体公园总占地面积达到 960 亩，面积非常大，要维护公园的治安、保证公园优美的绿化环境和洁净的卫生环境，政府必将增加保安和清洁工的人数来保养公园的环境绿化。如此一来，将加大公园管理费用和绿化维护费用，增加 HD 区政府财政补贴的负担。

3. 体育场馆的建设和运营面临选择运营商的风险

运动场馆的建设和经营是政府通过招投标的方式给私营企业经营的，虽然这种经营方式可以使场馆的经营市场化、增添经营的活力。但在经营企业的选择上要比较谨慎，如果选择没经验或没实力的营运企业，可能会导致场馆的经营不善，使场馆空置、浪费资源。

（二）社会风险分析

1. 征地款能否按规定足额发放的风险

建设前期，政府进行征地。虽然赔偿的金额是按照国家的标准进行补偿的，其中包括土地补偿费、安置补助费、青苗补助费，每亩的补偿金额是5万元。但在发放补偿金的操作过程中，有可能因一些官员对赔偿款项进行挪用而引发的一些问题，致使赔偿款项没能足额发放到村民的手上，使村民拿到的补偿金没有达到国家的补偿标准。这不仅在经济上影响到村民的生存问题，还会引发出社会的公平问题，从而导致村民对政府征地行为的不满。

2. 征地农民后续生活保障的风险

本项目的征地补偿费用是按照国家的征地补偿标准发放的，由于本次征地范围是原居农民的耕地，没有涉及农民的房屋，所以对农民的居住条件不会造成很大的影响。但政府征地后，农民没有了耕种的土地，不得不到城市里寻找工作。由于大部分农民的学历都比较低，普遍反映在社会上很难找到一份维持一家生计的工作。在耕地被征收前，农民可以通过自己耕种的粮食自给自足，平时的开支也只是购买一些生活用品。在耕地被征收后，农民没有了这一生活来源，这在经济上是加大了他们的负担，严重影响到农民的生存问题。

征地前，种植粮食本来就是农民的工作，耕地被征收后，农民就等于失去了一份工作，没有了经济的来源和精神的寄托。如果农民长期无所事事，无法解决生活、生存的问题，长此以往容易危害社会的稳定，会对社会的和谐稳定造成不良的影响。

以上都是本建设项目可能给当地农民造成的不利影响。如果本项目的建设能安排一些工作给被征收耕地的农民，使农民都重新拥有一份工作，解决日常生活的经济来源，就会降低了征地对农民带来的影响。其实，在本项目建成后，为了维护康体公园的正常运营，公园是需要聘请一定数量的管理人员、保安、花农、水电维修工和清洁工。政府可以通过对农民进行培训，安排他们参与公园的日常维护工作。这样，也是解决一部分被征收耕地农民工作的好方法。

九、分析结论

作为一项政府投资的公益性建设项目，康体公园的建设为当地人民和投资企业的员工提供了一个良好的休闲娱乐、体育运动场所，有利于提高居民的健康水平。

本项目的建设完善了HD区体育设施的配套，提升了HD区投资环境的形象，有利于吸引更多的汽车及配件制造企业落户HD投资，进而带动HD区经济的发展。康体公园的建设也可为HD区增加新的旅游资源，促进HD区第三产业的发展。

纵观项目的成本效益分析过程可知，项目具有可接受的经济NPV和经济IRR等指标，项目建设风险可控，社会效益显著，从社会成本效益分析的角度来看，本项目是可行的。

参 考 文 献

第一章参考文献

[1] 迈克尔. M. 塞尼编著，王朝纲等译. 把人放在首位——投资项目社会分析［M］. 北京：中国计划出版社，1998.

[2] 宋林飞. 社会发展的评估与对策［J］. 南京社会科学，1998，(4).

[3] 施国庆，董铭. 投资项目社会评价研究［J］. 河海大学学报（哲学社会科学版）2003. 6.

[4] 发展观的历史沿革和发展［J］. 求是. 2004 年第 5 期.

[5] 李文凯. 半个世纪人类发展观大反省［N］. 南方周末. 2004. 3.

[6] 郭熙保，发展经济学的历史演变［N］. 2003 年 5 月 27 日光明日报 B2 版.

[7] （法）佩鲁著，张宁等译. 新发展观［M］. 北京：华夏出版社，1987.

[8] Michael p. Todaro. Economic Development［M］. England，Addison Wesley Longman，2000.

[9] 朱东恺. 投资项目社会评价探析［J］. 中国工程咨询，2004. 7 (47).

[10] 朱东恺，施国庆. 城市拆迁呼唤项目社会评价制度. 小城镇建设 2004/3.

[11] 朱东恺. 投资项目利益相关者管理研究［J］. 中国工程咨询，2004. 2.

[12] 陈绍军，施国庆，朱文龙，许佳君. 非自愿移民安置活动中的公众参与［J］. 水利水电科技进展. 2003. 12.

[13] 施国庆. 非自愿移民：冲突与和谐［J］. 江苏社会科学，2005. 5.

[14] 杨涛，施国庆. 建设征地中利益关系的调整与和谐机制构建［J］. 华东经济管理，2006. 8.

[15] 王虹，施国庆译. 非自愿移民：大型水坝经验［J］. 河海大学学报（哲学社会科学版），2002. 6.

[16] 陈绍军，施国庆. 中国非自愿移民的贫困分析［J］. 甘肃社会科学，2003. 5.

[17] 中国国际工程咨询公司编著. 中国投资项目社会评价指南［M］. 北京：中国计划出版社，2004. 5.

[18] 中国国际工程咨询公司编著. 投资项目可行性研究指南［M］. 北京：中国计划出版社，2002.

[19] 刘永铨. 基于和谐发展观的项目社会评价体系研究［J］. 科技进步与对策，2006. 01.

[20] 陈琳. 人类发展观的演变［J/M］，漫谈科学发展观论文集，广州：广东人民出版社，2004. 6.

[21] 陈琳. 建设项目应进行"损害性"评估［N］. 广州日报理论版（C16），2005. 12. 6.

[22] Boardman，A. E & Greenberg，A. R. Cost-Benefit Analysis：Concepts and Practices［M］. Prentice Hall. 2001.

[23] Campbell，Harry & Brown，Richard. Benefit-Cost Analysis［M］. Cambridge University Press，Cambridge，UK，2003.

[24] World Commission on Dams. Dams and Development：A new Framework for Decision-making［R］. Earthscan Publications Ltd.，Landon and Sterling，VA，Nov. 2000

第二章参考文献

[1] 陈阿江. 社会评价：社会学在项目中的应用［J］. 学海，2002，(1).

[2] 徐莉，柳瑞禹. 投资项目社会评价有关问题研究［J］. 武汉水利电力大学学报，1999，(4).

[3] 向清."项目社会评价方法"评介 [J]. 自然辨证法研究，1997，(1).
[4] 朱东恺，施国庆. 城市拆迁呼唤项目社会评价制度 [J]. 小城镇建设，2004，(1).
[5] 朱东恺，施国庆. 城市建设拆迁中的利益冲突及其调整 [J]. 思想战线，2005，(1).
[6] 余建林，张丽娟，刘友平. 公共工程项目可行性研究中社会评价理论探讨 [J]. 经济师，2006，(3).
[7] 张淑华，田圃德. 关于水利建设项目社会评价的研究 [J]. 水利经济. 1998，(6).
[8] 彭运芳. 关于投资项目社会评价的思考 [J]. 武汉科技大学学报，2003，(3).
[9] 王朝纲，李开孟. 投资项目社会评价专题讲座 [J]. 中国工程咨询，2004.

第三章参考文献

[1] 中国国际工程咨询公司编著. 中国投资项目社会评价指南 [M]. 北京：中国计划出版社，2004.5.
[2] 中国国际工程咨询公司编著. 投资项目可行性研究指南 [M]. 北京：中国计划出版社，2002.
[3] 陈祥健. 非自愿移民——世界银行移民安置政策及其启示 [J]. 理论月刊，2001.12.
[4] 陈琳，潘蜀健编著. 房地产项目投资（第二版）[M]. 北京：中国建筑工业出版社，2004.

第四章参考文献

[1] 中国国际工程咨询公司编著. 中国投资项目社会评价指南 [M]. 北京：中国计划出版社，2004.
[2] 曾胜. 高速公路项目社会评价指标体系构建研究 [J]. 中外公路，2005，(3).
[3] 冒巍巍，张伟，卜立鸣，金瑶. 项目可行性研究中社会评价有关问题探讨 [J]. 经济师，2002，(11).
[4] 花拥军，雍少宏，张志恒. 项目社会评价研究概述 [J]. 商业时代，2006，(1).
[5] 薛晓娟. 投资项目社会评价研究 [J]. 沿海企业与科技，2005. (2).
[6] 郭峰，张飞涟. 建设项目社会评价中几个重要问题及对策研究 [J]. 长沙铁道学院学报，2002，(3).
[7] 史本山，杨季美，陈蛇. 建设项目社会评价理论体系新论 [J]. 软科学，1998，(3).
[8] 张兴平，陶树人. 城市基础设施项目社会评价研究 [J]. 城市规划. 2000，(9).
[9] 陆菊春，韩国文，郑君君. 城市基础设施项目社会评价指标体系的构建 [J]. 科技进步理论，2002，(1).

第五章参考文献

[1] 原国家计委、建设部发布. 建设项目经济评价方法与参数（第二版）[M]. 中国计划出版社，1993.
[2] 建设部标准定额研究所，建设项目经济评价参数研究 [M]. 北京：中国计划出版社，2004.
[3] 陈琳. 投资项目评估中的社会成本效益分析 [J]. 建筑经济，2005.3.
[4] Boardman，A. E & Greenberg，A. R. Cost-Benefit Analysis：Concepts and Practices [M]. Prentice Hall. 2001.
[5] Campbell，Harry & Brown，Richard. Benefit-Cost Analysis [M]. Cambridge University Press，Cambridge，UK，2003.
[6] Cowell，F. & Gardiner，K. Welfare Weights. report to the UK Office of Fair Trading [0L]. http：//www.oft. gov. uk/NR/rdonlyres.
[7] Heal，G. Valuing the Future：Economic Theory and Sustainability [M]. Columbia University Press，New York，1998.
[8] Just，R. E & Hueth，D. L. Applied Welfare Economics and Public Policy [M]. Prentice，1982.
[9] Mc Master，J. C. & Webb，G. R (eds). Australian Project Evaluation：Selected Readings [M]. Australia and New Zealand Book Company，Sydney，1979.
[10] Olsen，M & Bailey，M. "Positive time preference"， [J]. Journal of Political Economy，89 [1]，1998.

[11] Pearce, D. W & Ulph, D. W. Environment Economics: Essays in Ecological Economics and Sustainable Development [J]. Edward Elgar, Cheltenham, 1999.

第六章参考文献

[1] 潘蜀健，陈琳等. 房地产市场营销 [M]. 北京：中国建筑工业出版社，2003.

[2] （美）芬克（Fink，A.）著，黄卫斌译. 如何设计调查问题 [M]. 北京：中国劳动保障出版社 2004.

[3] （美）芬克（Fink，A.）著，黄卫斌译. 如何抽样 [M]. 北京：中国劳动保障出版社 2004.

[4] （美）艾尔·巴比著，邱泽奇译. 社会研究方法基础 [M]. 北京：华夏出版社，2002. 4.

[5] （美）福勒（Fowler，F. J）著，孙振东，龙藜，陈荟译. 调查研究方法 [M]. 重庆：重庆大学出版社. 2004. 10.

[6] （美）纽曼著，郝大海译. 社会研究方法：定性和定量的取向（第五版）[M]. 北京：中国人民大学出版社，2007.

[7] 边燕杰，李路路，蔡禾著. 社会调查方法与技术：中国实践 [M]. 北京：社会科学文献出版社，2007.

[8] 徐经泽著. 社会调查理论与方法 [M]. 北京：高等教育出版社，1994.

[9] 中国国际工程咨询公司编著. 中国投资项目社会评价指南 [M]. 北京：中国计划出版社，2004.

第七章参考文献

[1] Michael M. Cerner. Putting People First-Sociological Variables in Rural Development [M]. Oxford University Press, 1991

[2] 傅崇兰等. 中国城市发展问题报告 [M]. 北京：中国社会科学出版社，2003. 1

[3] 王克强，刘红梅. 中国农村地产市场研究 [M]. 上海：上海财经大学出版社，2003. 9

[4] 王克强. 中国农村集体土地资产化运作与社会保障机制建设研究 [M]. 上海：上海财经大学出版社，2005. 4.

[5] 陆迁，叶小雯. 关于我国失地农民的安置和补偿问题的思考 [J]. 北京：中国人民大学书报资料中心. 2005. 8.

[6] 杜伟. "征地补偿安置问题探析" [J]. 北京：中国人民大学书报资料中心. 2005. 7.

[7] 章政. 农村土地产权制度创新模式的探索——北京郊区"郑各庄现象"实证分析 [J]. 北京：中国人民大学书报资料中心. 2005. 8.

[8] 朱东恺，施国庆. 城市建设征地和拆迁中的利益关系分析 [0L]. http: //www. gongfa. com/zhudkchaiqian. htm.

[9] 伍建. 我国现行征地法律制度的缺失及创新途径初探 [0L]. http: //www. shaoyang. gov. cn/deptweb/syjh/news/detail. asp? n _ id=183.

[10] 扬翠迎. 中国农村社会保障制度研究 [M]. 北京：中国农 业出版社，2003.

[11] 冯书泉. 构建和谐社会必须解决弱势群体问题 [J]. 国土资源新闻网，2005. 7. 22.

[12] 王雅莉，黄祖辉，陈欣欣. 城市化中劳动力再配置 [M] 北京：中国社会科学出版社，2002. 11.

[13] 陈琳，丁烈云，吴开泽. 城市化进程中的建设项目土地征用问题研究——以番禺小谷围岛项目为例 [J]. 华中科技大学学报（城市科学版），2007. 3

第八章参考文献

[1] 广州市天河区第五次人口普查办公室. 广州市天河区人口分析报告 [M]，2002.

[2] 广州市天河年鉴－2005 年 [M]. 北京：中华书局出版社出版，2005.
[3] 王福定. 城中村改造对策探讨 [J]. 城市管理，2004.
[4] 文维. 城中村改造要实现五个转变 [J]. 开放导报，2005.
[5] 景奉杰. 市场营销调研 [M]. 北京. 高等教育出版社，2001.
[6] [美] 小卡尔·迈克丹尼尔等. 当代市场调研 [M]. 北京：机械工业出版社，2000.
[7] 贾怀勤. 商务调研策划与实施 [M]. 北京. 对外贸易大学出版社，1997.
[8] 李明华等. 广州城中村改造的思路、模式与对策研究 [J]. 开放时代，2004.
[9] 廖俊平，田一淋. PPP 模式与城中村改造 [J]. 开发天地，2005.
[10] 何宇. "城中村"改造之路——广州市天河区龙洞村发展模式研究 [J]. 中山大学学报论丛，2004.
[11] 李俊夫. 城中村的改造 [M]. 北京：科学出版社，2004.
[12] 陈炜祯. 拆迁 1 日通 [M]. 北京：中国对外经济贸易出版社，2005.
[13] 费梅苹. 社会保障概论. 武汉：华东理工出版社，2003.
[14] 国中河. 城市房屋拆迁 100 问. 北京：中国水利水电出版社，2005.
[15] Alvin C. Burns，Ronald F. Bush. Marketing Research (Third Edition) [M]. Prentice Hall，2001.
[16] Epley，Rabianski，Haney. Real Estate Decision [M]. South-Western Thomson Learning，2002.

第九章参考文献

[1] Boardman，A. E & Greenberg，A. R，Cost-Benefit Analysis：Concepts and Practices [M]. Prentice Hall，2001.
[2] 周大鸣. 论都市边沿农村社区的都市化——广东都市化研究之一 [J]. 社会学研究，1993.6.
[3] 周大鸣，高崇. 城乡结合部社区的研究———广州南景村 50 年的变迁. 社会学研究. 2001.4.
[4] 于孙姆，刘艳飞. 城中村村民城市适应问题研究———以福州市为例. 山西师大学报（社会科学版）研究生论文专刊第 33 卷，2006.9：49～52.
[5] 胡莹."城中村"的文化冲融——以广州市石牌村为例 [J]. 城市问题，2002，106（2）.
[6] 蒋峻涛. 珠江三角洲城中村的另类视野 [C]. 2004 城市规划年会论文集：城市研究.
[7] 张劲松，万金玲. 城中村改造中的多元主体互动 [J]. 安徽农业科学，2007.4.
[8] 何必."城中村"都市化存在的问题及解决对策——重庆市的实证分析 [J]. 农村经济，2006.12.
[9] 喻燕."城中村"改造 PPP 模式探析 [J]. 国土资源科技管理，2007.1.
[10] 中共深圳市罗湖区委、区政府研究课题组. 城中村"改造的新尝试 [J]. 求是，2003.3.
[11] 包路芳. 城市化进程中的"城中村"改造与和谐社会建设—以北京市海淀区挂甲屯为例 [J]. 理论前沿，2007.5.
[12] 周新宏."城中村"研究综述 [J]. 开放导报，2007.2.
[13] 轩明飞. 股权改制与精英"牟利"——一项"城中村"社区组织改革的经验研究 [J]. 中国农村观察，2006.1.
[14] 李俊夫. 城中村的改造 [M]. 北京：科学文献出版社，2004.
[15] 古日新. 广州城中村改造问题初探 [D]. 华南理工大学硕士学位论文，2002.
[16] 谢志岿. 村落向城市市区的转型：制度、政策与中国城市化进程的城中村问题研究 [M]. 北京：中国社会科学出版社，2005. 11.
[17] 李培林. 村落的终结：羊城村的故事 [M]. 北京：商务印书馆，2004.
[18] 赵德义. 城中村改造中的利益关系分析与应对 [J]. 经济地理，2006. 5，496～499.
[19] 郑奔. 天河区农村股份合作经济改革实践与探讨 [J]. 探求，2005.

[20] 广东省建设厅调研组，珠海市城中旧村改造情况调研报告，珠海市建设工程信息网，http：//www. cpinfo. com. cn/page/news_view. asp? id=5262.
[21] 投资项目可行性研究指南编写组，投资项目可行性研究指南［M］. 北京：中国电力出版社，2002.
[22] 中共深圳市罗湖区委、区政府课题组. “城中村”改造的新尝试［J］. 求是，2003. 3.
[23] 曾应枫等. 小谷围［M］. 广东教育出版社，2004.
[24] 陆飞杰. 对城郊失地农民在就业问题的思考［J］. 城市问题 2006（3）.
[25] 郑友敬. 超大型工程建设项目评价——理论方法研究［M］. 北京，科学文献出版社，1994.6.
[26] 唐伽拉，吕斌. 大学与社区互动机制及其对城市规划的启示［J］. 城市问题，2006（3）.
[27] 陈琳，谭建辉，吴开泽. 城中村改造问题实证研究——以广州市为例［J］. 中国房地产研究，2008（4）.

第十、十一章参考文献

[1] 王成新等. 交通模式对城市空间形态影响的实证分析——以南京都市圈城市为例［J］. 地理与地理信息科学，2004.5.
[2] 冯玫. 公路建设项目社会经济影响评价指标体系研究［J］. 河北交通科技，2006.3.
[3] 刘建新. 城市市政道路建设时房地产开发影响的实证研究——以乌普木齐市中环路为例［D］. 西安建筑科技大学硕士论文.
[4] 张冠增. 城市发展概论［M］. 北京：中国铁路出版社，1998.
[5] 杨荫凯，金凤君. 交通技术创新与城市空间形态的相应演变［J］. 地理学与国土研究，1999.（15）.
[6] 王丽英. 我国城市基础设施建设与运营管理研究［D］. 天津财经大学：博士论文，2008.
[7] 迈克尔·M·塞尼编著. 把人放在首位——投资项目社会分析［M］. 北京：中国计划出版社，1998.

第十二章参考文献

[1] 赵国艺. 建设项目经济评价［M］. 天津：天津科技圈译出版公司，1990.
[2] 李艳梅. 收费公路的效益分析与经济评价的研究［D］. 吉林：吉林大学，2000.
[3] 李春来. 我国民用机场建设的经济评价与融资方式的研究［D］. 北京：北京航空航天大学，2000.
[4] 周杉. 风景名胜区中土地的经济评价研究［D］. 四川：四川师范大学，2002.
[5] 高鸿业. 西方经济学第二版（微观部分）［M］. 北京：中国人民大学出版社，2001.
[6] 建设部标准定额研究所. 建设项目经济评价参数研究［M］. 北京：中国计划出版社，2001.
[7] 中国国际工程咨询公司. 投资项目可行性研究指南［M］. 北京：中国电力出版社，2002.
[8] 严玲，尹贻林. 公益性水利工程项目经济评价方法的述评［J］. 水利水电技术，2003.05.
[9] 董建昌. “效益—费用”法在林业公益事业建设项目经济评价中的应用［J］. 林业调查规划. 2002.04.
[10] 刘晓君. 工程经济学［M］. 北京：中国建筑工业出版社，2003.
[11] 同济大学. 建设部标准定额研究所. 政府投资项目经济评价方法与参数研究［M］. 中国计划出版社，2004.
[12] CHEN Lin. Social Benefit-Cost Analysis in Project Evaluation［J］. Proceedings of CRIOCM 2005 International Research Symposium on Advancement of Construction Management and Real Estate，2005.

尊敬的读者：

感谢您选购我社图书！建工版图书按图书销售分类在卖场上架，共设22个一级分类及43个二级分类，根据图书销售分类选购建筑类图书会节省您的大量时间。现将建工版图书销售分类及与我社联系方式介绍给您，欢迎随时与我们联系。

★建工版图书销售分类表（见下表）。

★欢迎登陆中国建筑工业出版社网站www.cabp.com.cn，本网站为您提供建工版图书信息查询，网上留言、购书服务，并邀请您加入网上读者俱乐部。

★中国建筑工业出版社总编室　电　话：010—58934845　传　真：010—68321361

★中国建筑工业出版社发行部　电　话：010—58933865　传　真：010—68325420
E-mail：hbw@cabp.com.cn

建工版图书销售分类表

一级分类名称（代码）	二级分类名称（代码）	一级分类名称（代码）	二级分类名称（代码）
建筑学（A）	建筑历史与理论（A10）	园林景观（G）	园林史与园林景观理论（G10）
	建筑设计（A20）		园林景观规划与设计（G20）
	建筑技术（A30）		环境艺术设计（G30）
	建筑表现·建筑制图（A40）		园林景观施工（G40）
	建筑艺术（A50）		园林植物与应用（G50）
建筑设备·建筑材料（F）	暖通空调（F10）	城乡建设·市政工程·环境工程（B）	城镇与乡（村）建设（B10）
	建筑给水排水（F20）		道路桥梁工程（B20）
	建筑电气与建筑智能化技术（F30）		市政给水排水工程（B30）
	建筑节能·建筑防火（F40）		市政供热、供燃气工程（B40）
	建筑材料（F50）		环境工程（B50）
城市规划·城市设计（P）	城市史与城市规划理论（P10）	建筑结构与岩土工程（S）	建筑结构（S10）
	城市规划与城市设计（P20）		岩土工程（S20）
室内设计·装饰装修（D）	室内设计与表现（D10）	建筑施工·设备安装技术（C）	施工技术（C10）
	家具与装饰（D20）		设备安装技术（C20）
	装修材料与施工（D30）		工程质量与安全（C30）
建筑工程经济与管理（M）	施工管理（M10）	房地产开发管理（E）	房地产开发与经营（E10）
	工程管理（M20）		物业管理（E20）
	工程监理（M30）	辞典·连续出版物（Z）	辞典（Z10）
	工程经济与造价（M40）		连续出版物（Z20）
艺术·设计（K）	艺术（K10）	旅游·其他（Q）	旅游（Q10）
	工业设计（K20）		其他（Q20）
	平面设计（K30）	土木建筑计算机应用系列（J）	
执业资格考试用书（R）		法律法规与标准规范单行本（T）	
高校教材（V）		法律法规与标准规范汇编/大全（U）	
高职高专教材（X）		培训教材（Y）	
中职中专教材（W）		电子出版物（H）	

注：建工版图书销售分类已标注于图书封底。